RESEARCH ON THE
MENTAL HEALTH EDUCATION

心理健康教育研究

第一卷
中小学校心理健康教育研究

俞国良　著

北京师范大学出版集团
BEIJING NORMAL UNIVERSITY PUBLISHING GROUP
北京师范大学出版社

总　序

————

2000 年迄今的二十多年间，受教育部委托我主持了《中小学心理健康教育指导纲要》《中等职业学校学生心理健康教育指导纲要》《高等学校学生心理健康教育指导纲要》调研和政策编制工作，以及专项心理健康教育政策和相关课程标准的研制工作。在此过程中，我逐步放弃原来的社会心理学、发展心理学等研究领域，全身心专注于心理健康教育的理论探索和实证研究。经过十年磨一剑的不懈努力与辛勤耕耘，目前有所斩获。这就是摆在您面前的《心理健康教育研究》(全六卷) 中辑录的六个专题研究。

第一卷"中小学校心理健康教育研究"。本专题研究立足调研，对中小学心理健康教育的现状、特点、影响因素和量表编制等进行了阐述，旨在提供适合中小学生发展需要的心理健康教育。

第二卷"高等学校心理健康教育研究"。本专题研究从总论、高职院校和普通高校调研、实证研究诸方面入手，试图全景式展现大学生心理健康教育的现状、特点和存在的问题及其教育对策。

第三卷"心理健康教育学科融合研究"。心理健康问题错综复杂，它是多学科领域的研究对象，需要协同"作战"。"新长征"刚刚开始，之后"路漫漫其修远兮，吾将上下而求索"。

第四卷"心理健康教育前沿问题研究"。唯其"前沿"必须有新意、有创新。本专题研究从理论研究、领域研究和应用研究三个方面进行了系统梳理，也是我目前继续努力的方向和目标。

第五卷"心理健康经典理论思想研究"。本专题研究精心选择了 18 位心理健康研究术业有专攻的心理学大师的理论思想，试图从大师们的著述和研究中，和大家一起寻找曾经失去的"经典家园。"

第六卷"心理健康教育基础应用研究"。本专题研究由基础研究、理论研究和应用研究三部分组成。无论何种研究都是对幸福感的不懈追求，人类借此完成了一场生命本质力量的精神突围。

实际上，二十多年的专题研究总是有限的，问题的答案也是有限的，更多的内容则是在论题和答案之外；其中的苦楚与酸甜，自然也不敢与专家学者分享，就让它留在耳顺之年的记忆中；至于各卷的写作动机、具体内容以及前因后果，已在各卷的"前言"中进行了"坦白交代"。特别幸运的是，我们正处于"不确定性"为现实生活底色的百年未有之大变局的时代，这为心理健康研究者和教育者提供了前所未有的研究素材、实践环境与发展机遇。我坚信，只要大家专心致志且持之以恒，就必定能迎来心理健康教育研究的新气象、新成果，为我国心理健康教育事业再创辉煌而固本强基，真正实现世界卫生组织 2001 年指出的，"心理健康是一种健康或幸福状态，在这种状态下，个体可以实现自我、能够应对正常的生活压力、工作富有成效和成果，以及有能力对所在社会做出贡献"。

让我们一起共勉，

让我们持续努力，

让我们热切期待。

俞国良

2023 年岁末记于北京西海探微斋

前　言

————

　　这是《心理健康教育研究》之第一卷《中小学校心理健康教育研究》。

　　新时代普及、深化心理健康教育，不但要预防各种心理障碍和心理疾病，更要立足于提高人的综合素质、促进身心和谐发展。一个社会中各成员心理健康水平的高低，不但是这个社会文明程度的"标尺"，也是该社会稳定与发展的"晴雨计"。在中小学生的成长、成才和发展过程中，心理健康教育至关重要。

　　心理健康教育，功在当代，利在千秋！

　　基于心理健康教育在中小学生成长过程中的重要作用，国家和政府反复强调要加强中小学心理健康教育。基础教育政策制定者更是高瞻远瞩、不懈努力，为中小学心理健康教育能够在我国教育政策的顶层设计中"发声"并占据一席之地，创造了良好的制度环境和工作氛围。从 1999 年教育部颁布的《关于加强中小学心理健康教育的若干意见》到 2002 年《中小学心理健康教育指导纲要》，从《中小学心理健康教育指导纲要（2012 年修订）》到 2015 年《中小学心理辅导室建设指南》，以及 2014 年3 月、2015 年 9 月启动的中小学心理健康教育第一批和第二批特色学校争创计划，2016 年 7 月、2017 年 8 月实施的将"心理健康教育"纳入中小学教师资格考试和中小学德育工作范畴，中小学心理健康教育的力度在不断加强，广度在不断拓展。

　　自此，各地各级教育部门更加重视中小学心理健康教育，相关制度建设和队伍建设如雨后春笋破土而出，落地生根，中小学校开展心理健康教育的主动性、积极性也大大提高。时至今日，中小学心理健康教育在课程建设、师资队伍建设和心理辅导室建设诸方面成效显著，但仍然还有很长的路要走；特别是如何编制具有中国特色的本土化中小学生心理健康测评工具，如何界定新时代中小学心理健康教师的工作标准，是横在发展道路上的两个难题。

有难题，就要破解。这是我和课题组成员几年来孜孜以求的目标，也是本卷的初衷！

首先，我们做的工作是摸清"家底"。从 2015 年开始，我们选取我国中部地区两个地级市的城市和农村中小学为研究对象，对中小学校心理健康教育的现状进行了较为系统的调查研究。结果发现，中部地区心理健康教育的普及率和教育效果有较大改善。但整体来看，农村中小学心理健康教育相对落后，心理健康教师专业化程度有待提高；中学心理健康教育滞后于小学心理健康教育，初中阶段尤甚。对这两个地级市 584 名中小学心理健康教育专兼职教师和 209 名学校管理者的调查表明：第一，心理健康教育受到大多数中小学校的重视；第二，心理健康教育师资队伍的人员构成复杂，专业化水平有待提高；第三，学校管理者在选择心理健康教师时非常重视专业背景、学历学位、相关资格认证、授课技能、从业时间与经验及人格等因素。大多数学校管理者对本校心理健康专兼职教师和学校心理健康教育工作感到满意。

在盘清了"家底"后，我们还需要知道"中小学生心理健康教育"的"另一个家底"。我和课题组使用元分析研究方法，全面搜集了 2000—2017 年以来，使用《心理健康诊断测验》（MHT）开展的、文章中明确是对 3~6 年级小学生心理健康水平进行测量的研究，共检索到 11291 篇文献。结果表明小学生的心理健康水平总体正常，但地区之间存在显著差异，东部地区最佳，中部居中，西部最差；男女生在 MHT 总分上存在显著差异，女生的心理健康水平略低于男生；非独生子女的学习焦虑程度高于独生子女，留守儿童心理健康水平显著低于非留守儿童。接着，我们采用元分析与横断历史分析方法，考察了 1987—2013 年这 26 年间初中生心理健康随时代变迁的趋势与特点，结果发现：初中生 SCL-90 各因子得分随年代的变化趋势不明显；与男生相比，女生心理健康变化的幅度较大，心理健康水平更低；初中生的心理健康水平随年级下降，初一学生随年代变化的幅度最大；东部地区初中生的心理健康水平不断提升，而中西部地区学生的心理健康水平却不断下降。最后，运用该方法对 1990—2012 年这 22 年间高中生心理健康文献进行研究，这些文献以症状自评量表（SCL-90）为研究工具，共包括 118117 名高中生。结果发现：我国高中生在 1990—2004 年这 15 年内，心理健康水平缓慢下降；自 2005—2012 年，高中生心理健康水平趋于平稳。女生比男生心理健康水平更低，而且 20 多年来心理健康水平下降更快。高三年级学生比高一、高二学生心理健康水平更低；东部地区高中生心理健康水平显著优于中西部地区高中生。

在对中小学各学段心理健康教育的历史回顾与展望基础上，我们开始编制《分学段中小学生心理健康量表》。在心理健康量表的编制研究中，我们把心理健康的标准理解为，凡对一切有益于心理健康的事件或活动做出主动、积极反应的人，其心理便被界定为健康。据此结合调查研究和心理辅导与咨询实践，我们认为中小学生心理健康主要表现在：学习问题、人际关系问题、自我发展问题、情绪与社会适应问题等几个方面。2017—2018 年，我和李晶博士从学习、自我、人际、情绪 4 个维度定义了小学生心理健康的量表结构，对这 4 个维度的综合考察与测量，可以反映小学生心理功能的发挥，以及他们是否具备有益于毕生发展的积极心理品质。结果表明，高社会经济地位是小学生心理健康的保护性因素；城市小学男女生之间心理健康水平无显著差异，乡镇小学男生心理健康水平低于女生；小学女生的焦虑情绪及其导致的行为较男生更严重；五年级是小学儿童心理健康发展的关键阶段。2016—2017 年，我和王勍博士从学习、自我、人际、适应、情绪 5 个维度定义了初中生心理健康的量表结构，并考察了初中生心理健康的特点：与男生相比，初中女生的人际状况更好，表现出了更多亲社会行为；九年级学生情绪调节能力最强，但学业压力降低了他们的学习满足感与自我评价；城市初中生的人际关系状况与亲社会行为显著好于农村学生。2015—2016 年，我和李天然博士定义了高中生的心理健康量表结构，包括学习、自我、人际、适应、情绪调节和职业规划 6 个维度及 18 个分维度。高中生心理健康特点表现在男生和女生在心理健康的不同方面表现出不同优势，他们心理健康的年级差异不大，普通高中生在学习、自我、人际关系、情绪调节、社会适应和职业兴趣探索等多个方面优于中职生，而中职生在职业选择上的实践探索更多，城市学生在心理健康的多个方面均优于农村学生。

毫无疑问，中小学生心理健康的结构与量表编制、特点与影响因素的相关研究，为进一步探索中小学心理健康教师培育学生心理健康素养亟须的胜任特征与教育能力、工作职责与工作内容、工作程序与工作途径等奠定了坚实的科学基础。因为教师对学生心理健康的影响最大。首先，教师对学生的认知直接影响学生的心理健康状况，具体表现在教师对学生的理解、对学生的态度和对学生的期望上；其次，教师的言语对学生心理健康的消极影响主要表现在教师任意使用不当语言，以及在批评、教育学生时使用过激言行；最后，作为学生人格的影响者和知识与技能的传授者，教师在学生的人格发展方面的影响仅次于父母。研究表明，60%以上的中小学生心理疾病和心理障碍是师源性的心理健康问题。因此，对中小学心理健康教师工作标准的探索与教师自身心理健康的研究具有重要价值，我们对此进行了深入的讨论分析与总结概括。

上述按逻辑顺序展开的就是我和课题组几年来的研究工作，也正是本卷报告的内容框架。

特别需要指出的是，本卷是专门为中小学教育管理者、中小学教师、德育与心理健康教育教师"量身打造"的。其中，我的博士生李天然、王勍、李晶、琚运婷和李森，在量表编制、数据资料收集整理与研究报告初稿撰写中做了许多工作，金东贤博士、邢淑芬博士等青年才俊积极支持，他们功不可没！策划编辑周雪梅博士为本卷的编写出版付出了心血，一并致谢。严格意义上，本卷应该说是课题组集体智慧的结晶。

我们坚信，今后中小学心理健康教育会越来越强调从学生的心理测评和循证研究出发，发挥他们的主体性、能动性和创造性；强调体验式学习，在活动中体验，在体验中调适，在调适中成长。对于中小学心理健康教师而言，加强现代学校心理辅导制度建设是核心，编制具有中国本土特色的教师工作标准是基础，从心理健康教育走向心理健康服务是根本途径。一句话，未来的心理健康教育，应该真正提供适应学生发展需要的心理健康教育，而不是用教育来选择学生。

目 录 ｜ CONTENT

第一篇

总论

　　我们正处于社会转型的特殊历史发展阶段，新时代对中小学心理健康教育提出了新要求。作为学校德育工作的重要组成部分，目前中小学心理健康教育不但在教育目标、教育内容、途径和方法、组织实施等方面，而且在教师心理健康问题和现代学校心理辅导制度建设方面，呈现出新的特点。以我国中部地区两个地级市的城市和农村中小学校为研究对象，对 11027 名中小学生的问卷调查结果发现，中部地区心理健康教育的普及率和教育效果有较大改善。但整体来看，农村中小学心理健康教育相对落后；中学心理健康教育滞后于小学心理健康教育，初中阶段尤甚。采用自编《中小学校心理健康教育师资队伍基本情况调查问卷》，对这两个地级市 584 名中小学心理健康教育专兼职教师和 209 名学校管理者的调查表明：第一，心理健康教育受到大多数中小学校的重视；第二，心理健康教育师资队伍的人员构成复杂，专业化水平有待提高；第三，学校管理者在选择心理健康教师时非常重视专业背景、学历学位、相关资格认证、授课技能、从业时间与经验及人格等因素。未来应加强农村中小学心理健康教育工作，合理配置心理健康教育资源，全面夯实中小学生心理健康教育的基础，促进心理健康教育教师专业化建设，提高心理健康教育的针对性和实效性。重点应关注以下问题：第一，从心理健康教育向心理健康教育与服务并重，着力提供优质心理健康服务转变；第二，由侧重于中小学生心理行为问题的矫正，转变为重视全体中小学生心理健康的促进与心理行为问题的预防；第三，着力构建中小学生健康成长的校园生态系统；第四，加强中小学心理健康教师队伍的建设，强调以实证为基础的干预，重视教育效果的评估与反馈。

第一章

———

中小学心理健康教育现状、特点和趋势

　　这是一个新时代，也是一个复杂多变的时代，人们在见证缤纷世界的同时，也在承受着巨大的心理压力。科技日新月异，创造出新的时空和社群关系，给人的社会化带来挑战；经济增长、财富积聚，人们对成长和发展的渴望不断增强，而不可持续的经济生产和消费模式造成的一系列环境和健康问题也在持续；社会价值取向日益多元，人际竞争日趋激烈，冲突和暴力现象也正在加剧，不充分、不平衡在走向深层。

　　显然，我们正处在社会转型与社会心理变迁不断加速的特殊历史时期，经由传统型社会向现代型社会快速转变。这里，既包括经济、政治、科技、教育、文化、健康等宏观领域密集的、渐变的、根本性的社会结构性变革，也包括认知、态度、信念、人格、价值观等微观领域急剧的、显著的、普遍性的个体心理性变革。与此相随，新时代我国社会的主要矛盾也从"人民日益增长的物质文化需要同落后的社会生产力之间的矛盾"转变为"人民日益增长的美好生活需要和不平衡不充分的发展之间的矛盾"。时代的发展变化，要求学校教育不断进行自我更新。在当前的社会转型背景下，我国中小学心理健康教育呈现什么样的发展趋势？如何把握这一趋势，优化和创新教育理念、模式和方法，使心理健康教育更好地为中小学生乃至社会经济各方面的可持续发展服务？对上述问题的探讨，正是我们的目标：不忘初心，牢记使命。

　　毫无疑问，中小学心理健康教育是学校德育的重要组成部分，是学校教育本身的内涵，更是中小学生快乐学习、健康成长、幸福生活的基础。在中小学开展心理健康教育，不仅是时代和社会发展的需要，也是促进学生全面发展和

可持续发展，深入贯彻落实"立德树人，育人为本"的必然要求。自教育部颁布《中小学心理健康教育指导纲要（2012 年修订）》（以下简称《纲要》）以来，各地中小学校在心理健康教育课程、师资队伍、制度建设和心理辅导室建设等方面取得了丰硕成果，已成为全面推进素质教育新的突破点和着力点，为加强和改善中小学德育工作，提高其主动性、针对性和实效性做出了独特贡献。

一、中小学心理健康教育的现状

我国有 3.67 亿未成年人，其中近 2 亿是中小学生。然而，据原卫生部、世界卫生组织估计，我国 17 岁以下未成年人中有各类学习、情绪、行为障碍者 3000 多万，而且人数在不断增加。我们编制的《中小学生心理健康量表》的测查结果为，小学生有心理行为问题的占 10% 左右，初中生占 15% 左右，高中生约为 20%。上述结果表明，中小学生心理健康状况不容乐观。

为了有效地把握中小学心理健康教育的现状，2015 年开始，我们课题组选取我国中部地区两个地级市的城市和农村中小学为研究对象，发放调查问卷。调查内容包括中小学生对学校心理辅导和心理健康教育课程的评价（包括对心理辅导和心理健康教育课程的效果评价、对心理辅导教师和心理健康课程教师的评价、对心理健康课程内容的评价等），以及中小学生对本校开展心理健康教育的满意度。共发放问卷 11338 份，回收有效问卷 11027 份，回收率为 97.0%。其中农村中小学生 4453 人，占 40.4%；城市中小学生 6574 人，占 59.6%，符合当地城市和农村学生比例。在所调查的学生中，小学生 4495 人，占 40.8%；初中生 3408 人，占 30.9%；高中生 3124 人，占 28.3%。

调查结果发现，我国中部地区中小学心理健康教育的普及率和教育效果有较大改善。但整体来看，农村中小学心理健康教育相对落后；中学生心理健康教育滞后于小学生心理健康教育，初中阶段尤甚。具体来说，与 5 年前相比，中小学心理健康教育的发展和进步主要表现在以下几个方面：第一，心理健康教育对象开始面向全体学生，教育内容符合《纲要》的基本要求；第二，随着教育行政部门、学校领导和教师对心理健康教育的重视，家长和学生对心理健康教育态度发生了积极改变，心理健康教育无论在城市还是在农村中小学，都取得了良好的教育成效；第三，随着教育部《纲要》的颁布和中小学校的重视，心理健康教育专职和兼职教师数量开始增加，心理健康教育已得到普及，正在逐步走向深化和进一步科学、规范发展。虽然发展势头很好，但还存在一些问题亟待解决：首先，城市与农村心理健康教育发展不平衡，农村中小学心理健康教育相对落后，而农村高中又是"重灾区"；其次，有的农村中小学心理健康教育内容不符合农村中小学生的实际需要，缺乏针对性和实效性，特别是占农村儿童37.7%的留守儿童的心理行为问题未引起足够重视；再次，初中、高中阶段的心理健康教育相对薄弱，从调查数据看，城市中学心理健康教育与小学存在差距，农村更甚；最后，中小学心理健康教师专业化程度有待提高。

为了有效掌握中小学心理健康教育师资队伍的现状，特别是中小学专兼职教师和学校管理者对心理健康教育的认知和评价，同年，我们课题组进行了专题调研。调查内容包括心理健康教育师资的构成、专业背景、职责范围、人事管理、课堂教学以及培训需求等方面。调研采取分层随机抽样的方法，选取了山西省某地级市、河南省某地级市两地学校发放问卷，共回收心理健康专兼职教师有效问卷584份，学校管理者有效问卷209份。

调查结果表明：第一，心理健康教育已得到大多数中小学校的重视。在参加调研的学校中，90%以上开展了卓有成效的心理健康教育工作，大多数中小学心理健康教育教师，都能感受到学校领导对他们工作的支持。第二，中小学心理健康教育师资队伍的人员构成复杂，专业化水平有待提高。大部分专职教师均有担任其他课程的经历，兼职教师中德育课教师和班主任居多。教师们对自己的工作效果感到满意的同时，表现出了强烈的求知欲，希望参加专业培训，提高专业技能。第三，学校管理者在选择心理健康教师时非常看重他们的专业背景、学历学位、相关资格认证、授课技能、从业时间与经验及人格等因素。

大多数参加调研的学校管理者，对本校心理健康教育专兼职教师和心理健康教育工作表示满意。

二、中小学心理健康教育的特点

中小学心理健康教育的特点可谓仁者见仁，智者见智。这里仅以《纲要》（2012 年修订）为蓝本，系统梳理近年来我国中小学心理健康教育在教育目标和教育内容、途径和方法、组织实施等维度上的新特点。

从心理健康教育的目标与主要内容看，《纲要》中明确把目标定位在提高全体学生的心理健康水平，促进他们的积极心理品质等方面，重点包括认识自我、学会学习、人际交往、情绪调适、生活和社会适应等。除此之外，《纲要》还根据不同年龄阶段学生的身心发展特点，设置了分阶段的具体教育内容。这样的设置操作性强，为中小学校所欢迎和接受，不仅符合中小学生的成长与发展实际，而且也体现了从心理健康教育向心理健康服务转变，从问题导向向积极心理促进的国际心理健康发展潮流转变的态势。在具体教育与研究实践中，我国心理健康教育工作者更侧重于探索中小学生心理健康素质的影响因素及机制，这些探索主要集中在个体内部过程与外部环境两个层面。

从心理健康教育的途径和方法看，《纲要》明确指出，将心理健康教育贯串教育教学全过程、开展多种形式的专题教育、建立心理辅导室、密切联系家长共同实施心理健康教育，以及充分利用校外资源等。目前在中小学校的具体教育实践中，心理健康课程与专题讲座是心理健康教育最常用的方式；心理辅导室作为心理健康教育的重要环节，承载着开展心理辅导、筛查与转介、课程咨询、家校整合等功能，已成为学校开展心理健康教育的重要载体；在日常教育教学与班主任工作、社会实践活动以及家庭教育中，全面渗透心理健康教育，也成为中小学心理健康教育的要素和必要组成部分。

从心理健康教育的组织实施看，《纲要》中从心理健康教育的管理、教师、教材、研究几个层面，构建了我国中小学心理健康教育的组织实施体系。从目前学校教育管理和实践效果看，立法与政策文件已成为我国政府推动和规范中小学心理健康教育发展的主要手段，而心理健康教育教师队伍建设，则成了中小学心理健康教育有效实施的重要保障。

需要强调的是，重视教师心理健康问题和加强现代学校心理辅导制度建设，也是目前中小学心理健康教育呈现的显著新特点。

一是教师心理健康问题。作为"心灵成长和心理健康"的护法使者，教师不但对学生的身心健康负有重要责任，而且自身也应成为学生身心健康的样本和表率。教师的心理状态、言谈举止和人格特征会以潜移默化的方式，对学生的学习效果、个性发展和心理健康等产生深刻的影响，且这种影响的深度和广度是其他职业所无法企及的。然而，现实情况却不容乐观，有相当数量的教师存在心理健康问题。对此问题的严重性和迫切性，我们必须持有清醒的认识和正确的应对策略。一方面，教师必须具备心理健康的教育能力，即胜任心理健康教育工作的教育能力——专业知识、专业技能与专业素养；另一方面，教师必须维护和促进自身的心理健康。这一命题包含两层含义，其一，教师的心理保健与调适；其二，教师心理健康的提高与促进。真正使自己成为良好职业道德、职业规范的"自我立法"者，不良职业角色和从业心理的"自我纠正"者，良好心理、情绪、行为和习惯的"自我行政"者。

二是现代学校心理辅导制度建设。学校心理辅导制度是开展心理健康教育工作的规章制度，包括根本制度、基本制度和具体制度三个层面。目前，学校心理辅导工作越来越受到社会的广泛重视，心理辅导制度建设也得到了迅速发展，但与西方发达国家相比，尚有一定距离。因此，大力加强我国学校心理辅导制度建设势在必行。于此，教育行政部门制定的心理健康教育政策至关重要。作为自 1999 年以来教育部一系列中小学心理健康教育政策的亲历者、当事者，我曾打过一个形象的比喻：2002 年颁布的《纲要》和 10 年后的《纲要》（2012 年修订）就像一支庞大的"军队"，对开展中小学心理健康教育工作有决定性影响；

首批 20 个全国中小学心理健康教育示范区犹如"军队"中的一个"军种"，全面推进了区域性中小学心理健康教育工作；《中小学心理健康教育特色学校争创计划》则是"军种"中的一艘"航母"，给各地中小学心理健康教育工作树立了标杆和样板；随后颁布的《中小学心理辅导室建设指南》则是"航母"上的"舰载机"，将会进一步推进和深化中小学心理健康教育工作。实际上，这是教育部在中小学心理健康教育制度建设上的深谋远虑和高瞻远瞩，充分体现了顶层设计的高度、精度和力度，且环环紧扣、层层递进，为我国现代学校心理辅导制度建设奠定了坚实的基础。

三、中小学心理健康教育的走向与发展趋势

我们认为，我国中小学心理健康教育的未来发展应重点关注以下问题：第一，从心理健康教育向心理健康教育与服务并重，着力提供优质心理健康服务转变；第二，由侧重中小学生心理行为问题的矫正，向重视全体中小学生心理健康的促进与心理行为问题的预防转变；第三，着力构建中小学生健康成长的生态系统；第四，加强中小学心理健康教师队伍的建设，强调以实证为基础的干预，重视教育效果的评估与反馈。

特别需要指出的是，中小学心理健康正从教育模式向服务模式转变，这种转变是历史的必然，也是学校心理健康发展的必然。近年来，随着积极心理学的悄然兴起和蓬勃发展，学校心理服务的对象逐渐扩展到全体学生，强调面向健康的大多数学生进行心理健康教育，提高全体学生的心理健康素质，以预防和促进发展为导向。服务模式相对于教育模式，主要强调的是视角不同。教育模式有一个内隐假设，即教育者根据预设的内容和目标，有计划有步骤地对教育对象实施影响，有"强人所难""居高临下"之嫌；服务模式则重视以学生自身的发展性需要为出发点，充分发挥学生的主动性和积极性，根据他们的心理发展规律和成长需要，提供相应的心理健康服务，即强调提供适合学生发展需要

的心理健康教育。目前，我国学校心理健康教育正处在从教育模式逐渐向服务模式转变的过程中。为了有效实现这种转变，必须从心理健康自评和他评、心理健康课程与教学、心理辅导与咨询，以及心理疾病预防与危机干预四个方面切入，通过编制本土化的心理健康评价工具，不断开发学校心理健康课程与教育资源，大力加强学校心理辅导与心理辅导室建设，全面完善学校心理危机预防与干预服务系统等过程，逐步形成富有中国特色的中小学心理健康服务和服务体系。

今后相当一段时期内，对于中小学心理健康教育而言，加强现代学校心理辅导制度建设是核心，编制具有中国本土特色的中小学生心理健康素质指标是基础，从实施心理健康教育走向心理健康服务并建立服务体系是途径，提供适合中小学生发展需要的心理辅导与心理健康服务是关键。这也是未来我国中小学心理健康教育的走向与发展路径。

第二章

————

中小学学生对心理健康教育的认知与评价

一、问题提出

心理健康教育是中小学生快乐学习、健康成长、幸福生活的基础。积极而有效地开展心理健康教育，有助于中小学生正确认识自我，调节情绪，培养坚强的意志品质，形成健全的人格，建立良好的人际关系，促进社会适应能力的发展。自 2012 年教育部颁布《纲要》（2012 年修订）[1]以来，全国各级中小学在心理健康教育课程、师资队伍和心理辅导室建设等方面取得了丰硕成果。特别是东部沿海地区，心理健康教育得到了进一步重视，并取得了令人瞩目的成效。[2][3] 但中部地区，作为我国基础教育发展水平的典型代表，在心理健康教育的普及、落实与深化上与东部地区存在差距，而且农村和城市中小学心理健康教育也存在发展不均衡的现象。2015 年，我们通过对山西和河南两省的调研，旨在了解目前中部地区城市与农村中小学生对心理健康教育的认知与评价，发现其中的问题，为我国中小学心理健康教育的均衡发展提供对策建议。

————

[1]　教育部：《中小学心理健康教育指导纲要（2012 年修订）》，北京，北京师范大学出版社，2013。
[2]　陈永胜：《浙江省中小学心理健康教育现状调查》，载《中国特殊教育》，2010(6)。
[3]　沈之菲：《上海市中小学心理健康教育师资队伍现状调查与对策研究》，载《思想教育理论》，2013(6)。

二、研究方法

我们运用自编问卷，对我国两个中部地区地级市的中小学生进行全面调查，了解中小学生对心理健康教育的认知和评价。

(一)研究工具

我们在访谈法的基础上，参照教育部颁布的《纲要》精神和内容，自编《中小学校心理健康教育师资队伍基本情况调查(学生卷)》，问卷包括中小学校开展心理辅导和心理健康教育课程的基本情况，以及中小学生对学校心理辅导和心理健康教育课程的评价(包括对心理辅导和心理健康教育课程的效果评价、对心理辅导教师和心理健康课程教师的评价、对心理健康课程内容的评价等)，最后还包括中小学生对本校开展心理健康教育的满意度。

(二)研究对象

本研究选取山西省某市和河南省某市中小学生作为调研对象，选取小学二、四、六年级，初一、初二、初三、高一、高二、高三，共9个年级11338名学生为被试，回收有效问卷11027份，回收率为97.0%。其中农村中小学生4453人，占40.4%；城市中小学生6574人，占59.6%，符合当地城市和农村学生比例。在所有学生中，小学生4495人，占40.8%；初中生3408人，占30.9%；高中生3124人，占28.3%。运用SPSS 19.0统计分析软件对数据进行录入和分析。

三、研究结果

(一)城市中小学生心理健康教育现状

城市中小学在设置心理辅导室和心理健康课程开设方面做得较好。但整体来看，初中和高中的心理健康教育与小学相比相对薄弱。具体表现在以下几个方面。

1. 设置心理辅导室

整体来看，城市中小学中有 90.9% 的学校设置了心理辅导室，1.53% 的学校没有设置，7.6% 的学生不知道自己学校有没有设置心理辅导室。其中，城市各级学校心理辅导室的设置情况如表 2-1。卡方检验发现，小学、初中、高中心理辅导室开设情况有显著差异，$\chi^2 = 802.8$，$p < 0.001$。初中学校相对较少，只有 80.7% 的学校设置了心理辅导室。

表 2-1　城市中小学心理辅导室设置情况

	有	无	不知道	χ^2
小学	98.3%	0.8%	0.9%	802.8***
初中	80.7%	2.8%	16.5%	
高中	93.6%	1.0%	5.4%	

注：* 表示 $p < 0.05$；** 表示 $p < 0.01$；*** 表示 $p < 0.001$，全书同。

2. 开设心理健康教育课程

调查发现，城市中小学中有 89.6% 的学校开设心理健康教育课程，5.7% 没有开设心理健康教育课程，4.6% 的学生表示不知道学校是否开设心理健康教育课程（表 2-2）。经卡方检验发现，不同阶段学校开设心理健康课程情况有显著差异（$\chi^2 = 192.1$，$p < 0.001$），其中高中和小学开设心理健康教育课程的比例占 90% 以上，开设心理健康教育课程的初中学校占 83.9%。

表 2-2　城市中小学心理健康教育课程开设情况

	有	无	不知道	χ^2
小学	92.4%	6.2%	1.4%	192.1***
初中	83.9%	6.8%	9.3%	
高中	92.6%	4.2%	3.2%	

3. 举办心理健康讲座或其他活动情况

整体上，城市中小学中有 64.6% 的学校曾举办心理健康讲座或其他活动，13.1% 的学校没有此类活动，22.3% 的学生表示不知道学校是否举办过心理健康讲座或活动。其中，小学生的心理健康讲座及活动较多，占 85.7%，举办心理健康讲座及活动的中学刚过半，30% 左右的初中学生不知道自己学校有没有心理健康讲座（表 2-3）。经卡方检验，不同阶段学校在开设心理健康讲座方面有显著差异（$\chi^2 = 701.6$，$p < 0.001$）。

表 2-3　城市中小学心理健康讲座或其他活动开设情况

	有	无	不知道	χ^2
小学	85.7%	6.8%	7.5%	701.6***
初中	53.5%	17.2%	29.3%	
高中	54.6%	15.3%	30.1%	

4. 心理健康教育的满意度

调查表明，城市中小学生对心理健康教育的整体满意度为：65.7% 的学生表示很满意，25.7% 的学生认为一般，8.5% 的学生不知道。具体来看（图 2-1），小学生的满意度为 85.6%，初中生和高中生的满意度较低，分别为 58.4% 和 53.1%。经卡方检验存在显著差异（$\chi^2 = 639.6$，$p < 0.001$）。整体看来，中学生对心理健康教育的满意度低于小学生。

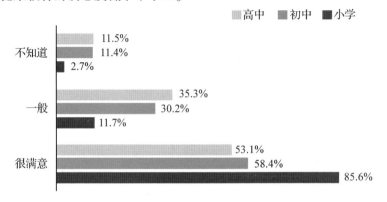

图 2-1　城市中小学心理健康教育满意度

(二)农村中小学生心理健康教育现状

通过农村中小学生对心理健康教育状况的认知与评价发现，农村中小学在硬件设施、心理健康教师水平和心理健康教育课程开设方面与城市中小学都存在着较大差距；农村高中心理健康教育更是没有得到落实。具体调研结果如下。

1. 设置心理辅导室

与城市相比，农村设置心理辅导室的学校较少，尤其是高中。整体来看，61.7%的学校设置了心理辅导室，14.8%的学校没有心理辅导室，23.4%的学生不知道自己所在学校有无心理辅导室。其中，小学有81.0%的学校开设了心理辅导室，初中和高中比小学少(表2-4)。经卡方检验发现，小学、初中、高中心理辅导室设置情况有显著差异，$\chi^2 = 932.1$，$p < 0.001$。

表 2-4　农村中小学心理辅导室设置情况

	有	无	不知道	χ^2
小学	81.0%	10.9%	8.0%	932.1***
初中	74.1%	10.0%	15.9%	
高中	30.1%	23.5%	46.3%	

2. 开设心理健康教育课程

农村中小学中，开设心理健康课程的学校占64.5%，没有开设的占19.6%，不知道自己学校是否开设的占15.9%。其中，小学开设情况较好，在90%以上，初中有75.3%，而高中仅有27.3%(表2-5)。经卡方检验，不同阶段学校开设心理健康课程情况有显著差异，$\chi^2 = 1414.8$，$p < 0.001$。

表 2-5　农村中小学心理健康课程开设情况

	有	无	不知道	χ^2
小学	90.9%	4.4%	4.7%	1414.8***
初中	75.3%	12.2%	12.5%	
高中	27.3%	42.1%	30.6%	

3. 举办心理健康讲座

整体来看，农村中小学中有 53.1% 的学校举办过心理健康讲座及相关活动，19.9% 的学校没有举办过相关活动，27.0% 的学生表示不知道自己所在学校是否有心理健康讲座或相关活动。小学中有 76% 的学生回答举办过心理健康讲座，初中为 58.2%，高中最少，只有 25.1%（表 2-6）。经卡方检验，农村中小学各学段之间举办心理健康讲座的情况有显著差异，$\chi^2 = 767.7$，$p < 0.001$，小学心理健康讲座的开设情况明显好于初中和高中。

表 2-6　农村中小学心理健康讲座开设情况

	有	无	不知道	χ^2
小学	76%	7.9%	16.1%	767.7***
初中	58.2%	18.9%	22.9%	
高中	25.1%	32.9%	42%	

4. 心理健康教育的满意度

整体来看，农村中小学心理健康教育满意度低于城市。其中对心理健康教育表示很满意的学生占 42.9%，表示一般的占 34.4%，表示不知道的占 22.7%。小学生满意度最高，其次是初中，高中生满意度最低（图 2-2）。经卡方检验发现，农村中小学对心理健康教育的满意程度呈显著差异，$\chi^2 = 881.6$，$p < 0.001$。

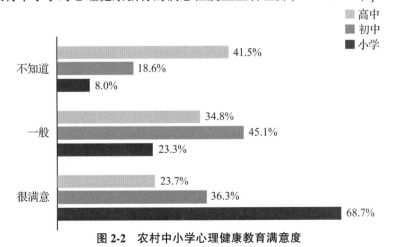

图 2-2　农村中小学心理健康教育满意度

(三)城乡中小学生心理健康教育的比较

诚如上述,城市和农村中小学基本上都建立了心理辅导室,开设了心理健康教育课程和相关讲座。这里,通过比较城市和农村中小学生对学校心理辅导和心理健康教育课程的满意程度,以期了解城乡心理健康教育水平和质量的差异。

1. 心理辅导的态度与评价

在所有参与调查的 11027 名中小学生中,去学校做过心理辅导的学生为 3592 人,占 32.6%。其中,小学生 1480 人,占辅导总人数的 41.2%;初中生 1520 人,占 42.3%;高中生 592 人,占 16.5%。整体来看,做过心理辅导的学生中,初中生最多,高中生最少。

(1)对心理辅导教师的评价

城市和农村中小学生对心理辅导教师辅导水平的评价存在差异。城市学生认为辅导老师很有水平的占 74.3%,而农村学生认为辅导老师很有水平的为 68.9%(图 2-3)。整体来说,城市和农村心理辅导教师水平之间存在差异,经卡方检验发现这一差异显著,$\chi^2 = 35.8$,$p < 0.001$。城市学生对心理辅导教师水平的评价更高。

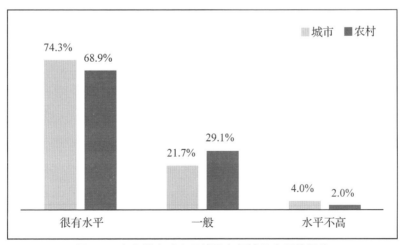

图 2-3　中小学生对心理辅导老师辅导水平的评价

（2）对心理辅导效果的评价

整体来说，心理辅导对中小学生心理健康具有积极作用。接近四分之三的城市和农村学生都认为心理辅导对他们心理问题的解决很有帮助，仅有3.5%的学生认为心理辅导没有帮助。城市和农村中小学生对心理辅导效果评价差距不大，认为心理辅导"很有帮助"的分别占74.5%和74.4%，表示一般的分别占20.8%和23.2%，表示没有帮助的分别占4.7%和2.4%（图2-4）。

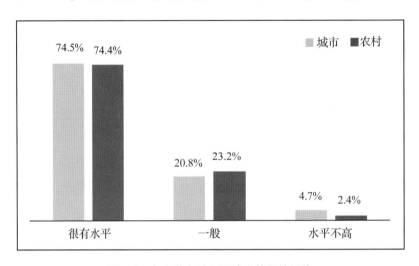

图2-4 中小学生对心理辅导效果的评价

（3）对心理辅导的态度

城市和农村中小学生对心理辅导的态度比较接纳。整体上看，79.1%的学生表示接受心理辅导，20.9%持不确定或比较排斥的态度。具体来看，对心理辅导表示"比较接受"的城市和农村学生分别占79.2%和79.0%；表示"不确定"的城市和农村学生分别占17.7%和19.1%；表示"比较排斥"的城市和农村学生分别占3.1%和1.9%（图2-5）。由此来看，城市和农村学生对心理辅导的态度上略有差异，但相差不大，整体呈接受态度，仅有极少部分学生表示对心理辅导持排斥态度。

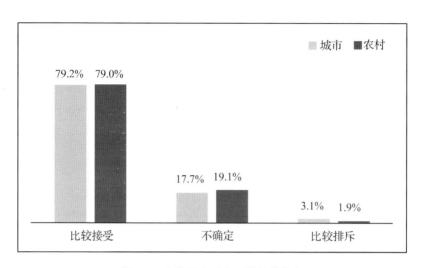

图 2-5　中小学生对心理辅导的态度

2. 心理健康教育课程评价

在参与调查的中小学生中，学习过心理健康教育课程的学生有 8721 人，占 79.1%。这里主要分析农村与城市中小学生参与心理健康教育课程的兴趣、对授课教师的评价和课程效果评价。

（1）对心理健康教育课程的兴趣

城市和农村学生对心理健康课程的兴趣存在差异，城市中小学生中有 73.3% 表示很有兴趣，而 61.2% 的农村学生表示很有兴趣，接近 40% 的农村学生表示对心理健康课程兴趣一般或毫无兴趣（图 2-6）。经卡方检验，城市和农村对心理健康课的兴趣差异显著，$\chi^2 = 160.8$，$p < 0.001$。据调查发现，农村中小学心理健康教育课程中，有 60.3% 的学生回答授课方式是讲授与活动相结合，而城市心理健康课程则有 76.0% 的学生回答授课方式是讲授与活动相结合。因此，学生对心理健康课程的兴趣，很有可能是与授课方式相关，转变授课方式是提高学生兴趣的有效途径。

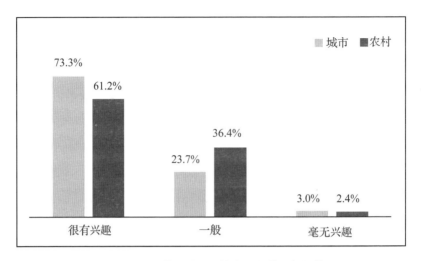

图 2-6 中小学生对心理健康课程的兴趣评价

（2）心理健康教育课程的教学内容

城市中小学生认为心理健康教育课程教学内容符合自身特点和需要的占79.4%，这一比例在农村中小学生中只占64.8%。在授课内容上，城市心理健康教育内容更符合中小学生的心理发展特点和心理需要（图 2-7）。卡方检验发现，在心理健康教育课程的教学内容上，城市和农村学生的评价差异显著，$\chi^2 = 233.4$，$p < 0.001$。

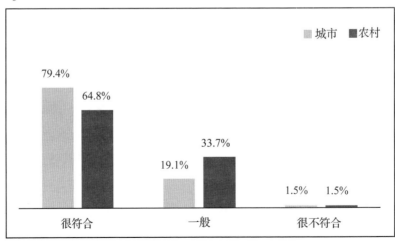

图 2-7 对心理健康教育课程的教学内容评价

（3）授课教师水平的评价

城市中小学生对心理健康课程教师的评价更高，认为心理健康教师授课很有水平的城市学生占 79.7%，而这一比例在农村学生中只有 62.5%。近 40% 的农村学生认为教师授课水平一般或水平不高（图 2-8）。卡方检验，在对心理健康教育教师授课水平的评价方面，城市和农村学生之间差异显著，$\chi^2 = 330.6$，$p<0.001$。这说明在心理健康教育师资水平上，农村和城市之间有差距。

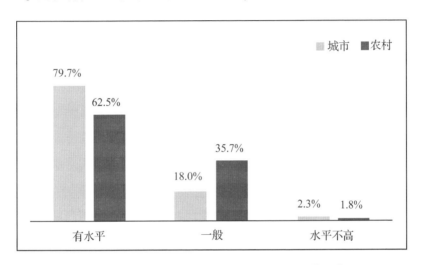

图 2-8　中小学生对心理健康课授课教师水平的评价

（4）心理健康教育课程效果的评价

城市和农村学生对心理健康教育课程效果的评价差距不大。具体来说，城市和农村学生认为心理健康课程"很有帮助"的分别占 74.3% 和 73.3%，认为"一般"的分别占 22.6% 和 24.2%，认为"没有帮助"的分别占 3.1% 和 2.5%（图 2-9）。这表明，近 3/4 的城市和农村中小学生认为心理健康教育课程很有帮助。虽然农村和城市在心理健康教育水平和教师资源上有差距，但城市和农村学生对心理健康课的整体评价没有显著差异，说明无论在城市还是农村，开设心理健康课程都是很有必要的。

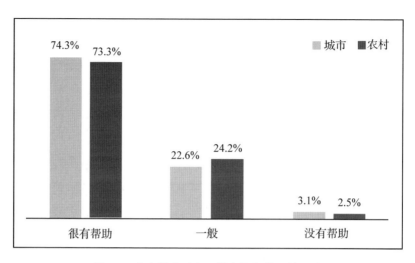

图 2-9   中小学生对心理健康课程效果的评价

四、教育成效与建议

(一) 中小学心理健康教育的成效

自教育部发布《纲要》以来，中小学心理健康教育已得到各级各类学校的广泛重视，受到中小学生的热烈欢迎，并取得了令人瞩目的成果。从本次调研结果来看，心理健康教育已经基本普及至所有城市中小学和大部分农村中小学。与十年前相比，中小学心理健康教育的发展和进步主要体现在以下几个方面。

第一，心理健康教育对象不仅仅是面向少部分有心理问题的学生，而是开始面向全体学生；心理健康教育内容不仅仅局限于跟学习相关的心理问题，而是促进中小学生在认知、情绪、动机、人际关系、自我认同、社会适应等方面的人格健全发展，帮助学生实现个人成长，提高全体学生的心理素质。

第二，随着各级教育行政部门、中小学校领导和教师对心理健康教育的重视，家长和学生对心理健康教育态度的改变，心理健康教育无论在城市还是在农村中小学都取得了良好成效。从我们的调研数据看，中小学生对心理辅导呈接纳态度，心理辅导室取得了良好教育效果，心理健康教育课程和心理健康讲座活动得到广泛普及，大部分农村和城市中小学学生表示心理辅导和心理健康课程很有帮助。

第三，相比2005年对心理健康教育状况的调查①，本次中部地区的心理健康教育状况有明显改善和提高。心理健康教育课程和心理辅导室的开设情况都远远好于2005年。说明近十年来，随着教育部《纲要》的颁布和中小学校的重视，以及心理健康教育专职和兼职教师的增加，心理健康教育已得到广泛普及，正在逐步走向深化和进一步科学发展。

(二) 中小学心理健康教育存在的问题与对策建议

虽然我国中小学心理健康教育的发展势头很好，但就本次中部地区的调研结果来看，还存在一些问题亟待解决。

首先，城市与农村心理健康教育发展不平衡，农村中小学心理健康教育相对落后。由于农村中小学在心理健康教育师资和硬件设备上存在差距，而且农村学校比城市学校更缺乏先进的教育理念，导致农村中小学在心理健康教育方面相对落后。而农村高中又是心理健康教育的重灾区，在升学压力面前，心理健康教育常被搁置，呈现出"说起来重要，做起来次要，忙起来不要"的局面。因此，教育部门应加大对农村中小学心理健康教育资源的投入，在尊重农村学校现状的情况下，监督和敦促心理健康教育的开展，帮助农村中小学，特别是中学配备专职心理健康教师，让现有的心理健康教师参加专业的心理健康教育培训，掌握心理健康课程的授课方法和心理辅导技巧。

其次，农村中小学心理健康教育内容不符合农村中小学生需要，缺乏针对性和实效性。农村中小学生的生活条件和成长环境与城市不同，心理健康教育的开展不能与城市一概而论。农村和城市中小学生有共性也有区别，农村心理健康教育资源与城市相比相对匮乏，升学压力更大，心理健康教育对不同生活背景的学生要有针对性。而且农村中小学生中的特殊群体需要特别关注。目前，

---

① 徐美贞：《中小学心理健康教育现状调查分析》，载《教育发展研究》，2005（a06）。

农村留守儿童增多，根据《中国 2010 年第六次人口普查资料》推算，农村留守儿童占农村儿童的 37.7%。这一部分学生有更多心理孤独感，其同伴关系、自尊、情绪调控等方面常存在问题。因此，心理健康教育的内容更要符合农村中小学生心理特点，特别是一些特殊群体更应该有针对性。

再次，初中、高中阶段的心理健康教育相对薄弱。从调查数据看，城市中学心理健康教育与小学存在差距，农村更甚。在心理辅导工作开展、心理健康课程和讲座活动的举办上，中学生心理健康教育活动都远少于小学生。在中学，即使是有心理辅导室的学校，辅导室也常沦为摆设。究其根源，初中和高中课程增多，学生面临升学压力，心理健康课程常常被其他课程占用。然而，初中生和高中生都处于儿童心理发展阶段中的关键时期——青春期，这一时期也是儿童发展中最容易出现心理问题的时期之一。初中生一般刚进入青春期，心理和生理上都发生巨大变化，心理辅导和心理调适需要紧跟初中生成长的步伐。高中生则面临更大的学业压力和应试压力，同时在人际关系、自我认同方面也更容易出现问题。以往研究发现，高中生的心理问题更多也更为严重。[1] 中学生的心理健康对其人格发展、适应未来社会生活、创造社会价值以及收获幸福感都有重要意义，因此，中学生应是心理健康教育的重点服务对象。未来应重点加强中学生心理健康教育建设，对初中、高中阶段心理健康教育进行有力监督。例如，教育部门应制定心理健康教育课的课程内容标准，保证心理健康课的课时。

最后，中小学心理健康教师专业化程度有待提高。目前，中小学心理健康教师中的专职教师比例较低，心理健康教师常由班主任或其他代课老师兼任，而心理健康课与学科教学之间差距较大，因此，一些教师在心理健康课的授课方式上难以转变。我们认为，心理健康教育课程开设需与儿童的心理特点相结合，小学生心理课程以活动和游戏为主要方式，中学生课堂以体验和活动为主。

---

① 任杰、许浩川、刘毅、韦官玲：《城乡中学生心理健康与生活满意度的研究》，载《教育研究与实验》，2009(2)。

从本次调研数据看，心理健康课程授课方式建议使用讲授与活动/体验相结合的方式，使心理健康教育方式多样化。纯粹讲授的心理健康课堂比较枯燥，难以取得心理成长的效果。只有活动的心理健康教育课堂则容易偏离心理健康教育本质。因此，心理健康教育课程需把讲授与活动相结合，按照"学习心理健康知识——参加心理健康活动——掌握保持心理健康的方法"这三个相互联系、逐步递进的逻辑思路，[①] 提高学生参与兴趣，通过活动助力心理成长，并在教师的讲授中获得升华。未来中小学校应引进更多专业专职的心理健康教师，并定期安排心理健康教育教师进行培训，提升教师专业化水平，建设一支专业素质过硬、经验丰富的心理健康教师队伍。

---

① 俞国良、赵军燕：《论学校心理辅导制度建设》，载《教育研究》，2013（8）。

第三章

————

中小学教师对心理健康教育的认知与评价

一、问题提出

心理健康是人全面发展的必然要求，更是人类幸福生活的基础。在中小学开展心理健康教育，不仅是社会发展的需要，而且是促进学生全面发展，实施素质教育，提高学生全面素质的必然要求。中小学专兼职教师和管理者对心理健康教育的认知与评价，是影响心理健康教育工作质量的关键。基于此，2015年我们自主研发并编制了《中小学校心理健康教育师资队伍基本情况调查问卷》，通过对专兼职教师和管理者两个层面的调查，初步掌握了中小学心理健康教育师资队伍的现状、特点及存在的主要问题，并提出了相应的对策建议，为科学建构面向青少年的中小学心理健康教育服务体系提供了参考。

二、研究方法

(一)研究工具

我们采用问卷调查法。在大量阅读国内外心理健康相关文献的基础上，结合专家访谈与中小学校的实际，从专兼职教师和学校管理者两个角度，设计了《中小学校心理健康教育师资队伍基本情况调查问卷》。问卷具有较好的信度和效度，符合中小学心理健康教育师资队伍建设的实际。问卷由45道题组成，其中专兼职教师问卷22道题目，学校管理者问卷23道题目，通过对心理健康教育师资的构成、专业背景、职责范围、人事管理、课堂教学、培训需求等方面的调查，试图从不同角度来了解专兼职教师和管理者对中小学心理健康教育现状的认知与评价，以及中小学心理健康教育师资队伍的基本情况。研究中采用EXCEL 2013 和 SPSS 22.0 统计软件，进行数据管理与分析。

（二）研究对象

本研究采取分层随机抽样的方法，选取了山西省某地级市、河南省某地级市两地学校发放问卷，共回收专兼职教师有效问卷 584 份，学校管理者有效问卷 209 份。回收的数据经过严格筛查、分类后，建立了"中小学心理健康教育师资队伍综合调查数据库"。

三、研究结果

（一）中小学开展心理健康教育的基本情况

参加本次调研的所有中小学都有专兼职心理健康教育教师，全部配备了专门的心理辅导室。其中，有专职心理健康教育教师的学校占 47.85%，38.76% 的学校每年都在心理健康教育方面有专项经费投入，并且绝大多数学校配备了心理健康教育所必需的测试工具及其他设施。此外，学校开展心理健康教育的形式多种多样：有 98.56% 的学校开设了心理健康教育相关课程，97.63% 的学校还开展了除课程以外的其他心理健康教育活动。总体上看，心理健康教育受到了前所未有的重视，但仍不是学校教育的"必需品"，部分学校并未实现心理健康教育的常态化，个别学校仍未开展相关工作。

（二）中小学专兼职教师对心理健康教育的认知与评价

1. 心理健康教育教师的构成

如表 3-1 所示，76.20% 的心理健康教育专职教师曾是其他学科教师；担任德育课教师，或有过心理辅导经历的教师分别仅占 10.62% 和 10.79%。兼职教师中，以德育课教师、班主任和校级、中层干部为主体。调查数据显示，由其他学科教师转行而来的教育人员，构成了中小学心理健康教师的主体。同时，这些教师从事与心理健康教育相关工作的时间普遍较短，他们的专业基础往往较为薄弱。

表 3-1　中小学心理健康教师构成

从事心理健康教育以前的岗位		心理健康教育师资队伍构成		从事心理健康教育相关工作的时间	
其他学科	76.20%	专职	47.85%	1 年及以下	36.82%
德育课	10.62%	德育课教师兼任	28.71%	2~5 年	41.61%
心理辅导	10.79%	班主任兼任	24.40%	6 年及以上	21.58%
行政管理	2.40%	其他学科教师兼任	7.66%		
校医	0.86%	校医兼任	3.35%		
其他	6.16%	校级、中层干部兼任	15.79%		
		其他行政人员兼任	1.44%		

注：部分教师存在兼任数职的情况。表中前两项的数据之和大于 100%。

2. 心理健康教育教师的教育背景

本研究调查了心理健康教育教师以往学习心理学的方式、专业背景、最终学位，以及是否获得了某种心理健康教育方面的资格证书，结果如表 3-2 所示。中小学心理健康教育的专兼职教师以往学习心理学的方式主要是任教后的继续教育和学生时代的公共课，分别占 37.33% 和 28.25%。就专业背景来说，仅有22.63% 的教师有心理学背景。就学历而言，硕士及以上学历者占 5.74%，本科（学士）学历者占 80.35%，专科及以下学历者占 13.91%。此外，有 26.88% 的心理健康教育专兼职教师获得了相关的资格证书。显然，目前心理健康教育专兼职教师的教育背景不容乐观。

表 3-2　中小学心理健康教师教育背景

以往学习心理学的方式		专业背景	
任教后通过继续教育	37.33%	心理学	22.63%
心理学专业毕业	10.79%	教育学	42.28%
自学	23.63%	其他	35.09%
学生时代学习过	28.25%		
最终学位		心理健康教育方面的资格证书	
专科及以下	13.91%	具备	26.88%
本科（学士）	80.35%	不具备	73.12%
硕士及以上	5.74%		

3. 心理健康教育的形式

如表 3-3 所示，在心理健康课堂教学形式上，大多数教师以"讲授与活动相结合"为主要方式，占 66.67%，其余则分别以讲授或活动为主，分别占 14.88% 和 18.45%。心理健康教育课的备课以集体备课为主，占 52.37%；同时，也有相当一部分教师选择个人备课，占 43.47%。

在接受调查的专兼职教师中，同时承担心理辅导工作的占 31.70%。这些教师中，平均每周心理辅导 5 人次及以下的占 59.51%，6~10 人次的占 30.67%，10 人次以上的占 9.82%；心理辅导的主要形式为单独面谈的，占 82.61%，以团体辅导或电话、网络辅导为主要方式的分别占 15.53% 和 1.86%。此外，45.04% 的教师"还以讲座或其他活动形式在学校开展心理健康教育工作"。

表 3-3　心理健康教育形式

心理健康课堂教学形式		心理辅导次数		心理辅导形式	
讲授与活动相结合	66.67%	≤5 人/周	59.51%	单独面谈	82.61%
讲授为主	14.88%	6~10 人/周	30.67%	团体辅导	15.53%
活动为主	18.45%	>10 人/周	9.82%	电话、网络辅导	1.86%

4. 工作绩效的自我认知与评价

从工作能力、工作效果和工作支持三个方面，我们调查了中小学心理健康教师的工作绩效。从工作能力上看(表 3-4)，35.06%的教师认为自己的心理健康专业知识水平能胜任当前的工作，34.91%的教师认为自己的技能水平能胜任当前工作。对教师以往学习心理学的方式、教育背景与胜任工作的自我认知进行斯皮尔曼相关分析发现(表 3-5)，它们之间存在显著的正相关，即具有心理学背景的教师，对自己工作能力的评价更高；教师的最终学位与他们的工作能力认知的相关不显著。

表 3-4　工作能力的自我认知与评价

心理健康专业知识水平		心理健康专业技能水平	
能胜任	35.06%	能胜任	34.91%
不确定	45.27%	不确定	46.49%
不太胜任	19.67%	不太胜任	18.60%

表 3-5　以往学习心理学的方式、教育背景与工作能力的相关系数

	知识水平是否胜任当前工作	技能水平是否胜任当前工作
以往学习心理学的方式	0.13 **	0.14 **
教育背景	0.22 **	0.26 **
最终学位	−0.029	0.029

从工作效果上来看(表 3-6)，60.52%的教师认为心理健康教育课程的效果很好，57.23%的教师认为心理辅导的效果很好。总体来说，对学校心理健康教

育工作感到满意或很满意的教师占 95.84%，说明专兼职教师对自己的工作充满自信。

表 3-6　工作效果的自我认知与评价

课程效果		辅导效果		学校心理健康工作	
很好	60.52%	很好	57.23%	很满意	60.22%
一般	37.70%	一般	37.74%	一般	35.62%
不好	1.79%	不好	5.03%	不满意	4.16%

从工作支持上来说，76.04% 的中小学心理健康教育专兼职教师认为，学校领导非常支持自己的工作，认为一般的占 20.15%，认为不支持的仅有 3.81%。总体上看，心理健康教育已经受到了各学校的普遍重视，学校领导也愿意支持相关工作的开展。

5. 心理健康教育教师的培训要求

表 3-7 显示，中小学心理健康教育专兼职教师的培训需求十分强烈：78.58% 的教师需要接受进一步的专门培训，这种培训需求也得到了来自学校领导的支持。但是，仅有 19.02% 的教师能够经常参加相关的学术会议或培训。在培训内容上，60.07% 的教师更希望参加理论与实践相结合的培训活动；在形式上，有 64.74% 的教师希望能够集中培训。由此可见，中小学心理健康教育专兼职教师的培训明显处于"供不应求"的状态，即学术交流与培训的机会远远无法满足教师的专业培训需求。

表 3-7　心理健康教育专兼职教师的培训需求

是否需要接受进一步的培训		参加心理健康会议或培训的频率		学校领导是否支持参加心理健康会议或培训	
很需要	78.58%	经常	19.02%	非常支持	54.21%
不确定	17.42%	一般	51.81%	一般	40.11%
不需要	3.99%	很少	29.17%	不太支持	5.68%

续表

培训内容		培训方式		培训的时间和频率	
理论	5.63%	集中	64.74%	每年一周	39.89%
实践	34.30%	分散	22.06%	每年两周	36.40%
二者结合	60.07%	自学	13.20%	每月两天	23.71%

(三) 中小学管理者对心理健康教育的认知与评价

1. 学校管理者对心理健康教育专兼职教师的要求

调查结果(图 3-1) 显示，中小学校管理者在选择心理健康教育教师时，非常重视他们的专业背景、学历学位、相关资格认证、授课技能、从业时间与经验及人格与心理健康程度。其中，心理健康教育专兼职教师的人格与心理健康水平最受重视。

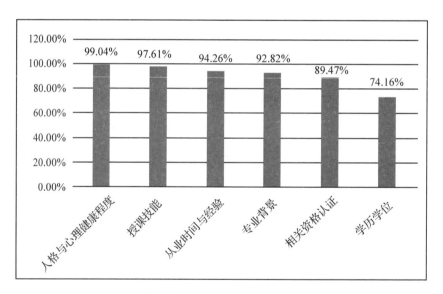

图 3-1　学校管理者对心理健康教育教师的要求

注: 此题可多选，因此数据相加大于 100% 。

2. 学校管理者对心理健康教育专职教师的职责定位

在学校管理者看来，认为心理健康专职教师应主要承担心理健康教育教学、学生心理辅导与心理健康宣传三项工作任务的占 81.89%；认为需要承担学生心理辅导和心理健康宣传、心理健康教育教学和心理健康宣传两项任务的分别占 8.66% 和 7.87%；认为仅需承担心理健康教育教学和学生心理辅导的占 1.57%。可见，多项工作任务、多样化的职责范围对心理健康专职教师提出了更高的要求。

3. 学校管理者对心理健康教育专职教师的管理

在调查中发现，学校管理者在"学校对专职心理健康教育教师管理的规范化程度"上，认为非常规范的有 59.84%，一般的有 32.28%，不够规范的有 7.87%；在"学校心理健康教育专职教师的工作强度"上，认为强度很大的有 35.43%，一般的有 64.57%。至于心理健康教育专职教师的岗位职责、薪酬、考核情况，结果如表 3-8 所示。

表 3-8 心理健康教育专职教师的岗位职责、薪酬、考核情况

相关指标	是	不确定	否
工作分析/岗位描述	86.51%	12.70%	0.79%
系统的专门考核方案	69.49%	10.17%	20.34%
明文规定绩效考核与薪酬的关系	61.34%	26.89%	11.76%

4. 学校管理者对心理健康教育教师的支持

调查结果显示，在职称晋升上，心理健康教育专兼职教师没有特殊的优势：只有 27.78% 的学校领导认为"相比于一般教师岗位，专兼职心理健康教师更容易得到晋升"，认为不确定的占 57.14%。在专业培训上，66.93% 的学校领导认为自己学校的专职心理健康教师"有较多的机会参加学术会议、专业培训或进修"，认为机会一般的占 22.83%，认为机会较少的占 10.24%。此外，70.59% 的学校领导认为"学校已建立专业体系以保障专职心理健康教育教师的心理健康状态"。

5. 学校管理者对心理健康教育工作的评价

在调查中发现，学校管理者对学校专兼职心理健康教师、学校心理健康教育工作的满意度普遍较高。对专兼职心理健康教师的工作感到很满意的占78.74%；对学校目前的心理健康教育工作感到很满意的占82.68%。进一步统计分析发现，学校管理者对心理健康教育教师和学校心理健康教育工作的满意度之间存在显著正相关，$r=0.95$。总体上看，在学校管理者心目中，心理健康教育教师的工作质量就代表着学校心理健康教育工作的质量。

此外，将教师和学校管理者对学校心理健康教育工作的满意度进行对比，二者无显著差异，即心理健康教师与管理者对学校心理健康教育工作的满意度基本一致。

四、分析与讨论

根据调查结果，我们可以发现中小学心理健康教育专兼职教师的构成较为复杂，大部分有担任过其他课程、德育课或从事学校其他工作的经历。同时，拥有心理学背景的教师较少，大部分专兼职教师从事与心理健康教育相关工作的时间也不长，这反映了全国大部分地区中小学心理健康教育师资队伍存在专业化水平不高的问题，与范福林、王乃弋和王工斌的研究结果一致。[1]

课程是学校开展心理健康教育工作的主要形式。在授课中，心理健康教育专兼职教师能够做到讲授与活动相结合。此外，还有一些教师承担着心理辅导的任务，虽然辅导量有限，但与授课、其他工作相叠加，心理健康教育教师的工作并不轻松，却还远远无法满足学生的辅导需求。[2] 相比国内，国外学校心

---

[1]　范福林、王乃弋、王工斌：《中小学心理教师专业化现状调查及发展探究》，载《教育学报》，2013，9(6)。

[2]　俞国良：《中等职业学校心理健康教育师资队伍建设：现状、问题及对策》，载《中国职业技术教育》，2010(21)。

理健康教育更加重视通过课程普遍预防、团体活动与个人辅导的结合,[①] 并通过学校心理学家、朋辈辅导等制度来解决学生心理辅导的"供需矛盾",[②③] 这非常值得我们借鉴与学习。

中小学心理健康专兼职教师表现出了参加专业培训的强烈愿望,这一点与国外的研究结果一致。Whitley、Smith 和 Vaillancourt 在综述中指出,许多研究发现,心理健康教师认为自己缺乏专业培训,妨碍了他们开展相关工作,而对教师进行心理健康方面的培训,有助于提升他们处理相关问题的信心与技能。[④]此外,本研究发现,学校管理者认为心理健康教师参加学术会议、专业培训的机会较多,但教师们报告实际参加培训的次数较少,这也在一定程度上反映了中小学心理健康教育师资队伍建设的现状。

我们曾采用自编问卷,对全国中等职业学校教师与管理者进行了大规模调查,与中等职业学校的研究结果相比,中小学校对心理健康教育的重视程度更高,配备心理健康专兼职教师的学校更多,对专兼职教师的管理也更加规范。但是,中小学心理健康教育师资队伍与中职学校面临着相同的问题,例如,师资人员构成复杂,专业化水平低等。中小学心理健康专兼职教师中心理学专业毕业生的人数占比,以及教龄长度甚至低于中等职业学校。

从学校管理者的角度看,他们在选择心理健康教师时非常重视专业背景、学历学位、相关资格认证、授课技能、从业时间与经验及人格等因素,这反映了学校管理者对心理健康教师胜任特征的看法。然而,王智和张大均对学校心

---

① Lendrum, A., Humphrey, N., Wigelsworth, M., Social and Emotional Aspects of Learning (SEAL) for Secondary Schools, "Implementation Difficulties and Their Implications for School-based Mental Health Promotion," *Child and Adolescent Mental Health*, 2013, 18(3): pp. 158-164. Veltro, F., Ialenti, V., Iannone C., et al., "Promoting the Psychological Well-being of Italian Youth: A Pilot Study of a High School Mental Health Program," *Health Promotion Practice*, 2015, 16(2): pp. 169-175. Green, J.G., McLaughlin, K.A., Alegría, M., et al., "School Mental Health Resources and Adolescent Mental Health Service Use," *Journal of the American Academy of Child & Adolescent Psychiatry*, 2013, 52(5): pp. 501-510.

② Hoagwood, K., Burns, B.J., Kiser, L., et al., "Evidence-based Practice in Child and Adolescent Mental Health Services," *Psychiatric Service*, 2001, 52(9): pp. 1179-1189.

③ 俞国良、赵军燕:《论学校心理辅导制度建设》,载《教育研究》,2013(8)。

④ Whitley, J., Smith, J.D., Vaillancourt, T., "Promoting Mental Health Literacy Among Educators: Critical in School Based Prevention and Intervention," *Canadian Journal of Psychology*, 2012, 28(1): pp. 56-70.

理健康教师的胜任特征进行了分析，他们认为，学校心理健康教育教师胜任特征的结构包括专业知识、文化知识、宜人性、尽责性、职业价值观等维度，与学校管理者的看法不尽相同。[①] 因此，学校管理者对心理健康教育、心理健康教育教师胜任力的认知有待进一步提高。

五、研究结论与对策建议

(一) 研究结论

第一，心理健康教育受到大多数中小学校的重视。参加调研的学校中，90% 以上开展了心理健康教育工作，但也有个别学校对这项工作缺乏足够的重视。大多数心理健康教育专兼职教师，都能感受到学校领导对他们工作的支持。

第二，心理健康教育师资队伍的人员构成复杂，专业化水平有待提高。大部分专职教师均有担任其他课程的经历，兼职教师中德育课教师和班主任居多；这些教师教育背景多元，仅有少数心理学专业毕业生；这些教师大多教龄较短。学校心理健康教育的形式以课程为主，授课方式主要是讲授和活动相结合；部分教师还承担着学生心理辅导的任务。教师们对自己的工作效果普遍感到满意的同时，也表现出了强烈的求知欲，对心理健康教育教师专业培训的需求很大，并且青睐于理论与实践相结合的培训内容。

第三，学校管理者在选择心理健康教师时非常注重他们的专业背景、学历学位、相关资格认证、授课技能、从业时间与经验及人格等因素。他们认为心理健康教育专职教师的工作任务应包括教育教学、心理辅导及心理健康宣传。参加调研的学校对心理健康专兼职教师的管理普遍较为规范，有具体的工作分析/岗位描述，系统的绩效考核方案，并明文规定了薪酬与绩效考核的关系。大多数参加调研的学校管理者对本校心理健康专兼职教师和学校的心理健康教育工作感到满意。

[①] 王智、张大均：《学校心理健康教育教师胜任特征结构及测量》，载《心理科学》，2011，34(2)。

（二）对策建议

第一，加强心理健康教育专兼职教师队伍的建设，通过各种方式提升心理健康教育教师的专业化水平。人事管理是制约中小学心理健康教育师资队伍发展的重要因素。在今后的工作中，学校应规范心理健康教育教师的职称评聘、工作量计算等相关制度，制订有针对性的绩效考核方案，并明确薪酬与绩效考核的关系以及职称晋升的途径，激发心理健康教育专兼职教师的工作热情。另外，国家教育政策应向心理健康教育专业倾斜，通过诸如减免学费、提供奖学金等手段，鼓励青年人才投身该专业，为学校心理健康教育的发展，积累人才储备。

第二，重视心理健康教育专兼职教师的培训，通过培训提升他们的心理健康知识与技能水平。要认真处理好培训与日常工作的矛盾，保证培训质量。从内容上来说，应以实证研究和实践经验为基础，注重理论结合实际，既传授心理健康教育知识，也培养心理健康教育技能，同时提升心理健康教育专兼职教师的个人素质；从形式上来说，杜绝一次性培训，要建立培训效果的追踪体系，确保培训的效果。有可能的话，还要对培训中内容的应用提供实际指导，提高培训的实效性。

第三，提升心理健康教育专兼职教师和学校管理者对心理健康教育的认识水平，更新理念扩大视野，丰富中小学心理健康教育的手段和方法。例如，为了解决学校心理辅导"供需矛盾"，在中小学中推广"朋辈辅导"的方式；或充分利用校外的专业资源，参考国外"学校心理学家"的做法。另外，通过参观、学习、讲座和培训等方式，提升学校管理者、全体教师及其他教育工作人员的心理健康教育观，使他们意识到自己是学校生活的社会生态系统中重要的一环，大家应共同努力建设良好的校园环境，营造健康的校园文化，搭建学生展示与发展的平台，建立支持性的师生关系，通过教育教学手段渗透心理健康的理念，构建适合快乐学习、健康成长、幸福生活的学校生态系统。

第二篇

小学心理健康教育报告

我国经济持续高速增长，人民生活水平显著提升，但随着人口的流动，教育资源不均衡等社会问题增多，小学儿童的心理健康，尤其是特殊群体，如流动儿童、留守儿童的心理健康，成为人们关注的热点。我们(俞国良、李晶)首先采用元分析的方法，全面检索了 2000—2017 年 11291 篇小学儿童心理健康的研究文献，并进行了整理与分析，澄清了以往小学儿童心理健康基本状况与研究结果间的差异，同时考察了小学儿童心理健康的发展变化趋势。接着从学习、自我、人际、情绪 4 个维度定义了小学生心理健康的量表结构，编制了能够全面、客观地反映小学儿童心理健康结构的量表，以考察目前小学生心理健康的特点与影响因素。结果发现，该量表具有良好的信效度，可以用于评价小学儿童心理健康的水平，还可以反映小学生心理功能的发挥状况，以及他们是否具备有益于毕生发展的积极心理品质。进一步研究表明，地区经济发达程度与小学儿童心理健康水平正相关，较高的家庭社会经济地位是小学儿童心理健康的保护性因素；城市小学男女生之间心理健康水平无显著差异，乡镇小学男生心理健康水平低于小学女生；小学女生的焦虑情绪及其导致的行为问题较男生更为严重；独生子女是城市小学儿童心理健康的风险性因素，却是乡镇小学儿童的保护性因素；五年级可能是小学儿童心理健康发展的关键阶段。这为小学儿童心理健康教育工作者"有的放矢"的预防教育和心理危机干预提供了科学依据。

第四章

———

小学心理健康教育的历史回顾与展望

一、小学心理健康教育的历史回顾

(一) 小学心理健康教育的研究对象与测评工具

近几年，我国小学阶段的儿童经历了从"00 后"至"10 后"的转变，人数在 2010 年跌破 1 亿大关，略有波动后在 2016 年达到 0.991 亿人；小学学龄儿童净入学率在 2015 年、2016 年保持在 99.9%，基本上全部适龄儿童进入小学；小学儿童的升学率也由 94.9% 增长为 98.7%，失学儿童比例逐年降低[①]。然而，小学儿童的心理行为问题却层出不穷。2016 年 4 月 5 日，山东某市一名 8 岁男孩坠亡，该举动或与父母批评其玩手机有关；同年 5 月 24 日，广东省某镇中心小学一名五年级小学儿童自缢身亡，并留下遗书忏悔所做"调皮事"太多；2017 年 11 月 14 日，江苏省某小学一名四年级的女生在距离期中考试三天前喝农药自杀身亡；2018 年 1 月 23 日，湖南省一小学留守儿童自缢身亡。我国香港媒体也报道称，香港小学儿童中有三成存在潜在自杀风险，受访者中有 52% 曾有过自杀念头。以上触目惊心的案例，足以让小学儿童心理健康问题引起全社会的高度重视。

从研究对象看，近 3 年，国外的文献多以少数族群儿童作为研究对象，例

———

① 数据来源：2017 年中国统计年鉴。

如国际领养儿童①、黑人男孩②、非洲裔或拉美裔儿童③、癌症儿童④、非洲裔的美国青少年⑤、亚裔和欧洲裔美国儿童⑥、因纽特人⑦等。在国内的研究中，特殊族群或特殊类型的儿童则也是近年来的研究重点，其中对流动儿童、留守儿童的研究相对居多。对受艾滋影响的儿童⑧、离异家庭儿童⑨、贫困儿童⑩、吸毒人员子女⑪等也有一定程度的涉及。在"5·12"汶川大地震后，国内关于灾后儿童心理健康的研究显著增加⑫，成为近年来儿童心理健康方面的研究热点。

从测评工具看，近3年，在美国心理协会（APA）数据库收录的74本期刊目录中，研究覆盖6~12岁小学儿童的文章共1654篇，其中综合测量与评估儿童心理健康的工具中，使用儿童行为量表（Child Behavior Checklist，CBCL）的最为广泛（131篇），其次是长处与困难问卷（Strengths and Difficulties Questionnaire）

---

① Tan, T. X., Rice, J. L., Mahoney, E. E., "Developmental Delays at Arrival and Postmenarcheal Chinese Adolescents' Adjustment," *American Journal of Orthopsychiatry*, 2015, 85(1): pp. 93-100.

② Brown, J., Barbarin, O., Scott, K., "Socioemotional Trajectories in Black Boys Between Kindergarten and the Fifth Grade: The Role of Cognitive Skills and Family in Promoting Resiliency," *American Journal of Orthopsychiatry*, 2013, 83(2-3): pp. 176-184.

③ Tolan. P., Lovegrove, P., Clark, E., "Stress Mitigation to Promote Development of Prosocial Values and School Engagement of Inner-city Urban African American and Latino Youth," *American Journal of Orthopsychiatry*, 2013, 83(2-3): pp. 289-298.

④ Compas, B. E., Desjardins, L., Vannatta, K., et al., "Children and Adolescents Coping with Cancer: Self and Parent Reports of Coping and Anxiety/Depression," *Health Psychology*, 2014, 33(8): pp. 853-861.

⑤ Anton, M. T., Jones, D. J., Youngstrom, E. A., "Socioeconomic Status, Parenting, and Externalizing Problems in African American Single-mother Homes: A Person-oriented Approach," *Journal of Family Psychology*, 2015, 29(3): pp. 405-415.

⑥ Kawabata, Y., Crick, N. R., "Relational and Physical Aggression, Peer Victimization, and Adjustment Problems in Asian American and European American Children," *Asian American Journal of Psychology*, 2013, 4(3): pp. 211-216.

⑦ Decaluwe, B., Jacobson, S. W., Poirier, M. A., et al., "Impact of Inuit Customary Adoption on Behavioral Problems in School-age Inuit Children," *American Journal of Orthopsychiatry*, 2015, 85(3): pp. 250-258.

⑧ 倪亚琨、郭腾飞、陈萍等：《受艾滋病影响儿童领悟社会支持对自尊的影响：安全感、同伴关系的复合式多元中介效应》，载《中国临床心理学杂志》2015，23(4)。

⑨ 郭雨、刘堃、翟燕雪：《离异家庭儿童青少年家庭教养方式与心理韧性相关性》，载《中国学校卫生》，2016，37(5)。

⑩ 李海燕、申继亮、王晓丽等：《歧视知觉比贫困更值得关注——从两者对贫困与非贫困儿童行为的影响来谈》，载《中国特殊教育》，2011(2)。

⑪ 许书萍：《上海市吸毒人员子女心理弹性的保护性因素的探索研究》，硕士学位论文，华东师范大学，2007。

⑫ 张姝玥、王芳、许燕等：《受灾情况和复原力对地震灾区中小学生创伤后应激反应的影响》，载《心理科学进展》，2009，17(03)。

(47篇)，接下来的是青少年自评量表(Youth Self-Report)(37篇)及教师报告量表(Teacher Report Form)(23篇)。

抑郁、焦虑和孤独是小学儿童心理健康面临的最主要的三个问题。在抑郁方面，儿童抑郁量表(Children's Depression Inventory)和流行病学研究中心抑郁量表(Center for Epidemiologic Studies Depression Scale)使用最为广泛，贝克抑郁症量表(Beck Depression Inventory)少量使用；焦虑方面，儿童多维焦虑量表(Multidimensional Anxiety Scale for Children)与修订的儿童明显焦虑量表(Revised Children's Manifest Anxiety Scale)的应用较多。孤独方面，较常用的是孤独症诊断观察量表(Autism Diagnostic Observation Schedule，ADOS)和孤独症诊断访谈量表修订版(Autism Diagnostic Interview-Revised，ADI-R)。

儿童行为量表是广泛使用的评价儿童行为与情绪问题的工具。美国儿童心理学家Achenbach和Edelbrock于1983年首先编制了父母用儿童行为量表，并于1987年进行了修订。在此基础上，Achenbach于1986年出版了教师评定量表(the Teacher's Report Form，TRF)，并于1987年出版、1990年修订了适用于11~16岁的青少年自评量表(the Youth Self-Report，YSR)。该量表的最近一次修订是在2001年，父母用儿童行为量表的适用年龄从4~18岁改为6~18岁；教师用TRF量表的适用年龄由5~18岁改为6~18岁；自评量表的适用年龄不变，仍为11~18岁。研究者还比较了不同版本儿童行为量表的信效度。荷兰学者比较了本土化儿童行为量表与精神疾病诊断与统计手册(DSM)导向的儿童行为量表之间在总体问题、内化问题、外化问题三个维度上的异同，并指出以统计手册导向的儿童行为量表对女孩外化问题识别不足[①]。

长处与困难问卷也是广泛使用的儿童行为问题筛查工具之一，它包括长处和困难两方面内容，问卷较短，适合快速筛查。最常使用的问卷版本包含25道题目，适合4~16岁儿童使用；自填问卷适合11~16岁儿童，题目数量相同，

---

① de Wolff, M. S., Vogels, A. G. C., Reijneveld, S. A., "The Empirical Versus DSM-oriented Approach of the Child Behavior Checklist: Similarities and Dissimilarities," *European Journal of Psychological Assessment*, 2014, 30(1): pp. 22-30.

只是表述上存在细微差异。问卷测量包括四个困难分量表(情绪症状、行为问题、多动—注意缺陷、同伴关系问题)和一个长处分量表(亲社会行为)。在问卷的使用方面,研究者建议使用 McDonald's ω 代替克隆巴赫系数(Cronbach's alpha)检验量表的信度,以解决应用长处与困难量表(父母版)时 α 系数较低的问题[1]。

可以看到,国外对儿童心理健康的测评研究中,仍以测量儿童心理疾病取向的量表为主,测量外化行为问题的儿童行为量表使用最为广泛。除全面测量内化或外化问题外,对抑郁、焦虑和孤独感这些反映心理健康具体某方面的量表也有部分应用。

与国外研究类似,对儿童心理健康的测量,国内研究者较多采用问卷调查的方法。研究中使用的量表主要包括两大类:其一是评估心理健康的某一个具体方面,如测量焦虑使用的是儿童社交焦虑量表(Social Anxiety Scale for Children, SASC),测量抑郁多使用儿童抑郁量表(Children Depression Scale, CDS),孤独感则使用青少年孤独感问卷(Adolescence Loneliness Scales)。此外,还有用于筛查注意力缺陷多动障碍(Attention-Deficit Hyperactivity Disorder, ADHD)的 Conners 儿童行为量表等工具。这些量表考察的均为儿童病理性方面的状况与特征,更多的是考察儿童的内隐行为问题。

众多研究者还根据自己对儿童心理健康的理解,编制了不同维度的测量量表。我国研究者俞国良,林崇德和王燕(1999)[2]认为学生的心理健康标准应包含学习、自我、人际、适应 4 个维度,并在此基础上自编了《小学生心理健康量表》[3]。柳友荣(2003)[4]在分析中小学心理健康影响源之后,编制了《中小学生心理健康自评量表》,将儿童心理健康划分为 5 个维度,包括自我因素、学习动

---

[1]　Stone, L. L., Otten, R., Ringlever, L., et al., "The Parent Version of the Strengths and Difficulties Questionnaire," *European Journal of Psychological Assessment*, 2013, 29(1): pp. 44-50.

[2]　俞国良、林崇德、王燕:《学生心理健康量表的编制研究》,载《心理发展与教育》,1999(3)。

[3]　张雅明、王永丽、曾盼盼等:《〈小学生心理健康量表〉的验证性因素分析》,载《中国心理卫生杂志》,2004,18(4)。

[4]　柳友荣:《中小学生心理健康自评量表的编制》,载《心理科学》,2003,26(3)。

机、生活观念、情绪状态和人际关系。程灶火等人(2006)①编制的《儿童青少年心理健康量表》包括 5 个维度共计 24 个条目，将儿童心理健康划分为认知(感知觉、注意、记忆、智力、学习与工作)、思维与语言(思维过程、思维内容、思维自主性、语言表达、语言理解)、情绪(焦虑体验、愉快体验、情绪反应)、意志行为(行为、活动、兴趣、人际交往、健康关注)、个性特征(自信与自尊、安全与信任、责任感、活泼性、仁慈心、需要)这 5 个方面，问卷的编制表现出研究者的积极心理学倾向。最近，又有学者针对中小学生的心理健康发育水平进行评价，从认知发育、人格发育、情绪发育、意志发育、自我意识发育 5 个角度编制了《中小学生心理健康发育评价量表》②。

值得一提的是，随着积极心理学对国内学界产生的影响，部分研究者着手编制了一批评价儿童积极心理品质某一个侧面的量表。王新波与孟万金(2011a)编制了《中小学生尊严量表》③，量表包括尊严观、尊严感两个分量表，每个分量表包括自尊、他尊和尊他 3 个因子。张冲和 Wonking Mencius(2011)编制了《中小学生希望量表》，量表由未来信念、动力信念和方法信念 3 个维度构成④。王新波和孟万金(2011b)编制了《中国中小学生自信量表》，量表包括积极自信、自信不足、自卑和自负 4 个因子⑤。这些量表从积极心理品质的角度，为我们评价儿童心理健康提供了一个新的视角。

从测评检出率看，对儿童特别是小学生进行心理健康整体水平测量，文献中较多使用了心理健康诊断测验(MHT)和 Achenbach 儿童行为量表。部分研究使用症状自评量表(SCL-90)对小学生进行测量，这与该量表适用于 16 岁以上人群的最初设定并不相符。我们按照时间顺序，对一些规模较大的、针对小学生

---

① 程灶火、袁国桢、杨碧秀等：《儿童青少年心理健康量表的编制和信效度检验》，载《中国心理卫生杂志》，2006，20(1)。

② 卞晨阳、李小芳、马玉巧等：《中小学生心理健康发育评价量表初步编制及信效度评价》，载《中国公共卫生》，2016，32(4)。

③ 王新波、孟万金：《中国中小学生尊严量表的编制报告》，载《中国特殊教育》，2011(3)。

④ 张冲、Wonking Mencius：《中小学生希望量表编制研究》，载《中国特殊教育》，2011(4)。

⑤ 王新波、孟万金：《中国中小学生自信量表编制报告》，载《中国特殊教育》，2011(6)。

的心理健康调查总体检出率的结果进行了梳理。在 CBCL 量表最初引入时，研究者对全国 22 个省市 24013 名 4~16 岁的城市在校少年儿童的行为问题进行调查，整体的心理行为问题检出率为 12.93%[①]。在目前可查的最早一篇使用心理健康诊断测验的文献中，研究者使用该量表对 579 名河北省栾城县中小学生进行测量，结果表明被试的心理问题检出率为 18.48%[②]。1999 年，在湖北十堰市的一项针对 1780 名小学生的调查显示，6~11 岁学龄儿童的心理行为问题检出率为 15.67%[③]。2002 年，一项在哈尔滨针对 1961 名城乡 7~12 岁小学学龄儿童的儿童行为量表检测结果表明，学龄儿童心理行为问题检出率为 13.97%[④]。一项 2006 年 10 月至 2007 年 12 月，在吉林省长春、吉林、延边、通化、白城五个地区的 10588 名 6~11 岁小学生中，应用 Achenbach 儿童行为量表检测发现，男生的心理行为问题检出率为 13.65%，女生为 10.64%，总检出率为 12.12%[⑤]。2006 年，柳州市一项针对 4 所小学三、四年级学生的心理健康诊断测验结果表明，在 1781 名 8~10 岁小学生中，心理行为问题的总检出率为 4.49%，学习焦虑问题为首要问题[⑥]。陈宝林（2010）对江苏省苏州市、宿迁市两地的 9128 名小学生使用 Achenbach 儿童行为量表进行测量，共检出心理行为问题儿童 1285 名，检出率为 14.1%[⑦]。

从上述数据中我们可以初步看到，十几年来，小学儿童的心理健康问题检出率一直居高不下，有至少 1/10 的小学儿童存在心理健康方面的问题，且这个比例有上升的趋势。不同的调查量表之间，在检出率上存在着较大的差异，这是由测量的维度和标准所决定的。部分量表的常模建立时间过久，常模中参考

① 忻仁娥、张志雄：《全国 22 个省市 26 个单位 24013 名城市在校少年儿童行为问题调查——独生子女精神卫生问题的调查，防治和 Achenbach's 儿童行为量表中国标准化》，载《上海精神医学》，1992，4(1)。
② 石国兴、郭雪梅：《579 名农村中小学生心理健康问题的研究》，载《中国心理卫生杂志》，1994，8(6)。
③ 徐静、何卫东：《1780 名小学生行为问题及其影响因素》，载《四川精神卫生》，1999，12(4)。
④ 刘爱书、武丽杰、刘春月等：《城乡学龄儿童行为问题及影响因素分析》，载《中国公共卫生》，2002，18(10)。
⑤ 仝岚：《CBCL 在吉林省儿童行为问题中的应用研究》，硕士学位论文，吉林大学，2009。
⑥ 马梁红、蓝琼丽、田昕等：《柳州市 4 所小学 3~4 年级学生心理健康状况的调查分析》，载《中国临床心理学杂志》，2006，14(5)。
⑦ 陈宝林：《不同经济发展地区儿童行为问题特征及影响因素研究》，硕士学位论文，苏州大学，2010。

的阈值已不宜用于当今社会。

(二)小学儿童心理健康的年龄与性别特征

国外的研究中，研究者们所关注的儿童心理健康的发展特征，主要包括性别与种族、社会经济地位、年龄、家庭结构等。[1][2]　如在人种方面，非洲裔、西班牙裔美国儿童比美国白人儿童表现出更多的注意缺陷多动障碍[3]，在城市中心居住的拉丁裔儿童的问题行为多于非洲裔儿童[4]，亚裔儿童比欧洲裔儿童更少地表现出关系攻击和身体攻击，更少经历关系侵害与身体侵害[5]。国内研究者关注的儿童心理健康的发展特征，主要包括性别、年龄、是否为流动儿童抑或留守儿童、家庭是否贫困等。例如，小学女生总体心理健康状况优于男生[6]；流动儿童中女生的社交焦虑水平显著高于男生[7]；留守儿童心理健康问题女生比男生严重[8]；贫困儿童的问题行为显著多于非贫困儿童[9]。

从年龄特点看，在小学生与初、高中生对比后，部分研究者认为，小学生

---

[1]　Anton, M. T., Jones, D. J., Youngstrom, E. A., "Socioeconomic Status, Parenting, and Externalizing Problems in African American Single-mother Homes: A Person-oriented Approach," *Journal of Family Psychology*, 2015, 29(3): pp. 405-415.

[2]　Conners-Burrow, N. A., McKelvey, L. M., Pemberton, J. R., et al., "Buffering the Negative Effects of Maternal Alcohol Problems on Child Behavior," *Journal of Family Psychology*, 2015, 29(4): pp. 576-584.

[3]　Petersen, I. T., Bates, J. E., D'onofrio, B. M., et al., "Language Ability Predicts the Development of Behavior Problems in Children," *Journal of Abnormal Psychology*, 2013, 122(2): pp. 542-557.

[4]　Tolan, P., Lovegrove, P., Clark, E., "Stress Mitigation to Promote Development of Prosocial Values and School Engagement of Inner-city Urban African American and Latino Youth," *American Journal of Orthopsychiatry*, 2013, 83(2-3): pp. 289-298.

[5]　Kawabata, Y., Crick, N. R., "Relational and Physical Aggression, Peer Victimization, and Adjustment Problems in Asian American and European American Children," *Asian American Journal of Psychology*, 2013, 4(3): pp. 211-216.

[6]　张雅明、俞国良：《青春期前期学生心理健康发展趋势和性别差异》，载《中国临床心理学杂志》，2004，12(4)。

[7]　蔺秀云、方晓义、刘杨等：《流动儿童歧视知觉与心理健康水平的关系及其心理机制》，载《心理学报》，2009(10)。

[8]　杨通华、魏杰、刘平等：《留守儿童心理健康：人格特质与社会支持的影响》，载《中国健康心理学杂志》，2016(2)。

[9]　李海燕、申继亮、王晓丽等：《歧视知觉比贫困更值得关注——从两者对贫困与非贫困儿童行为的影响来谈》，载《中国特殊教育》，2011(2)。

的心理健康水平低于中学生。卫萍、许成武和刘燕（2017）①的研究发现，小学生由于年龄小、依赖性强，孤独倾向得分显著高于初中生和高中生；因年龄小、阅历少，恐怖得分也较高。也有研究者认为，小学生的心理健康水平高于中学生，如孟庆鸿（2016）②的研究表明初中生、高中生的焦虑水平明显高于五、六年级的小学生；宁源等人（2013）③使用心理健康诊断测验对741名学生进行测量后认为，初中生的学习焦虑、自责倾向、过敏倾向显著高于小学生。由此可见，小学生或中学生群体，哪个群体的心理健康水平更高，无法一概而论。

不同年级的小学生之间，在心理健康整体水平或某一方面也存在着差异。有的研究者发现，三年级的儿童外化问题显著多于四、五、六年级儿童，六年级儿童内化问题显著多于三、四、五年级儿童④；有的研究者认为，四年级的儿童行为问题显著多于五、六年级的儿童⑤；也有研究者指出，四年级儿童的内、外部问题，均显著多于五年级学生⑥。更有研究者发现，六年级小学生在心理健康诊断测验的各项指标上，显著高于五年级学生⑦。大致上，低年级小学生的外化问题更严重，而高年级小学生的内化问题更突出。但并不是所有研究都支持这一结论，如白勤、林泽炎和谭凯鸣（2012）⑧通过对1~6年级农村小学生的心理健康调查发现，低年级组儿童的人际焦虑、孤独倾向、躯体症状、恐怖倾向和冲动倾向得分显著高于中、高年级组；在孤独倾向维度上，小学四年级学生得分高于三、五、六年级，这可能与正处于认知"转折期"——思维从

---

①　卫萍、许成武、刘燕：《中小学生心理健康状况的调查分析与教育策略》，载《教育研究与实验》，2017（2）。

②　孟庆鸿：《家庭教养方式对中小学生焦虑的影响研究》，硕士学位论文，辽宁师范大学，2016。

③　宁源、孔亚、温茂霖等：《重庆市某4所中小学学生心理健康状况MHT问卷调查分析》，载《重庆医学》2013，42（22）。

④　高原：《父母教养压力、亲子沟通质量与儿童问题行为的关系》，硕士学位论文，山东师范大学，2016。

⑤　付秋瑾：《儿童问题行为和亲子关系、亲社会行为的相关研究》，硕士学位论文，云南师范大学，2015。

⑥　池丽萍、辛自强：《小学儿童问题行为、同伴关系与孤独感的特点及其关系》，载《心理科学》，2003，26（5）。

⑦　王玲：《昆明市五、六年级学生心理健康状况与家庭教育的相关性研究》，硕士学位论文，云南师范大学，2013。

⑧　白勤、林泽炎、谭凯鸣：《中国农村留守儿童培养模式实验研究——基于现场干预后心理健康状况前后变化的数量分析》，载《管理世界》，2012（2）。

形象思维向抽象思维过渡有关。

从性别特点看，多数研究已证实，小学男生的外化问题显著多于女生，如违抗、攻击、违纪等；小学女生的内化问题显著多于男生，如恐怖倾向、焦虑水平、抑郁及社交困难①。然而，男生的孤独感却明显多于女生。与此同时，部分研究认为，小学女生总体心理健康状况优于男生②；或认为，小学男生的总体心理健康水平和小学女生并无差异③。使用 Achenbach 儿童行为量表对 445名小学生的测量发现，小学男生评分较高的依次为攻击性、多动、强迫性；小学女生评分较高的依次为攻击性、抑郁、多动④。总体来看，女生和男生在心理健康不同方面的优势与劣势各不相同。

对于小学生中的特殊群体，已有不少研究证实，流动或留守小学女生的心理健康水平略低于男生；留守女生较留守男生更容易出现抑郁、恐怖或孤独、自责等负面情绪⑤；留守女童的焦虑倾向高于留守男童⑥。同样，也有部分研究支持留守小学男生的心理健康水平更差，认为留守男童在社会适应障碍、品德缺陷、不良习惯等方面相比女生较差⑦。蔡重阳(2013)⑧在对随机抽取 22 篇文献进行的分析中，认为文献中对留守儿童心理健康性别差异的表述并不一致，女生在学习焦虑、恐怖倾向、社交恐惧等方面问题更突出，男生在冲动倾向、孤独倾向方面问题更加突出。

对小学心理健康教育的研究对象、测评工具、发展特征等方面的回顾，我

①　邱田、杜莲、胡华等：《重庆市主城区小学高年级学生行为问题调查》，载《中国循证医学杂志》，2011，11(12)。

②　张雅明、俞国良：《青春期前期学生心理健康发展趋势和性别差异》，载《中国临床心理学杂志》，2004，12(4)。

③　王玲：《昆明市五、六年级学生心理健康状况与家庭教育的相关性研究》，硕士学位论文，云南师范大学，2013。

④　王晓辰、李清、高翔等：《小学生同伴接纳、教师接纳、学业成绩与心理健康的关系》，载《中国心理卫生杂志》，2008，22(10)。

⑤　罗春花：《少数民族农村留守儿童心理健康状况调查研究》，硕士学位论文，重庆师范大学，2014。

⑥　金英良、吴秀娟、张训保等：《农村留守儿童心理健康状况分析》，载《中国公共卫生》，2010(10)。

⑦　李世玲、甘世伟、曾毅文等：《重庆市永川区小学留守与非留守儿童心理健康状况的对照研究》，载《重庆医学》，2016，45(10)。

⑧　蔡重阳：《农村留守儿童心理健康问题研究》，硕士学位论文，湖南师范大学，2013。

们可以看到，小学儿童的心理健康问题已成为社会大众和媒体关注的焦点，也越来越受到心理学、教育学等研究者的关注。近年来，我们对小学儿童心理健康的研究仍有不足。其一，在心理健康的研究中，多数研究者并未将小学儿童与初中生加以区分，少有将小学儿童作为独立对象开展的研究；其二，现有测量小学儿童心理健康的量表大多基于精神病理的角度设计而成，或仅测量小学儿童心理健康的某一方面，或使用的量表过长并不适合小学儿童作答，或量表设计的时间已较久远，不符合当代小学儿童的心理特点；其三，近年来针对不同性别、不同年级、留守与非留守小学儿童比较的文献中，少有研究将不同协变量之间的影响梳理清晰，从而准确比较不同类别小学儿童的心理健康水平。

二、小学心理健康教育的横断历史变迁

(一) 问题提出

为了清晰梳理小学心理健康教育的横断历史变迁，我们采用元分析方法对这一问题进行了系统研究。元分析是一种对多个已有研究的结果合并分析的方法，它的理论基础认为，在所有概念相似的研究之中，存在着一个普遍性的结论，但是个别研究之间是存在差异的。元分析利用统计方法，通过控制不同研究之间的误差，从而得到普遍性的结论。本质上，现有的方法都是从每个研究中得到一个加权平均值，并通过改变权重的分配方式，得到估计值及置信区间。除了得到普遍性的估计值以外，元分析还可以比较不同研究结果之间的差异，以及比较同一个变量在不同水平上的差异。有鉴于此，我们全面收集了国内2000年以来，使用心理健康诊断测验开展的、文章中明确是对3~6年级小学生心理健康水平进行测量的研究。对所收集数据进行整理与分析，最终得到相关结论，为了解我国小学生心理健康的横断历史变迁提供客观、科学的依据。

(二) 研究目的与研究对象

研究目的是系统了解目前我国小学儿童心理健康的研究现状、小学儿童心

51

理健康的整体水平，以及不同性别、不同年级、是否留守、是否独生子女的小学儿童心理健康水平的差异性。

　　研究中将使用了心理健康诊断测验的文献作为研究对象。由于该量表由日本引入我国，在英语为母语的地区使用较少，因此，这里的元分析研究主要以中文文献为研究对象。

(三) 研究方法

1. 检索资源

　　我们利用中国人民大学图书馆电子数据库资源，检索了两大中文文献数据库的 5 个子库：万方数据资源系统的中国学术期刊数据库(China Science Periodical Database，CSPD)、中国学位论文全文数据库(China Dissertation Database，CDDB)、中国知网的中国学术期刊(网络版)(China Academic Journal Network Publishing Database，CAJD)、中国优秀硕士学位论文全文数据库(China Master's Theses Full-text Database，CMFD)和中国博士学位论文全文数据库(China Doctoral Dissertations Full-text Database，CDFD)。

2. 文献纳入与剔除标准

　　我们在 2017 年 8 月对数据库进行了首次检索，在 2018 年 1 月对所有数据库进行了一次复检。文献的搜索范围是 2000 年 1 月至 2017 年 8 月，复检时扩充到 2017 年 12 月。文献类型包括期刊论文、学位论文、会议论文，排除专利、中外标准、科技成果、法律法规、科技报告和新方志。为保证文献质量，收录的期刊文献仅包括中国科技论文与引文数据库(CSTPCD)、中国社会科学引文索引(CSSCI)、中国科学引文数据库(CSCD)和北京大学《中文核心期刊要目总览》的来源期刊。为避免遗漏重要文献，采取了较少的检索词，收录了更多的文献进入筛选环节，检索词为"心理健康"或"MHT"与"儿童"或"小学生"。

　　我们只对使用心理健康诊断测验的文献进行了数据收集。这是因为：该量表是国内外对小学生心理健康测量中使用最为广泛的；该量表的使用比较成熟，文献中报告的数据格式相对规范。

纳入这个研究的文献，须符合如下条件：明确报告了研究对象仅为小学生或者包括小学生且文献中明确报告了小学生相关的数据；研究对象为一般性群体，而非特殊类别的小学生；研究工具为心理健康诊断测验；研究中必须明确报告有关数据；研究样本量需大于 20 人。这样，在文献筛选的过程中，对以下几类文献进行了剔除：一是研究对象为中学生，或研究对象为小学生和中学生，但研究者对二者进行了混合分析；二是研究对象为从非一般渠道联系的特殊类型小学生的，如儿童福利院的孤儿、少年管教所的难以管教儿童、在医院的艾滋病病毒携带儿童等；三是使用症状自评量表（SCL-90）、儿童行为量表、中学生心理健康量表（MMHI-60）、Conners 儿童行为量表、长处与困难问卷（SDQ），这些量表或根本不适用于小学生，或使用的广泛性较弱；四是纯理论探讨的文章，并无数据可获得；五是小样本的干预实验。

3. 心理健康诊断测验

我们仅将使用心理健康诊断测验的文献纳入了元分析范围，该量表是由华东师范大学心理学系教授周步成等人，根据日本铃木清等编制的"不安倾向诊断测验"进行修订而成的，适用于从小学 4 年级到高中 3 年级的学生。该量表共有100 道题目，包含 8 个内容量表和 1 个测谎量表，8 个维度分别为：学习焦虑、人际焦虑、孤独倾向、自责倾向、过敏倾向、躯体症状、恐怖倾向和冲动倾向。各维度超过 8 分以上者属于心理行为问题倾向较严重；量表总分在 1~55 分者为正常，在 56~64 分者心理状态欠佳或有心理行为问题倾向，在 65 分以上者有严重心理行为问题，需指定特别的辅导计划。

4. 数据采集

根据文献纳入与剔除标准，完成文献的筛选工作。首先阅读文章题目与摘要，进行初次判断，排除明显不符合纳入标准的文献。接下来阅读每篇文献的全文，进行二次筛选，剔除数据不符合本研究标准的文献。正式进行数据采集时，主要的采集内容包括：文献的标题、作者、来源或作者单位、类别、发表年代、测量工具、样本构成及用于分析的数据，如样本量、效果量等。

5. 统计方法

采用定量分析的方法，辅助以定性分析对纳入文献的基本情况和元分析结果进行报告。定量分析包括小学生心理健康水平的总体情况、各维度的总体情况，以及不同性别、不同年级、是否留守、是否独生子女四个方面的差异性分析，使用 stata 软件中的 metan 命令和 Comprehensive Meta Analysis 2.2 对数据进行分析。若某个研究只给出了亚组的心理健康水平分数，则运用表 4-1 中的公式计算出总体的心理健康得分。我们对部分文献中的数据进行了转化处理。定性分析则对文献的基本情况，发表的年代、地区等信息进行汇总分析。

表 4-1　均值与标准差合并计算公式

	合并组
样本量	$\sum\limits_{i=1}^{m} N_i$
均值	$\dfrac{\sum\limits_{i=1}^{m} N_i M_i}{\sum\limits_{i=1}^{m} N_i}$
标准差	$\sqrt{\dfrac{\sum\limits_{i=1}^{m}(N_i-1)SD_i^2 + \sum\limits_{i=1}^{m} n_i(\bar{x}_i-\bar{x}_T)^2}{(\sum\limits_{i=1}^{m} n_i - 1)}}$

(四) 研究结果

1. 文献检索结果

通过第一次检索，共检索得到 11291 篇文献，其中期刊文章 6763 篇，学位论文 4528 篇。初步筛选，删除重复检索的文献 2431 篇；为保证研究质量，剔除非核心文献 3565 篇；删除研究对象为中学生、其他非小学生的学位论文、期刊文章共 4620 篇。初步筛选后纳入文献 675 篇。进行全文筛选，排除研究对象为特殊类型的儿童，如孤儿、难以管教儿童、经历重大变故儿童、受艾滋病影响儿童、吸毒人员子女等研究的文献；没有使用心理健康诊断测验的文献；纯理论探讨的文献；小样本文献；未报告数据或数据不完整的文献，共计627篇。最终48篇文献纳入研究范围，文献清单见表4-2。

表4-2　纳入元分析的文献

编号	作者	年份	地点	样本量	文献来源
1	张建扬、吴桃林、朱伯相	2002	连云港	400	期刊
2	钱锦彬	2003	宁德	191	硕士论文
3	赵红	2003	东北偏远地区	1549	硕士论文
4	曾贞	2003	柳州	380	硕士论文
5	曾天德	2003	漳州	154	期刊
6	钟爱萍	2004	苏州、无锡	322	硕士论文
7	张丽琼	2005	长沙、常德	352	硕士论文
8	向晴	2005	景德镇、新余	404	硕士论文
9	董灿华、沈雪芬	2005	义乌、武义、东阳、永康、金华	232	期刊
10	陈文辉、陈传锋、贺豪振等	2006	某市	187	期刊
11	马梁红、蓝琼丽、田昕等	2006	柳州	1781	期刊
12	刘正荣	2006	扬州	421	硕士论文
13	罗桃兰	2006	深圳	360	硕士论文
14	高洁	2007	西安	646	硕士论文
15	张新风	2007	北京	400	硕士论文
16	刘尧	2008	吉林伊通县	311	硕士论文
17	周丽	2008	重庆	328	硕士论文
18	苏萍	2008	湖南石门县	105	硕士论文
19	吴雪琴	2009	四川双流县	442	硕士论文
20	何亚玺	2009	北京	374	硕士论文
21	贺小华	2009	赣州	193	硕士论文

续表

编号	作者	年份	地点	样本量	文献来源
22	梁瑞华	2010	天津	689	硕士论文
23	朱姝、董莉萍、杜瑞红等	2010	吉林	1396	期刊
24	肖新燕	2010	乌鲁木齐	331	期刊
25	杜莲、邱田、蒙华庆等	2011	重庆	3612	期刊
26	叶玲	2011	长沙、娄底	91	硕士论文
27	黄海虹	2011	镇江	130	硕士论文
28	魏然、辛勇	2011	绵阳	436	期刊
29	高修银、赵华硕、金英良等	2012	徐州	1115	期刊
30	白勤、林泽炎、谭凯鸣	2012	重庆丰都县、石柱县	1600	期刊
31	马欣仪	2012	长沙	754	硕士论文
32	殷绪群	2012	石家庄	600	硕士论文
33	王芳	2013	未知	522	硕士论文
34	冯程程	2013	大连	96	硕士论文
35	赵丽梅	2013	保山	302	硕士论文
36	王玲	2013	昆明	342	硕士论文
37	王燕	2013	乌海	380	硕士论文
38	余应筠	2013	贵州黔西县	640	硕士论文
39	罗春花	2014	贵州黔南	648	硕士论文
40	李培培	2014	北京	342	硕士论文
41	尤琼	2014	衡阳	361	硕士论文
42	朱焱、胡瑾、余应筠等	2014	贵州	781	期刊
43	胡义秋、朱翠英	2015	湖南10个县	521	期刊
44	冯缦、王百玲、刘燕等	2015	甘肃	176	期刊

续表

编号	作者	年份	地点	样本量	文献来源
45	胡萍萍	2016	厦门	306	硕士论文
46	梁瑞	2016	蚌埠	242	硕士论文
47	卫萍、许成武、刘燕等	2017	合肥、长丰县	538	期刊
48	安莉娟	2017	衡水	462	硕士论文

2. 小学生心理健康的整体水平

对文献中未报告心理健康诊断测验总分的研究，使用表 2-1 中的公式对其报告的亚组数据进行合并处理。最终纳入分析的文献中共收集 20985 个样本，小学生总焦虑水平为(40.32±13.88)分，总体水平与量表设定的 55 分存在显著差异。

将文献中小学生样本所在的省份进行了归类，按照经济发展水平划分为东部地区、中部地区和西部地区，并对三类地区的数据分别进行了合并计算。方差分析结果表明，三个地区之间存在显著差异。其中，东部地区小学生心理健康水平最高($M = 37.28$，$SD = 13.57$)，中部地区居中($M = 38.66$，$SD = 12.86$)，西部地区最差($M = 40.00$，$SD = 12.92$)。

接下来，按照文献中研究发表的年份对样本进行归类。由于发表时间与数据收集时间不一致，而文献中收集的均为小学三至六年级的学生，为保证数据代表不同年代小学生的特点，将临近的四个年份合并为一组共同研究。即，如果一个小学生归入第一类，即使随着他/她的年龄增长，也肯定不会被归入第二类。因此，我们将 2003—2017 年划分为四个阶段，即 2003—2006 年($M = 40.76$，$SD = 12.13$)、2007—2010 年($M = 34.90$，$SD = 14.02$)、2011—2014 年($M = 39.88$，$SD = 13.17$)、2015—2017 年($M = 38.88$，$SD = 13.11$)。结果发现，除 2007—2010 年的小学生心理健康水平显著低于其他年代，其他年代的小学生心理健康水平在统计检验上无显著差异。但从数字上看，量表的总分有微弱的下降趋势。我们同时考察了不同地域内是否存在年代效应，数据表明，东、中、西部地区的小学儿童心理健康均无年代效应。

3. 小学儿童心理健康的特点

在元分析前，一方面，我们首先进行异质性检验，根据检验结果确定选择固定效应模型或随机效应模型进行计算；另一方面，根据 Michael Borenstein 等人（2009）[①]的研究，应首先确定全部的研究样本是否由相同的研究操作获得、且测量的是否为同样总体的不同样本，来确定模型的选择。若文献中研究操作相同、样本总体一致，则应选择使用固定效应模型，否则应选择随机效应模型。我们根据异质性检验中的 Q 值及其显著性水平、I^2 统计量判断数据是否存在异质性，从而判断模型的选择。

选择模型后，通过 Stata 统计分析软件 metan 命令对数据进行元分析，估计效果量的均值与标准差，及其置信区间和显著性水平。这里主要探索小学生在不同性别、不同年级、是否独生子女和是否留守儿童四个方面的差异性，选择的效果量均为标准化均数差（Standardized Mean Difference）。最后，对每一个模型的出版偏倚（Publication Bias）情况进行检验，使用 Stata 的 metafunnel 命令绘制漏斗图，计算出版偏倚检验的 Q 统计量、I^2 统计量、Egger 系数双尾的 p 值等，判断模型是否由于不显著的结果未被发表，而导致合并效应过高或过低估计了效果量。

（1）不同性别小学儿童之间的差异

首先，对男女生心理健康诊断测验的差异进行异质性检验，Q 值为 22.32，在 0.05 的显著性水平下不显著；I^2 统计量为 32.80%，略大于 31% 的临界值，且 p 值也不显著，因此，宜采用固定效应模型。

在报告心理健康诊断测验总分的 16 篇文献的元分析结果中，男女生性别差异的效果量估计值为-0.09，标准差为 0.03，置信区间为 [-0.13, -0.05]，$p<0.001$。这说明在 0.001 的显著性水平下，男女生在心理健康诊断测验的总分上

① Borenstein, M., Hedges, L. V., Higgins, J. P. T., et al., *Introduction to Meta-analysis*, NewYork, John Wiley & Sons, 2011.

是存在显著差异的，小学女生在心理健康诊断测验的总分上高于男生，即小学女生的心理健康水平差于男生。性别差异总分随机效应模型的森林图如图 4-1 所示。

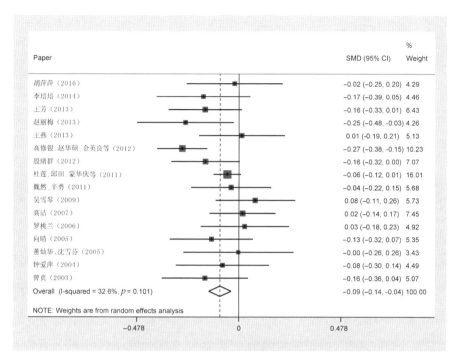

图 4-1　MHT 总分性别差异的随机效应模型森林图

为检验是否存在出版偏倚，绘制漏斗图见图 4-2，图形中的点较为对称；Rosental 失安全系数为 53，即出现 53 篇相反结论的研究，才能将元分析结果逆转；Egger 系数的双尾 $p = 0.976$。因此，可以认为此元分析无出版偏倚。

接下来，我们从量表的八个维度逐一判断性别差异是否存在。结果发现，在 0.05 的显著性水平下，男女生在学习焦虑、孤独倾向、恐怖倾向和冲动倾向四个方面存在显著差异，在人际焦虑、自责倾向、过敏倾向、躯体症状四个方面无显著差异。

在学习焦虑方面，异质性检验的 Q 值为 44.80，p 值在 0.01 的显著性水平下显著，I^2 统计量为 57.58%，因此采用随机效应模型。模型的效果量为 -0.08，

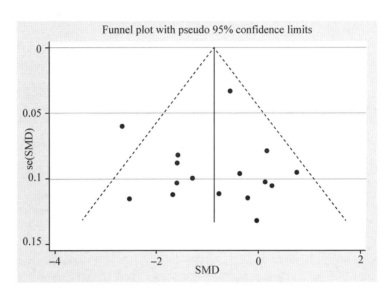

图 4-2　MHT 总分性别差异的漏斗图

标准差为 0.03，置信区间为[-0.14，-0.02]，$p=0.012$。数据支持小学女生学习焦虑程度显著高于小学男生。出版偏倚检验的 Rosenthal 失安全系数为 53，Egger 系数的双尾 p 值为 0.976，可判断为无出版偏倚。

在孤独倾向方面，异质性检验的 Q 值为 53.79，p 值在 0.01 的显著性水平下显著，I^2 统计量为 64.68%，因此采用随机效应模型。模型的效果量为 0.07，标准差为 0.03，置信区间为[0.001，0.13]，$p=0.046$。数据支持小学男生孤独倾向程度显著高于小学女生。出版偏倚检验的 Rosenthal 失安全系数为 55，Egger 系数的双尾 p 值为 0.201，大于 0.05，可判断为无出版偏倚。

在恐怖倾向方面，异质性检验的 Q 值为 79.63，p 值在 0.01 的显著性水平下显著，I^2 统计量为 76.14%，因此采用随机效应模型。模型的效果量为-0.27，标准差为 0.04，置信区间为[-0.35，-0.19]，$p<0.001$。数据支持小学女生恐怖倾向程度显著高于小学男生。出版偏倚检验的 Rosenthal 失安全系数为 974，Egger 系数的双尾 p 值为 0.977，可判断为无出版偏倚。

在冲动倾向方面，异质性检验的 Q 值为 34.03，p 值在 0.05 的显著性水平下显著，I^2 统计量为 44.17%，因此采用随机效应模型。模型的效果量为 0.06，标准差为 0.03，置信区间为［0.01，0.11］，$p = 0.018$。数据支持小学男生冲动倾向程度显著高于小学女生。出版偏倚检验的 Rosenthal 失安全系数为 34，Egger 系数的双尾 p 值为 0.205，大于 0.05，可判断为无出版偏倚。

综合上述四个维度的数据分析，小学男生在孤独倾向和冲动倾向两个维度上比女生更加严重，其中孤独倾向的效果量大于冲动倾向；小学女生则在学习焦虑和恐怖倾向两方面比男生更加严重，其中恐怖倾向的效果量远大于学习焦虑。

（2）不同年级小学儿童之间的差异

在分析年级差异的过程中，采取邻近年级两两配对的方法，对三至六年级的小学生分别进行对比。

首先是三年级与四年级小学儿童比较：三、四年级的小学生在 MHT 总分上并无显著差异，除学习焦虑外，其他各维度上的焦虑水平均无显著差异。

在学习焦虑方面，异质性检验的 Q 值为 6.00，p 值为 0.198 不显著，I^2 统计量为 33.36%，因此采用固定效应模型。模型的效果量为 -0.18，标准差为 0.06，置信区间为［-0.30，-0.06］，$p = 0.003$。数据支持四年级小学生学习焦虑程度显著高于三年级小学生。出版偏倚检验的 Rosenthal 失安全系数为 7，大于纳入元分析的研究数量，Egger 系数的双尾 p 值为 0.902，可判断为无出版偏倚。

其次是四年级与五年级小学儿童比较：四、五年级小学生在 MHT 总分上，异质性检验 Q 值为 28.91，p 值在 0.05 的显著性水平下显著，I^2 为 51.57，因此采用随机效应模型。但模型效果量的 p 值为 0.055，可认为四、五年级小学生的心理健康诊断测验总分无显著差异。

在逐一分析各维度的过程中，我们发现四、五年级的小学生在学习焦虑、人际焦虑、孤独倾向、自责倾向和冲动倾向上均存在显著差异。其中，冲动倾向的维度在出版偏倚检验时，Rosenthal 失安全系数为 2，小于纳入的研究数量，

Egger 系数的双尾 p 值为 0.040，小于 0.05，判断为存在出版偏倚，故不考虑探讨此维度的差异。

在学习焦虑方面，异质性检验的 Q 值为 45.77，p 值在 0.01 的显著性水平下显著，I^2 统计量为 69.41%，因此采用随机效应模型。模型的效果量为 −0.12，标准差为 0.05，置信区间为 [−0.22, −0.01]，$p = 0.025$。数据支持五年级小学生学习焦虑程度显著高于四年级小学生。出版偏倚检验的 Rosenthal 失安全系数为 51，Egger 系数的双尾 p 值为 0.964，可判断为无出版偏倚。

在人际焦虑方面，异质性检验的 Q 值 33.26，p 值在 0.01 的显著性水平下显著，I^2 统计量为 57.91%，因此采用随机效应模型。模型的效果量为 −0.10，标准差为 0.05，置信区间为 [−0.19, −0.02]，$p = 0.021$。数据支持五年级小学生人际焦虑程度显著高于四年级小学生。出版偏倚检验的 Rosenthal 失安全系数为 38，Egger 系数的双尾 p 值为 0.885，可判断为无出版偏倚。

在孤独倾向方面，异质性检验的 Q 值为 35.97，p 值在 0.01 的显著性水平下显著，I^2 统计量为 61.08%，因此采用随机效应模型。模型的效果量为 0.12，标准差为 0.05，置信区间为 [0.03, 0.21]，效果量的 p 值为 0.011。数据支持四年级小学生孤独倾向程度显著高于五年级小学生。出版偏倚检验的 Rosenthal 失安全系数为 59，Egger 系数的双尾 p 值为 0.824，可判断为无出版偏倚。

在自责倾向方面，异质性检验的 Q 值为 54.03，p 值在 0.01 的显著性水平下显著，I^2 统计量为 74.09%，因此采用随机效应模型。模型的效果量为 −0.16，标准差为 0.06，置信区间为 [−0.27, −0.05]，$p = 0.004$。数据支持五年级小学生自责倾向程度显著高于四年级小学生。出版偏倚检验的 Rosenthal 失安全系数为 88，Egger 系数的双尾 p 值为 0.190，可判断为无出版偏倚。

综合上述不同维度的效果量，五年级小学生在学习焦虑、人际焦虑、自责倾向三个维度较四年级小学生更加严重，按照效果量大小排序应为自责倾向、学习焦虑和人际焦虑；四年级小学生只在孤独倾向上较五年级小学生更加严重。

最后是五年级与六年级小学生比较：五年级与六年级小学生在心理健康诊

断测验总分效果量的 p 值并不显著，因此二者无显著差异。各维度中除孤独倾向存在显著差异外，均无显著差异。在孤独倾向方面，异质性检验的 Q 值为 28.08，p 值不显著，I^2 统计量为 35.90%，因此采用固定效应模型。模型的效果量为 0.05，标准差为 0.02，置信区间为 [0.01，0.09]，效果量的 p 值为 0.019。数据支持五年级小学生孤独倾向程度显著高于六年级小学生。出版偏倚检验的 Egger 系数的双尾 p 值为 0.549，可判断为无出版偏倚。

（3）独生子女与非独生子女小学儿童之间的差异

独生子女小学生与非独生子女小学生在心理健康诊断测验总分上的异质性检验未通过，采用固定效应模型进行分析，但二者差异的效果量并未通过显著性检验，元分析认为独生子女小学生与非独生子女小学生在心理健康水平上并无显著差异。

在各个维度上，独生子女小学生与非独生子女小学生只在学习焦虑上有显著差异，其他维度均无显著差异。在学习焦虑方面，异质性检验的 Q 值为 3.98，p 值不显著，I^2 统计量为 24.65%，因此采用固定效应模型。模型的效果量为 -0.12，标准差为 0.06，置信区间为 [-0.23，-0.01]，$p = 0.036$。数据支持非独生子女小学生学习焦虑的程度显著高于独生子女小学生。出版偏倚检验的 Rosenthal 失安全系数为 1，Egger 系数的双尾 p 值为 0.822，可判断为无出版偏倚。

（4）小学留守儿童与非留守儿童之间的差异

首先，进行留守小学生与非留守小学生在 MHT 总分上的元分析。留守与非留守小学生心理健康诊断测验总分的 Q 值为 273.84，p 值在 0.01 的显著性水平下显著，I^2 统计量为 98.90%，因此采用随机效应模型。根据元分析结果，留守小学生与非留守小学生心理健康差异的效果量估计值为 0.87，标准差为 0.42，置信区间为 [0.04，1.69]，$p = 0.039$。说明留守小学生与非留守小学生在心理健康诊断测验的总分上是存在显著差异的，留守小学生的心理健康水平低于非留守小学生。二者总分差异的随机效应模型森林图如图 4-3 所示。出版偏倚检验的 Rosenthal 失安全系数为 455，Egger 系数的双尾 p 值为 0.101，可判断为无出版偏倚。

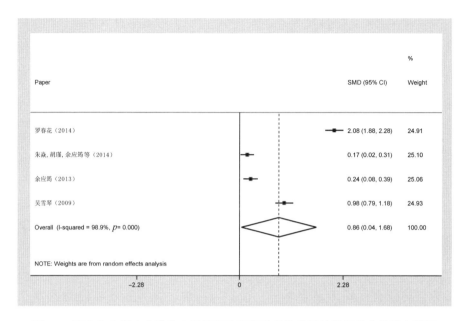

图 4-3　留守与非留守小学生心理健康诊断测验总分差异的随机效应模型森林图

接着，我们对留守和非留守小学生在心理健康诊断测验各维度上的差异逐一进行元分析。除了在自责倾向、过敏倾向、躯体症状 3 个维度无显著差异外，留守与非留守小学生在另外 5 个维度上均存在显著差异。在这些维度上，留守小学生的心理健康水平均低于非留守小学生。

在学习焦虑方面，异质性检验的 Q 值为 81.58，p 值在 0.01 的显著性水平下显著，I^2 统计量为 95.10%，因此采用随机效应模型。模型的效果量为 0.56，标准差为 0.18，置信区间为 [0.21，0.91]，$p = 0.002$。数据支持留守小学生学习焦虑程度显著高于非留守小学生。出版偏倚检验的 Rosenthal 失安全系数为 209，Egger 系数的双尾 p 值为 0.096，可判断为无出版偏倚。

在人际焦虑方面，异质性检验的 Q 值为 129.09，p 值在 0.01 的显著性水平下显著，I^2 统计量为 96.90%，因此采用随机效应模型。模型的效果量为 0.63，标准差为 0.23，置信区间为 $[0.18，1.08]$，$p=0.006$。数据支持留守小学生人际焦虑程度显著高于非留守小学生。出版偏倚检验的 Rosenthal 失安全系数为 255，Egger 系数的双尾 p 值为 0.093，可判断为无出版偏倚。

在孤独倾向方面，异质性检验的 Q 值为 130.13，p 值在 0.01 的显著性水平下显著，I^2 统计量为 96.93%，因此采用随机效应模型。模型的效果量为 0.67，标准差为 0.23，置信区间为 $[0.22，1.12]$，$p=0.004$。数据支持留守小学生孤独倾向程度显著高于非留守小学生。出版偏倚检验的 Rosenthal 失安全系数为 254，Egger 系数的双尾 p 值为 0.012，小于 0.05，可能存在出版偏倚的情况。因此，小学留守儿童与非留守儿童在孤独倾向上的差异有待考证。

在恐怖倾向方面，异质性检验的 Q 值为 188.91，p 值在 0.01 的显著性水平下显著，I^2 统计量为 97.88%，因此采用随机效应模型。模型的效果量为 0.64，标准差为 0.28，置信区间为 $[0.10，1.19]$，$p=0.021$。数据支持留守小学生恐怖倾向程度显著高于非留守小学生。出版偏倚检验的 Rosenthal 失安全系数为 264，Egger 系数的双尾 p 值为 0.195，可判断为无出版偏倚。

在冲动倾向方面，异质性检验的 Q 值为 156.73，p 值在 0.01 的显著性水平下显著，I^2 统计量为 97.45%，因此采用随机效应模型。模型的效果量为 0.65，标准差为 0.25，置信区间为 $[0.15，0.14]$，$p=0.011$。数据支持留守小学生冲动倾向程度显著高于非留守小学生。出版偏倚检验的 Rosenthal 失安全系数为 260，Egger 系数的双尾 p 值为 0.112，可判断为无出版偏倚。

综合上述不同维度的数值，小学留守儿童与非留守儿童在学习焦虑、人际焦虑、孤独倾向、恐怖倾向、冲动倾向上均存在显著差异，小学非留守儿童在这五个维度上均好于小学留守儿童，效果量由大到小分别为孤独倾向、冲动倾向、恐怖倾向、人际焦虑和学习焦虑。

(五)分析与讨论

第一，2000 年以来我国小学生的心理健康水平总体正常，但地区之间存在显著差异。小学生心理健康水平东部地区最佳，中部居中，西部最差；不同地区小学生心理健康水平与经济发达程度呈正相关，经济越落后的地区，小学生的心理健康水平越低；小学生心理健康的年代效应在统计上并不显著，但是数据表明心理健康水平有缓慢提升的趋势，东、中、西部地区内部不存在年代效应。

第二，在性别差异方面，男女生在 MHT 总分上存在显著差异，女生的心理健康水平略低于男生；男女生在人际焦虑、自责倾向、过敏倾向、躯体症状上无显著差异；女生在学习焦虑、恐怖倾向两个方面比男生差，其中恐怖倾向较为严重；男生在孤独倾向、冲动倾向两个方面比女生差，其中孤独倾向较为严重。

这说明，女生对考试等学习环节的焦虑情绪高于男生，她们更加在意考试分数；女生对某些日常的事物，如黑暗等，存在恐惧感，这与女生比男生胆小是密切相关的；男生的孤独焦虑感要高于女生，他们更加不善与人交往，这与男生糟糕的同伴关系相关，与以往的研究结果一致[1]。另外，男生相对女生表现出易冲动、自制力较差的特点。

第三，在年级差异方面，相邻年级之间在心理健康诊断测验总分上均无显著差异，但不同年级在具体维度上存在差异。学习焦虑方面，三年级、四年级、五年级之间存在焦虑感上升的趋势，随着学习难度的增加，考试成绩越来越受到学校和家长的重视，小学生的学习焦虑感不断上升，在五年级之后逐步适应。孤独倾向方面，四年级至六年级的小学生逐步降低，随着年龄的增长，小学生逐渐掌握人际交往沟通的技能，从而逐步摆脱独孤感的影响。人际焦虑和自责倾向方面，五年级小学生显著高于四年级，说明从四年级升入五年级的阶段，是小学生心理状态变化的关键期，其他研究也证实了小学生的自我概念从三年级至五年级下降，到六年级又上升[2]。一方面，五年级较低的自我概念导致小

---

① 池丽萍、辛自强：《小学儿童问题行为、同伴关系与孤独感的特点及其关系》，载《心理科学》，2003，26(5)。

② 李培培：《3-6 年级小学生自我概念发展及其与心理健康的关系研究》，硕士学位论文，内蒙古师范大学，2014。

学生在与他人接触时不够自信，害怕与人交往，出现退缩行为；另一方面，五年级的小学生更可能会出现自卑，怀疑自己的能力，以及将失败归咎于自己的内部特质。

第四，非独生子女的学习焦虑程度高于独生子女。独生子女从小受到的关注多于非独生子女，家庭经济压力较小，获得的资源更多，对学习上的焦虑感更低；而非独生子女总是面临与兄弟姐妹之间的比较，学习上的压力相对较大，焦虑水平更高。

第五，从元分析中可以发现，留守儿童的心理健康水平显著低于非留守儿童。二级维度上，二者在孤独倾向上差异最大，其次为冲动倾向、恐怖倾向、人际焦虑，学习焦虑程度差异最小，均为非留守儿童优于留守儿童。从以往研究中可以看到，留守状态为小学生带来了诸多不利的影响，包括感到孤独，自我封闭；缺乏家长约束，自制力较差；缺乏安全感，害怕如黑暗等日常事物；害怕与人交往，出现退缩行为；无法安心学习，对考试有恐惧心理等。这些研究结果给予我们一定的警示作用，提醒我们要关注小学留守儿童的心理行为问题，深入研究他们心理行为问题产生的原因和机制，以期缓和其心理行为问题的严重程度，避免心理危机的出现。

第五章

————

小学生心理健康的结构与量表编制研究

一、小学生心理健康的结构

在以往研究中，儿童行为量表（CBCL）和心理健康诊断测验（MHT）等是对小学儿童心理健康测量的主要研究工具。诚如前述，这些工具的共同特点包括：①从病理视角定义心理健康，症状相对平均水平不显著，则可视为健康；②反映被试测量时的心理状态，受到个体心理稳定性的影响。当前心理健康的理念正在向积极心理健康观转变，没有症状只是部分健康，健康的概念还应包括个体身心健康、蓬勃发展、适应水平更高，具有一定的潜能和美德，更应关注个体的积极情绪、积极态度、心理调节能力等积极心理品质。

以往的研究发现，学业状况作为心理健康的一个方面，已被研究者广泛关注。我国心理学家林崇德教授在 2000 年就指出，心理健康包括没有心理疾病和具有积极向上发展的心理状态两方面的含义，并认为其结构应包括学习、人际和自我三个方面①。据此，俞国良等人编制了《学生心理健康量表》②，在此基础上修订出《小学生心理健康量表》，并进行了验证性因子分析。该量表的结构主张将小学生的心理健康问题及概念内涵与成人的心理健康问题区分开，将心理健康的结构归纳为学习、自我、人际、适应 4 个维度③。

除此之外，上述量表的结构也存在一定的问题，干扰了其作为测量工具的

————

① 林崇德：《关于心理健康的标准》，载《思想政治课教学》，2000（3）。
② 俞国良、林崇德、王燕：《学生心理健康量表的编制研究》，载《心理发展与教育》，1999（3）。
③ 张雅明、俞国良：《青春期前期学生心理健康发展趋势和性别差异》，载《中国临床心理学杂志》，2004，12（4）。

信效度。首先，最近5~10年随着改革开放的深入，社会发展迅速，小学儿童的心理发展也呈现出一些新特点；其次，情绪识别和情绪调节等维度作为小学儿童心理健康的重要内容，在《小学生心理健康量表》中未有体现；最后，《小学生心理健康量表》中的部分情境、语言表达的针对性不强，亟待进一步修订。

当前，如何评价我国小学儿童的心理健康状态，我国小学儿童的心理健康又究竟处于一个怎样的水平？这些问题的解决亟待明确小学生心理健康结构的理论取向。在已有研究中，研究者们采用病理取向的心理健康研究，更多地关注各种内化和外化问题及其影响因素和干预措施，认为心理健康即没有心理疾病，研究的目的也是从预防心理疾病的角度出发，或者如何帮助心理疾病患者走出病症。另外，以往对小学儿童心理健康的测量中，研究者曾使用儿童行为量表、心理健康诊断测验、症状自评量表（SCL-90）、长处与困难问卷（SDQ）等研究工具对小学儿童的心理健康进行测量，一方面这些量表均从病理性的视角进行分析，另一方面部分量表不适合对小学生的心理健康水平进行测量，或是小学生对量表的题目文字无法完全理解，或是量表的题目过多从而影响数据质量，或者小学生根本不在此问卷的适用对象中。鉴于此，从积极心理学的理论取向，设计小学儿童心理健康的结构仍有待努力。

在总结前人经验的基础上，我们认为在理论上，小学儿童心理健康量表的结构应具备以下特点：一是不仅应关注内化和外化心理行为问题等消极方面，更应关注小学生心理健康的积极方面；二是量表测量的应是小学生心理健康方面的一种状态，这种状态可能随着时间的变化产生变化，但在一定时间范围内保持稳定；三是量表的结构和题目数量应尽量简化，过多的题目可能导致小学生填答时间过长，精力不够集中从而导致数据质量无法保证；四是符合小学生心理发展特点，避免与年龄更高的儿童或青少年使用相同结构的量表，而无法准确测量小学生独有的特点。

为此，量表结构的编制程序设计为：（1）以俞国良、张雅明等编制的《小学生心理健康量表》为蓝本，在参考国内外相关研究文献和问卷的基础上，分析小学儿童心理健康的内容与结构，收集和编写相关项目；（2）在心理健康结构的基础上，对8~12岁小学儿童进行半结构式访谈和半开放式问卷调查，收集项目；（3）对所有题项进行整理，编制量表的项目，并咨询相关专家及一线教师的意见，对题项的语义、结构进行讨论，删除语义表达不清的题项，形成自编《小学儿童心理健康量表》原始问卷的结构。

　　该原始量表的结构由学习、自我、人际和情绪4个维度构成，初步编制了13个二级维度，共计63道题目。其中，学习分量表：反映小学生从学习中获得成就感和满足感；对学习和学校活动有积极的认识倾向和情绪状态；在学习中形成良好的学习习惯。自我分量表：体现对自己的观念、躯体、行为和智力有着正确的评价与判断；在家庭情境中对家人的评价和满意度，自己作为家庭成员角色的胜任感及对家人对自己态度与看法的知觉；在学校情境中的人际关系状况，作为学生的胜任感和对老师同学们对自己态度与看法的知觉。人际分量表：在社会交往中能够做到自我认同，对交际群体感到满意，接纳他人对自己的态度、评价等；对父母、老师、同学等有基本的信任，有较好的社会支持系统存在；能够被老师、同学所接纳，有归属感；能与他人和谐相处，亲密合作，但不放弃自己的原则和人格，即在保持个性和差异的前提下能与他人亲密合作。情绪分量表：有更多的积极情绪表达，消极情绪较少，使用正确的方式表达自己的情绪，对他人的情绪表示同理心；能准确识别他人的情感，理解复杂的社会情境，并表现出恰当的情绪；将自己的情绪体验、表情调整到能达成个人目标的适当水平，在恰当的时机使用积极的调节策略。

二、小学生心理健康量表的编制研究

（一）研究方法

1. 研究对象

我们选择北京市某小学三至六年级学生为《小学儿童心理健康量表（初编

版)》研究对象，共 823 人。其中，男生 395 人，女生 410 人，18 人未填写性别信息；三年级 169 人，四年级 238 人，五年级 212 人，六年级 204 人；汉族学生 728 人，少数民族学生为 81 人，14 人未填写民族信息。

2. 研究工具

采用自编的《小学儿童心理健康量表》进行施测，主要用于测量小学生在学习、自我、人际、情绪 4 个因子上的心理健康水平，共计 63 道题目，采取李克特量表(Likert Scale)的评分标准。将五级量表中的"不一定"选项删除，设置"完全不符合""比较不符合""比较符合""完全符合"4 个选项。该量表初编版由学习、自我、人际、情绪 4 个一级维度的因子组成，学习因子包括：学业成就、学习兴趣、学习习惯 3 个二级维度；自我因子包括自我认识、家庭自我、学校自我 3 个二级维度；人际因子包括认同感、信任感、合群性、独立性 4 个二级维度；情绪因子包括情绪表达、情绪理解、情绪调节 3 个二级维度。将 4 个维度的因子得分加总，即得到量表总分，得分越高表示被试心理健康水平越低。

由小学生独立填写量表，参与调查人员解释不认识的汉字或词汇，但并不对题目内容进行解释。施测过程中儿童无干扰，独立作答，答题结束后收回量表。

3. 数据的收集与整理

回收的量表数据采用 Excel 进行数据录入并建立数据库，使用 SPSS 24 进行数据整理和探索性因素分析，使用 AMOS 24.0 进行验证性因素分析。

4. 统计分析方法

本研究将整体样本随机分成两部分，一部分用于做探索性因素分析，另一部分用于做验证性因素分析。

研究中探索性因素分析采用 SPSS 进行分析，采用主成分分析的方法抽取公因子，采用 Promax 的方法，将 kappa 值设置为 5 对因子进行旋转。通过 KMO 系数和巴特利特球形检验数据是否适合做因子分析。KMO 系数大于 0.70 以及巴特利特球形检验结果显著，说明数据适合用于因子分析。主要通过以下几个标准对项目进行筛选：①题目总相关在 0.1 以上；②删除项目后，总体信度不会提高；③因子载荷在 0.35 以上；④没有同时在两个或以上数量的公因子上载荷超过 0.35 的。

在探索性因素分析得出基本结构之后，采用另一半的数据在 AMOS 中进行验证性因素分析。在验证性因素分析中，对模型与数据的拟合情况，主要参考以下的指标：拟合优度卡方及自由度，拟合优度指数（GFI）和调整拟合优度指数（AGFI），比较拟合指数（CFI），非规范拟合指数（TLI），近似误差均方根（RMSEA），标准化均方根残差（SRMR）。

一般来说，拟合优度卡方是最经常被报告的，当卡方不显著时说明模型拟合较好。但是卡方值容易受到样本量等因素的影响，因此，可参考卡方值与自由度的比值，检验样本协方差矩阵和估计方差矩阵之间的相似程度，越接近 1，表明拟合越好；接近 2，表明拟合较好；大样本时，如果比值在 5 以内，拟合也可以接受。

GFI 和 AGFI 取值范围在 0~1 之间，越接近 1 表明拟合越好。目前，多数研究者认为，GFI≥0.9，AGFI≥0.8，可认为模型拟合较好。

CFI 为假设模型与独立模型之比，取值范围也在 0~1 之间，越接近 1 表明拟合越好。CFI≥0.9 时，可认为模型拟合较好。TLI 指数也是比较拟合指数的一种，取值范围在 0~1 之间，数值越大说明模型的拟合越好，在 0.9 以上说明模型拟合可以接受，在 0.95 以上说明模型拟合非常好。

RMSEA 是评价模型不拟合的指数，越接近 0 表明模型拟合越好。一般认为，RMSEA=0 时模型完全拟合；RMSEA<0.05 时接近拟合；0.05≤RMSEA≤0.08 时合理拟合；0.08≤RMSEA≤0.10 时拟合一般；RMSEA≥0.10 时拟合较差。SRMR 的值也是在 0~1 之间，SRMR<0.1 时模型拟合较好。

在验证性因素分析中，一般会综合参考以上几个指标来判断模型的拟合情况。当初始模型的拟合不好时，我们会根据模型提供的修正指数对模型进行调整，如删除变量，或者修改某些路径，然后重新进行验证性因素分析，直到模型达到拟合要求。

(二)小学儿童心理健康量表的探索性及验证性因素分析

1. 学习分量表

(1)学习分量表的探索性因素分析

首先计算本维度各项目的临界比，按照分量表总分前、后27%，分为高分组与低分组，每个项目在高低两组的分值计算独立样本t检验，结果表明，学习分量表中每题的双尾t检验结果均显著不同($p<0.001$)，所有项目均能鉴别不同被试的反应程度。

接下来，将所有题目进行初步的信度分析，学习分量表的信度Cronbach's α系数为0.74。项目3删除以后量表的总体信度有所提升，且项目3的题总相关系数低于0.2；项目4、项目11的题总相关系数也低于0.2。因此，项目3、项目4、项目11在后续的因子分析中被删除。

对学习分量表上剩余的14个项目进行探索性因素分析，KMO系数为0.8，巴特利特球形检验的卡方值为728.47，自由度为91，$p<0.001$，说明数据适合做因子分析。

在提取因子时，按照模型最初设计的3个公因子进行提取，主成分分析表明初步提取解释了总方差的41.81%；碎石图5-1也表明，提取3个因子可以解释模型的大部分变异程度。

在各公因子的项目分布上，如表5-1所示，从旋转后的因子矩阵可以看出，项目1、2、5、6、10被划分到一个公因子上，这与我们理论假设的学业成就因子比较一致，因此我们将该公因子命名为学业成就；项目7、8、9在同一个公因子上有较大的负荷，从内容上看，这四个题目与我们理论假设的学习兴趣的内容一致，因此将该公因子命名为学习兴趣；而项目12~17都在同一个公因子上有较强的负荷，这与我们假设的学习习惯维度的内容一致，因此将该公因子命名为学习习惯。

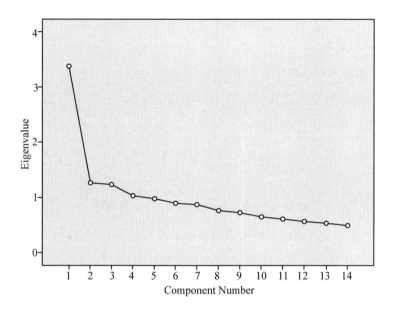

图 5-1　学习分量表探索性因素分析碎石图

表 5-1　学习分量表探索性因素分析的因子旋转矩阵

	成分		
	1	2	3
b1	0.750		
b5	0.673		
b2	0.659		
b10	0.389		
b6	0.247		
b17		0.680	
b15		0.588	
b12		0.563	
b13		0.545	
b16		0.467	
b14		0.457	
b9			0.697
b8			0.696
b7			0.684

（2）学习分量表的验证性因素分析

使用探索性因素分析得到的由 14 个项目构成的初始结构进行验证性因素分析，如表 5-2 所示，模型的初步拟合并未达到拟合要求。根据修正指数对模型进行调整，在删除项目 6、10、12 和 13 后，模型达到拟合要求。而从因子构成和解释上说，进行这样的调整也是合理的。得到如图 5-2 所示模型。

表 5-2 学习分量表模型的拟合指数表

模型	卡方	自由度	卡方/自由度	GFI	AGFI	CFI	TLI	RMSEA	SRMR
初始模型	209.149	74	2.826	0.927	0.897	0.830	0.791	0.069	0.060
调整后的模型	62.886	32	1.965	0.969	0.947	0.941	0.917	0.050	0.042

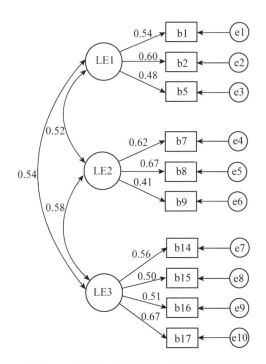

图 5-2 学习分量表的标准化路径结构图

图 5-2 中学习分量表的因子命名和对应项目分别为：学业成就（项目 1、2、5）、学习兴趣（项目 7、8、9）和学习习惯（项目 14、15、16、17）。

2. 自我分量表

(1)自我分量表的探索性因素分析

首先计算自我分量表各项目的临界比，按照分量表总分前、后 27%，分为高分组与低分组，每个项目在高低两组的分值计算独立样本 t 检验，结果表明，自我分量表中每题的双尾 t 检验结果均显著不同($p<0.001$)，所有项目均能鉴别不同调查者的反应程度。

自我分量表中初始项目的信度 Cronbach's α 系数为 0.75。没有项目被删除后总体信度会有所提升，此处不排除任何项目。

对自我分量表全部 15 个项目进行探索性因素分析，KMO 系数为 0.80，巴特利特球形检验的卡方值为 839.83，自由度为 105，显著性水平 $p<0.001$，说明数据适合做因子分析。

在提取因子时，按照模型最初设计的 3 个公因子进行提取，主成分分析表明初步提取解释了总方差的 41.39%。碎石图 5-3 也表明，提取 3 个因子可以解释模型的大部分变异程度。

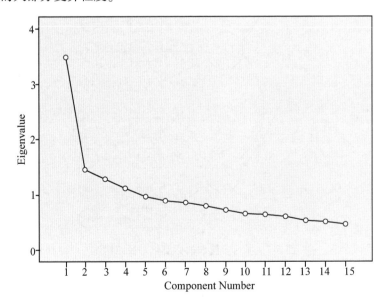

图 5-3　自我分量表探索性因素分析碎石图

表 5-3 是经旋转过的因子载荷，第一个维度，由项目 23、24、25、27 组成，其代表的内容与我们假设的家庭自我内容一致，主要是关于个体对家人、家庭的评价与满意度，自己作为家庭成员角色的胜任感及对家人对自己态度与看法的知觉，因此将其命名为家庭自我；第二个维度，由项目 20、21、26、28、30、31 组成，其代表内容与假设的学校自我内容一致，主要涉及在学校情境中，作为学生的胜任感和对老师同学们对自己态度与看法的知觉，因此将其命名为学校自我；第三个维度，由项目 18、19、22、29、32 组成，其内容更多涉及的是个体对自己的思想、躯体、行为和智力的评价和判断，因此可命名为自我认识。

表 5-3　自我分量表探索性因素分析的因子旋转矩阵

	成分		
	1	2	3
b24	0.745		
b25	0.645		
b23	0.641		
b27	0.614		
b28		0.714	
b30		0.671	
b26		0.596	
b31		0.579	
b20		0.351	
b21		0.329	
b29			0.643
b22			0.626
b18			0.526
b32			0.441
b19			0.329

（2）自我分量表的验证性因素分析

对探索性因素分析得出的初始结构进行验证性因素分析，模型的拟合并未达到拟合要求。因此，根据修正指数对模型进行调整，在删除项目 18、20、21、26 和 32 后，模型 CFI 值达到了 0.9 以上，TLI 也有显著提升，基本达到拟合要求（表 5-4）。而从项目内容上来看，进行这样的调整使因子内部的一致性得到了提升。得到的模型如图 5-4 所示。

表 5-4　自我分量表模型的拟合指数表

模型	卡方	自由度	卡方/自由度	GFI	AGFI	CFI	TLI	RMSEA	SRMR
初始模型	203.372	87	2.338	0.936	0.912	0.860	0.831	0.059	0.524
调整后的模型	83.436	32	2.607	0.959	0.930	0.916	0.881	0.064	0.046

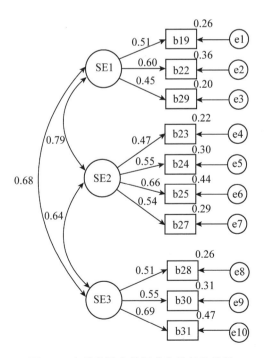

图 5-4　自我分量表的标准化路径结构图

图 5-4 中自我分量表的因子命名和对应项目分别为：自我认识（项目 19、22、29）、家庭自我（项目 23、24、25、27）、学校自我（项目 28、30、31）。

3. 人际分量表

（1）人际分量表的探索性因素分析

首先计算人际分量表各项目的临界比，按照分量表总分前、后 27%，分为高分组与低分组，每个项目在高低两组的分值计算独立样本 t 检验，结果发现，人际分量表中项目 48 的双尾 t 检验结果不显著（$p=0.158$），该项目没有很好的区分度，故删除。其他项目均能鉴别不同调查者的反应程度（$p<0.001$），进入下一步分析。

人际分量表中初始项目的信度 Cronbach's α 系数为 0.74。项目 49、50、51 删除后 α 系数提高；3 个项目的题总相关系数非常低，因此在后续的分析中将其删除。

对人际分量表剩余的 15 个项目进行探索性因素分析，KMO 系数为 0.84，巴特利特球形检验的卡方值为 1034.10，自由度为 105，$p<0.001$，说明数据适合做因子分析。

在提取公因子时，以特征根大于 1 为标准提取公因子，数据表明可提取 3 个公因子，解释了总方差的 44.07%。碎石图 5-5 也表明，提取 3 个因子可以解释模型的大部分变异程度。

表 5-5 呈现了旋转后的 3 个公因子上的项目分布及因子载荷。从中可以看出，第一个公因子由项目 36、41、42、44、45、46、47 组成，内容主要是关于与同学相处愉快，有归属感，因此被命名为合群性；第二个公因子由项目 38、39、40、43 组成，内容主要是关于对父母和老师有基本的信任，因此被命名为信任感；第三个公因子由项目 33、34、35、37 组成，内容主要是关于在社会交往中的自我认同，因此被命名为认同感。

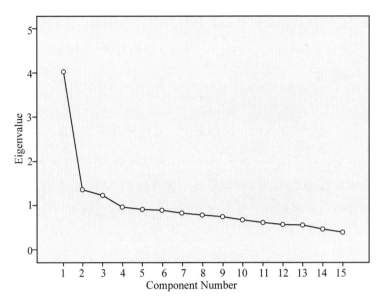

图 5-5　人际分量表探索性因素分析碎石图

表 5-5　人际分量表探索性因素分析的因子旋转矩阵

	成分		
	1	2	3
b46	0.675		
b47	0.574		
b41	0.560		
b42	0.553		
b45	0.532		
b44	0.461		
b36	0.450		
b38		0.699	
b40		0.691	
b39		0.617	
b43		0.481	
b37			0.715
b34			0.651
b35			0.618
b33			0.545

（2）人际分量表的验证性因素分析

对探索性因素分析得出的初始结构进行验证性因素分析，如表 5-6 所示，模型初步拟合较好，删除载荷低于 0.4 的项目。将项目 42、44、45 删除，拟合效果有显著提升。得到的模型如图 5-6 所示。

表 5-6　人际分量表模型的拟合指数表

模型	卡方	自由度	卡方/自由度	GFI	AGFI	CFI	TLI	RMSEA	SRMR
初始模型	193.255	87	2.221	0.919	0.916	0.866	0.838	0.056	0.053
调整后的模型	116.358	51	2.282	0.954	0.929	0.909	0.882	0.058	0.047

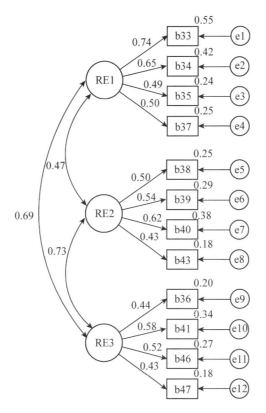

图 5-6　人际分量表的标准化路径结构图

图 5-6 中人际分量表的因子命名和对应项目分别为：认同感（项目 33、34、35、37）、信任感（项目 38、39、40、43）、合群性（项目 36、41、46、47）。

4. 情绪分量表

（1）情绪分量表的探索性因素分析

首先计算情绪分量表各项目的临界比，按照分量表总分前、后 27%，分为高分组与低分组，每个项目在高低两组的分值计算独立样本 t 检验，结果表明，情绪分量表中各项目的 t 检验结果均显著（$p<0.001$），能够鉴别不同调查者的反应程度。

人际分量表中初始项目的信度 Cronbach's α 系数为 0.63。项目 53、59、60 在删除后该维度的总体信度会有所提升，且这 3 个项目的题总相关系数非常低，甚至为负值，因此在后续的分析中被删除。

对情绪分量表剩余的 9 个项目进行探索性因素分析，KMO 系数为 0.79，巴特利特球形检验的卡方值为 603.66，自由度为 36，$p<0.001$，数据适合做因子分析。

在提取公因子时，以特征根大于 1 为标准提取公因子，数据表明可提取 2 个公因子，解释了总方差的 46.08%。图 5-7 的碎石图也表明，提取 2 个因子可以解释模型的大部分变异程度。

表 5-7 呈现了旋转后的 2 个公因子上的项目分布及因子载荷。从中可以看出，第一个公因子由项目 52、56、57、61、62、63 组成，内容主要是关于将情绪体验调整到能符合个人发展的适当水平，在恰当的时机使用积极的调节策略，因此被命名为情绪调节；第二个公因子由项目 54、55、58 组成，内容主要是能准确识别他人的情感，并对他人的情绪表示同理心，因此被命名为情绪识别。

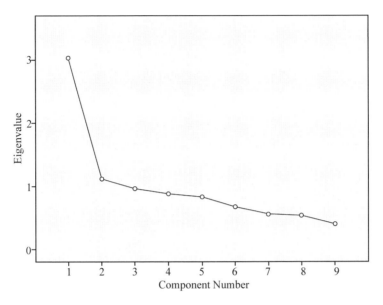

图 5-7 情绪分量表探索性因素分析碎石图

表 5-7 情绪分量表探索性因素分析的因子旋转矩阵

	成分	
	1	2
b61	0.733	
b62	0.683	
b52	0.645	
b63	0.563	
b56	0.375	
b57	0.339	
b54		0.782
b58		0.777
b55		0.677

（2）情绪分量表的验证性因素分析

如表 5-8 所示，对探索性因素分析得出的初始结构进行验证性因素分析，模型并未达到拟合要求。因此，根据修正指数对模型进行调整，删除载荷小于

0.4 的项目，在删除项目 56、57、63 后，模型达到拟合要求。得到的模型如图 5-8 所示。

表 5-8　情绪分量表模型的拟合指数表

模型	卡方	自由度	卡方/自由度	GFI	AGFI	CFI	TLI	RMSEA	SRMR
初始模型	22.493	26	0.865	0.987	0.977	1.000	1.010	0.000	0.029
调整后的模型	11.308	8	1.413	0.990	0.974	0.992	0.986	0.033	0.284

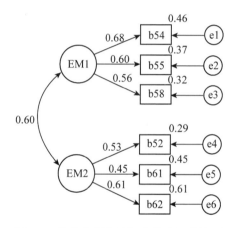

图 5-8　情绪分量表的标准化路径结构图

图 5-8 中自我分量表的因子命名和对应项目分别为：情绪识别（项目 54、55、58）和情绪调节（项目 52、61、62）。

（三）小学儿童心理健康量表的信效度检验

1. 量表信度

量表编制经常使用内部一致性 α 系数来进行信度检验。使用 SPSS 进行计算，删除题目后量表学习、自我、人际和情绪 4 个维度的内部一致性 α 系数分别为 0.72、0.75、0.75 和 0.72，均高于 0.7，量表总信度达到 0.89，可认为量表信度较好，结构稳定。

2. 量表效度

内容效度。在吸取前人经验的基础上，结合相关专家学者的建议，我们对《小学儿童心理健康量表》进行了初步编制，并对量表的内容、表述等进行了推敲和修改。同时，因自尊在以往研究中与心理健康水平相关度较高，本研究测量了删除不良项目之后的量表总分和各维度得分与自尊的相关程度，结果表明，心理健康总分与自尊的 Spearman 等级相关系数为-0.65，且在 0.01 的水平下显著相关；学习、自我、人际、情绪 4 个维度与自尊的 Spearman 等级相关系数分别为-0.49、-0.63、-0.48 和-0.39，4 个维度均在 0.01 的水平下显著。因此，本量表具有良好的内容效度。

结构效度。在完成验证性因素分析之后，4 个维度的结构都调整清晰。随后，本研究计算了 4 个维度之间及其与总维度的相关关系。结果如表 5-9 所示，量表各维度呈中等程度的相关，相关系数在 0.43~0.61 之间；各维度与总分的相关系数在 0.69~0.84 之间。可以看出，各维度之间彼此相对独立，且本量表测量的心理健康特性具有一致性。因此，本量表具有良好的结构信度。

表 5-9　量表调试后心理健康总分与四个因子的相关关系

	学习因子	自我因子	人际因子	情绪因子
学习因子				
自我因子	0.61**			
人际因子	0.53**	0.59**		
情绪因子	0.48**	0.43**	0.56**	
心理健康总分	0.82**	0.84**	0.82**	0.69**

(四) 分析与讨论

首先，我们在总结前人经验的基础上，使用小学儿童容易理解的语言，针对小学儿童的心理健康制订了专门的量表。该量表最终由学习、自我、人际、情绪四个维度共计 38 道题目组成(图 5-9)。

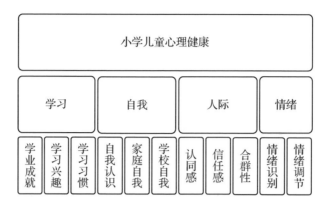

图 5-9　小学儿童心理健康的结构

其中，学习维度由3个二级维度构成，分别为学业成就（3题）、学习兴趣（3题）和学习习惯（4题）。体现小学儿童从学习中获得成就感和满足感；对学习和学校活动有积极的认识倾向和情绪状态；在学习中形成良好的学习习惯。

自我维度由3个二级维度构成，分别为自我认识（3题）、家庭自我（4题）和学校自我（3题）。体现小学儿童对自己思想、躯体、行为和智力有着正确的评价与判断；在家庭情境中对家人的评价和满意度，自己作为家庭成员角色的胜任感及对家人对自己态度与看法的知觉；在学校情境中的人际关系状况，作为学生的胜任感和对老师同学们对自己态度与看法的知觉。

人际维度由3个二级维度构成，分别为认同感（4题）、信任感（4题）以及合群性（4题）。体现小学儿童在社会交往中能够做到自我认同，对交际群体感到满意，接纳他人对自己的态度、评价等；对父母、老师、同学等有基本的信任，有较好的社会支持系统存在；能够被老师、同学所接纳，有归属感。问卷最初设计中的独立性维度并未进入最终的量表，这可能是因为小学儿童在与他人相处、亲密合作的过程中，尚未发展出独立的人格或能够坚持自己的原则，容易受到他人的影响和左右。

情绪维度由2个二级维度构成，分别为情绪识别（3题）和情绪调节（3题）。体现了个体能识别自己和他人的情感，并表现出恰当的情绪，对他人的情绪表示同理心；将自己的情绪体验、表情调整到能达成个人目标的适当水平，在恰当的时机使用积极的调节策略。研究将量表最初设计中的情绪表达和情绪理解维度进行了合并，命名为情绪识别；这说明小学儿童在情绪发展的过程中，还未能准确表达本人情绪，更难以理解一些复杂情绪，尤其是当内在感受与外在表现不一致的时候；而情绪识别是情绪表达和情绪理解的前提条件和基础，小学儿童已具备相应的能力；此外，小学儿童也可以进行一些简单的情绪调节。

最后，根据研究的数据分析，自编的《小学儿童心理健康量表》具有良好的信度和效度，能够用来测评小学生的心理健康水平，并得到相对可靠的数据。与以往的研究相比，小学儿童心理健康结构的发展主要体现在：①从积极心理健康的角度出发，从小学儿童日常学习、生活中心理功能的发挥等方面来反映小学儿童心理健康的状况，与儿童行为量表和心理健康诊断测验等病理症状量表形成了有益互补；②与我们以前（1999，2004）的研究相比，《小学儿童心理健康量表》进一步完善了小学儿童心理健康的结构，保留了学习、自我、人际维度，将适应维度替换为情绪维度，进一步突出小学儿童的特点；③该量表突出了小学这个年龄段儿童的心理健康特点，语言贴近小学儿童惯用的表达方式，题目也更加精简易填，量表更具针对性和操作性。

第六章

————

小学生心理健康的特点与影响因素研究

一、小学生心理健康的特点

(一) 研究目的与研究对象

通过基本情况问卷，了解城市、乡镇小学儿童人口统计学特征；通过使用《小学儿童心理健康量表》施测，分析城市小学儿童、乡镇小学儿童心理健康的特点。在此基础上，分析城乡小学儿童心理健康与自尊、孤独感、社交焦虑、领悟社会支持等变量之间的关系。

研究对象为北京市某城区小学、四川省某乡镇小学四至六年级的小学生。

(二) 研究方法

1. 抽样方法与问卷收集

采用整群抽样的方法，选取上述两所学校四至六年级的全部小学生，作为研究对象并开展问卷调查。

研究中共发放问卷 1315 份，回收问卷 1315 份。通过数据录入之后的整理，剔除问卷填写出现重复选项作答、蛇形作答等规律性作答（如出现 44444444、12341234、1234321 等类型的规律）、缺失值过多等有明显问题的 65 份，剩余有效问卷 1250 份，有效回收率为 95.06%。

2. 研究工具

（1）自编基本情况调查问卷

自编基本情况调查问卷，包括研究对象的性别、年龄、学校、班级、是否独生子女及排行、民族等信息。

（2）自编《小学儿童心理健康量表》

研究编制了《小学儿童心理健康量表》，主要用于测量小学生在学习、自我、人际、情绪四个因子上的心理健康水平，共计 38 道题目，采取李克特量表的评分标准。量表由学习、自我、人际、情绪 4 个一级维度的因子组成，学习因子包括：学业成就、学习兴趣、学习习惯 3 个二级维度；自我因子包括自我认识、家庭自我、学校自我 3 个二级维度；人际因子包括认同感、信任感、合群性 3 个二级维度；情绪因子包括情绪识别和情绪调节 2 个二级维度。将 4 个维度的因子得分加总，即得到量表总分，得分越高表示被试心理健康水平越低。研究中采用的《小学儿童心理健康量表》Cronbach's α 系数为 0.91。

（3）Rosenberg 自尊量表（RSES）

Rosenberg 自尊量表（RSES）是用于评定青少年自我价值和自我接纳总体感受的量表，在心理学研究中应用广泛。该量表由 10 个项目组成，被试描述项目中的特征是否与自己相符。该量表采用四级评分，从 1~4 分别代表"非常符合""符合""不符合"与"非常不符合"。评分越高，代表自尊水平越高。研究中自尊量表的 Cronbach's α 系数为 0.85。

（4）儿童孤独量表（CLS）

儿童孤独量表用于评定儿童的孤独感和社会不满程度，并了解那些不被同学接纳的儿童是否更加孤独。该量表共 24 个题目，适用于三至六年级的学生作答。其中有 16 个题目评定孤独感、社会适应与不适、自己在同伴中地位的主观评价；8 个题目作为补充条目，询问一些爱好，为了让儿童在回答的过程中更放松、更坦诚。量表采用五点计分，从 1~5 分别为"一直如此""多数如此""中等程度""一般没有"和"从来没有"。分数越高，儿童的孤独感越强。研究中儿童孤独量表的 Cronbach's α 系数为 0.92。

（5）儿童社交焦虑量表（SASC）

儿童社交焦虑量表是一个测量儿童社交困难的工具，包括两个因子，一个为害怕否定评价，另一个为社交回避及苦恼，二者之间呈中等相关。量表采用 3 级评分，从 1~3 分别为"从不是这样""有时是这样"和"一直是这样"。分数越高儿童的社交焦虑感越强。研究中儿童孤独量表的 Cronbach's α 系数为 0.85。

（6）领悟社会支持（PSSS）

领悟社会支持是强调儿童自我理解和感受到的社会支持量表，分别测定儿童感受到的来自家庭、同伴、教师的支持程度，也可反映儿童感受到的社会支持的总程度。该量表包括 3 个维度的因子，分别为家庭支持、同伴支持和教师支持；包括 12 个自评项目，均采用七级计分法，从 1~7 分别为"完全不同意""不同意""有些不同意""不确定""有些同意""同意"和"完全同意"。各维度的分数由各维度的题目累加而成，所有项目累加即为社会支持总分。研究中领悟社会支持的 Cronbach's α 系数为 0.91。

研究中所用量表问卷，均由小学生独立填写，参与调查人员解释不认识的汉字或词汇，但并不对题目内容进行解释。施测过程中儿童无干扰，独立作答，答题结束后收回问卷。

3. 数据收集

调查员培训。在制订问卷填写说明后，正式调查前，对参与调查的人员进行了统一培训，主要内容包括研究背景、研究目的、研究方法，问卷填写的注意事项，调查现场的质量控制方法等。

正式调查。我们于 2016 年 12 月完成了北京市某城区小学四至六年级小学生的现场调查工作，2017 年 1 月完成了四川省某乡镇小学四至六年级小学生的现场调查工作。调查过程采用班集体统一作答，由经过培训的调查员统一发放问卷，统一宣读指导语，小学生独立填写，当场作答、回收。

回收的问卷数据采用 Excel 2017 进行数据录入并建立数据库，使用 SPSS 24

和 Stata 14.0 进行统计分析，主要采用 Kolmogorov-Smirnov 检验、Mann-Whitney U 检验、Kruskal Wallis 检验、卡方检验等。

（三）研究结果

1. 小学儿童心理健康的城乡比较

（1）小学儿童人口学特征的城乡差异

剔除无效问卷后，共调查城区小学儿童 769 名，其中男生 373 名，女生 376 名，缺失值 20 名；乡镇小学儿童 481 名，其中男生 240 人，女生 237 人，缺失值 4 名。其中两所学校的性别构成基本一致；年龄上略有差异，乡镇小学儿童年龄偏小；独生子女方面，城市小学超过 3/4 的儿童均为独生子女，相比之下乡镇小学只有约 1/5 的儿童为独生子女；民族构成差异较大，城市小学少数民族学生比例较大；父母亲学历、家庭月收入差异巨大，两地的比例构成几乎完全相反。

（2）小学儿童心理健康的城乡差异

在比较两所学校小学生心理健康及各因子之间的差异之前，首先需要对心理健康总分及各因子得分的分布进行检验。如服从正态分布，则可以采用独立样本 t 检验；如不服从正态分布，则采用非参数检验的方法来比较两所学校儿童之间的差异。

通过 Kolmogorov-Smirnov 检验发现，两所学校的小学生无论是心理健康总分，还是各因子的得分，均拒绝原假设，即数据不服从正态分布。因此，应采用非参数检验的方法，来对比两所学校儿童在心理健康总分与各因子得分上的差异。

本研究通过文献中使用最广泛的非参数检验方法：两独立样本秩和检验——Mann-Whitney U 检验方法，来判断城市小学和乡镇小学儿童在心理健康整体水平和各因子上是否存在显著差异。表 6-1 中的数据表明，在学习、自我、人际、情绪四个因子和心理健康总分上，两所学校的儿童均存在显著差异；乡镇小学的儿童在各因子和总分上的得分更高，心理健康水平显著低于城区的学生。在二级维度的每一个因子上，乡镇小学的小学生均显著高于城市小学的学生。

表 6-1 两所学校小学生心理健康及各因子比较

因子	城区小学		乡镇小学		p
	$M \pm SD$	平均秩	$M \pm SD$	平均秩	
学习因子	1.59±0.47	405.62	1.92±0.47	604.14	0.000
自我因子	1.69±0.50	383.08	2.15±0.49	641.89	0.000
人际因子	1.41±0.41	418.77	1.66±0.46	595.15	0.000
情绪因子	1.57±0.57	471.98	1.76±0.60	578.06	0.000
心理健康总分	1.54±0.38	328.72	1.84±0.37	517.24	0.000

2. 城乡小学儿童心理健康的特点

（1）性别差异

在总体水平的比较研究后，我们对两所学校小学儿童在心理健康及各因子的人口统计学变量差异进行检验。

首先，根据 Kolmogorov-Smirnov 检验结果，两所学校不同性别的小学生在心理健康总体水平和各因子的得分均不服从正态分布。因此，采用 Mann-Whitney U 非参数检验判断小学生心理健康的性别差异。结果表明：城市小学男女生在心理健康总分及各因子得分之间无显著差异。具体到二级维度，通过同样的检验方法可以了解到，城市小学的男生仅在家庭自我和情绪识别两项上得分显著高于女生。

如表 6-2 所示，乡镇小学不同性别的小学儿童在心理健康总分及各因子得分之间存在显著差异。男生在各维度因子得分和总分均显著高于女生。具体到二级维度，通过同样的检验可以了解到，乡镇小学的男生在学业成就、学习兴趣、学习习惯、家庭自我、认同感、信任感、合群性、情绪识别和情绪调节等多个二级维度因子上，得分均显著高于女生。

表 6-2 乡镇小学不同性别小学儿童心理健康及各因子比较

因子	男生		女生		p
	$M \pm SD$	平均秩	$M \pm SD$	平均秩	
学习因子	2.00±0.45	231.62	1.84±0.47	185.38	0.000
自我因子	2.21±0.50	221.61	2.09±0.47	191.82	0.000
人际因子	1.76±0.50	236.42	1.56±0.40	182.84	0.000
情绪因子	1.88±0.64	248.73	1.64±0.54	197.84	0.000
心理健康总分	1.93±0.37	180.13	1.76±0.34	135.72	0.000

（2）年级差异

接下来，我们对不同年级的小学儿童心理健康的水平差异进行分析。同样，先对数据进行正态性检验，结果表明，数据均不服从正态分布，应采用非参数检验方法对数据进行分析。如表6-3、表6-4所示，采用 Kruskal-Wallis 检验的结果表明，城市小学不同年级的小学儿童在心理健康总分和各因子的得分均存在显著差异；乡镇小学不同年级的小学儿童在心理健康的总分和自我、情绪两个因子上存在显著差异。

表 6-3 城区小学不同年级小学儿童心理健康及各因子比较

因子	四年级		五年级		六年级		p
	$M \pm SD$	平均秩	$M \pm SD$	平均秩	$M \pm SD$	平均秩	
学习因子	1.51±0.40	256.65	1.60±0.47	286.48	1.67±0.52	303.52	0.016
自我因子	1.62±0.46	262.94	1.70±0.52	288.74	1.74±0.51	303.85	0.049
人际因子	1.32±0.32	247.81	1.44±0.45	288.84	1.49±0.43	318.30	0.000
情绪因子	1.44±0.51	251.33	1.66±0.61	320.72	1.62±0.58	312.33	0.000
心理健康总分	1.46±0.31	214.22	1.56±0.41	247.29	1.63±0.41	274.55	0.001

表 6-4 乡镇小学不同年级小学儿童心理健康及各因子比较

因子	四年级		五年级		六年级		p
	$M \pm SD$	平均秩	$M \pm SD$	平均秩	$M \pm SD$	平均秩	
学习因子	1.84±0.41	188.08	1.86±0.52	197.19	2.10±0.43	256.98	0.000

续表

因子	四年级		五年级		六年级		p
	$M \pm SD$	平均秩	$M \pm SD$	平均秩	$M \pm SD$	平均秩	
自我因子	2.11±0.48	199.78	2.11±0.51	198.95	2.23±0.46	230.74	0.053
人际因子	1.68±0.46	217.43	1.61±0.43	199.59	1.69±0.51	216.72	0.369
情绪因子	1.66±0.56	203.89	1.73±0.59	220.64	1.93±0.65	260.34	0.001
心理健康总分	1.79±0.32	143.06	1.81±0.40	152.85	1.94±0.36	183.15	0.006

以下分别对比不同维度在城区、乡镇小学各年级之间的差异。

随年级的增长,城市小学儿童在学习、自我两个因子得分均有所增加。四年级和六年级小学生在两个因子上的增加值存在显著差异(学习:$p=0.015$;自我:$p=0.047$),四年级与五年级之间、五年级与六年级之间,增加值不存在显著差异(学习:$p=0.210$,$p=0.955$;自我:$p=0.357$,$p=1.00$)。在二级维度方面,随着年级的增长,学业成就、学习兴趣和家庭自我三个因子得分缓慢增加,四年级与六年级小学生之间存在显著差异。

随年级的增长,城市小学儿童的人际因子得分逐步增加,四年级小学儿童的增加值与五年级、六年级小学儿童均存在显著差异($p=0.015$;$p=0.015$),五年级与六年级之间的增加值不存在显著差异($p=0.250$)。在二级维度方面,随着年级的增长,认同感和信任感两个因子得分逐步增加。认同感因子四年级与六年级之间存在显著差异,四年级与五年级之间、五年级与六年级之间无显著差异;信任感因子四年级与五年级、六年级之间均存在显著差异,五、六年级之间无显著差异。

城市小学的五年级小学儿童在情绪因子上的得分最高,四年级小学儿童与五年级、六年级小学儿童均存在显著差异($p=0.001$;$p<0.001$),但五年级与六年级之间不存在显著差异($p=1.00$)。在二级维度方面,情绪识别和情绪调节两个因子得分均为五年级小学儿童最高、六年级小学儿童次之、四年级最低。四年级与五年级、六年级在两个因子上均存在显著差异,五、六年级之间无差异。

随年级的增长，城市小学的儿童在心理健康总分上逐步增加，心理健康的水平逐步下降。四年级小学生，心理健康总分的增加值与六年级存在显著差异（$p<0.001$）；四年级与五年级之间、五年级与六年级之间的增加值不存在显著差异（$p=0.097$；$p=0.253$）。

反观乡镇小学，自我、人际两个一级维度因子在年级之间无显著差异。学习、情绪两个因子和心理健康的总分在不同年级之间存在显著差异。学习和情绪两个因子的得分和心理健康的总分均随年级增长而逐步提高，四年级小学生与五年级小学生之间的增加值无显著差异（学习：$p=1.00$；情绪：$p=0.733$；总分：$p=1.00$），四、五年级小学生均与六年级小学生存在显著差异（学习：$p<0.001$，$p<0.001$；情绪：$p=0.001$，$p=0.035$；总分：$p=0.007$，$p=0.046$）。

在二级维度方面，乡镇小学不同年级儿童在学习兴趣、学习习惯、家庭自我、学校自我、情绪识别和情绪调节六个因子得分存在显著差异。学习兴趣和学习习惯因子得分随年级增长逐步提高，四、五年级小学儿童与六年级小学儿童之间存在显著差异，四、五年级之间无显著差异。家庭自我因子得分五年级最低，四年级次之，六年级最高，且四、五年级均与六年级存在显著差异，四、五年级之间无显著差异。学校自我因子得分五年级最高、四年级次之、六年级最低，四、六年级均与五年级存在显著差异，四、六年级之间无显著差异。情绪识别因子得分五年级最低，四年级次之，六年级最高，四、五年级均与六年级存在显著差异，四、五年级之间无显著差异。情绪调节因子得分随年级增长而提高，只有四年级与六年级之间存在显著差异。

（3）独生子女与非独生子女的差异比较

我们对两所学校的小学儿童是否为独生子女，在心理健康总分及各因子之间的差异性进行分析。在对数据进行正态性检验后了解到，两所学校无论是独生子女，还是非独生子女，在心理健康总分及各因子的得分上均不服从正态分布，需使用非参数检验的方法比较独生子女与非独生子女之间的差异。结果表明，城市小学的独生与非独生小学生只在情绪因子上存在显著差异（$p=0.012$），独生子女在情绪因子上的得分（$M = 1.60$，$SD = 0.58$）显著高于非独生子女（$M = 1.47$，$SD = 0.53$）。在二级维度方面，独生子女在合群性、情绪识别和情绪调节三个因子上，得分显著高于非独生子女。

乡镇小学独生与非独生小学生在人际因子和心理健康整体水平上存在显著差异（$p = 0.019$；$p = 0.031$），非独生子女的人际因子得分和心理健康总分（$M = 1.69$，$SD = 0.47$；$M = 1.87$，$SD = 0.37$）高于独生子女（$M = 1.57$，$SD = 0.42$；$M = 1.77$，$SD = 0.37$）。在二级维度方面，非独生子女只在认同感因子上与独生子女存在显著差异，非独生子女的得分高于独生子女。

（4）家庭社会经济地位与心理健康的相关关系

我们对问卷中小学儿童父母亲的学历、家庭月收入三个变量进行因子分析降维处理，计算因子得分，用以评价每个样本的家庭社会经济地位得分。在因子分析中，首先计算 KMO 值和巴特利特球形检验，结果显示，两所学校的 KMO 值分别为 0.56 和 0.55，变量之间的相关性较强，巴特利特球形检验的卡方值为 284.35 和 142.36，p 值均达到显著性水平，数据适合做因子分析。

通过主成分分析，提取特征值大于 1 的因子，三个变量聚合为一个因子，分别可以解释数据 58.96% 和 52.69% 的变异。因子载荷矩阵按照重要程度依次为母亲的学历、父亲的学历和家庭收入。计算的因子得分保存在各样本之中。含缺失值的样本不参与计算，也无法给出因子得分。

因数据不满足正态分布，本研究使用 Spearman 等级相关系数检验学生家庭社会经济地位与心理健康整体水平和各因子之间的相关关系。结果表明，城市小学的学生家庭社会经济地位与自我因子呈显著负相关，$r = -0.129$，$p < 0.01$，二者相关程度较低；家庭社会经济地位与学习因子边际呈显著负相关，$r = -0.072$，$p < 0.1$，相关程度很小。在二级维度方面，该所学校小学生的家庭社会经济地位与学业成就、自我认识、学校自我、认同感四个因子呈显著负相关，相关程度均较低。

与城市小学儿童类似，乡镇小学儿童家庭经济地位与自我、情绪两个因子呈显著负相关，$r=-0.152$，$p<0.01$；$r=-0.102$，$p<0.05$，相关程度较低；与学习因子边际呈显著负相关，相关程度很小，$r=-0.084$，$p<0.1$。在二级维度方面，该所学校小学生的家庭社会经济地位与学习习惯、自我认识、家庭自我、情绪调节四个呈因子显著负相关，相关程度较低。

3. 小学儿童心理健康及各因子与自尊、孤独感、社交焦虑、领悟社会支持之间的相关关系

如表 6-5 所示，城市小学儿童心理健康及各因子与 Rosenberg 自尊量表和领悟社会支持量表及其二级维度的得分显著负相关，与儿童孤独感量表和儿童社交焦虑量表及其二级维度的得分显著正相关，相关系数的绝对值在 0.30~0.65 之间，中等程度相关。

表 6-5　城市小学儿童心理健康与自尊、孤独感、社交焦虑、领悟社会支持 **Spearman** 相关分析

	学习因子	自我因子	人际因子	情绪因子	心理健康总分
自尊	−0.44**	−0.58**	−0.47**	−0.41**	−0.60**
孤独感	0.49**	0.51**	0.54**	0.54**	0.65**
社交焦虑	0.30**	0.45**	0.35**	0.38**	0.46**
领悟社会支持	−0.43**	−0.49**	−0.57**	−0.52**	−0.61**

如表 6-6 所示，乡镇小学儿童心理健康及各因子与 Rosenberg 自尊量表和领悟社会支持量表及其二级维度的得分显著负相关，与儿童孤独感量表和儿童社交焦虑量表及其二级维度的得分显著正相关，相关系数的绝对值在 0.23~0.61 之间，中等程度相关。

表 6-6　乡镇小学儿童心理健康与自尊、孤独感、社交焦虑、领悟社会支持 **Spearman** 相关分析

	学习因子	自我因子	人际因子	情绪因子	心理健康总分
自尊	−0.28**	−0.41**	−0.27**	−0.26**	−0.44**
孤独感	0.40**	0.43**	0.52**	0.49**	0.61**
社交焦虑	0.32**	0.33**	0.23**	0.26**	0.36**
领悟社会支持	−0.32**	−0.34**	−0.54**	−0.55**	−0.54**

(四) 分析与讨论

1. 城市与乡镇的小学儿童人口结构比较

从城市小学与乡镇小学儿童的结构上看，城市学校的小学生整体年龄结构大于乡镇学校，原因是城市的入学政策较乡镇相对严格。城市的独生子女比例为75%左右，远高于乡镇的数据，而乡镇的非独生子女比例高达80%。有关研究对第六次人口普查的数据进行推算后，计算出西部地区独生子女的比例为23.97%[1]，而文中的数据来源为乡镇学校，独生子女比例更低，与相关研究结果相符。城市的小学生民族构成复杂，乡镇地区由于同质人口聚居，民族构成简单。

从代表家庭经济地位的父母学历上来看，城市与乡镇的差异巨大。城市小学生的父母有一半以上接受过高等教育，高中以下仅完成义务教育的占5%左右；乡镇小学生的父母接受过高等教育的只有2%多一点，而仅完成义务教育的父母占70%左右。同样代表家庭经济地位的家庭月收入，城市小学生家庭收入约有一半在万元以上，而乡镇小学生家庭月收入在4000元以下的占到了近2/3。

2. 城市与乡镇小学儿童心理健康的比较

经过统计检验，城市与乡镇小学生的心理健康总体水平和学习、自我、人际、情绪因子上均存在显著差异，乡镇小学生的心理健康水平显著低于城市小学生。在不同的维度之中，自我因子差异最大，其次是学习因子，再次为人际因子和情绪因子。由此可见，乡镇小学生在对自己的思想、行为、智力等评价上相对城市小学生不够自信，在对自己家庭、学校的满意感，以及在家庭中和学校里他人对自己的态度和感知方面相对较差。学习问题也是乡镇小学生面临的一项比较严峻的问题，乡镇小学生难以从学习中获得成就感和满足感，学习兴趣也不如城市小学生，更难以形成良好的学习习惯。

3. 城市小学儿童心理健康的特点

对不同性别、不同年级、是否独生子女和不同家庭经济地位的城市小学生

---

① 辜子寅：《我国独生子女及失独家庭规模估计——基于第六次人口普查数据的分析》，载《常熟理工学院学报》，2016，30(1)。

进行统计检验，可以获得以下结论：①城市男女小学儿童的心理健康水平无显著差异。②高年级的小学生在心理健康总分和学习、自我、人际因子得分更高，各维度的得分与年级的增长呈正相关，即年级越高，心理健康总体水平及学习、自我、人际三方面存在的问题越多。③从变化的程度上来看，学习和自我两个维度的问题是随着年级的升高逐步递增的，而人际和情绪两个维度则是四年级与五、六年级差异显著，五、六年级之间无显著差异。说明四年级升入五年级的阶段，是城市小学生人际、情绪两方面产生较大变化的阶段，尤其是人际关系中的认同感和信任感、情绪中的识别和管理，均需要在这个关键点加以关注。④独生子女在情绪识别和情绪调节方面差于非独生子女，独生子女在识别他人情绪并表达同理心、管理本人情绪方面均存在一定问题。⑤家庭社会经济地位与城市小学生的心理健康整体水平无显著相关关系，但在自我维度存在显著相关，家庭社会经济地位较低的小学生，其对自我思想、行为、躯体和智力的评价较低，缺乏自信，在学校中的胜任感和感知的老师同学评价均较低；在学习维度的相关达边缘显著，家庭社会经济地位高的个体，在学习维度包括的学业成就、学习兴趣和学习习惯方面存在的问题相对较少。

4. 乡镇小学儿童心理健康的特点

对不同性别、不同年级、是否独生子女和不同家庭经济地位的乡镇小学生进行统计检验，可以获得以下结论：①男女生在心理健康总分和各维度之间均存在显著差异，男生的心理健康水平及各维度均不如女生，其中人际方面差异最大，其次是情绪和学习两方面，差异最小的是自我维度。说明乡镇小学男生在社交过程中，相比女生更难以被他人接纳，难以获得认同，难以获得较好的社会系统。②不同年级之间在心理健康总分上存在差异；六年级相对于四、五年级，在学习因子、情绪因子上的得分快速提升，一方面，由于缺乏之前的规划，乡镇六年级小学生在面对升学压力时暴露出大量问题；另一方面，六年级小学生在情绪识别和管理方面也存在较大问题，帮助他们提高情绪识别和管理能力是未来的一个努力方向。③独生子女和非独生子女在人际关系中的认同感差异显著，独生子女在其交际群体中满意感较低，难以接纳他人对自己的态度与评价。④与城市小学生相似，乡镇小学生的家庭社会经济地位与心理健康整体水平无关，与自我因子显著负相关，家庭社会经济地位低导致小学生自我评价较低，缺乏胜任感；另外，家庭社会经济地位低的小学生，情绪调节水平也相对较低，当情绪较差时不太能够使用积极的策略进行调节。

二、小学生心理健康的影响因素

(一) 影响小学生心理健康的个体心理因素

1. 认知因素

认知风格是个体在认知过程中所经常采用的、习惯化的方式，具体说是在感知、记忆、思维和问题解决过程中个体所偏爱的、习惯化了的态度和方式。包括认知决策(场景决策、自我决策)、认知方法(灵活、单一)、认知加工(整体性、局部性)、认知行为(独立、合作)、认知倾向(冒险、稳重)五个维度。国外研究者认为，消极认知风格是消极父母互动与抑郁症状的调节因素①。一项针对欧裔和拉丁裔美国儿童的研究证实，母亲控制通过消极认知风格影响拉丁裔儿童的焦虑水平。对黑人男孩的研究发现，幼儿园或者小学一年级的早期认知技能与五年级儿童的内化心理问题显著相关，认知技能对积极情绪功能尤其重要②。在自尊水平与幸福感水平的相关中，认知风格也被证实具有中介效应③。国内研究者也指出，认知风格与青少年心理健康之间存在着密切联系，

① Lee, A., Hankin, B. L., Mermelstein, R. J., "Perceived Social Competence, Negative Social Interactions, and Negative Cognitive Style Predict Depressive Symptoms During Adolescence," *Journal of Clinical Child & Adolescent Psychology*, 2010, 39(5): pp. 603-615.

② Brown, J., Barbarin, O., Scott, K., "Socioemotional Trajectories in Black Boys Between Kindergarten and the Fifth Grade: The Role of Cognitive Skills and Family in Promoting Resiliency," *American Journal of Orthopsychiatry*, 2013, 83(2-3): pp. 176-184.

③ Rector, N. A., Roger, D., "Cognitive Style and Well-being: A Prospective Examination," *Personality and Individual Differences*, 1996, 21(5): pp. 663-674.

它是心理健康的重要成分①。

儿童的认知偏差对社交焦虑有显著的预测作用②。歧视知觉作为儿童认知偏差的一种表现形式，与心理健康的相关研究近年来出现频次较高。歧视知觉是相对于客观歧视现象而言的一种主观体验，指个体知觉到由于自己所属的群体成员资格（如性别、种族、出生地区或者户口身份等）而受到有区别的对待，这种对待可以表现为实际的行为动作，也可以表现为拒绝性的态度或者某些不合理的制度等。歧视知觉与儿童心理健康显著相关，并且有预测作用。在对流动儿童开展的研究中发现，感受到的歧视与流动儿童的心理健康水平包括社交焦虑、孤独感和抑郁有显著的正相关，歧视知觉对心理健康水平有显著的影响，其中应对方式和自尊起到了显著的部分中介作用③。学校类型在流动儿童歧视知觉与幸福感的关系中起着调节作用，公立学校流动儿童的歧视知觉对幸福感的负向预测作用更强④。歧视经历对抑郁、孤独和自尊都有显著的预测作用，歧视知觉在其中起到了部分中介作用⑤。还有研究者指出，相比贫困，歧视知觉对儿童心理健康的预测作用更强。

除了歧视知觉，研究者还对社会认同方面的认同整合以及团体归属感等与心理健康的关系有所涉及，它们都是个体对所处环境的感受，及对自身状态的察觉。认同整合（Identity Integration）是认同研究领域的最新进展，它是多身份认同个体如何看待多种身份之间关系的个体差异变量⑥。流动儿童的认同整合

---

① 王有智、沈德立、欧阳仑：《中学生心理健康素质特点研究——兼谈心理健康研究中的几个问题》，载《心理科学》，2008，31(3)。

② 王晓丹、陈旭：《留守儿童与非留守儿童社交焦虑及认知偏差的比较研究》，载《四川师范大学学报（社会科学版）》，2010，37(2)。

③ 蔺秀云、方晓义、刘杨等：《流动儿童歧视知觉与心理健康水平的关系及其心理机制》，载《心理学报》，2009(10)。

④ 师保国、邓小晴、刘霞：《公立学校流动儿童的幸福感、歧视知觉及其关系》，载《首都师范大学学报（社会科学版）》，2013(3)。

⑤ 蔺秀云、张锦涛、方晓义等：《受艾滋病影响儿童的歧视知觉在歧视经历和心理健康之间的作用分析》，载《心理发展与教育》，2010，26(1)。

⑥ Roccas，S.，Brewer，M. B.，"Social Identity Complexity," *Personality and Social Psychology Review*，2002，6(2)：pp. 88-106.

与心理健康呈显著正相关，一般自我效能感对认同整合与心理健康之间的关系有显著的调节作用，自我效能感增强流动儿童认同整合与心理健康之间的正向关系，对心理健康起到促进作用①。团体归属感（又称群体归属感），作为归属感的一种，是团体成员基于对团体的存在状态和发展状况以及自己在团体中的地位和境况等客观因素的认知，在心理上产生的对该团体的认同、满意和依恋程度。在对流动儿童的研究中，叶一舵和熊猛（2013）②指出，团体归属感对流动儿童的心理健康水平主要通过自尊产生显著的间接影响，即自尊在团体归属感与心理健康水平之间起着显著的完全中介作用。

2. 人格与能力

在人格特征方面，荷兰研究者使用大五人格测验，对个性比较极端的儿童连续八年四次的跟踪调查发现，个性极端的儿童可划分为两类，一类初期个性极其极端，随时间推移极端的状况逐步消退；另一类初期稍高于正常水平，但随时间推移极端水平不断提高，后者在青春期晚期面临更多的内化与外化问题，极端人格在识别儿童适应性问题风险过程中起重要作用③。国内研究者发现，留守儿童的心理健康受到人格特质中神经质和精神质的影响，其人格特质存在监护类型和学段差异，且社会支持可以完善人格特质，从而对心理健康产生积极作用④。上述研究表明，极端人格容易产生内化或外化问题；神经质和精神质人格也与心理健康水平相关。

心理弹性（Resilience）是指人的心理受到曾经经历过或正在经历的严重压力/逆境损伤性影响，而愈挫弥坚的发展现象。我们认为其是儿童的一种能力。

① 倪士光、李虹：《流动儿童认同整合与歧视知觉的关系：社会支持和应对方式的作用》，载《心理发展与教育》，2014，30（1）。

② 叶一舵、熊猛：《团体归属感对城市农民工子女心理健康的影响及其内部机制》，硕士学位论文，福建师范大学，2013。

③ Van den Akker, A. L., Prinzie, P., Dekovic, M., et al., "The Development of Personality Extremity From Childhood to Adolescence: Relations to Internalizing and Externalizing Problems," *Journal of Personality and Social Psychology*, 2013, 105（6）: pp. 1038-1048.

④ 杨通华、魏杰、刘平等：《留守儿童心理健康：人格特质与社会支持的影响》，载《中国健康心理学杂志》，2016（2）。

在留守儿童研究中，心理弹性在生活事件与心理健康间调节效应显著，心理弹性可以有效缓解不利生活事件的消极影响；心理弹性在社会支持与心理健康间有显著的调节效应，在低生活事件的情境下，心理弹性可以增强社会支持的保护作用[1]。除此之外，课程学习能力也能预测心理健康水平。研究者使用纵向研究数据，对阅读理解和数学的学业成就与外化问题建立结构方程，学期初的学业表现、自尊水平可以预测外化行为，外化行为又可以预测期末成绩，本学期初和期末的成绩可以预测下学期初的学业表现，本学期的期末成绩可以预测下一年度的外化水平，从而形成一个全面推进模型[2]。还有研究者发现，语言能力能够预测注意缺乏—多动以及外化行为问题，关注语言能力的培养，能够预防甚至治疗注意缺陷和外化行为问题[3]。

3. 动机与情绪

动机、情绪与心理健康的关系，近年来研究并不丰富。亲社会行为可被认为是一种利他主义的行为动机，研究者通过对住在城市中心的非洲裔和拉丁裔儿童亲社会行为、生活压力事件、应对有效性等指标进行测量，建立以抑郁症状或外化问题行为为因变量的回归方程模型，结果显示，亲社会行为对抑郁症状产生负向影响[4]。国内学者对儿童羞怯情绪进行的评析中指出，过度羞怯会影响个体正常的社交活动及工作、学习与生活，甚至引发社交焦虑、社会恐怖症等心理障碍，从而威胁个体的身心健康[5]。

4. 个体行为模式

在对个体行为问题影响心理健康的分析中，研究者们更加关注风险性因素

① 周永红、吕催芳、徐凡皓：《留守儿童心理弹性与心理健康的关系研究》，载《中国特殊教育》，2013（10）。

② Zimmermann, F., Schütte, K., Taskinen, P., et al., "Reciprocal Effects Between Adolescent Externalizing Problems and Measures of Achievement," *Journal of Educational Psychology*, 2013, 105(3): pp.747-761.

③ Petersen, I.T., Bates, J.E., D'onofrio, B.M., et al., "Language Ability Predicts the Development of Behavior Problems in Children," *Journal of Abnormal Psychology*, 2013, 122(2): pp.542-557.

④ Tolan, P., Lovegrove, P., Clark, E., "Stress Mitigation to Promote Development of Prosocial Values and School Engagement of Inner-city Urban African American and Latino Youth," *American Journal of Orthopsychiatry*, 2013, 83(2-3): pp.289-298.

⑤ 徐晶、郭强、陈英敏等：《儿童羞怯及其干预研究析评》，载《中国特殊教育》，2013(5)。

对于心理健康的负面影响。如攻击行为、暴力风险、药物滥用等。

攻击行为更多是引起儿童的内化行为问题，对此，国内外的研究结果是一致的。研究者在对亚裔和欧裔美国儿童进行研究后指出，关系攻击、关系侵害与内化问题之间的关系受到儿童种族的调节，亚裔美国儿童两者的相关性更强；身体攻击、身体侵害与外化问题的相关关系只在欧裔美国儿童身上得到证明[1]。研究者考察中小学生的欺负行为并指出，卷入欺负的儿童，无论是欺负者还是受欺负者都比一般儿童存在更多的孤独、压抑与焦虑，儿童受欺负通过同伴接纳和同伴拒绝间接地影响心理健康，同伴关系在儿童欺负问题对心理健康的影响中起部分中介作用[2]。

行为问题与注意缺陷多动障碍（ADHD）相关，二者相互促进。研究者评估不同暴力风险水平下（无风险、目击、受害者）对儿童注意缺陷多动障碍的影响，指出目击或受害者两个水平均与注意缺陷多动障碍显著相关，女童较男童更为显著[3]。研究者对九年级儿童早期物质使用（香烟、酒精、大麻）方面的纵向研究发现，儿童四年级时的注意缺陷多动障碍在同伴拒绝与内化问题的共同作用下，显著影响早期吸食香烟，且对吸食大麻有更加显著的影响，但对酒精的使用没有显著影响[4]。

（二）影响小学生心理健康的社会环境因素

1. 家庭因素

家庭是儿童社会化的起点，儿童通过家庭与外界环境相互作用并得到发展。一项针对家庭生态系统的研究发现，父母子系统对儿童心理健康的影响显著高于家庭环境子系统与儿童子系统，父母亲的行为从多方面对儿童的心理健康产

---

[1] Kawabata, Y., Crick, N. R., "Relational and Physical Aggression, Peer Victimization, and Adjustment Problems in Asian American and European American Children," *Asian American Journal of Psychology*, 2013, 4(3): pp. 211-216.

[2] 王丽萍：《同伴关系在中小学欺负问题与自尊及心理健康间的中介效应》，载《中国特殊教育》，2012(9)。

[3] Lewis, T., Schwebel, D. C., Elliott, M. N., et al., "The Association Between Youth Violence Exposure and Attention-Deficit/Hyperactivity Disorder (ADHD) Symptoms in a Sample of Fifth-graders," *American Journal of Orthopsychiatry*, 2015, 85(5): pp. 504-513.

[4] Vitulano, M. L., Fite, P. J., Hopko, D. R., et al., "Evaluation of Underlying Mechanisms in the Link Between Childhood ADHD Symptoms and Risk for Early Initiation of Substance Use," *Psychology of Addictive Behaviors*, 2014, 28(3): pp. 816-827.

生显著影响，其中父母教养方式是父母子系统中路径系数最大，影响也最大的因素①。家庭因素能够影响儿童在学校环境中的感受和师生、同学关系，从而进一步影响儿童的心理健康发展水平；家庭因素能调节学校因素对儿童发展的影响，如调节学前养育质量对儿童学业、认知和问题行为方面的预测②。

　　国内外研究者对父母教养方式与儿童心理健康之间的关系开展了广泛的讨论。有研究者发现，父母教养方式可以划分为权威型、专制型、放任型和不作为型，相比之下，权威型家庭教养方式下成长的儿童心理健康水平较高③。父亲和母亲温暖的教养方式均有利于孩子的心理健康，孩子问题行为相对较少；而拒绝、惩罚和控制的教养方式则不利于孩子的心理健康，孩子问题行为相对较多④。在一项纵向研究中，研究者使用酒精依赖母亲的教育方式对儿童外化行为问题进行预测发现，在母亲存在酒精问题的高风险家庭中，在儿童早期（5岁）采取温暖而不严苛的教育方式，能够降低后期（11岁）攻击性和违规行为的发生⑤。在一项对双生子的研究中，研究者解释了父母批评会通过环境的调节，而非基因作用影响儿童的躯体化行为问题⑥。父母之间的亲密伴侣暴力通过儿童情绪失调、认知评价与严厉教养的中介作用，影响儿童的外化行为问题；通过儿童情绪失调、认知评价与母亲心理疾病影响儿童的内化行为问题⑦。父母教养方式还通过影响其他因素，间接影响儿童心理健康。如对家庭经济状况较差的青少年的研究发现，在母

　　① 桑标，席居哲：《家庭生态系统对儿童心理健康发展影响机制的研究》，载《心理发展与教育》，2005（1）。

　　② 边玉芳，梁丽婵，张颖：《充分重视家庭对儿童心理发展的重要作用》，载《北京师范大学学报（社会科学版）》，2016（5）。

　　③ Milevsky, A., Schlechter, M., Netter, S., et al., "Maternal and Paternal Parenting Styles in Adolescents: Associations with Self-esteem, Depression and Life-satisfaction," *Journal of Child and Family Studies*, 2007, 16(1): pp. 39-47.

　　④ 董会芹：《影响小学生问题行为的家庭因素研究》，载《教育研究》，2016，37(3)。

　　⑤ Conners-Burrow, N. A., McKelvey, L. M., Pemberton, J. R., et al., "Buffering the Negative Effects of Maternal Alcohol Problems on Child Behavior," *Journal of Family Psychology*, 2015, 29(4): pp. 576-584.

　　⑥ Horwitz, B. N., Marceau, K., Narusyte, J., et al., "Parental Criticism is an Environmental Influence on Adolescent Somatic Symptoms," *Journal of Family Psychology*, 2015, 29(2): pp. 283-289.

　　⑦ Zarling, A. L., Taber-Thomas, S., Murray, A., et al., "Internalizing and Externalizing Symptoms in Young Children Exposed to Intimate Partner Violence: Examining Intervening Processes," *Journal of Family Psychology*, 2013, 27(6): pp. 945-955.

亲温暖和支持性教养方式下的儿童产生心理问题的概率更低①。

国内研究者偏重研究家庭对留守、流动儿童的影响。朱斯琴(2016)②认为，父母外出会导致儿童的内在和外在心理健康状况显著恶化；相对于男孩而言，对女孩的影响相对较小。家庭成员的缺失对儿童的影响较大。生活在完整家庭中的小学生，其问题行为少于再婚家庭和离异单亲家庭中的小学生，而丧偶家庭中的小学生除思维问题多于完整家庭之外，在其他维度上二者均没有显著差异③。陈丽和刘艳(2012)④将主观幸福感、自尊、问题行为(内化问题行为和外化问题行为)作为衡量心理健康的指标，考察亲子沟通与流动儿童心理健康的关系，结果表明亲子沟通各维度可显著预测流动儿童的心理健康水平。

留守儿童方面，隔代监护和上代监护留守儿童心理健康问题较多，隔代监护留守儿童有较多的消极人格特征，单亲监护留守儿童与隔代监护留守儿童在心理发展状况上存在显著性差异，单亲和同辈监护留守儿童与普通儿童差异较小，研究者建议采取单亲监护方式较好，或改善隔代监护和上代监护家庭教育现状⑤。黄艳苹和李玲(2007)⑥也指出，留守儿童心理健康水平较差，留守经历对儿童心理影响具有长期效应，父母外出务工时应尽量留下一方照顾孩子。另一方面，也有研究应用倾向值分析后，认为父母亲的流动在一定程度上并不会影响留守儿童的心理健康⑦。

2. 同伴因素

在同伴关系方面，同伴联系、同伴接纳等起到积极作用。国外研究者指出，儿童感受到同伴联系越强烈，其儿童行为量表得分越有可能诊断为无问题行为，

---

① Natsuaki, M. N., Ge, X., Reiss, D., et al., "Aggressive Behavior Between Siblings and the Development of Externalizing Problems: Evidence From a Genetically Sensitive Study," *Developmental Psychology*, 2009, 45 (4): pp. 1009-1018.

② 朱斯琴:《父母外出对农村留守儿童心理健康的影响——基于四省农户的实证研究》,载《暨南学报(哲学社会科学版)》, 2016, 38(02)。

③ 董会芹:《影响小学生问题行为的家庭因素研究》,载《教育研究》, 2016, 37(3)。

④ 陈丽、刘艳:《流动儿童亲子沟通特点及其与心理健康的关系》,载《中国特殊教育》, 2012(1)。

⑤ 高亚兵:《不同监护类型留守儿童与普通儿童心理发展状况的比较研究》,载《中国特殊教育》, 2008(7)。

⑥ 黄艳苹、李玲:《不同留守类型儿童心理健康状况比较》,载《中国心理卫生杂志》, 2007, 21(10)。

⑦ 周皓:《人口流动与儿童心理健康的异质性》,载《人口与经济》, 2016(4)。

儿童越可能提高社会技能、减少异常的同伴接纳，并减少问题行为[①]。同伴问题和家庭问题还被证实为中介效应，共同对儿童的心理健康产生影响。在研究者对同伴问题和家庭问题建立多重中介结构方程模型的研究中，注意缺乏通过同伴问题、父母——儿童问题的完全中介作用，预测儿童行为量表检出的退缩与抑郁水平；对立违抗性障碍(ODD)通过父母——儿童问题的部分中介作用，预测儿童行为量表检出的退缩与抑郁水平；儿童行为量表检出的注意问题，通过同伴问题、父母——儿童问题的完全中介作用，预测贝克抑郁量表检出的抑郁水平，其中性别起调节作用[②]。

国内研究也得到相同的结论。王晓辰等(2008)[③]建立学业成绩、同伴接纳、教师接纳与心理健康的结构方程模型，结果表明低同伴接纳组的学生心理健康问题较多，而中、高同伴接纳组的儿童心理健康水平较高；教师接纳与儿童的抑郁、社交退缩、多动、违纪、攻击性等心理健康因子存在负相关，不同教师接纳水平的儿童心理健康存在显著差异。汪艳等人(2009)[④]对四川地震孤儿同伴关系的研究指出，震后孤儿更多的投注于同伴接受，通过影响自我否定来间接影响心理健康。

3. 生活事件与环境因素

社会环境方面，儿童所居住的环境也对他们的心理健康产生积极或消极的影响。国外研究者对 23831 名被拘留的儿童使用马萨诸塞青年筛查量表第二版(Mass-achusetts Youth Screening Instrument-Version 2，MAYSI-2)进行心理筛查，与他们所在郡的人种多样性进行回归分析后发现，随着儿童所居住郡的人种多样性增加，被拘留儿

---

① Merritt, D. H., Snyder, S. M., "Correlates of Optimal Behavior Among Child Welfare-involved Children: Perceived school Peer Connectedness, Activity Participation, Social Skills, and Peer Affiliation," *American Journal of Orthopsychiatry*, 2015, 85(5): pp. 483-494.

② Humphreys, K. L., Katz, S. J., Lee, S. S., et al., "The Association of ADHD and Depression: Mediation by Peer Problems and Parent-child Difficulties in two Complementary Samples," *Journal of Abnormal Psychology*, 2013, 122(3): pp. 854-867.

③ 王晓辰、李清、高翔等：《小学生同伴接纳、教师接纳、学业成绩与心理健康的关系》，载《中国心理卫生杂志》，2008，22(10)。

④ 汪艳、张兴利、朱明婧等：《自尊在四川地震孤儿的同伴关系和心理健康之间的调节作用》，载《心理科学进展》，2009，17(3)。

童的心理问题相应减少①。国内研究者对生态系统的理念有所涉及。赵景欣和申继亮(2010)②指出，农村留守儿童的发展问题实际上是环境与个体发展之间的关系问题，并提出了农村留守儿童心理发展的生态模型，对远环境和近环境以及保护因素和危险因素等与儿童发展结果之间的相互作用关系进行了探讨。

4. 领悟社会支持

一般将社会支持分为领悟社会支持和实际社会支持。领悟社会支持(Perceived Social Support)指主观感受到的支持，即个体在社会中受到尊重、被支持、理解的情感体验和满意程度；实际社会支持则指行动化的客观支持。

Cohen 和 Wills(1985)③首先提出，社会支持对个人心理健康产生积极影响，可通过主效应模型(Main Effect Model)和缓冲模型(Buffering Model)同时实现。主效应模型被认为是个体所在社会网络中的融入程度，即结构支持，可直接对归属感、心理幸福感产生影响；缓冲模型认为，个体通过评估可利用的人际资源，来应对压力事件所导致的心理需求。两个模型同时发挥作用。

大量研究表明，社会支持对儿童心理健康具有保护作用。研究者已证明，领悟社会支持与一些和心理健康关系密切的变量存在显著的正相关关系，如生活满意度④、积极情感⑤、主观生活质量⑥、自我效能感⑦等；也有研究证明，领悟社会支持对个体的心理健康具有显著的提升作用⑧。领悟社会支持还可通

① Lau, K. S. L., Aalsma, M. C., Holloway, E. D., et al., "The Effects of Racial Heterogeneity on Mental Health: A Study of Detained Youth Across Multiple Counties," *American Journal of Orthopsychiatry*, 2015, 85(5): pp. 421-430.

② 赵景欣、申继亮:《农村留守儿童发展的生态模型与教育启示》，载《中国特殊教育》，2010(7):65-70.

③ Cohen, S., Wills, T. A., Stress, "Social Support, and the Buffering Hypothesis," *Psychological Bulletin*, 1985, 98(2): pp. 310-357.

④ 刘宝、魏昶:《留守儿童感戴与其领悟社会支持生活满意度的关系》，载《中国儿童保健杂志》，2015, 23(12)。

⑤ 曹乐溪、朱莉琪:《公益组织课外辅导对流动儿童领悟社会支持的影响》，载《应用心理学》，2014, 20(2)。

⑥ 朱建雷、刘金同、王勍等:《枣庄农村留守儿童主观生活质量与领悟社会支持的关系》，载《中国学校卫生》，2017, 38(3)。

⑦ 杨莹婷、王高玲:《社会支持在儿童自我效能感与抑郁之间调节作用》，载《中国公共卫生》，2017, 33(6)。

⑧ 胡韬:《流动少年领悟社会支持影响心理健康的机制:自尊的中介与调节作用分析》，载《中国特殊教育》，2011, 8(1)。

过提升学业成就、睡眠质量等，间接促进心理健康水平的提升。一项针对 1687 名青少年的研究表明，领悟社会支持能够促进其学业成就，并通过应对效能的中介作用实现，压力性生活事件起调节作用①。

另外，一些研究也表明，社会支持还可通过缓解抑郁、孤独感等负面情绪，从而提高心理健康水平。如叶俊杰（2006）②以 316 名大学生为研究对象，证实了领悟社会支持对抑郁具有缓冲作用，实际社会支持通过领悟社会支持的中介作用，对抑郁起到缓冲作用。宋颖和张守臣（2016）③的研究发现，领悟社会支持通过降低反刍思维水平，从而减轻社交焦虑。对 2918 名 12~24 岁的青少年研究发现，良好的领悟社会支持有助于缓解抑郁、焦虑等不良情绪，且家庭支持与朋友支持相对独立，前者是预测青少年早期情绪问题的最佳指标④。

---

① 叶宝娟、胡笑羽、杨强等：《领悟社会支持、应对效能和压力性生活事件对青少年学业成就的影响机制》，载《心理科学》，2014，37（2）。

② 叶俊杰：《领悟社会支持、实际社会支持与大学生抑郁》，载《心理科学》，2006，29（5）。

③ 宋颖、张守臣：《领悟社会支持对社交焦虑的影响：反刍思维的中介作用和社会阻抑的调节作用》，载《心理科学》，2016，39（1）。

④ Helsen, M., Vollebergh, W., Meeus, W., "Social Support From Parents and Friends and Emotional Problems in Adolescence," *Journal of Youth and Adolescence*, 2000, 29（3）: pp. 319-335.

第三篇

初中心理健康
教育报告

对于互联网、信息社会中教育该何去何从，国际社会有过诸多高瞻远瞩的探讨并达成一个共识，即包括中小学心理健康教育的基础教育改革势在必行。我国台湾、香港和大陆地区中小学心理健康教育分别萌芽于 20 世纪 50 年代、70 年代和 80 年代，发展各具特色。服务于现实需求是我国初中心理健康教育发展的根本动力，将先进经验本土化，并实事求是，因地制宜，开拓创新，探索具有中国特色的心理健康教育发展之路，提升学生的"实际获得感"，是我国初中心理健康教育的"真北"；构建并优化心理健康教育的生态系统，则是初中心理健康教育前进中值得探寻的路径。有鉴于此，我们（俞国良，王勍，2016，2017）采用横断历史元分析的方法，考察了 1987—2013 年初中生心理健康时代变迁的趋势与特点，结果发现：初中生 SCL-90 各因子得分随年代的变化趋势不明显；与男生相比，女生心理健康变化的幅度较大，心理健康水平更低；初中生的心理健康水平随年级下降，初一学生随年代变化的幅度最大；东部地区初中生的心理健康水平不断提升，而中西部地区学生的心理健康水平却不断下降，且西部地区初中生的心理健康水平经历了中等程度的恶化。基于社会转型的时代背景与整体健康观的理论取向，接着我们从学习、自我、人际、适应、情绪五个维度定义了初中生心理健康的结构，并考察了初中生心理健康的特点：与男生相比，初中女生的人际状况更好，表现出了更多的亲社会行为；初三学生逐渐向少年后期过渡，情绪调节能力最强，但学业压力降低了他们的学习满足感与自我评价；青春期"逆反心理"影响了初二学生的社会评价及生活适应；城市初中生的人际关系状况与亲社会行为显著好于农村学生。

第七章

————

初中心理健康教育的历史回顾与展望

一、初中心理健康教育的历史回顾

对于互联网、信息社会中教育该何去何从，国际社会有过诸多高瞻远瞩的探讨。例如，联合国教科文组织自 1965 年至今一直在反复强调并不断更新着对"终身教育"的讨论，以及与之相应的学习化社会的定义，即"一个教育与社会、政治与经济组织（包括家庭单位与公民生活）密切交织的过程。这就是说，每一个公民享有在任何情况之下都可以自由取得学习、训练和培养自己的各种手段"（联合国教科文组织，1996，2015）。这是一种基于知识经济时代的系统化发展观念，个体的发展不再被看作是各个孤立阶段的衔接，或者从生到死的孤独旅程，而是一个完整的生命周期，且内外相系，追求自我与他人和谐相处的社会化关系。

经济合作与发展组织（Organization for Economic Co-operation and Development，OECD）则更进一步，自 1997 年开始对 21 世纪核心素养进行调查研究，并发起了国际学生评估项目（Programme for International Students Assessment，PISA）。之后，OECD 成员国陆续进行了 21 世纪核心素养的理论与实践探索。基于对 29 个国际组织或经济体发布的权威文件和素养框架关键词分析，全球范围内不同组织或经济体的政策制定者对未来公民所应具备的核心素养要求如表 7-1 所示。从该核心素养框架中，我们可以清晰地看到心理素质的位置：它无处不在。

表 7-1　21 世纪核心素养框架

维度	素养
领域素养	基础领域素养：语言素养、数学素养、科技素养、人文与社会素养、艺术素养、运动与健康素养
	新兴领域素养：信息素养、环境素养、财商素养
通用素养	高阶认知：批判性思维、创造力与问题解决、学会学习与终身学习
	个人成长：自我认识与自我调控、人生规划与幸福生活
	社会性发展：沟通与合作、领导力、跨文化与国际理解、公民责任与社会参与

注：根据 OECD 的文件，与"素养"相对应的英文单词为"competence"和"competency"，它"不只是知识或者技能。它涉及在特定环境中，通过利用和调动社会心理资源（包括技能和态度），来满足复杂的需要的能力"。（OECD，2005）

在此背景下，我们再来回顾世界卫生组织在其 1848 年的宪章中对于健康的定义："健康是身体上、精神上和社会适应上的完好状态，而不仅仅是没有疾病或者不虚弱。"四十多年后，WHO 进一步指出，一个人只有躯体健康、心理健康、社会适应良好和道德健康四方面都健全，才算是完全健康的人。这一定义蕴含两种系统性的思想理念，一是整体健康观，个体的健康以积极发展为导向，即健康发展是对完满状态的追求，并非仅仅解决病理问题；二是生态环境观，个体的健康受到其所属的社会环境的影响，即个体的健康一方面意味着身心的和谐统一，另一方面要与其所属的社会生态系统的互动良好，包含生理健康、心理健康和社会适应三方面的内涵。其中，心理健康是指一种生活适应良好的状态，包括两层含义：一是无心理疾病，这是心理健康的最基本条件，心理疾病包括各种心理与行为异常的情形；二是具有一种积极发展的心理状态，即能够维持自己的心理健康，主动减少问题行为和解决心理困扰（俞国良，2008）。

从初中心理健康教育的发展历程看，我国心理健康教育起步较晚。台湾、香港和大陆地区中小学心理健康教育分别萌芽于 20 世纪 50 年代、70 年代和 80 年代，发展各具特色。

1982 年，北京师范大学成立国内第一个心理测量与咨询服务中心。1983

年，林崇德教授在《中学生心理学》一书中率先提出了"心理卫生""心理治疗"的概念，倡导心理健康教育。1986 年，班华教授第一次提出"心育"的概念，引起教育界的广泛重视。1991 年，班华教授在《教育研究》发表《心育刍议》一文并首次系统阐述与心育有关的问题。1993 年，《中国教育改革和发展纲要》发布，明确提出学生的心理素质是受教育者全面发展的内涵之一。1994 年《中共中央关于进一步加强和改进学校德育工作的若干意见》发布，提出"要通过多种方式对不同年龄层次的学生进行心理健康教育和指导，帮助学生提高其心理素质，健全人格，增强承受挫折、适应环境的能力"。同年，国内首次以心理健康为专题的"全国中小学心理辅导与教育学术研讨会"在湖南岳阳一中召开。1995 年，《大众心理学》改版，办刊方向转为中小学心理健康教育。1997 年，国家教委印发了《九年义务教育小学思想品德和初中思想政治课程标准（试行）》，第一次以课程标准的形式规定了初中心理健康教育的主要内容和要求。1999 年，《关于加强中小学心理健康教育的若干意见》发布，对中小学开展心理健康教育的基本原则、主要任务、实施途径、师资队伍建设、组织领导以及需要注意的问题等提出了指导性意见。1999 年，教育部成立中小学心理健康教育咨询委员会，对中小学心理健康教育工作提供专业指导。2001 年，《中小学心理健康教育》创刊，内地中小学心理健康教育工作有了自己独立的学术刊物。2002 年，教育部《中小学心理健康教育指导纲要》发布，对中小学心理健康教育的指导思想、基本原则、目标、任务、主要内容、途径和方法及组织实施给予指导，并于 2012 年得以修订和完善。2011 年，《中共中央关于深化文化体制改革、推动社会主义文化大发展大繁荣若干重大问题的决定》发布，首次阐释了"社会主义核心价值体系"与"心理健康教育"的关系。2012 年，《中华人民共和国精神卫生法》颁布，为学校心理健康教育工作提供了法律指导。同年，教育部评选出首批 20 个全国中小学心理健康教育示范区。2014 年，教育部办公厅启动实施中小学心理健康教育特色学校争创计划。2015 年，《中小学心理辅导室建设指南》发布，对全国中小学心理辅导室的建设、规范、管理与督导评估予以规范。

我国初中心理健康教育的发展历程与此同步。三十多年来，在学术研究、国家政策、课程体系、教育实践、阵地建设到从业人员的培养与认证等各方面，见证了这门学科从 0 到 1 的初创历程。这些创举与同期的教育政策、理论研究和全国各地的心理健康教育实践一起奠定了初中心理健康教育的基础，推动了这门以人文主义精神为底蕴的新生学科在制度和体系建设上不断走向规范和完善，教育目标更加明确，也积累了许多可行的实践原则和方法。

然而，根基渐深的初中心理健康教育下一步该何去何从？先进地区的经验为我们提供了参考答案。目前，美、日、欧等国家及地区拥有世界上较先进的学校心理健康教育理念、设施与服务，在观念认识层面、政策制度层面和执行操作层面都值得我们参考、借鉴，如积极、发展的功能取向，科学完善的工作体系，广泛、多样、综合的服务领域，专业、规范、标准的队伍建设，有序、有力、多元的组织管理等。

服务于现实需求是我国初中心理健康教育发展的根本动力。将先进经验本土化，并实事求是，因地制宜，开拓创新，探索具有中国特色的心理健康教育发展之路，提升我国学生的"实际获得感"，这是我国初中心理健康教育的"真北"；构建并优化心理健康教育的生态系统，则是初中心理健康教育在前进中值得探寻的路径。随着教育生态环境的改变，在实践中，"协同""联动"这样的词语出现在了教育领域。在北京，高校、科研院所、科普场馆、博物馆、企业、社会团体等几百个社会单位申请成为初中生综合社会实践活动和科学实践活动的资源单位，极大地丰富了初中心理健康教育课程资源和师资资源，也改变了教育的空间结构。学校教育更具"服务"意识，以学习者为工作的中心，以发展需求为导向，考虑学习环境中的所有影响因素、支持条件和供给渠道，进行教育资源的重新配置，服务质量的监控和提升成为关键。我们要秉持"立德树人、以人为本"的宗旨，深入了解初中心理健康教育的主体，积极寻求教育的协同，着力构建初中生心理健康成长的生态系统，从而服务于初中教育与发展的现实需求。

二、初中生心理健康教育的横断历史变迁

(一) 初中生心理健康的总体状况

在我国，初中生是指在初级中学学习的学生，年龄为 12～15 岁，处于青春期的开端。自身快速的生理变化、社会化程度的不断加深，使他们的身心处于不平衡的发展中。同时，我国社会转型所带来的外部自然、社会环境的急剧变化，也给初中生的心理健康发展带来了巨大挑战。近五年来，初中随迁子女、留守儿童群体每年人数近千万，占在校生总数 20% 以上，正是我国社会转型特色的深刻体现。世界卫生组织研究表明，快速的社会变化是影响个体心理健康水平的重大风险性因素。如何帮助初中阶段的个体和群体在社会变迁中积极适应并平稳度过由儿童向成人发展的关键期，这是我国初中生心理健康教育面临的重要课题。

总体而言，全球青少年均存在心理行为问题风险，但发展趋势有待重新解读。根据全球多个国家青少年心理健康状况研究，青少年心理行为问题平均检出率接近 20%，其中，荷兰的检出率最低为 8%，美国部分地区的检出率则高达 57%[1]；在欧洲的 11 个国家，61% 的青少年调查对象属于心理行为问题风险人群，12.5% 的调查对象需要接受进一步的专业帮助[2]；在 42 个中低收入国家，在医院门诊、其他机构，及住院接受心理治疗青少年的比率分别为 12%、6%、1%[3]。在我国，就总体发展水平而言，初中生的心理健康状况不容乐观。这一时期的学生较易出现各类内、外化行为问题，如抑郁、焦虑、药物滥用、犯罪

---

[1]　Patel, V., Flisher, A. J., Hetrick, S., et al., "Mental Health of Young People: A Global Public-health Challenge," *The Lancet*, 2007, 369(9569): pp. 1302-1313.

[2]　Kaess, M., Brunner, R., Parzer, P., et al., Risk-behaviour Screening for Identifying Adolescents with Mental Health Problems in Europe," *European Child & Adolescent Psychiatry*, 2014, 23(7): pp. 611-620.

[3]　Morris, J., Belfer, M., Daniels, A., et al., "Treated Prevalence of and Mental Health Services Received by Children and Adolescents in 42 Low-and-middle-income Countries," *Journal of Child Psychology and Psychiatry*, 2011, 52(12): pp. 1239-1246.

等，正常的青少年也经常会情绪不稳，喜欢沉思，抱怨生活，表现出无望感①。根据我们的调查研究，初中生和高中生心理和行为问题分别占总数的 15% 和 19% 左右（俞国良等，2001）；21.7% 的中学生可能存在中度或中度以上的心理行为问题②。

在性别上，国外研究发现，总体来说女生的心理健康水平低于男生，但这一观点受到我国研究者的挑战。例如，英国研者研究发现女生的心理行为问题检出率显著高于男生③，美国研者也通过调查研究证实与男生相比，女生的健康行为更少，抑郁、行为问题更多，而且有心理行为问题的女生最不愿意改善自己的行为④。我国有研究者却发现，虽然女生的抑郁、焦虑水平显著高于男生⑤，但是，男生在 SCL-90 强迫、敌对、偏执和精神病性因子上的得分高于女生⑥。

在年龄差异上，国内外青少年心理健康状况相关研究结论并不统一。Keyes (2006)⑦检验了心理健康双因素模型在美国青少年中的适用性。他发现，初中生的心理健康状况优于青少年后期，表现为处于 12~14 岁青少年中完全健康、中等健康水平的人数显著高于 15~18 岁青少年，而且初中生出现各类心理行为问题的概率均低于青少年后期。Kaess 等人（2014）⑧的研究发现随着年龄的增

---

① 雷雳：《发展心理学》，北京，中国人民大学出版社，2009。

② 刘恒、张建新：《我国中学生症状自评量表（SCL-90）评定结果分析》，载《中国心理卫生杂志》，2004，18(2)。

③ Rothon, C., Goodwin, L., Stansfeld, S., "Family Social Support, Community 'Social Capital' and Adolescents' Mental Health and Educational Outcomes: A Longitudinal Study in England," *Social Psychiatry and Psychiatric Epidemiology*, 2012, 47(5): pp. 697-709.

④ Adrian, M., Charlesworth-Attie, S., Vander Stoep, A., et al., "Health Promotion Behaviors in Adolescents: Prevalence and Association with Mental Health Status in a Statewide Sample," *The Journal of Behavioral Health Services & Research*, 2014, 41(2): pp. 140-152.

⑤ 刘佩佩、洪炜、牛力华：《北京城郊青少年抑郁现状及其影响因素》，载《中国临床心理学杂志》，2012, 20(5)。

⑥ 李彩娜、邹泓、杨晓莉：《青少年的人格、师生关系与心理健康的关系研究》，载《中国临床心理学杂志》，2005, 13(4)。

⑦ Keyes, C. L. M., "Mental Health in Adolescence, Is America's Youth Flourishing?," *American Journal of Orthopsychiatry*, 2006, 76(3): pp. 395-402.

⑧ Kaess, M., Brunner, R., Parzer, P., et al., "Risk-behaviour Screening for Identifying Adolescents with Mental Health Problems in Europe," *European Child & Adolescent Psychiatry*, 2014, 23(7): pp. 611-620.

长，青少年出现心理问题的风险不断升高。沈德立、马惠霞和白学军(2008)[1]发现我国初中生的心理健康素质水平最高，之后随年龄增长出现起伏，在青少年晚期又有所回升。回顾多项研究成果，师保国和雷雳(2007)[2]确认了这种年龄差异研究的不统一性，认为青少年心理行为问题的表现可能因年龄而异，且受到环境适应、升学压力等因素的影响。

(二) 初中生心理健康发展趋势的元分析

为了全面了解我国初中生心理健康水平的历史变迁，探索自改革开放以来我国初中生心理健康状况随年代变化的趋势，及在性别、年龄、地区上的差异，我们(王勃，俞国良，2016)对1989—2015年初中生心理健康研究进行了横断历史元分析。

1. 研究方法

"横断历史元分析"(Cross-temporal Meta-analysis)又称"横断历史研究"。该方法是美国圣地亚哥大学Twenge教授提出的一种针对"年代效应"的特殊元分析技术，其原理是通过事后回溯的方法把以往研究以时间顺序联系起来，将使用同一工具的以往研究作为横断样本，对其随时间的变异进行元分析的方法，特别适用于考察时代变迁对变量的影响[3]。

在文献选择上，我们基于中国知网、万方数据库、维普期刊网、优秀硕博论文库等期刊数据库，以"初中生""青少年""初中生""心理健康""症状自评量表""SCL-90"等中英文关键词匹配作为关键词，收集了1978—2015年的文献。

搜索文献的包含标准是：①研究对象是12~15岁的青少年，即初中生；②研究使用SCL-90量表作为心理健康的测量工具；③文献中至少报告了一个年

① 沈德立、马惠霞、白学军：《中国青少年心理健康素质调查研究》，载《天津师范大学学报（社会科学版）》，2008(5)。

② 师保国、雷雳：《近十年内地青少年心理健康研究回顾》，载《中国青年研究》，2007(10)。

③ 辛自强、池丽萍：《横断历史研究：以元分析考察社会变迁中的心理发展》，载《华东师范大学学报（教育科学版）》，2008，26(2)。

级 SCL-90 量表 9 个因子得分的样本量、平均数和标准差；④文献搜索的起止日期是 2000 年 1 月至 2015 年 12 月。

搜索文献的排除标准是：①排除特殊群体研究，如单亲家庭、独生子女、少数民族学生、或其他任何特殊身份被试等的研究；②排除特殊时期测量的心理健康研究，例如，中考之前；③排除没有清晰报告样本量、平均数和标准差，或者有明显错误无法修改的研究报告；④同样作者的两篇文章，如果样本量一样，则很可能是用同一批数据写的文章，只保留一篇。

研究中的数据收集年（以下简称"年代"）以原文献中作者所述取样时间为准。对于未报告取样时间的文献，首先尽量按照原文中其他线索进行推测。例如，某研究自述其样本来源于 2008 级新生，测试时间为开学 4 周后，则推断数据收集年为 2008 年。对于实在无法确定的研究，则参考以往做法[1]，用发表年减去 2 年作为数据收集年。例如，某文献发表时间为 2008 年，原文中未报告数据采集时间，也并无可供推断的线索，则其数据年记为 2006 年录入数据库。

在文献编码上，按照上述步骤，这项研究共收集符合标准的文献 147 篇，发表时间跨度为 1989—2015 年，总样本量为 92100 人。文献基本情况如表 7-2 所示。其中，分年级指报告了不同年级初中生 SCL-90 各因子均分的文献数量，分性别指报告了不同性别初中生 SCL-90 各因子均分的文献数量。

表 7-2　文献历年分布情况

发表年	文献数	总样本量	分性别	分年级
1989	1	280	0	0
1993	1	204	1	0
1995	1	667	1	0
1996	2	683	0	0
1997	3	860	0	0
1998	1	265	1	1
1999	5	4847	2	3

---

[1]　俞国良、李天然、王勍：《高中生心理健康的横断历史研究》，载《教育研究》，2016，37(10)。

续表

发表年	文献数	总样本量	分性别	分年级
2000	6	5009	2	1
2001	12	5499	1	3
2002	7	3617	4	1
2003	8	3122	2	2
2004	7	4982	3	0
2005	9	4768	2	3
2006	9	13671	4	3
2007	7	5438	3	1
2008	14	6215	3	4
2009	12	5415	3	1
2010	12	6535	4	2
2011	11	9593	2	4
2012	5	2227	3	1
2013	6	4328	0	1
2014	4	2323	3	1
2015	4	1552	0	1
总计	147	92100	46	35

在已收集到的文献中，有部分仅报告了不同性别、年级初中生的因子均分，而没有报告总体的得分情况。参考前人做法[1]，本研究依照下列公式对分年级、性别的研究结果进行了加权合成，并将合成后的结果纳入数据库。公式中的 $\bar{x}$、S_r、x_i、n_i、s_i 分别代表合成后的平均数和标准差，某研究的平均数、样本量和标准差。

$$\bar{x} = \sum x_i n_i / \sum n_i（式1）\quad S_r = \sqrt{\left[\sum n_i s_i^2 + \sum n_i (x_i - \bar{x_i^2})\right] / \sum n_i}（式2）$$

按照元分析的一般步骤以及横断历史研究的特点，本研究对收集到的文献进行了编码。编码项目包括文献来源期刊的类型、样本所属地区、性别、年级等信息。其中，核心期刊的筛选以2014年版北京大学《中文核心期刊要目总览》

---

① 辛自强、张梅、何琳：《大学生心理健康变迁的横断历史研究》，载《心理学报》，2012，44(5)。

为标准。东部、中部、西部地区划分依据我国经济带的划分，其中东部地区包括辽宁、北京、天津、河北、山东、江苏、上海、浙江、福建、广东、广西、海南 12 个省、自治区、直辖市；中部地区包括山西、内蒙古、吉林、黑龙江、安徽、江西、河南、湖北、湖南 9 个省、自治区；西部地区包括陕西、甘肃、青海、宁夏、新疆、四川、重庆、云南、贵州、西藏 10 个省、自治区、直辖市。

按上述原则形成了总研究结果数据库后，本研究又对报告了不同性别、年级、地区的初中生 SCL-90 因子均分的文献编码，建立了子研究数据库，以便进一步分析初中生心理健康的历史变迁在性别、年级、地区上的差异。

2. 研究结果

为更准确地考察初中生心理健康水平随年代的整体变化以及性别、年级、地区差异，本研究最初采用了三种不同方式对研究数据进行分析处理，对比发现，横断历史元分析对相关结果的量化效果最为清晰明确，因此作为本研究主要的数据分析方法。该方法主要通过计算效果量 d 或解释率 r^2 来实现，计算方法如式 3、式 4 所示[①②]。

$$d = \frac{M_{2013} - M_{1987}}{SD} \text{（式 3）} \qquad r = \frac{d}{\sqrt{d^2 + 4}} \text{（式 4）}$$

其中，M_{2013}、M_{1987} 指 SCL-90 各因子在 2013 年、1987 年的均值。在计算时，建立以各因子均值为因变量，以年代为自变量，并控制样本量的回归方程：$y = Bx + C$（y 为各因子均值，B 为非标准化的回归系数，x 为年代，C 为常数项），即可得出 M_{2013}、M_{1987}。SD 是所有研究各因子的平均标准差。这主要是遵循 Twenge 和 Im（2007）的做法，有效地避免了生态谬误。

具体数据分析情况如下。

---

① Twenge, J. M., Im, C., "Changes in the Need for Social Approval, 1958-2001," *Journal of Research in Personality*, 2007, 41（1）: pp. 171-189.

② 辛自强、张梅：《1992 年以来中学生心理健康的变迁：一项横断历史研究》，载《心理学报》，2009，41（1）。

（1）初中生心理健康水平总体水平随年代的整体变化

首先，对 SCL-90 各因子与年代之间的散点图进行分析，发现 9 个因子与年代的关系呈现出 2 种模式：在躯体化、强迫、抑郁、焦虑、敌对、精神病性 6 个因子上的得分随年代线性上升（图 7-1 至图 7-6、图 7-9）；初中生在人际关系、恐怖、偏执 3 个因子上的得分随年代线性下降（图 7-3、图 7-7、图 7-8）。

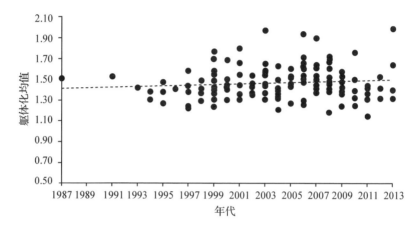

图 7-1　躯体化因子与年代的关系

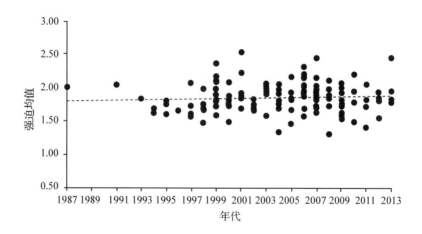

图 7-2　强迫因子与年代的关系

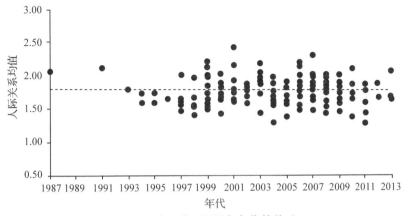

图 7-3 人际关系因子与年代的关系

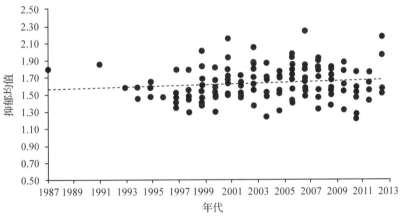

图 7-4 抑郁因子与年代的关系

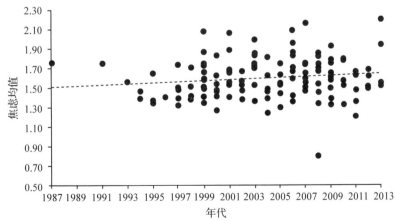

图 7-5 焦虑因子与年代的关系

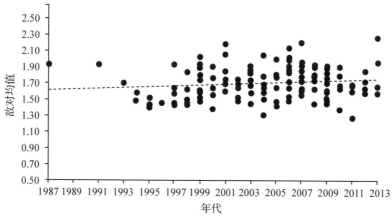

图 7-6　敌对因子与年代的关系

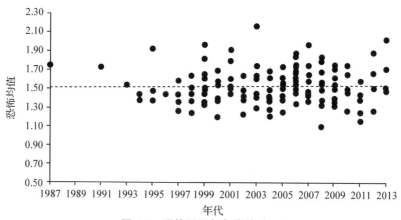

图 7-7　恐怖因子与年代的关系

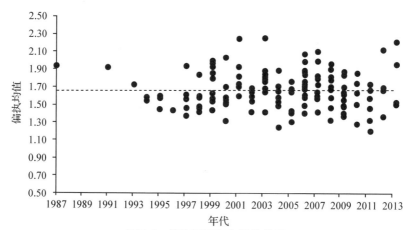

图 7-8　偏执因子与年代的关系

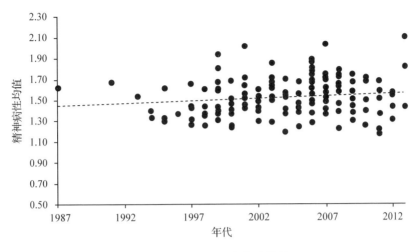

图7-9 精神病性因子与年代的关系

通过散点图可以看出，初中生SCL-90各因子得分与年代关系趋势线的斜率较为平缓。相关分析的结果也验证了这一趋势。如表7-3所示，除躯体化外，其余各因子与年代之间显著相关。其中，强迫、抑郁、焦虑、敌对、精神病性与年代显著正相关；人际关系、恐怖、偏执与年代显著负相关。初中生SCL-90各因子得分与年代之间的相关系数普遍较低。

表7-3 SCL-90各因子均值与年代之间的相关

因子	r	r^2
躯体化	−0.003	6.59×10^{-6}
强迫	0.036**	0.001
人际关系	−0.053**	0.003
抑郁	0.025**	0.0006
焦虑	0.070**	0.005
敌对	0.034**	0.001
恐怖	−0.026**	0.0007
偏执	−0.090**	0.008
精神病性	0.048**	0.002

另外，图 7-10 是 SCL-90 各因子均值的加权平均数变化折线图。为了更直观地说明 SCL-90 各因子随年代的变化趋势，本研究根据已收集文献中报告的样本量、因子均值，依公式 1 计算了 9 个因子均值各年的加权平均数，并绘制了图 7-10 所示的折线图。如图所示，1987—2013 年，初中生 SCL-90 各因子均值呈波动态势。

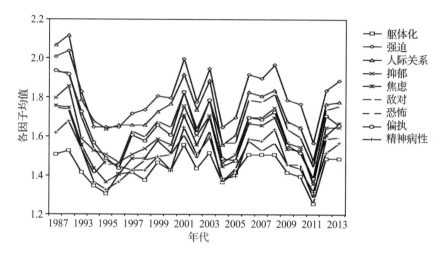

图 7-10　1987—2013 年初中生 SCL-90 各因子均值的变化

最后，是横断历史元分析。仅根据上述分析仍很难清晰地勾勒出初中生 SCL-90 各因子得分 26 年来的变迁趋势，因此，研究进一步运用了横断历史研究的统计方法进行数据分析。结果如表 7-4 所示，1987—2013 年初中生的 SCL-90 得分在躯体化、人际关系、抑郁、敌对、恐怖、偏执、精神病性 7 个因子上有所下降，仅在强迫、焦虑 2 个因子上有所上升。各因子得分变化的方向虽然有差异，但变化量普遍较小。除偏执外，初中生在其余各因子得分的变化均小于 0.1，效果量（d）均小于 0.2；偏执因子的得分下降了 0.18，效果量为 0.32。此外，各因子得分变化与年代关系的解释率（r^2）均小于 0.1，最高为偏执因子的 0.02。依据 Cohen（1988）对效果量（绝对值）大小的区分，当效果量 d 大于 0.2 小于 0.5 时视为"小效应"，大于 0.5 小于 0.8 时视为"中效应"，大于 0.8 时视为"大效应"。依据表 3-4 的结果，"偏执"因子的效果量属于小效应，"躯体化"因子的效果量接近小效应，其余因子的效果量均小于小效应。

表 7-4　初中生心理健康的变化量

因子	M_{1987}	M_{2013}	$M_{变化}$	SD	d	r^2
躯体化	1.45	1.37	-0.08	0.47	-0.16	0.006
强迫	1.68	1.73	0.05	0.57	0.08	0.002
人际关系	1.67	1.61	-0.06	0.60	-0.11	0.003
抑郁	1.52	1.52	-0.00005	0.56	-0.00009	$2.15*10^{-9}$
焦虑	1.48	1.50	0.02	0.54	0.05	0.0005
敌对	1.62	1.59	-0.03	0.64	-0.04	0.00003
恐怖	1.47	1.41	-0.06	0.53	-0.12	0.004
偏执	1.65	1.47	-0.18	0.57	-0.32	0.02
精神病性	1.43	1.43	-0.004	0.49	-0.009	0.00002

综合上述三种研究结果，总体来说，初中生心理健康水平 26 年来缓慢上升。其中，横断历史研究的元分析统计分析方法对处理本研究所关注的问题最为有效，因此后文的分析主要采取这种方法。

（2）初中生心理健康随年代变化的性别差异

本研究数据库中共有 46 篇文献报告了初中生 SCL-90 得分的性别差异，总样本量 38229 人，男生 19424 人，女生 18805 人。为了考察初中生心理健康历史变迁的性别差异，需要分别分析男生、女生与年代之间的关系。

根据前文所述的横断历史元分析方法，首先需要分别建立以 SCL-90 各因子均值为因变量，年代为自变量，并控制样本量的回归方程，结果如表 7-5 所示。

表 7-5　不同性别初中生 SCL-90 各因子均值与年代的相关

因子	男生		女生	
	β	R^2	β	R^2
躯体化	0.22	0.047	0.21	0.043
强迫	0.24	0.059	0.34*	0.117
人际关系	0.13	0.017	0.17	0.028

续表

因子	男生		女生	
	β	R^2	β	R^2
抑郁	0.25	0.063	0.23	0.057
焦虑	0.30*	0.088	0.32*	0.102
敌对	0.21	0.046	0.33*	0.112
恐怖	-0.02	0.001	0.18	0.034
偏执	0.09	0.007	0.04	0.002
精神病性	0.17	0.028	0.25	0.060

由表 7-5 可知，男生在躯体化、强迫、人际关系、抑郁、焦虑、敌对、偏执、精神病性 8 个因子上的得分与年代正相关，在恐怖因子上的得分与年代负相关。仅有焦虑因子得分与年代之间显著相关，年代仅能解释男生 SCL-90 各因子 0.1% ~ 8.8% 的变异。女生在全部 9 个因子上的得分均与年代正相关，与强迫、焦虑、敌对 3 个因子的相关显著，年代能够解释女生 SCL-90 各因子 0.2% ~ 11.7% 的变异。这些结果说明，女生 SCL-90 各因子得分随年代的变化比男生更显著。

为了更详细地量化二者之间的关系，本研究分别计算了效果量 d、解释率 r^2（表 7-6）。结果显示，与男生相比，女生 26 年来各因子得分的变化更明显，除偏执外，其余因子的效果量均达到了小效应。

表 7-6　不同性别初中生心理健康的变化量

因子	男生				女生				$\bar{d}$
	$M_{变化}$	SD	d	r^2	$M_{变化}$	SD	d	r^2	
躯体化	0.10	0.50	0.21	0.01	0.12	0.50	0.24	0.01	-0.06
强迫	0.21	0.59	0.35	0.03	0.27	0.58	0.46	0.05	-0.05
人际关系	0.10	0.61	0.17	0.007	0.15	0.62	0.24	0.01	-0.12
抑郁	0.17	0.56	0.31	0.02	0.20	0.62	0.33	0.03	-0.18
焦虑	0.19	0.54	0.36	0.03	0.24	0.57	0.42	0.04	-0.17

续表

因子	男生				女生				$\bar{d}$
	$M_{变化}$	SD	d	r^2	$M_{变化}$	SD	d	r^2	
敌对	0.15	0.66	0.23	0.01	0.25	0.68	0.37	0.03	-0.06
恐怖	-0.03	0.52	-0.05	6.25×10^{-4}	0.17	0.59	0.29	0.02	-0.66
偏执	0.07	0.61	0.12	0.004	0.03	0.60	0.05	6.33×10^{-4}	-0.01
精神病性	0.10	0.52	0.20	0.01	0.15	0.51	0.30	0.02	-0.05

此外，为探究初中生 SCL-90 各因子均分的性别差异，本研究按照普通元分析的思路，计算了平均效果量 $\bar{d}$（见表 7-6）。本研究中，将男生作为实验组，女生作为控制组。总体来说，女生在所有因子均分上的效果量均大于男生，即女生的心理健康水平不如男生。但是，这种差异并不明显，仅有恐怖属于小效应，抑郁、焦虑接近小效应，其余 6 个因子均小于小效应。

（3）初中生心理健康随年代变化的年级差异

本研究的文献数据库中共有 37 项研究报告了不同年级初中生 SCL-90 各因子的得分，总样本量为 28025 人。其中，初一学生 12627 人，初二学生 9208人，初三学生 6190 人。

根据前文所述的横断历史元分析方法，首先分别建立初一至初三年级 SCL-90各因子得分为因变量，年代为自变量，以人数为控制变量的回归方程。结果显示，三个年级 26 年来各因子均分与年代之间的相关均不显著。基于已建立的回归方程，本研究计算了不同年级初中生 SCL-90 因子均分与年代之间关系历史变迁的效果量 d、解释率 r^2。

如表 7-7 所示，初一年级学生在躯体化、偏执 2 个因子上的得分随年代下降，其余 7 个因子上的得分随年代上升；在强迫、抑郁、焦虑、敌对 4 个因子上的效果量达到了小效应，在躯体化、偏执 2 个因子上的效果量接近小效应，在人际关系、恐怖、精神病性 3 个因子上的效果量小于小效应。初二年级学生在躯体化、人际关系、抑郁、敌对、偏执、精神病性 6 个因子上的得分随年代下降，在其余 3 个因子上的得分随年代上升；仅在偏执因子上的效果量达到了小效应，其余 8 个因子的效果量均小于小效应。初三年级学生在偏执因子上的得分随年代下降，在其余 8 个因子上的得分均随年代上升；在强迫、焦虑、恐怖 3 个因子上的效果量达到了小效应，在偏执、精神病性 2 个因子上的效果量接近小效应，其余 4 个因子的效果量小于小效应。总体来说，初中生 SCL-90 各因子得分随年代变化的年级差异不大，年代对初一学生心理健康的影响最大，对初二学生心理健康的影响最小。

表 7-7　不同年级初中生心理健康的变化量

因子	初一				初二				初三			
	$M_{变化}$	SD	d	r^2	$M_{变化}$	SD	d	r^2	$M_{变化}$	SD	d	r^2
躯体化	-0.08	0.47	-0.16	0.007	-0.03	0.50	-0.07	0.001	0.06	0.56	0.10	0.003
强迫	0.19	0.56	0.33	0.03	0.07	0.58	0.12	0.003	0.17	0.61	0.29	0.02
人际关系	0.03	0.61	0.05	0.0006	-0.05	0.63	-0.08	0.002	0.10	0.65	0.15	0.006
抑郁	0.11	0.56	0.20	0.01	-0.06	0.60	-0.10	0.003	0.06	0.63	0.10	0.003
焦虑	0.12	0.57	0.22	0.01	0.02	0.58	0.03	0.0003	0.18	0.61	0.30	0.02
敌对	0.13	0.65	0.20	0.01	-0.05	0.68	-0.08	0.001	0.05	0.70	0.08	0.002
恐怖	0.08	0.56	0.14	0.005	0.03	0.58	0.05	0.0006	0.18	0.61	0.30	0.02
偏执	-0.10	0.59	-0.17	0.007	-0.23	0.62	-0.36	0.03	-0.10	0.65	-0.15	0.006
精神病性	0.02	0.48	0.05	0.0005	-0.06	0.54	-0.12	0.003	0.09	0.53	0.17	0.008

为量化地说明初中生 SCL-90 各因子得分的年级差异，本研究按照普通元分析的思路，两两对比了三个年级初中生的因子均分，计算了平均效果量 $\bar{d}$，结果如表 7-8 所示，初中生 SCL-90 各因子的得分随年级上升，初一年级学生的得分最低，初三年级学生的得分最高。其中，初一与初三年级学生得分的差异最为明显，其效果量在躯体化、强迫、人际关系、偏执、精神病性 5 个因子上达到了小效应，在焦虑、敌对 2 个因子上接近小效应。而初一与初二、初二与初三年级学生得分的差异则不够明显，所有因子得分差异的效果量均小于小效应。由此可见，初中生的心理健康水平随年级增长缓慢下降。

表 7-8 初中生 SCL-90 得分年级差异的两两比较

因子	初一、初二年级的差异比较 $\bar{d}$	初一、初三年级的差异比较 $\bar{d}$	初二、初三年级的差异比较 $\bar{d}$
躯体化	−0.11	−0.20	−0.09
强迫	−0.17	−0.32	−0.13
人际关系	−0.17	−0.32	−0.13
抑郁	−0.14	−0.32	−0.15
焦虑	−0.10	−0.18	−0.07
敌对	−0.08	−0.18	−0.08
恐怖	−0.05	−0.14	−0.06
偏执	−0.15	−0.30	−0.13
精神病性	−0.13	−0.25	−0.10

（4）初中生心理健康随年代变化的地区差异

本研究文献库中，共有 148 项研究报告了数据收集的地区，总样本量为 92502 人。其中，东部地区的研究 71 项，样本量为 51488 人；中部地区的研究 40 项，样本量为 25281 人；西部地区的研究 37 项，样本量为 15733 人。

基于上述数据，根据前文所述的横断历史元分析方法，本研究分别建立了以不同地区初中生 SCL-90 各因子得分为因变量，年代为自变量，人数为控制变量的回归方程，结果如表 7-9 所示，不同地区间初中生 9 个因子得分与年代之间关系的变迁趋势差异显著：26 年来，东部地区初中生的得分随年代显著下降，西部地区初中生的得分随年代显著上升，中部地区初中生在恐怖、精神病性因子上的得分随年代缓慢下降，在其余因子上的得分随年代显著上升。

表 7-9 不同地区初中生 SCL-90 各因子均值与年代的相关

因子	东部地区		中部地区		西部地区	
	β	R^2	β	R^2	β	R^2
躯体化	−0.28***	0.08	0.10***	0.009	0.29***	0.08
强迫	−0.12***	0.02	0.24***	0.06	0.28***	0.08
人际关系	−0.23***	0.05	0.14***	0.02	0.23***	0.05

续表

因子	东部地区		中部地区		西部地区	
	β	R^2	β	R^2	β	R^2
抑郁	-0.16^{***}	0.03	0.17^{***}	0.03	0.29^{***}	0.08
焦虑	-0.14^{***}	0.02	0.20^{***}	0.04	0.35^{***}	0.12
敌对	-0.20^{***}	0.04	0.20^{***}	0.04	0.38^{***}	0.15
恐怖	-0.20^{***}	0.04	-0.07^{***}	0.004	0.10^{***}	0.01
偏执	-0.30^{***}	0.09	0.04^{***}	0.002	0.19^{***}	0.04
精神病性	-0.14^{***}	0.02	-0.09^{***}	0.008	0.35^{***}	0.13

依据已建立的回归方程，本研究计算了不同地区初中生 SCL-90 各因子得分与年代之间关系的效果量 d、解释率 r^2，结果如表 7-10 所示。与相关分析的结果大致相同，东部地区初中生全部 9 个因子得分随年代显著下降了 0.6% 到 11%（即 r^2），躯体化、人际关系、偏执因子属于中效应，抑郁、焦虑、敌对、恐怖、精神病性因子属于小效应。西部地区初中生全部 9 个因子得分随年代显著上升了 0.9% 到 14%，在 3 个地区中变化最为显著；躯体化、强迫、人际关系、抑郁、焦虑、敌对、精神病性 7 个因子属于中效应，偏执因子属于小效应，恐怖因子接近小效应。与另 2 个地区相比，中部地区的变化最不明显，仅在强迫、焦虑 2 个因子上达到了小效应，在人际关系、抑郁、敌对 3 个因子上接近小效应，且变化的方向也不统一。总体来说，26 年来，东部地区初中生的心理健康水平逐渐好转，变化程度较为显著；中、西部地区初中生的心理健康水平逐渐下降：西部地区最为明显，经历了中等程度的恶化。中部地区的变化幅度虽然较小，但总体趋势处于下行态势。

表 7-10　不同地区初中生心理健康的变化量

因子	东部地区				中部地区				西部地区			
	$M_{变化}$	SD	d	r^2	$M_{变化}$	SD	d	r^2	$M_{变化}$	SD	d	r^2
躯体化	-0.24	0.46	-0.52	0.06	0.05	0.49	0.10	0.002	0.27	0.49	0.55	0.07
强迫	-0.19	1.30	-0.14	0.006	0.17	0.58	0.29	0.02	0.40	0.56	0.72	0.12

续表

因子	东部地区				中部地区				西部地区			
	$M_{变化}$	SD	d	r^2	$M_{变化}$	SD	d	r^2	$M_{变化}$	SD	d	r^2
人际关系	-0.31	0.58	-0.54	0.07	0.10	0.62	0.17	0.007	0.30	0.60	0.50	0.06
抑郁	-0.19	0.54	-0.36	0.03	0.10	0.58	0.18	0.008	0.34	0.58	0.59	0.08
焦虑	-0.16	0.53	-0.30	0.02	0.13	0.56	0.23	0.01	0.40	0.55	0.73	0.12
敌对	-0.26	0.63	-0.42	0.04	0.13	0.66	0.19	0.009	0.44	0.63	0.70	0.11
恐怖	-0.19	0.51	-0.37	0.03	-0.04	0.56	-0.06	0.001	0.10	0.55	0.19	0.009
偏执	-0.39	0.55	-0.70	0.11	-0.05	0.59	-0.09	0.002	0.24	0.59	0.41	0.04
精神病性	-0.15	0.48	-0.31	0.02	0.07	0.51	0.14	0.005	0.40	0.51	0.80	0.14

3. 分析讨论

本研究结果与前面所述的以往研究结论相比存在差异，可能有三方面的原因。

一是研究对象及方法的差异。本研究对象为初中生，而所使用的横断历史元分析所关注的"年代效应"主要体现了社会环境变迁对个体心理的影响。首先，与高中生或中学生整体相比，初中生更关注自我的探索，对社会变迁的"敏感性"较低。其次，在初中阶段，男生和女生在身体变化速率和适应上存在差别，所关注的重点和处境也不一样。最后，与低年级的学生相比，初三学生的心理健康水平最低，长期来看，学习压力对初中生心理健康的影响大于升学适应。

二是心理健康教育质量的不断提高。改革开放以来，心理健康教育越来越受到家长、学校、各级教育主管部门的重视，学校心理健康教育的发展也在一定程度上间接提升了家庭教育的质量。微观系统环境的改变对初中生的影响更大，这些积极的变化在初中生身上得到了更充分的体现。

三是社会转型造成的区域发展不平衡性。改革开放以来，中国社会经历着快速转型中不同层面的问题，社会转型是社会从传统型社会向现代型的转变，其中包括社会结构、具体制度与社会治理方式的变化，并能间接地带来社会其他方面，如自然环境的变化①。研究证明，20 世纪开始的快速现代化给中国带来了社会、文化、经济的大变迁，也影响着中国人的日常生活，表现在：现代化过程中对个体主义文化的倡导，经济转型中城乡、贫富差距的扩大等因素提升了中国人的抑郁水平，初中生也是这一过程的"受害者"之一②。经济转型伴随着收入分配方式的转变、城镇化等问题，使许多中国人，尤其是农村人口，不得不改变原有的生活方式，跟随资源与就业机会向城市迁徙，例如，刘玉等（2014）③发现，在 2000—2010 年的 10 年间，大量中西部地区人口向东部地区迁移，流动、留守儿童等心理问题的高危人群应运而生。父母教养的缺失、农村到城市的心理落差、农村社会发展的滞后等共同作用降低了他们的心理健康水平④⑤。

总而言之，横断历史元分析的特色在于其对"年代效应"的分离⑥。得益于国家政策等因素的保护，初中生心理健康整体水平未见明显下降。然而，经济、社会发展的不平衡，以及初中生在性别、年级上的差异，仍然造成了不同地区初中生在个体心理健康变化上的差异。

4. 研究结论

第一，总体上看，26 年来我国初中生的心理健康水平总体上呈缓慢上升的趋势：初中生在躯体化、人际关系、抑郁、敌对、恐怖、偏执、精神病性 7 个因子上的得分随年代缓慢下降；仅在强迫、焦虑 2 个因子上的得分随年代缓慢上升。另一方面，各因子得分与年代之间关系的效果量、解释率普遍较低，即

---

①　俞国良：《幸福感效应与实现路径研究》，载《黑龙江社会科学》，2016(2)。

②　Sun, J., Ryder, A. G., "The Chinese Experience of Rapid Modernization: Sociocultural Changes, Psychological Consequences?," *Frontiers in Psychology*, 2016(7): p. 477.

③　刘玉：《中国人口流动格局的十年变迁与思考——基于第五、六次人口普查数据的分析》，载《西北人口》，2014, 35(2)。

④　侯珂、刘艳、屈智勇等：《留守对农村儿童青少年社会适应的影响：倾向值匹配的比较分析》，载《心理发展与教育》，2014, 30(6)。

⑤　廖传景、吴继霞、张进辅：《留守儿童心理健康及影响因素研究：安全感的视角》，华东师范大学学报（教育科学版），2015(3)。

⑥　Twenge, J. M., "Generational Differences in Mental Health: Are Children and Adolescents Suffering More, or Less?," *American Journal of Orthopsychiatry*, 2011, 81(4): pp. 469-472.

初中生心理健康水平随年代变化的程度较小。

第二，从性别上看，26 年来女生 SCL-90 各因子得分的变化更明显，长期来说，女生在 SCL-90 全部因子上的得分均低于男生，且心理健康水平低于男生。

第三，从年级上看，26 年来初一年级学生 SCL-90 各因子得分的变化最明显，心理健康状况也最好，初三学生的心理健康状况最差，初二学生 SCL-90 各因子得分的变化最小。

第四，从区域上看，26 年来东部地区初中生的心理健康水平逐渐提升，中、西部地区则处于下行态势。其中，中部地区的变化较小，西部地区初中生的心理健康经历了中等程度的恶化。

第八章

————

初中生心理健康的结构与量表编制研究

一、初中生心理健康的结构

(一) 以往研究工具的结构

在以往的研究中，初中生心理健康测量的常用测量工具包括症状自评量表（SCL-90）、心理健康诊断测验（MHT）和中国中学生心理健康量表（MMHI-60）等。

SCL-90 由 Derogatis 在 1973 年编制，后经金华、吴文源和张明园（1986）[①]修订并建立成年人常模，刘恒和张建新（2004）[②]建立中学生常模。SCL-90 共 90 道题目，包含躯体化、强迫症状、人际关系敏感、抑郁、焦虑、敌对、恐怖、偏执、精神病性、其他等 10 个因子，分别反映了个体的主观身体不适感、临床强迫症状、人际关系自卑感、临床抑郁症状、焦虑症状、敌对表现、恐怖状态、妄想、精神分裂症状、睡眠及饮食等情况。

MHT 适用于对中小学生心理健康的整体测查，最早由周步成教授改编自日本研究者铃木清等编制的"不安倾向诊断测验"，共有学习焦虑、对人焦虑、孤独倾向、自责倾向、过敏倾向、身体症状、恐怖倾向、冲动倾向、效度量表 9 个维度。郑全全、温洒、徐飞舟和朱金华（2004）[③]发现原问卷维度良好，并对个别题目进行了修订。

——————

① 金华、吴文源、张明园：《中国正常人 SCL-90 评定结果的初步分析》，载《中国神经精神疾病杂志》，1986，12(5)。
② 刘恒、张建新：《我国中学生症状自评量表（SCL-90）评定结果分析》，载《中国心理卫生杂志》，2004，18(2)。
③ 郑全全、温洒、徐飞舟、朱金华：《〈中学生心理健康诊断测验〉结构的探索及修改》，载《应用心理学》，2004，10(2)。

　　王极盛教授认为用 SCL-90 来测量中学生的心理健康缺乏针对性、具体性，因此自编了 MMHI-60 作为中学生心理健康的测评工具，该量表包含强迫、偏执、敌对、人际敏感、抑郁、焦虑、学习压力感、适应性不良、情绪波动性、心理不平衡性等 10 个维度①。

　　此外，国际上常用的病理取向心理健康测量工具还包括抑郁自评量表（CES-D）、儿童行为量表（CBCL）等。这些研究工具的共同特点包括：①从病理角度定义心理健康，认为没有心理疾病即心理健康，即对被试来说，症状不显著就可以视为心理健康；②反映的是被试一段时间内的状态，结果受个体心理稳定性的影响较大。

　　然而，完整的心理健康包含没有疾病和发挥心理功能两重含义：仅仅没有症状，却是无法积极生活的"行尸走肉"，也是心理不健康的表现②。另外，情绪情感多变正是初中生心理发展的重要特点。由此可见，SCL-90、MHT 等研究工具，既无法反映初中生心理功能发挥的情况，其结果的信、效度也会受到他们心理状态不稳定的影响。因此，通过考察一段时间内病理症状的频率、强度来衡量初中生的心理健康是远远不够的。

　　那么，什么样的心理健康指标更具有预测性呢？具体就初中生的心理健康指标而言，易冲动、稳定性欠佳是初中生心理发展的特点，病理状态指标不能全面体现初中生的心理健康状况。因此，基于积极的心理健康观，有两种观点值得作为评价初中生心理健康指标取向的参考。一种是从情绪状态、心理和社会功能的完整性 3 个方面出发考察个体的心理健康水平③。其中，情绪状态包含积极情感、生活满意度 2 个指标；积极心理功能包含自我接纳、个人成长、生活意义、环境掌控、自主、积极人际关系 6 个指标；积极社会功能包含社会

　　① 王极盛、李焰、赫尔实：《中国中学生心理健康量表的编制及其标准化》，载《社会心理科学》，1997（4）。

　　② Keyes，C. L. M.，"Mental Illness and/or Mental Health? Investigating Axioms of the Complete State Model of Health," *Journal of Consulting and Clinical Psychology*，2005，73（3）：pp. 539-548.

　　③ Keyes，C. L. M.，"Promoting and Protecting Mental Health as Flourishing：A Complementary Strategy for Improving National Mental Health," *American Psychologist*，2007，62（2）：pp. 95-108.

接纳感、实现感、贡献感、联结感、整合感 5 个指标。具体到初中生来说，生活意义指标可以去掉，同时应考虑增加考察学校生活质量的相关指标[①]。另一种是积极青少年发展观（Positive Adolescent Development），它倡导关注青少年自身的优势和积极品质发展，认为积极青少年发展观的内涵可以从能力、自信、联系、个性和照顾等 5 个方面来界定[②]。其中，能力指积极看待个体在学业、认知等具体领域的表现，自信指积极的总体自我价值感和自我效能感，联系指与其他人和机构建立积极的关系，个性指遵守社会和文化规范、行为表现良好，照顾指对他人有同情心。

当下，我国考察青少年心理健康状况的主要指标是认识自我、学会学习、良好的人际关系、生活与社会适应等[③]。这一标准的确立基于我国研究者多年研究与实践经验。研究发现，初中生心理健康的影响因素中，有一类被称作保护性因素。这些因素可能是个体层面的，例如，心理弹性，也可能是关系层面的，例如，社会支持。这些维度不仅能够正向预测初中生当下，乃至未来的心理健康水平，其本身的发展变化也更为稳定。此外，初中生心理健康的测量必须要结合其发展阶段的特点，如学业状况的显著影响。基于这些发现，自 1996 年起，俞国良等人编制了《学生心理健康量表》[④]，后在此基础上进行了必要的修订，形成了《中小学心理健康量表》[⑤]，他们认为青少年心理健康的指标应包括学习、自我、人际、适应等 4 个维度，通过测量学习态度、学习满足感、自我认识、信任感、生活与社会适应等内容来衡量青少年的心理健康状况。沈德

---

① Keyes, C. L. M., "Mental Health in Adolescence: Is America's Youth Flourishing?," *American Journal of Orthopsychiatry*, 2006, 76(3): pp. 395-402.

② Lerner, J. V., Phelps, E., Forman, Y. E. & Bowers, E. P. Positive Youth Development. In R. M. Lerner. & L. Steinberg (Eds.), *Handbook of Adolescent Psychology*: Vol. 1: *Individual Bases of Adolescent Development* (3rd ed). Hoboken, Wiley, 2009, pp. 524-558.

③ 林崇德、俞国良：《中小学心理健康教育指导纲要（2012 年修订）解读》，北京，北京师范大学出版社，2013。

④ 俞国良、林崇德、王燕：《学生心理健康量表的编制研究》，载《心理发展与教育》，1999(3)。

⑤ 张雅明、曾盼盼、俞国良：《中小学生心理健康量表的信效度检验》，载《中国临床心理学杂志》，2004，12(1)。

立等人（2008）[①]从认知风格、归因风格、应对风格、动力系统、自我、个性素质、人际素质、适应等 8 个维度定义了青少年心理健康素质的结构。

但是，随着时代的变迁，初中生的心理发展呈现出一些新特点，例如，互联网使用状况可能显著影响初中生的心理健康水平。其次，《中小学心理健康量表》本身也存在不完善之处，例如，情绪调节等指标作为初中生心理健康的重要内容，在该量表中未有体现，且部分情境、语言表述的针对性不强。这些都影响了其作为测量工具的信、效度，有待进一步修订。因此，很有必要对测量工具进行更新，以助于在当下重构对初中生心理健康结构的认识。

（二）初中生心理健康结构的理论思考

为了编制更符合当下需要的初中生心理健康测量工具，我们从积极心理健康观、生态系统理论和我国初中生心理健康教育的实际出发，探索了社会转型背景下初中生心理健康结构的发展。

基于积极心理健康观，我们认为，初中生心理健康的结构应能够体现他们在日常生活中心理功能发挥、支持性资源分布的情况，以及对其毕生发展较为重要的心理品质。Keyes（2006）用"flourishing"来形容青少年完全心理健康时的状态。在这种状态下，青少年的病理性指标不显著，幸福感最高，心理社会功能得到最完全的发挥。因此，他认为对青少年心理健康状况测量的维度应包括情绪幸福感、心理幸福感、社交幸福感、自我概念、自我决定、人际状况，并结合抑郁及外化行为问题相关指标。

此外，我们还认为，初中生心理健康的结构中应包含那些促进他们毕生发展的重要因素。纵观个体的人生历程，青春期起到了承上启下的关键作用。在这一时期，个体需要在生理和心理上为成人生活做好必要的准备。积极青少年发展观强调青少年自身具备健康发展的潜力，不应把青少年作为问题去管理，

[①] 沈德立、马惠霞、白学军：《中国青少年心理健康素质调查研究》，载《天津师范大学学报（社会科学版）》，2008(5)。

而应培养他们的积极品质。培养青少年积极品质的关键，是提供他们所需的发展资源[1]。发展资源包括外部、内部资源两类：外部资源主要包括支持、授权、规范和期望、有效利用时间，比如人际支持、为社会服务；内部资源主要包括对学习的承诺、积极价值观、社会能力和积极的自我认同，如完成家庭作业、亲社会价值观。心理弹性是个体心理健康的重要保护性因素。Mastern（2001）[2]认为，社区中有能力的成年人榜样、认知与自我调节能力、积极的自我概念以及在社会中有所作为的动机对青少年心理弹性的发展至关重要。综合国外研究者的观点，自我概念、人际支持、认知发展、自我调节能力、积极的价值观等是能够体现青少年心理功能发挥、发展资源状况等的优秀指标，同时也能在一定程度上规避青少年心理状态不稳定所带来的影响。

教育部《中小学心理健康教育指导纲要（2012年修订）》提出，中小学心理健康教育内容的重点为学习、自我、人际关系、情绪调适、社会生活适应和升学择业6大主题，结合历年研究的基础，我们总结初中生心理健康结构如图8-1所示，初中生心理健康的结构包含学习、自我、人际、适应、情绪5个维度，对这5个维度的综合考察，可以体现出其心理社会功能的发挥，生活环境中支持性资源的分布，以及是否具备有益于毕生发展的积极心理品质。

与以往研究相比，我们对初中生心理健康结构的理论发展主要体现在：①从积极心理健康的角度出发，从初中生日常生活中心理功能的发挥，周围环境中保护性资源的分布等方面来反映初中生的心理健康状况，与SCL-90等病理症状量表形成了有益的互补；②与张雅明、俞国良等（2004）[3]的研究相比，突出了当下的时代背景，将互联网、智能手机使用等纳入了心理健康的考察范畴；

---

[1] Benson, P. L., Scales, P. C., Syvertsen, A. K., "The Contribution of the Developmental Assets Framework to Positive Youth Development Theory and Practice," *Advances in Child Development and Behavior*. 2011(41): pp. 197-230.

[2] Masten, A. S., "Ordinary Magic. Resilience Processes in Development," *American Psychologist*, 2001, 56(3): pp. 227-238.

[3] 张雅明、俞国良：《青春期前期学生心理健康发展趋势和性别差异》，载《中国临床心理学杂志》，2004，12(4)。

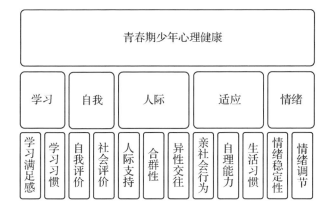

图 8-1 青春期少年心理健康的结构

李天然、俞国良（2016）[①]认为，学习、自我、人际关系、社会适应、情绪调节，以及职业选择共同勾勒出了高中生心理健康的结构。与之相比，此初中生心理健康结构更贴近初中学生的发展特点，未将职业选择等与初中生日常生活距离较远的维度纳入其中。

二、初中生心理健康量表的编制研究

（一）问题提出

基于初中生心理健康结构，我们自编了《初中生心理健康量表》，量表共47题，由学习、自我、人际、适应、情绪5个分量表构成，它们分别代表着初中生心理健康结构的不同维度。学习分量表8题，包括学习满足感、学习习惯2个因子。其中，学习满足感指初中生在学习过程中的感受，包括对学习的信心、努力学习等的看法；学习习惯指初中生在预习、上课、课后等各环节中所表现出的学习习惯。自我分量表7题，包括自我评价、社会评价2个因子。其中，自我评价指初中生对自己的评价；社会评价指初中生知觉到比较重要的他人评

---

① 俞国良、李天然：《社会转型中青少年心理健康的结构与特点探索》，载《西南民族大学学报（人文社会科学版）》，2016，37(8)。

价。人际分量表 11 题，包括人际支持、合群性、异性交往 3 个因子。其中，人际支持指初中生知觉到的来源于家庭、老师、同学等的社会支持；合群性指初中生在集体活动中不焦虑，与老师、同学沟通时不紧张；异性交往指初中生与异性交往时的状态。适应分量表 12 题，包括亲社会行为、自理能力、生活习惯 3 个因子。其中，亲社会行为指初中生对他人、社会有利的社会性行为；自理能力指初中生能够独立生活的能力；生活习惯指初中生饮食、睡眠、运动、上网等的生活方式。情绪分量表 8 题，包括情绪稳定性、情绪调节 2 个因子。其中，情绪稳定性指初中生情绪变化的合理性；情绪调节指初中生对情绪的控制、觉知与反思。

(二) 研究方法

1. 被试

探索性因素分析：选取北京市一所普通初中初一至初三年级学生 350 人，回收有效问卷 334 份，回收率为 95.4%。其中，初一学生 113 人，初二学生 111 人，初三学生 110 人；男生 148 人，女生 178 人，未报告性别 8 人。

验证性因素分析：选取北京市一所普通初中初一至初三年级学生 655 人，回收有效问卷 651 份，回收率为 99.3%。其中，初一学生 219 人，初二学生 214 人，初三学生 218 人；男生 287 人，女生 354 人，未报告性别 10 人。

2. 研究程序

(1) 以《中小学心理健康量表》为蓝本，结合其他文献的研究成果，分析初中生心理健康的内容和结构，并收集和编写相关项目。在心理健康结构的基础上，对 12~15 岁青少年进行半结构式访谈和半开放式问卷调查，收集项目。

(2) 对所有项目进行整理，编制问卷项目，并请心理学专业研究生对项目的语义、结构进行讨论，删除语义表达不清的项目，形成初始问卷。问卷作答用李克特四级评分，由"完全不符合"到"完全符合"分别赋值为 1~4 分，并设置反向题目。

（3）通过探索性因素分析探索问卷结构，初步形成初中生心理健康问卷。筛选项目的统计学标准包括：因素的特征值大于 1；在所属因素上的负荷值大于 0.4；剔除共同度低于 0.5 的项目；删除在多个因子上载荷较大的项目。

（4）再次向初中生发放修订后的问卷，以班级为单位进行施测并回收问卷。将数据录入 SPSS，用 Mplus 7.0 进行验证性因素分析，以检验问卷的信式、效度，并根据统计指标和问卷内容再次修改，形成《初中生心理健康量表》最终版。

3. 研究工具

社会科学统计学软件 SPSS 19.0 for Windows 和 Mplus 7.0。

（三）研究结果

1. 学习分量表

根据探索性因素分析的一般步骤，首先检验学习分量表是否可以进行探索性因素分析，标准为 KMO>0.8，巴特利特球形检验结果显著[①]。结果显示，该分量表 KMO=0.82，巴特利特球形检验 p <0.001，符合探索性因素分析的标准。而后，采取主成分分析法提取公因子，并对初始因素矩阵进行正交旋转。

初始问卷中，学习分量表共有 10 题。结合探索性因素分析的结果，依前文所述标准进行项目筛选后剩余 8 题，分 2 个维度，累计解释率为 52.64%，碎石图及因子载荷情况分别如图 8-2、表 8-1 所示。根据项目含义及本研究的理论构想命名学习分量表的 2 个维度，分别为学习满足感和学习习惯：学习满足感指初中生在学习过程中的感受，包括对学习的信心、努力学习等的看法，例如，"即使没有取得理想的成绩，仍然觉得学习中有所收获"；学习习惯指初中生在预习、上课、课后等各环节中所表现出的学习习惯，例如，"上课听讲注意力不集中"。

---

① 薛薇：《统计分析与 SPSS 的应用（第四版）》，北京，中国人民大学出版社，2014。

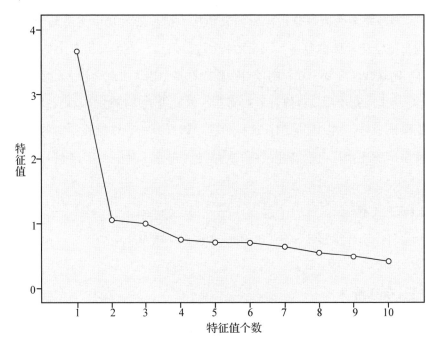

图 8-2　初中生心理健康学习分量表碎石图

表 8-1　初中生学习分量表因子载荷

	学习满足感	学习习惯
1	0.587	
2	0.789	
3	0.546	
4	0.677	
5		0.681
6		0.686
7		0.772
8		0.600

　　将按照探索性因素分析结果修订后的问卷再次施测，对初中生心理健康学习分量表进行验证性因素分析以检验其结构效度，模型拟合指数符合统计学指标，$\chi^2 = 71.985$，$\mathrm{d}f = 19$，RMSEA = 0.065，CFI = 0.949，TLI = 0.925，SRMR = 0.036，说明结构效度良好。验证性因素分析模型如图 8-3 所示，其中，f1 指学习满足感，f2 指学习习惯。

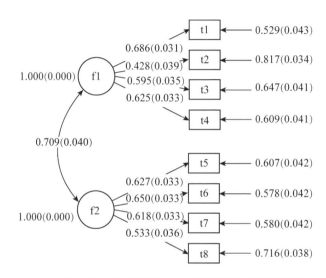

图 8-3　初中生心理健康学习分量表验证性因素分析模型

　　相关分析结果显示，学习满足感和学习习惯两个维度的相关系数为 0.49，二者与总分的相关分别为 0.85 和 0.88，均达到了 0.01 的显著性水平，说明该量表具有较好的内容效度。此外，信度分析的结果为 $\alpha = 0.77$，即初中生心理健康学习分量表的信、效度良好。

2. 自我分量表

　　根据探索性因素分析的一般步骤，首先检验自我分量表是否可以进行探索性因素分析。结果显示，该分量表 KMO = 0.88，巴特利特球形检验 $p < 0.001$，符合探索性因素分析的标准。而后，采取主成分分析法提取公因子，并对初始因素矩阵进行正交旋转。

　　初始问卷中，自我分量表共有 9 题。结合探索性因素分析的结果，依前文所述标准进行项目筛选后剩余 7 题，包含 2 个维度，累计解释率为 58.42%，碎石图及因子载荷情况分别如图 8-4、表 8-2 所示。根据项目含义及最初的理论构想对 2 个维度进行命名：自我评价指初中生对自己的评价，例如，"我感到自己有许多好的品质"；社会评价指初中生知觉到来自比较重要他人的评价，例如，"家长认为我是个好孩子"。

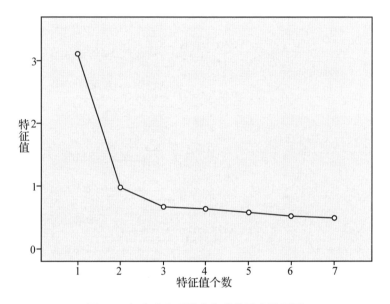

图 8-4　初中生心理健康自我分量表碎石图

表 8-2　初中生心理健康自我分量表因子载荷

	自我评价	社会评价
1	0.809	
2	0.666	
3	0.791	
4		0.633
5		0.748
6		0.694
7		0.726

将经探索性因素分析结果修订后的问卷再次施测，对初中生心理健康学习分量表进行验证性因素分析以检验其结构效度，模型拟合指数符合统计学指标，$\chi^2 = 63.515$，df = 13，RMSEA = 0.077，CFI = 0.944，TLI = 0.910，SRMR = 0.037，说明结构效度良好。验证性因素分析模型如图 8-5 所示，其中 f1 指自我评价，f2 指社会评价。

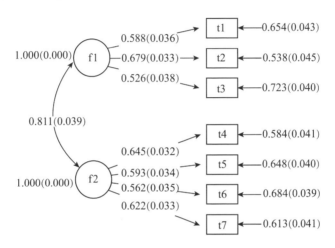

图 8-5　初中生心理健康自我分量表验证性因素分析模型

结果表明，自我分量表各维度及总分之间均达到了 0.01 水平的显著相关，说明该量表具有较好的内容效度。此外，信度分析的结果为 $\alpha = 0.76$，即初中生心理健康自我分量表的信、效度良好。

3. 人际分量表

根据探索性因素分析的一般步骤，首先检验人际分量表是否可以进行探索性因素分析。结果显示，该分量表 KMO = 0.82，巴特利特球形检验 $p < 0.001$，符合探索性因素分析的标准。而后，采取主成分分析法提取公因子，并对初始因素矩阵进行正交旋转。

初始问卷中，人际分量表共有 16 题。结合探索性因素分析的结果，依前文所述标准进行项目筛选后剩余 11 题，包含 3 个维度，累计解释率为 58.76%，碎石图及因子载荷情况分别如图 8-6、表 8-3 所示。根据项目含义及最初的理论构想对 3 个维度进行命名：人际支持指初中生知觉到的来自于家庭、老师、同学等的社会支持，例如，"在需要时我能够从家庭获得感情上的帮助与支持"；合群性指初中生在集体活动中不焦虑，与老师、同学沟通时不紧张，例如，"我与同学们相处得很好"；异性交往指初中生与异性交往时的状态，例如，"我常因不能理想地与异性同学交往而苦恼"。

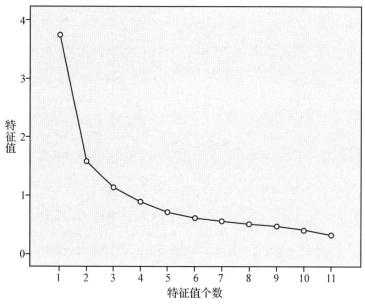

图 8-6　初中生心理健康人际分量表碎石图

表 8-3　初中生心理健康人际分量表因子载荷

	合群性	异性交往
1	0.500	
2	0.613	
3	0.786	
4	0.766	
5	0.806	
6	0.774	
7		0.817
8		0.644
9		0.679
10		0.757
11		0.823

将经探索性因素分析结果修订后的问卷再次施测，对初中生心理健康人际分量表进行验证性因素分析以检验其结构效度，模型拟合指数符合统计学指标，$\chi^2 = 255.277$，$df = 41$，RMSEA $= 0.065$，CFI $= 0.936$，TLI $= 0.914$，SRMR $= 0.046$，说明结构效度良好。验证性因素分析模型如图 8-7 所示，其中 f1 指人际支持，f2 指合群性，f3 指异性交往。

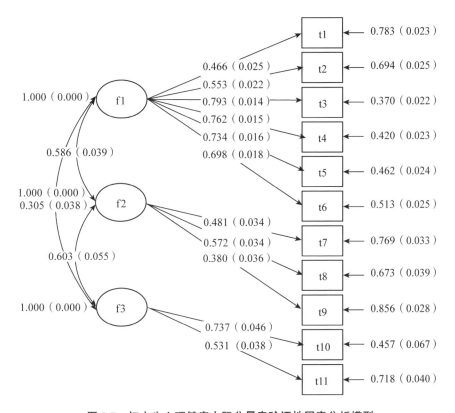

图 8-7　初中生心理健康人际分量表验证性因素分析模型

相关研究结果显示，人际分量表各维度，以及总分之间均达到了 0.01 水平的显著相关，说明该量表具有较好的内容效度。此外，信度分析的结果为 $\alpha = 0.77$，即初中生心理健康人际分量表的信、效度良好。最终形成的人际分量问卷中，异性交往维度上仅有 2 个题目，与心理测量学的普遍标准有差异。一方面，信、效度分析的结果支持了本研究的理论构想；另一方面，以往研究中也有一些多维度心理健康问卷在某个分维度中的题目数少于 3 题, 例如, Keyes (2006)的研究[①]。对于初中生来说, 异性交往状况是其显著区别于其他发展时期的重要特点, 并与其心理健康水平联系紧密。因此, 本研究认为应保留异性交往这一维度, 以便更好地反映初中生心理健康的结构与特点。

4. 适应分量表

根据探索性因素分析的一般步骤, 首先检验适应分量表是否可以进行探索性因素分析。结果显示, 该分量表 KMO = 0.87, 巴特利特球形检验 $p < 0.001$, 符合探索性因素分析的标准。而后, 采取主成分分析法提取公因子, 并对初始因素矩阵进行正交旋转。

初始问卷中, 适应分量表共有 15 题。结合探索性因素分析的结果, 依前文所述标准进行项目筛选后剩余 12 题, 包含 3 个维度, 累计解释率为 62.19%, 碎石图及因子载荷情况分别如图 8-8、表 8-4 所示。根据项目含义及最初的理论

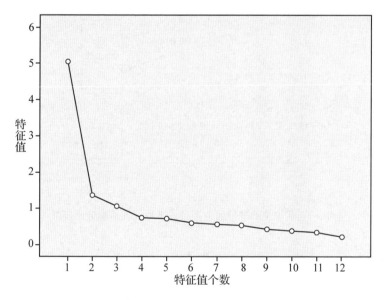

图 8-8 初中生心理健康适应分量表碎石图

---

① Keyes, C. L. M. , "Mental Health in Adolescence: Is America's Youth Flourishing?," *American Journal of Orthopsychiatry*, 2006, 76(3): pp. 395-402.

构想对 3 个维度进行命名：亲社会行为指初中生对他人、社会有利的社会性行为，例如"在力所能及的范围内尽可能地帮助他人"；自理能力指初中生能够独立生活的能力，例如"能单独上街购物，恰当安置自己的财物"；生活习惯指初中生饮食、睡眠、运动、上网等的生活方式，例如"能控制自己每天上网和玩手机的时间"。

表 8-4 初中生心理健康适应分量表因子载荷

	亲社会行为	自理能力	生活习惯
1	0.808		
2	0.810		
3	0.749		
4	0.686		
5		0.686	
6		0.745	
7		0.646	
8		0.720	
9			0.689
10			0.801
11			0.744
12			0.591

将经探索性因素分析结果修订后的问卷再次施测，对初中生心理健康适应分量表进行验证性因素分析以检验其结构效度，模型拟合指数符合统计学指标，$\chi^2 = 209.830$，$df = 51$，RMSEA = 0.069，CFI = 0.932，TLI = 0.912，SRMR = 0.044，说明结构效度良好。验证性因素分析模型如图 8-9 所示，其中 f1 指亲社会行为，f2 指自理能力，f3 指生活习惯。

相关分析结果表明，适应分量表各维度，以及总分之间均达到了 0.01 水平的显著相关，说明该量表具有较好的内容效度。此外，信度分析的结果为 $\alpha = 0.83$，即初中生心理健康适应分量表的信、效度良好。

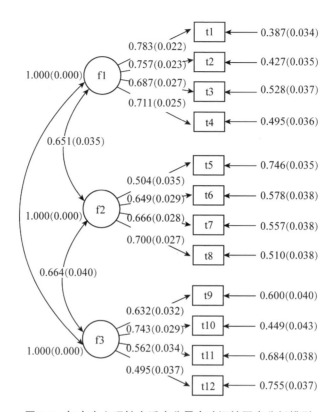

图 8-9　初中生心理健康适应分量表验证性因素分析模型

5. 情绪分量表

根据探索性因素分析的一般步骤，首先检验情绪分量表是否可以进行探索性因素分析。结果显示，该分量表 KMO = 0.80，巴特利特球形检验 $p < 0.001$，符合探索性因素分析的标准。而后，采取主成分分析法提取公因子，并对初始因素矩阵进行正交旋转。

初始问卷中，情绪分量表共有 9 题。结合探索性因素分析的结果，依前文所述标准进行项目筛选后剩余 8 题，包含 2 个维度，累计解释率为 56.66%，碎石图及因子载荷情况分别如图 8-10、表 8-5 所示。根据项目含义及最初的理论构想对 2 个维度进行命名：情绪稳定性指初中生情绪变化的合理性，例如，"一点小事就可以破坏我的好心情"；情绪调节指初中生对情绪的控制、觉知与反思，例如，"我会主动反思自己情绪失控的原因"。

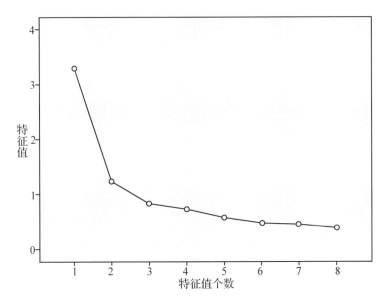

图 8-10   初中生心理健康情绪分量表碎石图

表 8-5   初中生心理健康情绪分量表因子载荷

	情绪稳定性	情绪调节
1	0.768	
2	0.705	
3	0.764	
4	0.689	
5	0.559	
6		0.644
7		0.783
8		0.843

将经探索性因素分析结果修订后的问卷再次施测，对初中生心理健康情绪分量表进行验证性因素分析以检验其结构效度，模型拟合指数符合统计学指标，$X^2 = 60.771$，$df = 19$，$RMSEA = 0.058$，$CFI = 0.966$，$TLI = 0.950$，$SRMR =$

0.041，说明结构效度良好。验证性因素分析模型如图 8-11 所示，其中 f1 指情绪稳定性，f2 指情绪调节。

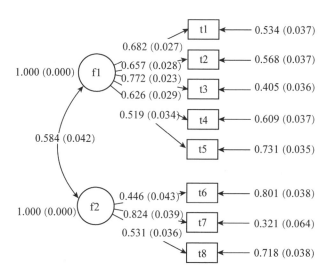

图 8-11　初中生心理健康情绪分量表验证性因素分析模型

相关分析显示，情绪分量表各维度，以及总分之间均达到了 0.01 水平的显著相关，说明该量表具有较好的内容效度。此外，信度分析的结果为 $\alpha = 0.79$，即初中生情绪分量表的信、效度良好。

在各分量表因素分析结果的基础上，本研究利用三阶验证性因素分析的方法，考察初中生心理健康量表总体的结构效度。模型拟合指数符合统计学指标，$\chi^2 = 2687.013$，$\mathrm{d}f = 972$，RMSEA = 0.044，CFI = 0.834，TLI = 0.824，SRMR = 0.062，模型拟合良好，达到了温忠麟等人（2004）[①]提出的检验标准。量表总体信度分析的结果为 $\alpha = 0.92$。因此，初中生心理健康量表信、效度良好，体现了初中生心理健康的独特结构，以此为工具的测量结果能够反映出初中生心理健康的特点。

---

① 温忠麟、侯杰泰、马什等：《结构方程模型检验：拟合指数与卡方准则》，载《心理学报》，2004，36(2)。

(四) 分析讨论与研究结论

结合国内外相关成果，并结合初中生心理发展的特点，本研究最终确定《初中生心理健康量表》包含学习、自我、人际、适应、情绪 5 个分量表。其中，学习分量表从学习满足感、学习习惯 2 个维度考察初中生的学习动机与学业成绩相关的行为指标；自我分量表从自我评价、社会评价 2 个维度考察初中生对自我的看法；人际分量表从人际支持、合群性、异性交往 3 个维度考察初中生的支持性资源状况、社交场景中的情绪感受；适应分量表从亲社会行为、自理能力、生活习惯 3 个维度考察初中生日常生活的适应状况；情绪分量表从情绪稳定性、情绪调节 2 个维度考察初中生的情绪适应状况与情绪调节能力。这些维度的综合能够较为全面地体现出初中生的心理健康状况，反映出他们的心理健康素质及日常生活中发展资源的水平。探索、验证性因素分析及信度分析的结果显示，《初中生心理健康量表》的信、效度良好。

基于积极心理健康和生态系统理论视角，从学习、自我、人际、适应、情绪 5 个维度定义了初中生心理健康的结构，从初中生日常生活中心理功能的发挥和生活环境中保护性资源的分布等角度反映了这一阶段个体的心理健康状况。自编的《初中生心理健康量表》指标体现了这一理论构想，经实验验证，信、效度良好。

研究更进一步证实，只有将病理性指标与积极心理健康取向的测量工具相结合，才能更为全面地反映出初中生心理健康的特点。例如，本书第三部分第一章对以病理取向的 SCL-90 量表为工具的研究发现，女生在 SCL-90 全部因子上的得分均高于男生，初中生的心理健康水平与年级负相关。本章研究以自编的积极心理健康取向的量表为工具对初中生心理健康的测量结果显示，女生的人际状况及亲社会行为均好于男生，同时年级差异的趋势不明显。

此外，研究发现，农村学生在自我、人际等维度上的得分均显著低于城市学生，这是快速社会变化对个体心理健康消极影响的又一例证。随父母迁移至城市的外来务工人员子女，一方面面临着低社会经济地位所带来的种种风险，另一方面由于生活稳定性差、对当地社区不熟悉、城市中亲友少等问题，也很难获得足够的支持性资源保护其心理健康，这对促进全体初中生的健康提出了严峻的挑战。

综上所述，中国社会的快速变化深刻地影响了初中生心理健康的发展，经济、社会发展的不平衡拉大了不同群体初中生心理健康病理性指标的差距。然而，无论是从初中生自身特点，或是从其毕生发展的角度出发，研究者和教育者都应从更积极的角度定义他们的心理健康结构，关注其心理功能的正常发挥，并不断丰富其生活环境生态系统中的保护性资源。

第九章

————

初中生心理健康的特点与影响因素研究

一、初中生心理健康的特点

(一)研究对象

选取北京市 4 所普通初中初一至初三学生为被试，共 1566 人。其中，男生 739 人，女生 780 人，47 人未填写性别信息；初一学生 605 人，初二学生 548 人，初三学生 412 人，1 人未填写年级信息；城市学生 1199 人，农村学生 367 人。研究采用自编的《初中生心理健康量表》，以班级为单位集体施测。施测时，主试在班主任协助下当场发放并回收问卷，以保证问卷的完成质量与回收率。之后使用社会科学统计软件 SPSS 22.0 对数据进行分析处理。

(二)研究工具

基于前文的研究发现及提出的问题，我们进一步考察初中生的心理健康特点及影响因素。主要研究工具采用自编《初中生心理健康量表》。该量表聚焦于初中生心理功能发挥的情况，以及积极心理品质等稳定心理建构的测量。除性别、学校、年级等人口统计学变量外，量表共 46 题，从学习、自我、人际、适应、情绪 5 个方面来反映初中生的心理健康状况。其中，学习分量表 8 题，包括学习满足感、学习习惯 2 个维度；自我分量表 7 题，包括自我评价、社会评价 2 个维度；人际分量表 11 题，包括人际支持、合群性、异性交往 3 个维度；适应分量表 12 题，包括亲社会行为、自理能力、生活习惯 3 个维度；情绪分量

表 8 题，包括情绪稳定性、情绪调节 2 个维度。量表采用四级评分，被试需对每道题目与自身情况的符合程度从"完全不符合"到"完全符合"按照 1~4 进行打分。经研究验证(本书第八章)，该量表信、效度良好。

(三) 研究结果

1. 初中生心理健康的总体状况

初中生在学习、自我、人际、适应、情绪 5 个维度上的描述统计结果如表 9-1 所示。

表 9-1　初中生心理健康的总体状况

	N	最小值	最大值	M	SD
学习	1455	11.00	32.00	20.99	4.56
自我	1455	7.00	28.00	20.30	3.39
人际	1455	18.00	44.00	36.50	5.28
适应	1455	12.00	48.00	41.63	5.51
情绪	1455	9.00	32.00	24.47	4.87

2. 初中生心理健康的性别差异

初中生在学习、自我、人际、适应、情绪 5 个维度上的性别差异如表 9-2 所示。

表 9-2　初中生心理健康的性别差异

	性别	M	SD	t	p
学习满足感	男	10.38	3.12	0.591	0.555
	女	10.27	3.14		
学习习惯	男	10.97	2.22	−0.521	0.602
	女	11.05	2.10		
学习分量表	男	21.36	4.72	0.152	0.879
	女	21.32	4.70		
自我评价	男	7.72	2.49	0.973	0.330
	女	7.58	2.35		

续表

	性别	M	SD	t	p
社会评价	男	12.61	2.47	−3.192	0.001
	女	12.99	2.19		
自我分量表	男	20.33	3.64	−1.515	0.130
	女	20.57	3.26		
人际支持	男	20.14	3.75	−2.898	0.004
	女	20.69	3.22		
合群性	男	9.35	2.10	−3.012	0.003
	女	9.65	1.86		
异性交往	男	6.17	1.66	−6.731	0.000
	女	6.75	1.39		
人际分量表	男	35.66	5.50	−5.029	0.000
	女	37.08	4.95		
亲社会行为	男	14.48	2.19	−5.605	0.000
	女	15.06	1.65		
自理能力	男	13.56	2.37	−0.904	0.366
	女	13.69	2.26		
生活习惯	男	13.30	2.54	1.504	0.133
	女	13.11	2.54		
适应分量表	男	41.35	5.88	−1.571	0.116
	女	41.84	5.17		
情绪稳定性	男	14.66	3.86	−0.650	0.516
	女	14.81	3.73		
情绪调节	男	9.73	2.08	1.354	0.176
	女	9.60	2.02		
情绪分量表	男	24.39	4.83	0.014	0.989
	女	24.41	4.88		

在学习、情绪这两个维度上，无论是总均分，还是各因子均分的性别差异都不显著。与之形成鲜明对比的是初中生在人际维度上的表现：男女生在人际

分量表的总分、各因子分上均存在显著差异，女生的总分、各因子分均高于男生。在自我维度上，初中生在总均分上的差异不显著，但男生的社会评价分显著低于女生。适应维度上也出现了类似的情况：总体性别差异不显著，但女生的亲社会行为明显多于男生。

3. 初中生心理健康的年级差异

（1）初中生学习分量表的年级差异

对三个年级初中生在学习分量表上的年级差异进行方差分析。结果发现，学习满足感、学习习惯、学习分量表总分均未通过方差齐性检验。因此，本研究利用非参数检验中 Kruskal-Wallis 法考察了初中生学习的年级差异，并对差异显著的结果进行了事后比较（表 9-3）。结果发现，不同年级学生在学习满足感及总分上的差异显著（$X^2 = 29.97$，$p < 0.001$；$X^2 = 12.73$，$p = 0.002$），初三学生的学习满足感显著下降。

表 9-3　初中生学习年级差异的事后比较

		均值差	p
学习满足感	初一 vs 初二	−0.605	0.545
	初一 vs 初三	−5.158	0.000
	初二 vs 初三	−4.517	0.000
学习分量表	初一 vs 初二	−0.205	0.837
	初一 vs 初三	−3.114	0.002
	初二 vs 初三	−3.240	0.001

（2）初中生自我分量表的年级差异

方差分析结果表明，初中生在自我评价、社会评价上的年级差异显著（$F = 4.06$，$p = 0.017$；$F = 3.46$，$p = 0.032$），在总分上不显著（$F = 1.63$，$p = 0.197$）。

由于初中生自我分量表的总分未通过方差齐性检验，本研究首先对自我评价、社会评价 2 个因子进行事后比较。如表 9-4 所示，在自我这一维度上，初二学生与初一、初三学生的差异较大，仅在自我评价上与初三学生差异不显著，体现出了青春期的典型特点。

表9-4 初中生自我、社会评价差异的事后比较

		均值差	p
自我评价	初一 vs 初二	0.013	0.931
	初一 vs 初三	0.410	0.009
	初二 vs 初三	0.397	0.013
社会评价	初一 vs 初二	0.306	0.033
	初一 vs 初三	−0.069	0.658
	初二 vs 初三	−0.375	0.019

随后，本研究利用非参数检验中的 Kruskal-Wallis 法检验了自我分量表总分的年级差异并进行了两两事后比较。结果发现，不同年级学生在自我分量表总分上的差异显著（$X^2 = 7.80$，$p = 0.018$），初二学生的得分显著低于初一学生（$p = 0.005$），初一、初二与初三学生间不存在显著差异（$p = 0.102$；$p = 0.366$）。

（3）初中生人际分量表的年级差异

由于被试异性交往的得分未通过方差齐性检验，本研究首先对初中生人际支持、合群性及人际分量表总分的年级差异进行方差分析，结果发现：不同年级初中生在人际支持、合群性上的差异不显著（$F = 1.98$，$p = 0.139$；$F = 1.40$，$p = 0.246$），仅在总分上存在显著的年级差异（$F = 3.74$，$p = 0.024$）。事后比较的结果见表9-5，初一与其他两个年级学生在人际分量表的总分上不存在显著差异（$p = 0.247$；$p = 0.085$），初二学生的总分显著低于初三学生（$p = 0.006$）。

表9-5 初中生人际年级差异的事后比较

		均值差	p
人际分量表	初一 vs 初二	0.37	0.247
	初一 vs 初三	−0.60	0.085
	初二 vs 初三	−0.98	0.006

本研究使用 Kruskal-Wallis 法考察了初中生异性交往的年级差异，并进行了

两两事后比较。结果表明，初中生异性交往的年级差异显著($X^2 = 14.461$，$p = 0.001$)，初三学生在异性交往上的得分显著高于其他两个年级($p<0.001$；$p = 0.001$)。

(4)初中生适应分量表的年级差异

经方差齐性检验，本研究首先对初中生的自理能力、生活习惯及适应分量表总分进行方差分析。结果表明，三个年级学生在自理能力、生活习惯及总分上均存在显著差异($F = 4.22$，$p = 0.015$；$F = 12.40$，$p<0.001$；$F = 10.56$，$p<0.001$)。

事后比较的结果(表 9-6)显示，初二年级学生在自理能力、生活习惯、适应总分上与初一、初三学生存在显著差异，初三学生的生活习惯最好，显著高于其他两个年级。

表 9-6 初中生适应年级差异的事后比较

		均值差	p
自理能力	初一 vs 初二	0.387	0.007
	初一 vs 初三	0.029	0.854
	初二 vs 初三	−0.352	0.026
生活习惯	初一 vs 初二	0.484	0.001
	初一 vs 初三	−0.339	0.041
	初二 vs 初三	−0.824	0.000
适应分量表	初一 vs 初二	1.250	0.000
	初一 vs 初三	−0.279	0.445
	初二 vs 初三	−1.528	0.000

本研究使用 Kruskal-Wallis 法考察了初中生亲社会行为的年级差异，并进行了两两事后比较。结果显示，初中生的亲社会行为年级差异显著($X^2 = 15.461$，$p<0.001$)，初二学生的得分显著低于另两个年级($p<0.001$，$p=0.007$)。

(5)初中生情绪分量表的年级差异

初中生情绪分量表年级差异方差分析的结果显示：不同年级学生在情绪调节、情绪分量表总分上的差异显著，得分随年级上升（$F = 3.00$，$p = 0.05$；$F = 3.44$，$p = 0.032$）。事后比较的结果（表 9-7）显示，初中生情绪的年级差异主要体现在初三学生在情绪调节上的得分显著高于初一、初二学生。

表 9-7 初中生情绪调节年级差异的事后比较

		均值差	p
情绪稳定性	初一 vs 初二	0.047	0.838
	初一 vs 初三	−0.429	0.088
	初二 vs 初三	−0.476	0.063
情绪调节	初一 vs 初二	−0.005	0.970
	初一 vs 初三	−0.304	0.027
	初二 vs 初三	−0.299	0.032
情绪分量表	初一 vs 初二	0.025	0.932
	初一 vs 初三	−0.750	0.021
	初二 vs 初三	−0.776	0.019

4. 初中生心理健康的城乡差异

为了平衡被试量，以全面考察初中生心理健康的城乡差异，本研究选取了 3 所学校初一至初三年级的学生，共 673 人。其中，城市学生 306 人，农村学生 367 人。

如表 9-8 所示，初中生心理健康的城乡差异主要集中在人际维度上：农村学生在人际支持、合群性、异性交往、总均分上均低于城市学生。此外，初中生在自我总均分与亲社会行为上也体现出了显著的城乡差异。

表 9-8 初中生心理健康的城乡差异

	地域	M	SD	t	p
学习满足感	城市	12.80	2.68	-1.607	0.109
	农村	13.13	2.61		
学习习惯	城市	12.18	2.74	1.340	0.181
	农村	11.90	2.47		
学习分量表	城市	24.98	4.80	-0.160	0.873
	农村	25.04	4.50		
自我评价	城市	9.84	2.17	1.712	0.872
	农村	9.56	1.97		
社会评价	城市	12.54	2.64	1.724	0.085
	农村	12.21	2.32		
自我分量表	城市	22.38	4.19	1.973	0.049
	农村	21.78	3.77		
人际支持	城市	20.25	3.76	1.995	0.046
	农村	19.67	3.63		
合群性	城市	9.29	2.19	2.365	0.018
	农村	8.89	2.18		
异性交往	城市	6.37	1.69	0.525	0.012
	农村	6.04	1.60		
人际分量表	城市	35.90	5.77	2.970	0.003
	农村	34.61	5.45		
亲社会行为	城市	14.62	2.10	2.513	0.012
	农村	14.19	2.35		
自理能力	城市	13.54	2.49	0.350	0.726
	农村	13.48	2.33		
生活习惯	城市	12.94	2.82	0.486	0.627
	农村	12.84	2.77		

续表

	地域	*M*	*SD*	*t*	*p*
适应分量表	城市	41.11	6.21	1.266	0.206
	农村	40.50	6.18		
情绪稳定性	城市	14.56	3.98	1.087	0.276
	农村	14.23	3.85		
情绪调节	城市	9.53	2.36	1.462	0.144
	农村	9.27	2.15		
情绪分量表	城市	24.08	5.09	1.533	0.126
	农村	23.50	4.76		

(四) 研究结论

利用自编的《初中生心理健康量表》,考察了初中生心理健康的性别、年级与城乡差异。

总体而言,在学习维度上,初三学生的学习满足感显著低于其他两个年级学生,不存在性别、城乡差异。在自我维度上,初三学生的自我评价较低,初二男生的社会评价最差,农村学生的总分低于城市学生。在人际维度上,性别及城乡差异显著,女生、城市学生的人际状况显著好于男生、农村学生。在适应维度上,女生、城市学生的亲社会行为显著多于男生、农村学生,而初二年级的适应状况与初一、初三年级学生差距明显。在情绪维度上,初三学生的情绪调节水平出众,显著高于其他两个年级。

其中,在性别差异上,女生受性别刻板印象的影响,更注重人际关系、他人的评价,并表现出了更多的亲社会行为。男生在自我评价上的得分虽然高于女生,但差异并不显著。在年级差异上,初三年级学生在情绪调节、异性交往等方面优于其他两个年级,而初二学生在适应上的表现显著低于初一、初三学生。此外,初三学生学习满足感显著低于其他两个年级。在城乡差异上,农村学生在自我、人际、亲社会行为上的得分显著低于城市学生。

二、初中生心理健康的影响因素

(一) 相关研究回顾

青少年心理健康的影响因素是研究者最为关注的热点问题之一，因而积累了相当丰富的研究成果。例如，Kieling 等人（2011）[1]在回顾了大量青少年心理健康相关研究的基础上，较为全面地总结了青少年心理健康的影响因素。他们认为影响青少年心理健康的风险因素包括家庭、同伴、学校问题，发展中的行为问题，物质滥用等。保护性因素包含行为、情绪的自我调节，高质量的养育及同伴关系。Kaess 等人（2014）[2]认为烟草、酒精、非法药物、社交媒介的滥用以及逃学等均属于影响青少年心理健康的风险行为。Murray、Farrington 和 Sekol（2012）[3]发现缺乏家庭照顾会导致青少年的外化行为问题，因而是影响青少年心理健康的重要风险因素。另外，Rothon 等人（2012）[4]证明了作为青少年社会支持的重要来源，家庭是青少年心理健康的重要保护性因素。学业困难、校园欺凌增加了青少年心理问题发生的风险，校园安全感高也会促进青少年的心理健康[5]。Masten（2001）[6]认为，心理弹性来源于个体的适应过程，能够帮助青少年抵御不利生活环境的影响。具体来说，家庭或社区中有能力的成年照顾者、良好的认知与自我调节技巧、积极的自我认识以及高效生活的动机等因素能够

---

[1] Kieling, C., Baker-Henningham, H., Belfer, M., et al., "Child and Adolescent Mental Health Worldwide: Evidence for Action," *The Lancet*, 2011, 378(9801): pp. 1515-1525.

[2] Kaess, M., Brunner, R., Parzer, P., et al., "Risk-behaviour Screening for Identifying Adolescents with Mental Health Problems in Europe," *European Child & Adolescent Psychiatry*, 2014, 23(7): pp. 611-620.

[3] Murray, J., Farrington, D. P., Sekol, I., "Children's Antisocial Behavior, Mental Health, Drug Use, and Educational Performance After Parental Incarceration: A Systematic Review and Meta-analysis," *Psychological Bulletin*, 2012, 138(2): pp. 175-210.

[4] Rothon, C., Goodwin, L., Stansfeld, S., "Family Social Support, Community "Social Capital" and Adolescents' Mental Health and Educational Outcomes: A Longitudinal Study in England," *Social Psychiatry and Psychiatric Epidemiology*, 2012, 47(5): pp. 697-709.

[5] Nijs, M. M., Bun, C. J. E., Tempelaar, W. M., et al., "Perceived School Safety is Strongly Associated with Adolescent Mental Health Problems," *Community Mental Health Journal*, 2014, 50(2): pp. 127-134.

[6] Masten, A. S., "Ordinary Magic: Resilience Processes in Development," *American Psychologist*, 2001, 56(3): pp. 227-238.

促进青少年心理弹性的发展，从而保护其免受心理问题的侵害。

我国研究者对青少年心理健康水平的影响因素及机制进行了多年探索，这些探索主要集中在青少年个体的内部过程与外部环境两个层面。针对内部心理过程，研究者探讨了认知模型、气质性乐观、情绪调节的自我效能感及感恩行为等变量与青少年心理健康的关系[①②]。在外部环境层面上，研究者探讨了父母冲突、压力性生活事件、教养行为、家庭亲密度、家庭道德情绪与青少年的心理问题、幸福感、对未来的规划及学校适应之间的关系[③④⑤]。这些研究并没有止步于变量之间的简单相关或因果模型的构建，而是更深入地探讨影响因素的作用机制，探索可能的中介变量及其他因素的调节作用，为学校教育中的预防与干预打下了良好的实证基础。例如，网络成瘾是近年来青少年心理健康的重要现实问题，对青少年网络成瘾的预防与干预，既涉及个体的内部过程——自我认同的完成反向预测网络成瘾，也涉及外部环境的影响——亲近、尊重孩子，给予他们一定自主空间的同时监控到位，从而有效防止网络成瘾[⑥]。

人无法脱离环境而独立存在，个体的心理过程总是在一定的生活场景中展开，社会环境也时刻塑造着我们的心理与行为。世界卫生组织的报告指出，个体的心理健康是由多个相互作用的社会、心理和生物因素共同决定的，其最明显的证据便是社会经济地位与个体心理健康的关系[⑦]。

王雅林（2003）[⑧]认为，社会形态由"依赖人"向"依赖物"转变过程中人的变

① 俞国良、董妍：《我国心理健康研究的现状、热点与发展趋势》，载《教育研究》，2012(6)。

② 崔丽霞、史光远、张玉静等：《青少年抑郁综合认知模型及其性别差异》，载《心理学报》，2012，44(11)。

③ 于凤杰、赵景欣、张文新：《早中期青少年未来规划的发展及其与父母教养行为的关系：行为自主的中介效应》，载《心理学报》，2013，45(6)。

④ 刘世宏、李丹、刘晓洁等：《青少年的学校适应问题：家庭亲密度、家庭道德情绪和责任感的作用》，载《心理科学》，2014，37(3)：617-624.

⑤ 王明忠、范翠英、周宗奎等：《父母冲突影响青少年抑郁和社交焦虑——基于认知—情境理论和情绪安全感理论》，载《心理学报》，2014，46(1)。

⑥ 雷雳：《青少年"网络成瘾"干预的实证基础》，载《心理科学进展》，2012，20(6)。

⑦ World Health Organization(2004)，"Promoting Mental Health: Concepts, Emerging Evidence, Practice," http://apps. who. int/iris/bitstream/10665/43286/1/9241562943_ eng. pdf. 2016-06-06.

⑧ 王雅林：《中国社会转型研究的理论维度》，载《社会科学研究》，2003(1)。

化，是社会转型的基本特征之一。社会转型提高了社会经济地位对个体的重要性，经济转型进一步拉大了个体与地区间的贫富差距。因此，社会经济地位与个体心理健康的关系体现了社会转型对个体心理健康的影响。Wight、Botticello和 Aneshensel(2006)[1]通过分析全美青少年健康纵向调查的数据发现，低社会经济地位与青少年的抑郁症状和犯罪率正相关，并且会降低社会支持对青少年心理健康的保护作用。另一项研究中，Reiss(2013)[2]回顾了 1990—2011 年社会经济地位和儿童、青少年心理健康的相关研究。结果显示，社会经济地位与儿童、青少年的心理健康负相关：社会经济地位的下降会导致儿童和青少年心理问题的增多，低社会经济地位的儿童和青少年产生心理问题的概率是其他人的 2~3倍，并且这种影响会持续一段时间。也有学者指出，客观家庭社会经济地位对个体的主观幸福感仅有微弱的预测作用，与之相比，主观家庭社会经济地位与心理健康的联系更为紧密[3]。主观家庭社会经济地位指个体知觉到的社会阶层排位，即个体主观认识上的社会阶层隶属。许多研究发现，主观社会经济地位与个体的负面情感、压力感受、控制知觉、应对等显著相关[4]。

Brofenbrenner(1979)将影响个体心理的各种社会因素归纳为一个由微系统、中系统、外系统、宏系统和时间系统构成的生态系统，各系统自身的变化、系统间的相互作用共同影响着个体的心理发展。社会转型首先表现在宏系统与时间系统的转变，进而引起其他系统的变化，从而对个体的心理健康产生影响。例如，为了促进经济增长，美国在一些印第安保护区开设了赌场。Costello、Compton、Keeler 和 Angold(2003)[5]发现赌场开设一段时间后，当地儿童的行为

---

① Wight, R. G., Botticello, A. L., Aneshensel, C. S., "Socioeconomic Context, Social Support, and Adolescent Mental Health: A Multilevel Investigation," *Journal of Youth and Adolescence*, 2006, 35(1): p. 109.

② Reiss, F., "Socioeconomic Inequalities and Mental Health Problems in Children and Adolescents: A Systematic Review," *Social Science & Medicine*, 2013(90): pp. 24-31.

③ Otis, N., "Subjective Well-being in China: Associations with Absolute, Relative, and Perceived Economic Circumstances," *Social Indicators Research*, 2017, 132(2): pp. 885-905.

④ Ursache, A., Noble, K. G., Blair, C., "Socioeconomic Status, Subjective Social Status, and Perceived Stress: Associations with Stress Physiology and Executive Functioning," *Behavioral Medicine*, 2015, 41(3): pp. 145-154.

⑤ Costello, E, J., Compton, S. N., Keeler, G., et al., "Relationships Between Poverty and Psychopathology: A Natural Experiment," *Jama*, 2003, 290(15): pp. 2023-2029.

问题明显减少，其原因可能是父母加强了对儿童的管教。该研究很好地诠释了社会生态系统的变化与互动对个体心理与行为的影响。刘佩佩等人（2012）[1]发现北京城郊青少年的抑郁水平显著高于城市青少年，这或许是源于地区发展不平衡所带来的心理差异，带有系统间互动的性质。

我国研究者认为，社会转型对个体心理的影响体现在个体的社会心态上[2]。社会心态是在一定时期的社会环境和文化影响下形成的，社会中多数成员表现出的普遍、一致的心理特点和行为模式[3]。王俊秀（2013）的调查发现，经济压力大、社会不公平、安全感差、信任感低等是国人的普遍感受，尊重与认同感则因阶层而异。秦广强（2014）[4]的研究发现，青年人普遍认为社会收入分配欠缺公平性与合理性。不安全感、不公平感等因素增加了个体产生心理问题的风险[5]。俞国良课题组开展一系列社会转型背景下个体社会心理特点的研究。他们发现，社会转型深刻地影响了国民的信任感、安全感、幸福感，表现为信任危机、幸福感下降和安全感分化[6][7][8]。其中，俞国良和王勃（2016）[9]通过分析青少年的榜样选择，发现青少年的诚信意识淡漠。诚信缺失可能导致个体的社会资本下降，从而影响其心理健康。留守儿童是我国社会转型过程中的重大社会问题。与非留守儿童相比，留守儿童的心理健康状况堪忧，其原因可能是安全感缺失影响了留守儿童的社会资本，也可能是父母迫于经济压力外出打工造

---

① 刘佩佩、洪炜、牛力华：《北京城郊青少年抑郁现状及其影响因素》，载《中国临床心理学杂志》，2012，20（5）。

② 王俊秀：《社会心态：转型社会的社会心理研究》，载《社会学研究》，2014（1）。

③ 王俊秀：《关注社会情绪 促进社会认同 凝聚社会共识——2012—2013 年中国社会心态研究》，载《民主与科学》，2013（1）。

④ 秦广强：《当代青年的社会不平等认知与社会冲突意识——基于历年"中国综合社会调查"数据分析》，载《中国青年研究》，2014（6）。

⑤ Patel, V., Kleinman, A., "Poverty and Common Mental Disorders in Developing Countries," *Bulletin of the World Health Organization*, 2003（81）: pp. 609-615.

⑥ 俞国良：《幸福感效应与实现路径研究》，载《黑龙江社会科学》，2016（2）。

⑦ 俞国良、王浩：《社会转型：国民安全感的社会心理学分析》，载《社会学评论》，2016（3）。

⑧ 俞国良、赵凤青：《社会转型：国民信任感的社会心理学分析》，载《河北学刊》，2017，37（1）。

⑨ 俞国良、王勃：《社会转型：青少年榜样选择的社会心理分析》，载《教育科学研究》，2016（5）。

成留守儿童生态系统的变化，还有可能存在更深层次的社会原因①。

我们对上述研究成果进行了整理和归纳，如表 9-9 所示，以往对心理健康影响因素的研究主要集中在两个维度：一是这些因素的来源，包括个体的生理、心理过程及外部环境；二是这些因素与青少年心理健康关系的方向，如风险因素或保护性因素。

这些影响因素的整合有助于我们在生态系统的框架内考察初中生心理健康教育问题。就外部环境来说，社会转型是当下我国初中生心理健康最重要的影响因素，它通过两类方式起作用：一类以社区环境、学校环境等变量为中介，称为系统性影响；另一类以亲子关系、同伴关系等变量为中介，称为关系性影响。

表 9-9　青少年心理健康影响因素二维度归纳表

		风险因素	保护因素
生理的		物质滥用、早孕	良好的认知功能、良好的身体状况
心理的		心理行为问题、人格障碍	良好的自我认知、良好的情绪调节能力
外部环境	家庭	家庭功能缺失、家庭冲突	高质量的依恋关系、积极的家庭卷入
	学校	学业成绩差、校园欺凌	高质量的同伴关系、积极的学校卷入
	社区	社会转型、低社会经济地位	积极的社会榜样、积极的社会文化

注：具体的青少年心理健康影响因素不限于表内所列。

(二) 同伴关系与初中生的心理健康

1. 初中生的同伴关系

与朋友相处的时间不断增加是个体进入青少年期的显著特点之一，同伴关系也是影响青少年发展及日后生活质量的重要因素。基于此，研究者们对青少年同伴关系的研究主要围绕着两个问题，即青少年同伴关系开展的过程与同伴

---

① 侯珂、刘艳、屈智勇等：《留守对农村儿童青少年社会适应的影响：倾向值匹配的比较分析》，载《心理发展与教育》，2014，30(6)。

关系对青少年的影响。

Hinde(1987)[1]认为，对青少年同伴关系过程的研究应从个体特征、互动行为对交往过程的影响，以及青少年的同伴群体等层面展开。大多数青少年都希望成为受欢迎的人，同伴地位的个体差异影响着青少年同伴关系的方方面面。Gorman 等人发现，不受欢迎可能导致青少年的多种内、外化问题。而青少年的同伴地位与他们参与各类活动的积极性、成就，个性特点和交往技能等息息相关。总的来说，在各种活动中成绩斐然，具备友好、开朗、和善等个性特点，并善于倾听和表达的个体，更容易获得较高的同伴地位。

社会技能会影响人际关系的形成。以往研究中，青少年的服从与欺负行为被认为对他们的同伴关系有较大影响。服从源于青少年对同伴的强烈渴望，他们需要来自同伴的建议和社会支持。服从对青少年的影响依赖于服从对象的规范：当同伴团体本身的价值观、目标、行为存在问题时，服从可能损害青少年的早期发展；另外，服从有利于改善同伴关系，后者的改善可能增加个体的亲社会行为[2]。

然而，并非所有的青少年都能得到同伴的接纳，欺负就是同伴拒绝的一种极端形式。欺负通常开始于童年中期，在初中生中最为普遍，至青少年后期大幅减少[3]，这种现象普遍存在于各个国家。Due 等人（2005）[4]的研究以 28 个国家的 10000 名 11~15 岁的青少年为被试，调查他们是否受过欺负。结果发现，在这些国家中，欺负现象的概率为 10%~20%。欺负对青少年的成长有许多负面影响：被欺负者会表现出头疼、胃疼、紧张、孤独、无助等一系列生理、心理症状；欺负者同样会受到欺负的负面影响。与没欺负过别人的青少年相比，

[1] Hinde, R. A., Stevenson-Hinde, J., "Interpersonal Relationships and Child Development," *Developmental Review*, 1987, 7(1): pp. 1-21.

[2] 杨晶、余俊宣、寇彧等：《干预初中生的同伴关系以促进其亲社会行为》，载《心理发展与教育》，2015，31(2)。

[3] Pepler, D. J., Craig, W. M., Connolly, J. A., et al., "A Developmental Perspective on Bullying," *Aggressive Behavior*, 2006, 32(4): pp. 376-384.

[4] Due, P., Holstein, B. E., Lynch, J., et al., "Bullying and Symptoms Among School-aged Children: International Comparative Cross Sectional Study in 28 Countries," *European Journal of Public Health*, 2005, 15(2): pp. 128-132.

他们的心理问题更多，人际关系问题更严重①。欺负的形式存在性别差异。与男生不同，女生更多地采取关系攻击的方式欺负他人，而这种攻击反而有益于内群体友谊的维持②。

除个人友谊外，青少年的同伴关系还经常以朋党或团伙的形式开展。朋党或团伙成员的筛选基于某种特定的标准，包括对学业的基本态度、共同的兴趣等。朋党的形成以共同活动为基础，规模较小，成员间较为亲密；团伙的形成以"名声"为基础，即一定范围内"趣味相投"的青少年通常被视为一个团伙，成员无须一起活动。与朋党相比，团伙的规模较大、组织松散。Sussman、Pokhrel、Ashmore 和 Brown（2007）③认为青少年中存在 5 种典型团伙，分别是"学校精英""运动健将""学霸""叛逆者"和"普通人"。同伴群体对青少年的影响依赖于其形成的原因，例如，"叛逆者"身份可能会增加青少年的风险行为，"学霸"身份会提升青少年的学业成绩。

2. 同伴关系与青少年心理健康

纵观人的毕生发展，青春期或许是同伴关系对个体心理影响最大的时期。Gottman 和 Parker（1987）④认为青少年友谊有 6 种基本作用：陪伴、刺激、物理支持、人格自我支持、社会比较和亲密。朋友间的一致性和对同伴的服从是青少年期同伴关系的显著特点，在初中生身上表现得尤为明显。青少年在努力转变自己在家庭中的角色时，特别依靠朋友来寻求情绪支持，同伴能够帮助青少年调节自己的情绪、提供情感支持和安全感、提供自信和认可⑤。另外，同伴

---

① Pepler, D., Jiang, D., Craig, W., et al., "Developmental Trajectories of Bullying and Associated Factors," *Child Development*, 2008, 79(2): pp. 325-338.

② 魏华、范翠英、周宗奎等：《不同性别儿童的关系攻击，友谊质量和孤独感的关系》，载《中国临床心理学杂志》，2011, 19(5)。

③ Sussman, S., Pokhrel, P., Ashmore, R. D., et al., "Adolescent Peer Group Identification and Characteristics: A Review of the Literature," *Addictive Behaviors*, 2007, 32(8): pp. 1602-1627.

④ Gottman, J. & Parker, J. (Eds), *Conversations with Friends*, New York, Cambridge University Press, 1987.

⑤ 雷雳：《发展心理学》，北京，中国人民大学出版社，2009。

关系也与青少年的焦虑、忧伤、愤怒等消极情绪的增长显著相关[1]。

在以往的研究中，研究者们围绕个体在同伴关系中受欢迎程度、朋友间的相似性、友谊的质量、同伴影响的过程、影响同伴关系的环境因素等问题对青少年期同伴关系的前因和后效开展了诸多研究。赵景欣、刘霞和张文新（2013）[2]探讨了农村留守儿童同伴关系与心理适应的关系。研究发现，同伴拒绝能显著增加儿童的攻击、学业违纪行为，同伴接纳能够显著降低儿童的孤独感。高质量的同伴关系也可能是青少年心理健康的保护性因素。近年来，从社会网络视角考察同伴关系与心理健康的相互作用正成为研究的热点，相关实证研究主要集中在同伴关系对青少年行为、情绪问题的影响。例如，Mercken 等人（2010）的研究发现了同伴关系对青少年吸烟行为的影响，Fujimoto 和 Valente（2013）[3]发现同伴关系也会促进青少年的饮酒行为。一些社会网络视角的研究显示青少年通常会选择与自己抑郁水平相似的人做朋友，朋友之间的焦虑、抑郁等负面情绪会增加青少年自身的内化问题[4]。采用社会网络分析方法，侯珂等人（2014）[5]发现同伴团体的问题行为能够正向预测青少年自身的问题行为，且在同伴团体中地位较低的青少年更容易受到这种影响。

以往研究证明了同伴关系与青少年心理健康关系密切，然而，同伴关系为什么能够影响青少年的心理健康仍是一个有待探索的问题。

（三）群体认同与心理健康

群体是介于组织与个人的人群结合体，至少由两人以上构成。群体成员有

---

① Larson，R.，Richards，M. H.，"Daily Companionship in Late Childhood and Early Adolescence：Changing Developmental Contexts，"*Child Development*，1991，62（2）：pp. 284-300.

② 赵景欣、刘霞、张文新：《同伴拒绝、同伴接纳与农村留守儿童的心理适应：亲子亲合与逆境信念的作用》，载《心理学报》，2013，45（7）。

③ Fujimoto，K.，Valente，T. W.，"Alcohol Peer Influence of Participating in Organized School Activities：A Network Approach，"*Health Psychology*，2013，32（0）：pp. 1084-1092.

④ Mercken，L.，Snijders，T. A. B.，Steglich，C.，et al.，"Smoking-based Selection and Influence in Gender-segregated Friendship Networks：A Social Network Analysis of Adolescent Smoking，"*Addiction*，2010，105（7）：pp. 1280-1289.

⑤ 侯珂、邹泓、刘艳等：《同伴团体对青少年问题行为的影响：一项基于社会网络分析的研究》，载《心理发展与教育》，2014，30（3）。

"我们同属一群"的感受，在心理上相互依赖，行为上彼此影响①。群体是影响个体心理健康水平的重要因素。以往研究中，群体通常被认为是影响个体心理健康的外部条件，至于群体为什么能够影响个体的心理健康，仍是一个悬而未决的问题②。社会认同理论认为，群体对于个体心理的塑造依赖于自我系统中群体属性内化的程度。基于社会认同方法，研究者们发现群体认同（Group Identification）能够影响个体的心理健康水平③，为群体与个体心理健康关系的研究提供了新的视角。

群体认同指个体认可自己某一群体成员的身份，感觉自己与该群体紧密联结④，并将该群体的主观规范、价值观等作为自我知觉的重要维度。群体认同是社会联结影响个体心理健康的前提，为个体提供了应对挫折、变化与挑战的心理资源，增强了个体的信任感、归属感、安全感和支持感⑤。群体价值观、目标的内化赋予了个体生活的意义和目的，为个体提供了动机与动力，鼓励个体与其他群体成员一起努力实现个体所无法完成的目标⑥。

1. 不同种类群体认同与个体心理健康的关系

研究表明，个体民族、国家、宗教、学校、家庭、工作组织等不同种类群体的认同均与其心理健康水平显著相关⑦。

少数民族身份认同与个体心理健康的关系，是较受关注的研究领域之一。

---

① 林崇德、杨治良、黄希庭：《心理学大辞典》，上海，上海教育出版社，2004。

② Haslam, S. A., Jetten, J., Postmes, T., et al., "Social Identity, Health and Well-being: An Emerging Agenda for Applied Psychology," *Applied Psychology: An International Review*, 2009, 58(1): pp. 1-23.

③ Greenaway, K. H., Haslam, S. A., Cruwys, T., et al., "From 'We' to 'Me': Group Identification Enhances Perceived Personal Control with Consequences for Health and Well-being," *Journal of Personality and Social Psychology*, 2015, 109(1): pp. 53-74.

④ Ellemers, N. & Haslam, S. A, "Social Identity Theory," in P. A. M. van Lange, A. W. Kruglanski & E. T. Higgins (Eds), *Handbook of Theories of Social Psychology*, Los Angeles, Sage, pp. 2012.

⑤ Jetten, J., Haslam, C., Haslam, S. A., et al., "How Groups Affect Our Health and Well-being: The Path From Theory to Policy," *Social Issues and Policy Review*, 2014, 8(1): pp. 103-130.

⑥ Cruwys, T., Haslam, S. A., Dingle, G. A., et al., "Depression and Social Identity: An Integrative Review," *Personality and Social Psychology Review*, 2014, 18(3): pp. 215-238.

⑦ Smokowski, P. R., Evans, C. B. R., Cotter, K. L., et al., "Ethnic Identity and Mental Health in American Indian Youth: Examining Mediation Pathways Through Self-esteem, and Future Optimism," *Journal of Youth and Adolescence*, 2014, 43(3): pp. 343-355.

然而，相关实证研究的结果却并不统一。Smokowski 等人（2014）调查了包括高加索人、印度裔美国人、非裔美国人、拉丁裔美国人在内的多民族被试的民族认同及其与心理健康之间的关系。结果显示，民族认同与个体的心理健康水平呈正相关。相反地，Hughes 等人（2015）[①]的研究发现，对部分非裔美国人来说，民族认同与他们的心理健康水平呈负相关。现实生活中，少数民族通常境遇不佳，社会经济地位低，属于被歧视、排斥的群体。一方面，内群体认同能够提供支持、提升自尊，有利于他们的心理健康。另一方面，少数民族认同也可能导致个体心理健康水平的下降。民族认同与个体心理健康的关系受到了某些因素的影响，这也是下一部分讨论的重点。此外，Greenaway 等人（2015）的研究中探索了国家认同对个体心理健康的影响，结论是国家认同能够促进个体心理健康水平的提升。

在价值观引导、信念塑造等过程中，宗教具有无与伦比的作用。Graham 和 Haidt（2010）[②]认为，宗教影响个体心理健康水平的途径包括宗教文化、宗教团体认同等。宗教文化能够在短期内帮助人们更好地应对恐惧、焦虑等负面情绪；宗教团体认同强化了信教者的宗教信念，增强了他们的支持感，是信教者长期幸福感的重要来源。他们的看法也得到了实证研究的支持：Ysseldyk、Matheson 和 Anisman（2011）[③]通过两个研究证明了当宗教团体认同受到挑战时，个体会表现出悲伤、对抗等负面的情绪与行为倾向。Ysseldyk，Haslam 和 Haslam（2013）[④]分别以加拿大和英国的老年人为被试对象，考察了宗教团体认同、其他团体隶属与心理、身体健康之间的关系。结果显示，老年人的宗教团体认同

---

① Hughes，M.，Kiecolt，K. J.，Keith，V. M.，et al.，"Racial Identity and Well-being Among African Americans," *Social Psychology Quarterly*，2015，78（1）：pp. 25-48.

② Graham，J.，Haidt，J.，"Beyond beliefs：Religions Bind Individuals Into Moral Communities," *Personality and Social Psychology Review*，2010，14（1）：pp. 140-150.

③ Ysseldyk，R.，Matheson，K.，Anisman，H.，"Coping with Identity Threat：The Role of Religious Orientation and Implications for Emotions and Action Intentions," *Psychology of Religion and Spirituality*，2011，3（2）：pp. 132-148.

④ Ysseldyk，R.，Haslam，S. A.，Haslam，C.，"Abide with Me：Religious Group Identification Among Older Adults Promotes Health and Well-being by Maintaining Multiple Group Memberships"，*Aging & Mental Health*，2013，17（7）：pp. 869-879.

与他们的抑郁水平呈负相关，社交、体育锻炼团体认同与抑郁水平的相关不显著。无神论者是美国社会的边缘群体。Doane 和 Elliott(2015)①探讨了面对歧视时，无神论者认同与心理健康的关系。结果表明，个体对自己无神论者身份的认同与其心理健康水平呈正相关，并能够抵消歧视对心理健康的负面影响。我们认为，宗教文化与宗教团体认同对个体心理健康水平的影响既相互联系，又相互独立。一方面，宗教文化是宗教团体认同的基础，为信教者提供了认同的内容；另一方面，从某种程度上来说，宗教是一种群体。为了传播宗教文化所进行的宗教群体活动又通过增强宗教团体认同、提供社会支持等方式，对个体心理健康产生了独立于宗教文化的影响，二者缺一不可。

民族、国家、宗教均属于规模较大的群体类型。而个体对学校、家庭、工作组织等小规模群体的认同同样与其心理健康水平显著相关。Bizumic 等人(2009)②以澳大利亚两所高中的教师、学生为被试，考察了他们的学校认同与其心理健康水平之间的关系。研究发现，与学校认同度低的被试相比，那些对学校认同度高的被试积极情感体验多，工作卷入度高，抑郁、焦虑等负面情绪水平较低，攻击性、破坏性行为也较少。Nakashima、Isobe 和 Ura(2013)③的调查发现，大一新生倾向于将专业作为内群体划分的标准，他们对本专业的认同度越高，心理失调的程度越低。家庭认同能够提供社会支持、奋斗的动力，对个体的心理健康水平有很大影响。Dimitrova 等人(2014)④对 194 名保加利亚吉普赛青少年及其母亲的调查显示，他们的"保加利亚人""吉普赛人"认同度以及幸福感水平均较低；与民族、宗教团体认同相比，家庭认同与幸福感的联系更为紧密。

---

① Doane, M. J., Elliott, M., "Perceptions of Discrimination Among Atheists: Consequences for Atheist Identification, Psychological and Physical Well-being,"*Psychology of Religion and Spirituality*, 2015, 7(2): pp. 130-141.

② Bizumic, B., Reynolds, K. J., Turner, J, C., et al., "The Role of the Group in Individual Functioning: School Identification and the Psychological Well-being of Staff and Students," *Applied Psychology*, 2009, 58 (1): pp. 171-192.

③ Nakashima, K., Isobe, C., Ura, M., "How Does Higher In-group Social Value Lead to Positive Mental Health? An Integrated Model of In-group Identification and Support,"*Asian Journal of Social Psychology*, 2013, 16(4): pp. 271-278.

④ Dimitrova, R., Chasiotis, A., Bender, M., et al., "Collective Identity and Well-being of Bulgarian Roma Adolescents and Their Mothers,"*Journal of Youth and Adolescence*, 2014, 43(3): pp. 375-386.

工作组织与个体的心理健康息息相关。研究者发现，工作组织认同能够缓解个体的工作压力，提升他们的生活满意度[①]。Haslam 和 van Dick（2011）[②]认为，工作组织认同能够影响个体对压力源的评估：个体通常以内群体成员的意见及组织规范为标准来评定压力性事件。另一方面，工作组织认同还能够为个体提供应对压力所需的社会支持。然而，也有研究者指出，工作组织认同过度可能导致个体过分沉迷于工作，从而降低他们的幸福感[③]。过分的群体认同可能导致个体的自我概念与群体的联系过于紧密，因而对其心理健康产生负面影响。因此，群体认同程度与个体心理健康的关系是值得进一步探讨的研究主题。此外，也有研究者探讨了运动队支持者群体认同[④]、心理互助组成员认同[⑤]对心理健康的影响，结果均为群体认同与个体的心理健康水平显著正相关。

2. 群体种类对群体认同与个体心理健康关系的影响

从某种程度上来说，群体认同可以被视为群体对个体心理健康影响的中介。然而，群体是多种多样的，每种群体的性质、结构、作用和活动方式各不相同[⑥]。因此，群体认同与个体心理健康的关系很有可能会受到群体种类的影响。按照群体成员对于该群体的心理向往程度，可以把群体划分为成员群体和参照群体，个体会将后者的价值观和规范体系作为个人的目标和标准。Ysseldyk 等人（2013）[⑦]的研究发现老年人对社交、体育锻炼团体的认同与他们心理健康的

[①] Haslam, S. A., O'brien, A., Jetten, J., et al., "Taking the Strain: Social Identity, Social Support, and the Experience of Stress," British Journal of Social Psychology, 2005, 44(3): pp. 355-370.

[②] Haslam, S. A., & van Dick, R., A Social Identity Approach to Workplace Stress. In D. De Cremer, R. van Dick, & K. Murnighan (Eds.), Social Psychology and Organizations. New York, Taylor & Francis, 2011, pp. 325-352.

[③] Avanzi, L., van Dick, R., Fraccaroli, F., et al., "The Downside of Organizational Identification: Relations Between Identification, Workaholism and Well-being," Work & Stress, 2012, 26(3): pp. 289-307.

[④] Wann, D. L., Waddill, P, J., Polk, J., et al., "The Team Identification-social Psychological Health Model: Sport Fans Gaining Connections to Others Via Sport Team Identification," Group Dynamics: Theory, Research, and Practice, 2011, 15(1): pp. 75-89.

[⑤] Crabtree, J. W., Haslam, S. A., Postmes, T., et al., "Mental Health Support Groups, Stigma, and Self-esteem: Positive and Negative Implications of Group Identification," Journal of Social Issues, 2010, 66(3): pp. 553-569.

[⑥] 俞国良：《社会心理学（第3版）》，北京，北京师范大学出版社，2015。

[⑦] Ysseldyk, R., Haslam, S. A., Haslam, C., "Abide With Me: Religious Group Identification Among Older Adults Promotes Health and Well-being by Maintaining Multiple Group Memberships," Aging & Mental Health, 2013, 17(7): pp. 869-879.

相关不显著，而宗教团体认同与他们的抑郁水平负相关。我们认为，这或许是因为有宗教信仰的老年人更愿意在宗教的引领下寻求人生智慧，其社交关系也主要在宗教团体中展开。因此，他们并未将社交、体育锻炼团体作为自己的参照群体，这两类群体的认同与他们心理健康的关系不显著。

生态系统理论认为，社会影响可以分为围绕个体扩展开来的一系列系统[1]。依据生态系统理论，家庭、学校、宗教等群体属于微系统，民族、国家等群体则体现了个体生活的物质、文化背景，因此兼具外系统与宏系统的特点。我们认为，群体种类对群体认同与个体心理健康关系的影响或许正是源于不同种类群体在生态系统中的不同位置：微系统中的群体能够对个体产生最直接的影响，同时也是其他系统中的群体对个体影响的中介。因此，个体对微系统中群体的认同与个体心理健康的关系更为紧密。Dimitrova 等人（2014）[2]的研究发现家庭认同对个体幸福感的影响更大，为我们的分析提供了实证支持。目前，关于群体种类对群体认同与个体心理健康关系影响的研究较少，不同种类群体是否能够影响群体认同与个体心理健康的关系，可能的影响机制有哪些，还需要未来研究的进一步探索。

3. 群体认同与个体心理健康关系的作用机制

群体认同与个体心理健康的关系紧密。那么，群体认同与个体心理健康是如何联系在一起的呢？现有研究结果显示，自尊、社会支持、控制知觉与归因方式是群体认同与个体心理健康产生联系的重要中介。

（1）自尊

自尊是心理健康的重要指标。Jetten 等人（2015）的研究发现群体认同是个体自尊的重要来源：成为群体的一员能够提升个体的自尊水平。在他们看来，成为群体成员能够得到归属感与生活意义，为集体自尊的提升提供了基础，进

---

① Brofenbrenner, U., & Morris, P. A., "The Bioecological Model of Human Development," in R. M. Lerner & W. Damon (Eds.), *Handbook of Child Psychology: Theoretical Models of Human Development*. Hoboken, New Jersey, John Wiley & Sons Inc. 2006, 6(1).

② Dimitrova, R., Chasiotis, A., Bender, M., et al., "Collective Identity and Well-being of Bulgarian Roma Adolescents and Their Mothers," *Journal of Youth and Adolescence*, 2014, 43(3): pp. 375-386.

而促进了个体自尊水平的提高。Kiang 和 Fuligni(2010)①的研究中也发现了群体认同能够提升个体的自尊水平。

为了探索群体认同为何能够影响个体的心理健康,Smokowski 等人(2014)②以来自 4 个民族(高加索人、印度裔美国人、非裔美国人、拉丁裔美国人)的 4714 名青少年为被试,考察了民族认同、自尊、个体心理健康之间的关系。研究中,Smokowski 等人将民族认同、自尊作为自变量,将抑郁、焦虑水平与外部行为问题作为因变量。结果显示,民族认同与个体的自尊呈正相关,与抑郁、焦虑水平,外部行为问题呈负相关;自尊与个体的抑郁、焦虑水平、外部行为问题呈负相关;民族认同通过影响自尊,进而影响了个体的心理健康。

(2)社会支持

社会支持在许多情境中都能促进个体心理健康水平的提升。从某种程度上来说,群体认同是社会支持的基础:在群体认同的影响下,个体倾向于为内群体成员提供更多的支持,并将接受的帮助归因于内群体成员提供的社会支持③。

基于群体认同、社会支持、个体心理健康三者之间的密切联系,研究者猜想,促进社会支持或许是联系群体认同与个体心理健康的重要途径④。Nakashima 等人(2013)以 163 名大学生为被试对象,测量了他们的群体认同、社会支持期望、抑郁倾向与负性生活经验。结果显示,被试倾向于将所学专业作为内、外群体的划分标准;群体认同、社会支持期望与抑郁倾向、负性生活经验呈负相关,群体认同与被试心理健康的关系依赖于社会支持的中介。Inoue 等人

① Kiang, L., Fuligni, A. J., "Meaning in Life as a Mediator of Ethnic Identity and Adjustment Among Adolescents from Latin, Asian, and European American Backgrounds," *Journal of Youth and Adolescence*, 2010, 39(11): pp. 1253-1264.

② Smokowski, P. R., Evans, C. B. R., Cotter, K. L., et al., "Ethnic Identity and Mental Health in American Indian Youth: Examining Mediation Pathways Through Self-esteem, and Future Optimism," *Journal of Youth and Adolescence*, 2014, 43(3): pp. 343-355.

③ Haslam, S. A., Reicher, S., & Levine, M., "When Other People Are Heaven, When Other People Are Hell: How Social Identity Determines the Nature and Impact of Social Support," in J. Jetten, C. Haslam, & S. A. Haslam (Eds.), *The Social Cure: Identity, Health and Well-being.* NY, Psychology Press, 2012.

④ Inoue, Y., Funk, D C., Wann, D. L., et al., "Team Identification and Postdisaster Social Well-being: The Mediating Role of Social Support," *Group Dynamics: Theory, Research, and Practice*, 2015, 19(1): pp. 31-44.

(2015)考察了群体认同以及工具、情感两种不同类型的社会支持与幸福感的关系。结果显示，被试对象对家乡球队的认同促进了情感社会支持，进而提升了幸福感；工具社会支持与幸福感呈正相关，但与群体认同的相关并不显著。这些研究证明，社会支持是群体认同与个体心理健康产生联系的重要途径。

(3)控制知觉

控制知觉指个体对自己实现目标能力的主观感受[1]。有研究表明，个体控制知觉与心理健康呈正相关[2]，是生活满意度的支柱之一。群体认同能为个体提供实现目标的资源，因而增强了个体的控制知觉。研究显示，当控制知觉受到威胁时，个体会表现出更强的内群体偏见与群体认同[3]。

Greenaway 等人(2015)的研究证明了个体控制知觉在群体认同影响心理健康的过程中起到了中介作用。首先，他们利用世界价值观调查(World Values Survey)的数据证明了国家认同、个体控制知觉与幸福感三者之间呈正相关，国家认同通过增强个体控制知觉促进了幸福感的提升。随后，他们分别在大学心理系学生提交学期论文和收到论文分数后测量了被试的群体认同、控制知觉、自尊、生活满意度、抑郁水平以及学业表现。结果显示，在第二次测量时，被试在群体认同、控制知觉、心理健康水平上的变化呈正相关。最后，他们用实验法操纵群体认同与个体控制知觉。结果表明，高认同组被试的控制知觉与生活满意度显著高于低认同组被试，该结果再次证明了提升个体控制知觉是群体认同影响个体心理健康的有效途径。

(4)归因方式

根据世界卫生组织的调查，抑郁是引起各类健康障碍的首要原因。许多研究表明，群体认同能够帮助个体抵抗抑郁。群体认同提供了帮助个体对抗抑郁的心理资

---

[1] Greenaway, K. H., Haslam, S. A., Cruwys, T., et al., "From "We" to "Me": Group Identification Enhances Perceived Personal Control with Consequences for Health and Well-being," *Journal of Personality and Social Psychology*, 2015, 109(1): pp. 53-74.

[2] Knight, C., Haslam, S. A., Haslam, C., "In Home or at Home? Evidence that Collective Decision Making Enhances Older Adults' Social Identification, Well-being, and Use of Communal Space When Moving into a New Care Facility," *Ageing and Society*, 2010(30): pp. 1393-1418.

[3] Fritsche, I., Jonas, E., Ablasser, C., et al., "The Power of We: Evidence for Group-based Control," *Journal of Experimental Social Psychology*, 2013, 49(1): pp. 19-32.

源，个体对某一群体的认同水平越高，认同的群体数越多，抑郁水平下降越明显①。但是，群体认同为什么能够降低个体的抑郁水平，是个值得深入探究的问题。

抑郁归因方式是抑郁症的显著特征之一。理论上，群体认同能够通过将个体注意的焦点从自身转移到群体等方式改变个体的归因②。因此，Cruwys 等人（2015）③通过两个研究考察了群体认同、归因方式和个体抑郁水平之间的关系，试图证明改变归因方式是群体认同降低个体抑郁水平的途径。研究 1 中，他们调查了 139 名即将毕业的大学生的群体认同、抑郁归因方式以及抑郁水平。结果显示，群体认同与个体的抑郁水平呈负相关，与积极归因方式呈正相关；抑郁归因方式与抑郁水平呈正相关；群体认同改变了抑郁归因方式，进而降低了个体的抑郁水平。研究 2 中，他们采取了实验法，要求实验组被试在阅读群体认同的文章后，列举自己认同的群体，并通过失败事件回忆的方式，唤起被试的抑郁情绪；控制组被试则不进行任何操作，直接唤起抑郁情绪。与研究 1 的结论相同，控制组被试的抑郁水平更高，抑郁归因方式更明显；因此，归因方式的改变是群体认同降低个体抑郁水平的有效途径。

（四）情绪调节自我效能感与心理健康

在现实生活中，人不仅仅是被动地对各种刺激做出反应，还会根据某个既定目标，主动地改变自我或环境，自我调节便是这种心理动力机制的体现。许多研究发现，自我调节能力与物质滥用④、心理病理问题⑤、社会功能的发挥

① Cruwys, T., Haslam, Spp. A., Dingle, G. A., et al., "Depression and Social Identity: An Integrative Review," *Personality and Social Psychology Review*, 2014, 18(3): pp. 215-238.

② Hogg, M. A., Williams, K. D., "From I to We: Social Identity and the Collective Self," *Group Dynamics: Theory, Research, and Practice*, 2000, 4(1): pp. 81-97.

③ Cruwys, T., South, E. I., Greenaway, K. H., et al., "Social Identity Reduces Depression by Fostering Positive Attributions," *Social Psychological and Personality Science*, 2015, 6(1): pp. 65-74.

④ Fillmore, M. T., Rush, C. R., "Impaired Inhibitory Control of Behavior in Chronic Cocaine Users," *Drug & Alcohol Dependence*, 2002, 66(3): pp. 265-273.

⑤ Beauchaine, T. P., McNulty, T., "Comorbidities and Continuities as Ontogenic Processes: Toward a Developmental Spectrum Model of Externalizing Psychopathology," *Development and Psychopathology*, 2013(25): pp. 1505-1528.

等①显著相关；童年期的自我调节，还能预测成年期的收入水平与学业成就②。Bridgett、Burt、Edwards 和 Deater-Deckard（2015）③认为，从行为与神经生物机制上来说，自我调节包含两个相互分离但紧密互动的组成部分：自上而下的自我调节，主要反映了执行控制功能过程；自下而上的调节，主要反映了自动调节的过程。其中，自上而下的自我调节又可以分为行为自我调节和情绪自我调节。情绪调节能够影响个体的注意、认知与动机过程，情绪调节困难可能导致情绪问题与心理社会功能障碍④。处于青春期的少年面临着生理、心理、社会的诸多挑战，容易产生各种情绪问题，且情绪稳定性较差。因此，情绪自我调节对初中生的心理健康来说至关重要。

自我效能感是个体对自己是否有能力达成某个既定目标的信念⑤，主要体现了个体对自身能力的总体看法。在班杜拉等人看来，自我效能感在个体自我调节能力发展的过程中起到了至关重要的作用：它影响着个体自我调节标准的建立、达到目标时的努力程度、克服困难的决心、遭遇困境时的应对，以及影响毕生发展的重要决策。结合情绪调节的相关理论，Bandura 等（2003）认为，情绪调节自我效能感体现了个体对自身情绪调节能力的自信程度，与其心理社会功能的发挥显著相关。

以往研究的结果早已证明了自我效能感与初中生心理健康的紧密联系。例如，Bandura、Pastorelli、Barbaranelli 和 Caprara（1999）⑥发现，低水平的学业与社会功能效能感提升了中学生的抑郁水平；短期内，学业自我效能感对抑郁水

① Busch, H., Hofer, J., "Self-regulation and Milestones of Adult Development: Intimacy and Generativity," *Developmental Psychology*, 2012, 48(1): pp. 282-293.

② McClelland, M. M., Acock, A. C., Piccinin, A., et al., "Relations Between Preschool Attention Span-persistence and Age 25 Educational Outcomes," *Early Childhood Research Quarterly*, 2013, 28(2): pp. 314-324.

③ Bridgett, D. J., Burt, N. M., Edwards, E. S., et al., "Intergenerational Transmission of Self-regulation: A Multidisciplinary Review and Integrative Conceptual Framework," *Psychological Bulletin*, 2015, 141(3): pp. 602-654.

④ 侯瑞鹤、俞国良：《情绪调节理论：心理健康角度的考察》，载《心理科学进展》，2006，14(3)。

⑤ Bandura, A., "Social cognitive theory: An Agentic Perspective," *Annual Review of Psychology*, 2001, 52(1): pp. 1-26.

⑥ Bandura, A., Pastorelli, C., Barbaranelli, C., et al., "Self-efficacy Pathways to Childhood Depression," *Journal of Personality and Social Psychology*, 1999, 76(2): pp. 258-269.

平的影响甚至大于学业成绩。作为一般自我效能感的延伸，情绪调节自我效能感与初中生的心理健康的关系同样紧密。Bandura 等（2003）以 464 名青少年为被试，考察了积极、消极情绪调节效能感与内、外化问题及亲社会行为之间的关系及机制。他们发现，青少年的情绪调节自我效能感能够预测其学业发展、应对不良社会压力，以及共情能力上的效能感。并且，通过这些行为类效能感的中介，情绪调节自我效能感高的青少年抑郁水平、犯罪倾向较低，亲社会行为水平较高。除心理行为问题等消极指标外，Caprara 等人（2006）[1]的研究证明了情绪调节自我效能感也与青少年的积极思维品质及幸福感显著相关。在研究中，他们用生活满意度、自尊与乐观来代表积极思维，用积极、消极情绪来代表幸福感。结果显示，情绪调节自我效能感高的青少年自尊、积极情绪水平更高，对当下生活满意度较高且对未来的预期更加积极。

以往研究中，情绪调节自我效能感通常以自变量的形式出现。然而，情绪调节自我效能感的影响因素同样值得关注。本研究认为，可以从情绪调节、自我效能感两个角度来思考这一问题。姜媛和林崇德（2010）[2]从内、外部两个方面归纳了情绪自我控制发展的影响因素：气质、注意、努力、执行功能的发展是个体情绪调节自我效能感的内部影响因素；亲子、兄妹、同伴关系是个体情绪调节自我效能感的外部影响因素。另外，Bandura 等（2003）认为，成功体验、社会模仿、令人信服的社会影响能够增强个体的自我效能感。对初中生来说，同伴是社会模仿的重要对象，社会影响的主要来源。因此，同伴关系可能是影响初中生情绪调节自我效能感的关键，而作为同伴群体与个体关系的中介，同伴群体认同与情绪调节自我效能感的关系值得研究者的深入探讨。

---

[1] Caprara, G. V., Steca, P., Gerbino, M., et al., "Looking for Adolescents' Well-being: Self-efficacy Beliefs as Determinants of Positive Thinking and Happiness," *Epidemiology and Psychiatric Sciences*, 2006, 15(1): pp. 30-43.

[2] 姜媛、林崇德：《情绪自我控制发展的影响因素》，载《心理发展与教育》，2010(26)。

第四篇

高中心理健康
教育报告

在社会转型背景下，当代高中生在中国传统文化和西方价值观渗透的叠加背景下成长，社会变迁因素和社会环境对他们的心理发展、心理健康产生了重要影响。国务院于 2010 年发布的《国家中长期教育改革和发展规划纲要（2010—2020）》明确指出高中阶段教育需要"建立学生发展指导制度，加强对学生的理想、心理、学业等多方面指导"。我们（俞国良，李天然，2015，2016）运用横断历史元分析法（Cross-temporal Meta-analysis），对 1990—2012 年间高中生心理健康文献进行研究，旨在了解时代变迁对高中生心理健康的影响及其机制，在此基础上对我国未来高中生心理健康进行预测，从而提升高中心理健康教育的效果。这些文献以症状自评量表（SCL-90）为研究工具，共包括 118117 名高中生。结果发现：我国高中生在 1990—2004 年的 15 年间，心理健康水平缓慢下降；在 2005—2012 年，高中生心理健康水平趋于平稳。女生比男生心理健康水平更低，而且 20 多年来心理健康水平下降更快。高三年级学生比高一、高二学生心理健康水平更低；东部地区高中生心理健康水平显著优于中西部地区高中生。接着我们从学习、自我、人际关系、社会适应、情绪调节和职业规划 6 个层面、18 个方面定义了高中生心理健康的结构，通过文献法、访谈法、问卷法，使用探索性因素分析、验证性因素分析等多种统计方法，严格按照心理测量学标准，编制了适合我国目前社会发展背景的《高中生心理健康量表》，可用于社会转型期高中生心理健康的测量和评估，以发现他们在学习、社会适应、认识自我、情绪调节、人际关系和职业规划方面的特点和问题，并开展相应的心理健康辅导和咨询。对 1408 名高中生使用该量表的施测结果表明，男生和女生在心理健康的不同方面表现出不同优势，心理健康的年级差异不大，普通高中生在学习、自我、人际关系、情绪调节、社会适应和职业兴趣探索等多个方面优于中职生，而中职生在职业选择的实践探索更多；城市学生在心理健康的多个方面均优于农村学生。显然，这是开展高中心理健康教育的基础工程。

第十章

————

高中心理健康教育的历史回顾与展望

一、高中心理健康教育的历史回顾

我国中小学心理健康教育从无到有，取得了很大的进步，同时面临诸多挑战。目前的发展现状可以概括为：国家大力倡导，但政策执行力度有待加强；体系与制度已初步建立，但不够成熟和完善；心理健康教育开始走向普及化，但总体程度仍然不高；人员逐渐配备，但数量与质量需要提升；不少地区有成功实践，但专业化、规范化有待加强；研究成果丰硕，但有特色、高水平的成果不多。显然，我国中小学心理健康教育还面临诸多困难与挑战，需要进一步推进和深化。认真梳理中小学心理健康教育的发展历程，大致经历了四个时期。

第一，呼吁期（20世纪80年代初、中期）。我国心理健康教育工作，发于对学校思想政治教育工作困境的反思，始于对国外心理健康教育的借鉴，起步于高校学生心理咨询尝试（1984年部分高校开始建立心理咨询中心）。随着素质教育观念的深入发展，心理辅导与心理咨询逐步向中小学校转移和渗透。一些研究者和研究机构开始进行学生心理健康状况的调查研究，并发表了一系列有关研究报告，这一阶段的工作为以后中小学心理健康教育的开展做好了舆论准备，奠定了初步的思想基础，并提供了最初的直接动力。

第二，起步期（20世纪80年代中后期至90年代初期）。1983年，林崇德教授在《中学生心理学》一书中率先提出了"心理卫生""心理治疗"的概念，倡导心理健康教育。1987年，上海市黄浦区教育局、黄浦区教育学院与林崇德教授合作在中学最先展开重视培养非智力因素的心理健康教育。随后，一些地区的少数中学开始进行具有心理辅导色彩的教育实践，并出现一些具有心理健康教育雏形的学校。这一阶段虽具有自发、探索、未形成规模等特点，但意味着行动和起步。1988 年 12 月，《中共中央关于改革和加强中小学德育工作的通知》颁布并提出"对学生道德情操、心理品质要进行综合培养和训练"，初露政策端倪。

第三，探索期(20 世纪 90 年代初至 90 年代末)。20 世纪 90 年代，心理健康教育的实践活动渐成规模，理论研究和实践研究逐步展开；一批一线教师和专业人员开始介入；心理健康教育的课题研究呈"欣欣向荣"之势；一批心理健康教育"特色学校"开始涌现。1994 年 4 月，国内首次以心理健康教育为专题的"全国中小学生心理辅导与教育学术研讨会"在湖南岳阳一中召开；同时，一批心理健康教育出版物面世。这一时期党和政府在教育政策上给予了前所未有的重视，如《学校卫生工作条例》《中小学生健康教育基本要求(试行)》《中国教育改革和发展纲要》《关于进一步加强和改进学校德育工作的若干意见》《面向 21 世纪教育振兴行动计划》和《关于深化教育改革全面推进素质教育的决定》等，都提出要加强中小学心理健康教育。

第四，发展期(20 世纪 90 年代末至今)。1999 年 8 月 13 日，教育部发布《关于加强中小学心理健康教育的若干意见》，对中小学开展心理健康教育的基本原则、主要任务、实施途径、师资队伍建设、组织领导以及需要注意的问题等提出了指导性意见。2002 年 8 月，教育部印发了《中小学心理健康教育指导纲要》，从指导思想、基本原则、目标与任务、主要内容、途径和方法、组织实施等方面对中小学心理健康教育提出了更具体的要求。以这两个文件为标志，中小学心理健康教育从民间推动向官方主导发展，从基层探索上升到国家有计划地推进。此后，心理健康教育的科学化、规范化有了明显提升，各地心理健康教育的研究与实践成果堪称丰富，心理健康教育师资队伍建设得到有效加强，许多省市也开始将心理健康教育纳入学校评估体系。中小学心理健康教育进入一个较为平稳的发展时期。2010 年在《国家中长期教育改革和发展规划纲要

（2010—2020 年）》发布、素质教育全面推进、新课程改革持续实践和德育改革进一步深入的背景下，国家又进一步修订了《中小学心理健康教育指导纲要（2012 年修订）》。自此，中小学心理健康教育正式驶上新时代的"快车道"。

高中心理健康教育与上述中小学心理健康教育的发展历程大致相似。

二、高中生心理健康的横断历史变迁

（一）研究问题与研究假设

改革开放以来，中国社会、经济、文化方面发生巨变，在基础教育领域，也出台了一系列改革政策，在各种宏观的影响因素下，高中生心理健康呈现怎样的变化趋势？我们以普通高中生和中等职业学校学生作为高中生的代表群体，分析高中生心理健康的变迁趋势。鉴于近几十年来时代变迁和以往研究中关于高中阶段学生心理健康相矛盾的研究结果，我们使用横断历史元分析的方法，以 SCL-90 为心理健康研究工具，探索高中生心理健康的变化趋势以及在性别、年级、地区、学校类型上的差异和相关的社会影响因素。

根据文献综述，我们的研究假设：

（1）高中生心理健康水平呈下降趋势；

（2）男生心理健康水平高于女生；

（3）高三学生心理健康水平最低；

（4）东部地区高中生心理健康水平高于中西部地区高中生；

（5）普通高中生心理健康水平优于中等职业学校学生。

（二）研究方法

在研究假设的基础上，对改革开放以来高中生心理健康的文献进行元分析。"横断历史研究"又称"横断历史元分析"，是通过事后回溯的方法把以往研究按时间顺序联系起来，将过去的研究作为横断样本，对其随时间的变化进行元分析的方法①。

该方法最早由 Twenge 提出，并在国内外得到广泛应用。Twenge 等人分别对自恋型人格②、自尊③、女性果敢性④、青年人的性行为和性态度⑤、青年美国人的精神病理性⑥等一系列问题进行了横断历史元分析研究，发现个体心理随时代的变迁规律。我国研究者辛自强等人运用横断历史研究的方法，分别对中学生心理健康、大学生心理健康和外来务工人员心理健康的历史变迁进行了研究⑦⑧⑨⑩，取得了一系列有价值的研究成果。

由于横断历史研究要求纳入元分析的文献所使用的研究工具统一，我们选取症状自评量表(SCL-90)作为高中生心理健康的指标。SCL-90 最早由 Derogatis 等人编制，共 90 道题目，包括 9 个因子：人际关系、抑郁、躯体化、敌对、焦虑、强迫、恐怖、偏执和精神病性。被试根据自身状况对 90 项描述自评，从 1~5 打分。得分越高，心理健康程度越低。SCL-90 于 1984 年引入中国⑪，并得到广泛应用，在高中生心理健康评定方面，SCL-90 也应用颇广。具体分析方法如下。

---

① 辛自强、池丽萍：《横断历史研究：以元分析考察社会变迁中的心理发展》，载《华东师范大学学报（教育科学版）》，2008，26(2)。

② Twenge, J. M., Konrath, S., Foster, J. D., et al., "Egos Inflating Over Time: A Cross-temporal Meta-analysis of the Narcissistic Personality Inventory," *Journal of Personality*, 2008, 76(4): pp. 875-902.

③ Twenge, J. M., Campbell, W. K., "Age and Birth Cohort Differences in Self-esteem: A Cross-temporal Meta-analysis," *Personality and Social Psychology Review*, 2001, 5(4): pp. 321-344.

④ Twenge, J. M., "Changes in Women's Assertiveness in Response to Status and Roles: A Cross-temporal Meta-analysis, 1931—1993," *Journal of Personality and Social Psychology*, 2001, 81(1): p. 133.

⑤ Wells, B. E., Twenge, J. M., "Changes in Young People's Sexual Behavior and Attitudes, 1943-1999: A Cross-temporal Meta-analysis," *Review of General Psychology*, 2005, 9(3): p. 249.

⑥ Twenge, J. M., Gentile, B., DeWall, C. N., et al., "Birth Cohort Increases in Psychopathology Among Young Americans, 1938-2007: A Cross-temporal Meta-analysis of the MMPI," *Clinical Psychology Review*, 2010, 30(2): pp. 145-154.

⑦ Xin, Z., Niu, J., Chi, L., "Birth Cohort Changes in Chinese Adolescents' Mental Health," *International Journal of Psychology*, 2012, 47(4): pp. 287-295.

⑧ Xin, Z., Zhang, L., Liu, D., "Birth Cohort Changes of Chinese Adolescents' Anxiety: A Cross-temporal Meta-analysis, 1992—2005", *Personality and Individual Differences*, 2010, 48(2): pp. 208-212.

⑨ 辛自强、张梅、何琳：《大学生心理健康变迁的横断历史研究》，载《心理学报》，2012，44(5)。

⑩ 黄四林、侯佳伟、张梅等：《中国农民工心理健康水平变迁的横断历史研究：1995—2011》，载《心理学报》，2015，47(4)。

⑪ 王征宇：《症状自评量表（SCL-90）》，载《上海精神医学》，1984，2(2)。

1. 文献搜集

从中国知网、万方数据库、维普期刊网、优秀硕博论文库等中文期刊数据库搜集 1978 年以后的文献。搜索文献时，以"高中生""中学生""中职生"与"心理健康""症状自评量表""SCL-90"等交叉匹配作为关键词，搜索以此为主题的文献。

搜索文献的标准是：①研究使用 SCL-90 作为心理健康的测量工具；②文献中报告了样本量、平均数和标准差；③文献搜索的起止日期是 1978 年 1 月至 2014 年 12 月；④研究对象是普通高中生和中等职业学校学生。

搜索文献的排除标准是：①排除特殊高中生群体研究，如针对单亲家庭高中生、独生子女、复读高中生、艺体高中生、少数民族高中生的研究；②排除特殊时期测量的高中生心理健康研究，如高考之前；③排除没有清晰报告样本量、平均数和标准差，或者有明显错误无法修改的研究报告；④相同作者的两篇文章，如果样本量一样，则很可能是用同一批数据写的，只保留一篇。

经文献筛选和排除，共得到符合标准的研究 159 项，高中生样本量达 118 117 人。发表时间最早的是 1994 年，其收集数据的时间是 1990 年。数据收集时间如果在原文中有说明，编码时按原文中的收集时间；如果没有提及，则按照以往研究的处理方法，即用文献发表时间减去两年，代表其数据收集时间。经编码处理后，发现收集数据最早的时间是 1990 年，截止时间是 2012 年。其中来自核心期刊（以北京大学《中文核心期刊要目点览》2014 年版为准）的文献 33 篇，样本量达 30172 人；来自非核心期刊的文献 89 篇，样本量达 50739 人；学位论文 37 篇，样本量达 37206 人。经检验，三种不同来源的文献之间，高中生 SCL-90 总均分之间无显著差异（$F = 0.150$，$p = 0.861$）。

2. 文献编码

在文献搜集的基础上，把检索的文献进行编码，制订编码表。编码表中包括作者姓名，发表时间，文献来源，样本的地区、性别、年级、学校类型等信息。其中需要说明的是，关于东部、中部、西部地区的划分，是依据 1986 年我国人大六届四次会议通过的"七五"计划、1997 年人大八届五次会议决定和 2000 年《西部大开发》战略的决定。其中东部地区包括辽宁、北京、天津、河北、山东、江苏、上海、浙江、福建、广东、海南等 11 个省、自治区、直辖市；中部地区包括山西、吉林、黑龙江、安徽、江西、河南、湖北、湖南等 8 个省、自治区、直辖市；西部地区包括陕西、内蒙古、甘肃、青海、宁夏、新疆、四川、重庆、云南、贵州、广西、西藏 12 个省、自治区、直辖市。另外，对样本的性别、年级、学校类型也进行编码。

在编码过程中，对只报告了不同性别、年级、学校类型的分组结果，而没有报告总研究结果的文献，则运用以下公式对总平均数和标准差进行合成。($\bar{x}$、S_T、x_i、n_i、S_i 分别代表：合成后的平均数、标准差、某研究的平均数、样本量和标准差）。

$$\bar{x} = \sum n_i x_i / \sum x_i (\text{式}1) \quad S_T = \sqrt{\left[\sum n_j s_j^2 + \sum n_i(x_i - \bar{x}_i)^2\right] / \sum n_i} (\text{式}2)$$

另外，在文献编码的基础上，我们又对报告了不同性别、年级、地区和学校类型的文献进一步编码，形成 4 个子研究数据库，以对不同类型的高中生心理健康水平进行比较。在文献编码的基础上以年代作为自变量，以高中生心理健康水平为因变量，分析年代对高中生心理健康水平的影响，以了解心理健康的 9 个因子随年代的变化趋势，比较高中生心理健康在年级、性别、学校类型以及地区上的差异。

(三)研究结果

1. 高中生心理健康总体变化趋势和改变量

(1)高中生心理健康水平的总体变化趋势

本研究对 159 项研究的 SCL-90 总均分和年代进行相关分析。散点图见图 10-1。直线相关结果发现，SCL-90 总均分与年代的相关系数 $r = 0.22$，$p = 0.005$，线性拟合的解释率为 4.9%。在此基础上，本研究又对两者做曲线相关，解释率达 6.1%。从图中可以看出，从 1990—2004 年，SCL-90 总均分呈上升趋

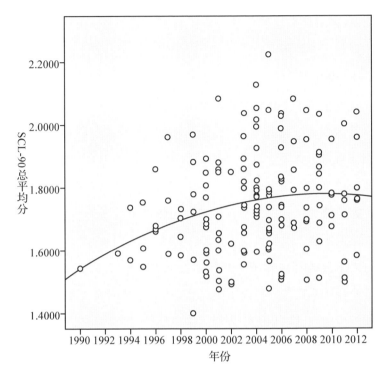

图 10-1　SCL-90 总均分的散点图

势，即高中生心理健康水平持续下降，从 2005—2012 年，SCL-90 总均分几乎保持稳定。

表 10-1　心理健康对年代的回归分析表

年份		回归系数	标准误	标准化回归系数	R^2
1990—2004	截距	-31.759**	10.416		
	年份	0.017**	0.005	0.335	0.112**
2005—2012	截距	-3.426	16.556		
	年份	0.003	0.008	0.037	0.001

　　在曲线回归的基础上，本研究将回归分析分为两段，1990—2004 年和 2005—2012 年，分别进行线性回归，结果见表 10-1。结果发现，从 1990—2004 年这 15 年间，年代对 SCL-90 总均分的解释率达 11.2%，而从 2005—2012 年，

年代对SCL-90的解释率几乎为零。即前15年，高中阶段学生心理问题越来越多，之后呈现稳定的趋势。

（2）各因子变化趋势

本研究将每年高中生心理健康文献中SCL-90各因子的得分，以该年份所有文献样本总量为权重，求得每年各因子的加权平均数。各因子的变化趋势如图10-2。整体看来，各因子的变化呈上升趋势，即高中生在各因子上的健康程度越来越低。由于整体变化趋势是SCL-90得分呈先上升后趋于稳定的趋势，本研究也将各因子的变化分为两段，将年代与各因子的平均分和平均标准差进行相关分析。结果发现，除偏执因子以外，各因子在1990—2004年都呈现上升趋势，年代与因子分的相关显著，解释率在6.5%到17.4%之间。2005年之后，年代与因子分相关不显著。各因子的标准差与年代相关不显著，即随年代变化，高中生心理健康的离散水平比较稳定，相关分析结果见表10-2。

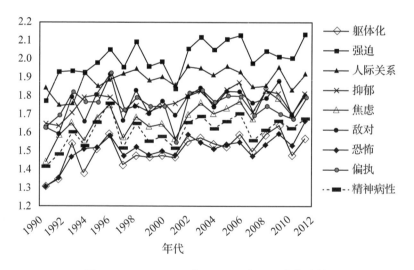

图10-2 1990—2012年SCL-90各因子变化趋势

表 10-2　SCL-90 各因子平均数和标准差与年代的相关分析表

SCL-90 因子	年份	R_1	R_1^2	R_2	R_2^2
躯体化	1990—2004	0.417**	0.174	0.151	0.023
	2005—2012	0.029	0.001	−0.099	0.010
强迫	1990—2004	0.301**	0.091	−0.013	0.000
	2005—2012	0.05	0.003	0.066	0.004
人际关系	1990—2004	0.267*	0.071	−0.047	0.002
	2005—2012	−0.019	0.000	0.023	0.001
抑郁	1990—2004	0.255*	0.065	−0.175	0.031
	2005—2012	−0.002	0.000	−0.054	0.003
焦虑	1990—2004	0.302**	0.091	−0.076	0.006
	2005—2012	0.121	0.015	0.048	0.002
敌对	1990—2004	0.302**	0.091	0.046	0.002
	2005—2012	−0.026	0.001	0.071	0.005
恐怖	1990—2004	0.296**	0.088	−0.012	0.000
	2005—2012	0.181	0.033	0.186	0.035
偏执	1990—2004	0.201	0.040	−0.120	0.014
	2005—2012	−0.063	0.004	0.057	0.003
精神病性	1990—2004	0.304**	0.092	0.127	0.016
	2005—2012	0.008	0.000	−0.063	0.004

注：R_1 是平均数与年代的相关，R_2 是标准差与年代的相关。

在已经获知高中生心理健康水平呈下降趋势的基础上，进一步分析在 1990—2012 年 23 年间高中生心理健康水平到底下降了多少。本研究对各因子在 23 年中的得分变化量进行分析，结果见表 10-3。其中 d 是因子改变的效果量，r^2 是解释率。Cohen（1988）[1]对效果量的大小进行了划分，0.8 以上是大效应，0.5~0.8 是中效应，0.2~0.5 为小效应。在本研究中，躯体化、强迫、焦虑、

─────────

[1]　Cohen, J. , *Statistical Power Analysis for the Behavioral Sciences* (*2nd Ed.*), New York, Academic Press, 1988.

恐怖因子的变化量是中效应，抑郁、敌对、偏执、精神病性因子的变化量为小效应。各因子变化范围从3%到14%不等，即高中生心理健康各因子水平呈不同水平的下降。

表 10-3　1990—2012 年 SCL-90 各因子得分的变化量

SCL-90 因子	M_{1990}	M_{2012}	$M_{变化}$	M_{SD}	d	r^2
躯体化	1.30	1.57	0.27	0.52	0.52	0.12
强迫	1.77	2.13	0.36	0.62	0.58	0.13
人际关系	1.84	1.92	0.08	0.68	0.12	0.03
抑郁	1.64	1.81	0.17	0.63	0.27	0.07
焦虑	1.43	1.80	0.37	0.59	0.63	0.14
敌对	1.62	1.80	0.18	0.67	0.27	0.07
恐怖	1.30	1.66	0.36	0.56	0.64	0.15
偏执	1.62	1.79	0.17	0.61	0.28	0.07
精神病性	1.41	1.68	0.27	0.54	0.50	0.12

注：M_{1990} 是 1990 年各因子平均分，M_{2012} 是 2012 年各因子平均分，$M_{变化} = M_{2012} - M_{1990}$，$M_{SD}$ 是 23 年来总平均标准差。d 是因子改变的效果量，$d = M_{变化}/M_{SD}$，r^2 是解释率，$r = d/\sqrt{d^2+4}$。

2. 心理健康水平与高考人数、离婚率的相关

高考人数逐年增加和我国离婚率的提高可能影响高中生心理健康水平，因此本研究从国家统计局收集 1990—2012 年的高考人数以及粗离婚率数据进行相关分析。

将年代分为两个阶段，1990—2004 年和 2005—2012 年。从 1990—2004 年，SCL-90 因子得分与历年高考人数和离婚率呈正相关。具体来看，高考人数与抑郁、焦虑、恐怖呈显著正相关，与躯体化、强迫、人际关系正相关，呈边缘显著。离婚率与躯体化、强迫、抑郁、焦虑、敌对、恐怖、精神病性呈显著正相关，相关系数在 0.61~0.81，呈高相关，即高中生心理健康水平在 1990—2004 年随高考人数增加和离婚率的提高而逐渐下降。而 2005—2012 年，离婚率和高

考人数除与恐怖因子的正相关呈边缘显著以外，与其他因子得分相关均不显著。具体结果见表 10-4。

表 10-4　1990—2012 年 SCL-90 因子分与高考人数和离婚率相关分析表

年代	因素	躯体化	强迫	人际关系	抑郁	焦虑	敌对	恐怖	偏执	精神病性
1990—2004	高考人数	0.537^+	0.492^+	0.506^+	0.575^*	0.549^{**}	0.365	0.705^*	0.038	0.414
2005—2012		0.138	−0.025	−0.128	−0.186	0.306	−0.012	0.584^+	−0.317	0.204
1990—2004	离婚率	0.721^{**}	0.808^{**}	0.691^{**}	0.805^{**}	0.790^{**}	0.611^*	0.766^{**}	0.493	0.714^{**}
2005—2012		0.149	−0.080	−0.283	−0.151	0.345	0.012	0.643^+	−0.375	0.116

3. 不同性别高中生心理健康水平差异

我们对不同性别的高中生心理健康水平进行了分析。首先，将筛选的 159 篇文献中报告了男生和女生 SCL-90 平均分和标准差的文献进行编码。共搜集同时报告男女生数据的文献 66 篇，另外有 1 篇文献只报告了男高中生数据，5 篇文献仅有女高中生数据，文献的年限是从 2000—2012 年。所有这些文献共包括女生被试 31089，男生被试 27466。

结果发现，在 2000—2012 年这 13 年间，男生在躯体化、强迫、抑郁、焦虑、恐怖、精神病性因子上与年代呈正相关，但不显著；在人际关系、敌对和偏执因子上呈负相关，但不显著。女生在躯体化、强迫、抑郁、敌对、焦虑、恐怖、精神病性上与年代呈正相关，其中，躯体化、焦虑、恐怖与年代呈显著正相关，人际关系和偏执与年代呈负相关，但不显著。年代对男生心理健康水平的解释率在 0~2.1%，解释率很低；年代对女生心理健康水平的解释率在 1%~7%，比男生高。整体来看，女生心理健康水平下降得比男生快。

为了解男生和女生心理健康水平改变了多少，研究用 2012 年各因子的平均分减去 2000 年各因子的平均分，得出平均变化量 $M_{变化}$，然后求得 13 年的平均

标准差 M_{SD}，用平均变化量除以平均标准差得出效应值 d。结果发现男生在偏执、敌对和人际关系 3 个因子上的得分均有所下降，效应值达到小效应水平，即心理健康水平有所改善。女生在躯体化、强迫、抑郁、焦虑方面改变量达到小效应水平，即这 13 年来，这四个方面心理健康水平降低。男生因子改变量的解释范围是 0~4%，女生改变量的解释范围为 0~21%。这说明女生心理健康水平下降得更多，而男生心理健康水平在人际关系、敌对、偏执方面有所改善，结果见表 10-5。

表 10-5　不同性别高中生心理健康变化趋势和变化量

SCL-90 因子	男生(2000—2012 年)						女生(2000—2012 年)					
	R	R^2	$M_{变化}$	M_{SD}	d	r^2	R	R^2	$M_{变化}$	M_{SD}	d	r^2
躯体化	0.145	0.021	0.08	0.489	0.16	0.01	0.216*	0.047	0.18	0.515	0.35	0.06
强迫	0.130	0.017	0.08	0.625	0.13	0.01	0.139	0.019	0.17	0.606	0.28	0.04
人际关系	-0.098	0.010	-0.15	0.618	-0.24	0.03	-0.103	0.011	0.00	0.623	0.00	0.00
抑郁	0.084	0.007	-0.02	0.594	-0.03	0.00	0.098	0.010	0.16	0.609	0.26	0.03
焦虑	0.122	0.015	0.00	0.563	0.00	0.00	0.265*	0.070	0.26	0.580	0.45	0.10
敌对	-0.107	0.011	-0.20	0.661	-0.30	0.04	0.101	0.010	0.02	0.628	0.03	0.00
恐怖	0.088	0.008	0.01	0.515	0.02	0.00	0.278*	0.077	0.36	0.534	0.67	0.21
偏执	-0.146	0.021	-0.16	0.610	-0.26	0.03	-0.114	0.013	-0.06	0.577	-0.10	0.00
精神病性	0.078	0.006	-0.01	0.545	-0.02	0.00	0.150	0.023	0.1	0.519	0.19	0.02

为了解男生和女生心理健康水平的差异，对男生和女生各因子得分进行 t 检验。结果发现，整体来看，女生的心理健康水平低于男生：女生在抑郁（$t=-3.10$，$p=0.002$）、焦虑（$t=-2.49$，$p=0.014$）和恐怖（$t=-4.10$，$p=0.000$）因子上得分显著高于男生，男生在敌对和偏执因子上得分略高于女生，但结果并不显著。其他各因子女生得分高于男生，但不显著。男生与女生的因子比较结果见图 10-3。

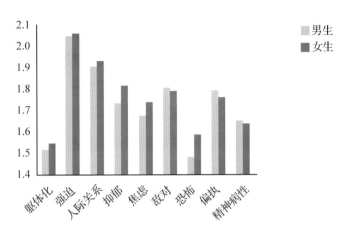

图 10-3　男生和女生心理健康水平比较图

4. 不同年级高中生心理健康水平差异

高三学生面临高考，其心理健康水平与其他两个年级有所不同。高三学生的心理压力比其他两个年级更大，心理健康特点有特殊性，因此本研究将高中三个年级划分为高三和非高三。经文献整理，将报告各年级 SCL-90 因子平均分和标准差的文献再次编码，形成子研究文件，结果发现，报告高三研究的文献有 69 项，被试数达 19447，报告非高三数据的文献有 59 项，被试达 37956 人。

高一、高二学生除人际关系和偏执因子与年代呈负相关外，其他因子与年代均呈正相关关系，其中躯体化和焦虑因子达到显著水平，其他因子不显著，年代的解释率在 0~5%。高三学生年代与各因子相关不显著，年代解释率在 3% 以下。非高三学生在躯体化、强迫、抑郁、焦虑、恐怖和精神病性因子上改变的效应值达到小效应水平，高三学生在强迫、敌对精神病性的改变量达到小效应水平（见表 10-6）。总之，高三和非高三学生心理健康水平整体呈下降趋势，非高三学生下降幅度更大。

表 10-6 高三和非高三学生 SCL-90 各因子变化趋势和改变量

SCL-90	非高三（1996—2011 年）						高三（1996—2011 年）					
因子	R	R^2	$M_{变化}$	M_{SD}	d	r^2	R	R^2	$M_{变化}$	M_{SD}	d	r^2
躯体化	0.213*	0.05	0.11	0.521	0.20	0.02	0.174	0.03	-0.06	0.530	-0.11	0.01
强迫	0.096	0.01	0.16	0.621	0.26	0.03	0.031	0.00	0.14	0.638	0.22	0.02
人际关系	-0.024	0.00	0.12	0.635	0.19	0.02	-0.092	0.01	-0.02	0.633	-0.03	0.00
抑郁	0.116	0.01	0.12	0.619	0.20	0.02	-0.022	0.00	-0.04	0.635	-0.06	0.00
焦虑	0.200*	0.04	0.13	0.582	0.22	0.02	0.172	0.03	0.05	0.615	0.08	0.01
敌对	0.096	0.01	-0.03	0.677	-0.04	0.00	0.000	0.00	-0.14	0.703	-0.20	0.02
恐怖	0.161	0.03	0.16	0.540	0.30	0.03	0.183	0.03	0.10	0.560	0.18	0.03
偏执	-0.023	0.00	0.04	0.602	0.07	0.00	-0.040	0.00	-0.04	0.610	-0.07	0.00
精神病性	0.188	0.04	0.17	0.536	0.31	0.05	0.069	0.00	0.12	0.589	0.20	0.02

在整体变化趋势的基础上，进一步分析高三和非高三学生心理健康差异，结果发现，高三学生心理健康水平更低，在躯体化（$t = -2.51$，$p = 0.013$）、抑郁（$t = -2.89$，$p = 0.004$）、焦虑（$t = -2.41$，$p = 0.017$）和精神病性（$t = -2.04$，$p = 0.043$）四个方面得分显著高于非高三学生，比较图见图 10-4。这说明，高三学生躯体化和精神病性水平更高，更焦虑、抑郁。

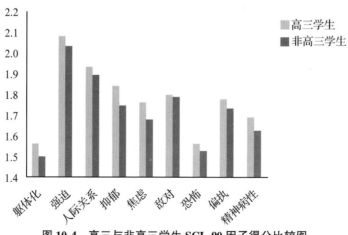

图 10-4 高三与非高三学生 SCL-90 因子得分比较图

5. 不同区域高中生心理健康发展趋势及其差异

由于教育资源和社会经济发展水平不同，东部地区与中西部地区高中生心理健康水平可能存在差异。本研究通过对 159 项研究的区域信息进行编码，发现有 152 项研究报告了区域信息，而且没有区域间的重合。统计发现，报告东部地区高中生心理健康的有 59 项研究，包括 42069 名被试；报告中部地区高中生心理健康的研究有 48 项，被试数目达 40031；报告西部地区高中生心理健康的研究有 45 项，涵盖被试 33926 名。

东部地区高中生各因子得分与年代呈正相关，偏执因子除外。其中躯体化、焦虑因子与年代的相关达到显著性水平，恐怖、精神病性呈边缘显著，年代的解释率范围为 1%～10%。中部地区高中生躯体化、强迫、抑郁、焦虑、恐怖、精神病性与年代均呈正相关关系，其中，焦虑与年代相关达到显著性水平，人际关系、敌对和偏执与年代呈负相关，但不显著，年代的解释率在 0～9%。西部地区恐怖因子与年代的相关性达到显著水平，年代的解释率为 9%，其他因子与年代相关不显著。

从改变量来看，东部地区恐怖因子的变化量达到大效应，躯体化、强迫、偏执和精神病性达到中效应，人际关系、抑郁、敌对达到小效应，解释率在 6%～34%。中部地区躯体化、强迫、抑郁、焦虑、恐怖因子的改变量达到小效应水平，解释率在 1%～8%。西部地区躯体化、抑郁、焦虑、恐怖、精神病性的改变量达到小效应水平，解释率在 1%～6%，见表 10-7。

表 10-7　不同地区高中生 SCL-90 各因子变化趋势与变化量

SCL-90	东部（1996—2012 年）						中部（1996—2012 年）					
因子	R	R^2	$M_{变化}$	M_{SD}	d	r^2	R	R^2	$M_{变化}$	M_{SD}	d	r^2
躯体化	0.311^*	0.10	0.28	0.50	0.56	0.15	0.224	0.05	0.18	0.53	0.34	0.06
强迫	0.217	0.05	0.46	0.60	0.77	0.27	0.265^+	0.07	0.18	0.64	0.28	0.04
人际关系	0.119	0.01	0.21	0.62	0.34	0.06	-0.019	0.00	-0.15	0.65	-0.23	0.03
抑郁	0.149	0.02	0.21	0.60	0.35	0.06	0.148	0.02	0.17	0.65	0.26	0.03

续表

SCL-90	东部(1996—2012年)						中部(1996—2012年)					
因子	R	R^2	$M_{变化}$	M_{SD}	d	r^2	R	R^2	$M_{变化}$	M_{SD}	d	r^2
焦虑	0.267*	0.07	0.44	0.57	0.77	0.28	0.293*	0.09	0.25	0.60	0.42	0.08
敌对	0.171	0.03	0.23	0.66	0.35	0.06	-0.039	0.00	-0.07	0.68	-0.10	0.01
恐怖	0.237+	0.06	0.45	0.52	0.87	0.34	0.123	0.02	0.12	0.57	0.21	0.02
偏执	-0.088	0.01	0.30	0.60	0.50	0.12	-0.119	0.01	-0.12	0.63	-0.19	0.02
精神病性	0.237+	0.06	0.35	0.51	0.69	0.22	0.137	0.02	0.03	0.57	0.05	0.00

SCL-90	西部(1996—2012年)					
因子	R	R^2	$M_{变化}$	M_{SD}	d	r^2
躯体化	0.227	0.05	0.13	0.53	0.25	0.03
强迫	0.181	0.03	0.11	0.62	0.18	0.02
人际关系	0.064	0.00	0.09	0.79	0.11	0.01
抑郁	0.153	0.02	0.17	0.63	0.27	0.04
焦虑	0.221	0.05	0.19	0.61	0.31	0.05
敌对	0.219	0.05	0.11	0.68	0.16	0.01
恐怖	0.305*	0.09	0.20	0.58	0.34	0.06
偏执	-0.003	0.00	-0.05	0.61	-0.08	0.00
精神病性	0.276	0.08	0.13	0.55	0.24	0.03

　　进一步分析东中西部高中生心理健康差异，可以发现中部地区和西部地区无显著差异。将中西部进行合并，与东部进行比较，t 检验结果发现：东部地区在躯体化($t=-2.34$，$p=0.02$)、强迫($t=-2.68$，$p=0.008$)、人际关系($t=-2.88$，$p=0.005$)、抑郁($t=-3.83$，$p=0.000$)、焦虑($t=-2.41$，$p=0.019$)、敌对($t=-2.37$，$p=0.019$)、恐怖($t=-3.38$，$p=0.001$)、偏执($t=-1.95$，$p=0.05$)、精神病性($t=-2.72$，$p=0.007$)各因子上的得分均显著低于中西部地区。东部、中部、西部的各因子比较见图10-5。

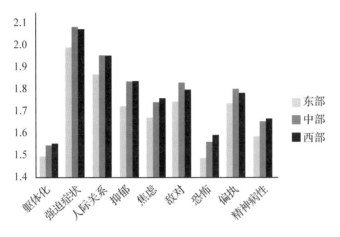

图 10-5　不同地区高中生心理健康水平比较图

6. 不同学校类型高中生心理健康发展趋势及其差异

我们对报告了不同学校类型 SCL-90 因子得分的文献再编码，形成子研究文件。其中报告了普通高中相关数据的研究有 132 项，从 1996—2012 年，被试数达 101591。报告中职学校数据的研究有 25 项，样本量达 14178，从 1996—2012年，相比普通高中来说，样本量较少。

普通高中生各因子得分与年代呈正相关，偏执因子除外。其中躯体化、强迫、焦虑、恐怖、精神病性因子与年代的相关达到显著水平，年代的解释率在 0~8.9%。中职生各因子得分与年代之间呈正相关，但未达到显著性水平，年代的解释率范围在 0.4%~13.3%。

普通高中生心理健康的变化效果量在−0.01~0.60，其中躯体化、强迫、焦虑、恐怖因子的改变量达到中效应水平，抑郁、敌对和精神病性的改变量为小效应，改变量的解释率范围为 0~17%。中职生各因子得分的改变量为−0.082~0.716，其中恐怖因子的改变量达到中效应水平，躯体化、强迫、焦虑、偏执因子改变量为小效应，因子改变量的解释率在 0~24%。整体来看，普通高中生和中职生的心理健康水平都呈下降趋势（见表 10-8）。

表 10-8　不同类型高中生 SCL-90 因子得分变化趋势和变化量

SCL-90 因子	普通高中(1996—2012 年)						中职(1996—2012 年)					
	R	R^2	$M_{变化}$	M_{SD}	d	r^2	R	R^2	$M_{变化}$	M_{SD}	d	r^2
躯体化	0.299**	0.089	0.29	0.521	0.56	0.15	0.365	0.133	0.178	0.486	0.366	0.07
强迫	0.177*	0.031	0.35	0.622	0.56	0.15	0.132	0.017	0.189	0.591	0.320	0.05
人际关系	0.005	0.000	-0.01	0.681	-0.01	0.00	0.096	0.009	0.042	0.638	0.066	0.00
抑郁	0.138	0.019	0.19	0.626	0.30	0.05	0.065	0.004	0.019	0.612	0.031	0.00
焦虑	0.242**	0.059	0.36	0.598	0.60	0.17	0.187	0.035	0.158	0.566	0.279	0.04
敌对	0.089	0.008	0.14	0.670	0.21	0.02	0.160	0.026	0.088	0.683	0.129	0.01
恐怖	0.198*	0.039	0.29	0.547	0.53	0.14	0.276	0.076	0.422	0.589	0.716	0.24
偏执	-0.066	0.004	0.10	0.608	0.16	0.01	0.187	0.035	0.240	0.630	0.381	0.07
精神病性	0.185*	0.034	0.22	0.548	0.40	0.08	0.109	0.012	-0.043	0.525	-0.082	0.00

进一步用 t 检验分析普通高中与中职生心理健康水平的差异，结果发现，整体看来，中职生心理健康水平比普通高中生更低(见图 10-6)。其中，中职生人际关系($t = -2.21$，$p = 0.034$)和恐怖($t = -2.43$，$p = 0.021$)因子得分显著高于普通高中生。中职生在强迫、人际关系、抑郁、敌对、偏执精神病性因子上得分高于普通高中生，但不显著。普通高中生在躯体化、焦虑上得分更高，但不显著。

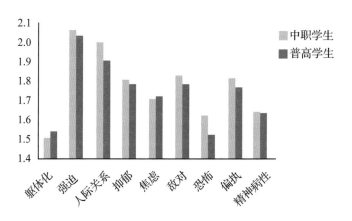

图 10-6　不同学校类型高中生心理健康水平比较图

（四）分析与讨论

1. 整体变化趋势和影响因素分析

经横断历史元分析发现，我国高中阶段学生的心理问题在1990—2004年呈缓慢增多的趋势，2004年至2012年高中生心理健康水平比较平稳，没有呈继续下降趋势。本研究结果与辛自强和张梅[①]的结果相一致，该研究对1992—2005年包括初中生和高中生在内的中学生心理健康水平进行了元分析，结果发现，中学生心理健康水平呈缓慢下降趋势。本研究也印证了这一点，1990—2004年高中生的心理健康水平逐渐下降。但是，本研究还发现，2004年以后高中生心理健康水平呈平稳趋势，在离婚率增高、流动人口逐渐增多，互联网在高中生中逐渐普及的社会背景下，高中生心理健康水平并没有持续下降。这可能是由于2002年9月教育部颁布了《中小学心理健康教育指导纲要》（以下简称《纲要》）。《纲要》中指出了心理健康教育的目标和任务，明确了心理健康教育的内容、途径和方法，2012年教育部又再次对《纲要》进行了修订。自《纲要》颁布以来，各级中小学建立心理辅导室，配备专职和兼职心理咨询师，虽然在建设初期存在各种问题，例如，心理咨询教师不够专业，常由其他代课老师替代，心理辅导室利用率不高等，但是各级教育部门、中小学校领导、教师和家长都在逐步重视心理健康教育。

在分析了心理健康水平发展趋势的基础上，本研究又尝试探索可能影响高中生心理健康水平的社会因素，例如，离婚率的提高和高考人数的逐年增长。结果发现，1990—2004年，离婚率与除偏执因子以外的各因子得分呈显著正相关，而且相关系数较高；高考人数与抑郁、焦虑、恐怖因子呈显著正相关，与躯体化因子正相关呈边缘显著。而2005年以后，离婚率和高考人数与各因子得分均不显著，只有在恐怖因子上，正相关达到边缘显著。这说明影响高中生心理健康水平的社会因素在2005年以后作用被削弱，这可能是由于心理健康教育

---

① 辛自强、张梅：《1992年以来中学生心理健康的变迁：一项横断历史研究》，载《心理学报》，2009，41（1）。

抑制了由社会因素导致的高中生心理健康水平的下降。但由于缺少与高中生心理健康教育相关的历年数据，我们并不能确定心理健康教育的积极影响到底有多大，以及除此之外还有哪些有助于高中生心理健康的因素。

总之，心理健康教育虽然没有明显改善我国高中生的心理健康，但抑制了高中生心理健康在复杂社会背景下的恶化。庆幸的是，2015 年教育部印发了《中小学心理辅导室建设指南》，明确了中小学心理辅导室功能、环境设置、专兼职心理学人员配置等更为具体的建设方案，对我国中小学心理健康教育的开展提供了更有效的指导，未来我国高中生心理健康状况可能有所改善。

2. 高中生心理健康水平的性别差异

高中女生比男生心理健康水平更低，女生比男生更焦虑、抑郁，更容易恐惧。并且，通过心理健康变化趋势的分析发现，2000 年到 2012 年的 13 年间，女生比男生心理健康水平下降更快，女生在躯体化、焦虑和恐怖因子上随年代呈显著下降趋势，而男生心理健康水平随年代下降趋势不明显。从相关系数来看，男生在敌对、恐怖等因子上得分与年代呈负相关，说明这两个方面有一定改善。所以，总体来看，女生比男生心理更脆弱，心理健康水平下降更快。

大学生心理健康元分析研究也发现，女生比男生心理健康更差，恐怖因子的男女生差异达到小效应水平，而且女生比男生的心理健康水平改善得更为缓慢。所以，男生和女生的心理健康水平差异在高中时就有所体现，这种差异一直延续到大学。实际上，男生和女生的心理健康水平自儿童期开始就有差异。研究发现，6 岁时，女生的焦虑水平已经是男生的两倍[1]。儿童期男女生抑郁没有显著差异，但从青春期早期开始，男女生的抑郁水平开始有显著差异，到青春期晚期女生抑郁水平是男生的两倍[2]。

究其原因，主要有两个方面，即生理原因和心理社会原因。第一，从生理

---

[1] Lewinsohn, P. M., Gotlib, I. H., Lewinsohn, M., et al., "Gender Differences in Anxiety Disorders and Anxiety Symptoms in Adolescents," *Journal of Abnormal Psychology*, 1998, 107(1): p. 109.

[2] Nolen-Hoeksema, S., Girgus, J. S., "The Emergence of Gender Differences in Depression During Adolescence," *Psychological Bulletin*, 1994, 115(3): p. 424.

方面，研究发现女性雌性激素、孕激素对情绪有直接的负面影响①。第二，从心理社会方面，虽然目前女性地位有所提高，女性在童年期和青春期被鼓励要更独立、坚强，但是，女性的社会地位还是比男性低。进入青春期后的女性在行为以及未来的选择方面受到更多的限制。同时，研究发现青少年早期的女性比男性自尊水平低②，自我评价也比男性低。而男性从小被鼓励要坚强、坚韧，承受压力的能力更强，社会对他们的期望更高。另外，女性与男性应对压力和生活事件的方式不同，女性更敏感，更关注自身感受，遇到负性事件有更多沉思；而男性多数情况下会选择转移注意力，减少不愉快事件给自身带来的影响。

因此，高中阶段女性更容易心理不健康，女性的心理健康问题在心理健康教育中应受到更多重视。

3. 高中生心理健康水平的年级差异

在心理健康的变化趋势上，高一、高二学生在躯体化和焦虑因子上随年代呈下降趋势，高三年级学生心理健康水平变化趋势不明显。但高三学生心理健康水平更低，在躯体化、抑郁、焦虑和精神病性四个方面因子得分显著高于高一高二学生。这说明高三学生心理健康水平一直处于较低水平。进入高三的学生，学业进一步受到重视。近二十多年来，"一考定终身"的思想在家长和学生中根深蒂固，高三被视为是高中最重要也最艰辛的一年。高三学生的心理压力、焦虑情绪和对未来的担忧比高一、高二学生都大得多。高三学生心理健康更应受到重视。

2014 年年底，教育部发布了《普通高中学业水平考试的实施意见》，2017 年起高考英语允许一年考两次，学生可以在除语文、数学两门课之外的其他科目中任选三门学科作为高考成绩中的一部分。语文、数学在 6 月举行考试。高考制度的改革让学生有多次机会考试，可以选择自己擅长的科目，增加了学生的

---

① Nolen-Hoeksema, S., "Gender Differences in Depression," *Current Directions in Psychological Science*, 2001, 10(5): pp. 173-176.

② Bolognini, M., Plancherel, B., Bettschart, W., et al., "Self-esteem and Mental Health in Early Adolescence: Development and Gender Differences," *Journal of Adolescence*, 1996, 19(3): pp. 233-245.

自主性。这将有利于高中学生心理健康水平的提高，在一定程度上减轻高三学生的学业压力。

4. 不同学校类型高中生心理健康水平差异

在变化趋势上，普通高中生和中职生也存在差异。普通高中生在躯体化、强迫、焦虑、恐怖和精神病性因子上，随年代变化呈下降趋势；中职生的变化趋势不明显。但在因子得分的比较方面，中职生心理健康水平低于普通高中生。其中，中职生人际关系和恐怖因子得分显著高于普通高中生。

中职生往往是在初中阶段学习落后的学生，进入中职的学生比普通高中生更自卑，在人际关系方面更加敏感。另外，中职生和普通高中生的学习目标存在差异，中职生更多在毕业后进入社会，而普通高中生将重心放在高考，进入大学接受高等教育。因此，中职生对未来有更多担忧。而且，中职生常被作为边缘群体，受到社会的关注更少，心理健康教育工作更加薄弱。然而目前，中职生群体人数与普通高中生相接近，已经成为不容忽视的一类群体，因此，未来应加强关注中职生心理健康，开展适合中职生心理特点的心理健康教育工作。

5. 东西部高中生心理健康水平差异

经分析发现，东西部地区高中生心理健康水平均有所下降。整体上，东部地区高中生在 SCL-90 各因子的得分均显著低于中西部地区，这说明东部地区比中西部地区高中生心理健康水平更高，而中部和西部地区高中生心理健康水平几乎没有差异。在心理健康的变迁趋势上，年代能显著预测东部地区高中生在躯体化、焦虑、精神病性因子上的得分，说明在这几个因子上心理健康水平随年代呈下降趋势；中部地区高中生则在强迫和焦虑方面，健康水平随年代呈下降趋势；西部地区高中生则在恐怖因子上，心理健康水平呈下降趋势。

东部地区与中西部地区高中生心理健康水平呈现差异的原因可能是地区之间社会经济发展不平衡，导致中西部地区高中生教育资源、家庭社会经济地位、父母受教育程度、流动人口和留守儿童数量存在显著差异。研究发现，从2000—2010 年 10 年中，东部地区一直是人口流入的主要区域，大量中西部地区人口迁出，留守儿童和留守老人人数激增[①]。所以，相比东部，中西部地区留守儿童更多。留守高中生缺少来自父母的关爱和管教，一般由隔辈老人监护，其受教育水平、人际水平、社会化程度等比非留守儿童更低。另外，东部地区心理健康教育资源更多，开展心理健康教育工作更到位、更专业。因此，未来在加强中西部社会经济发展的基础上，应加强中西部心理健康教育，同时还要预防东部地区高中生心理健康水平的恶化。

SCL-90 心理健康测评工具的局限性：通过研究发现，过去几十年来，SCL-90 作为高中生心理健康的测评工具被广泛使用，而自 2005 年以来基于 SCL-90 的高中生心理健康并没有呈现变化，这也可能是因为 SCL-90 对高中生心理健康测量的有效性降低，对当今高中生心理健康特点不敏感，不能反映心理健康的特点及其变化。而且，SCL-90 是从国外引进的心理诊断量表，以精神病理学的内容为主，更多应用于精神疾病的诊断和评定。而高中生群体中只有一部分是存在心理问题的，所以该量表的使用仅能诊断高中生的心理疾病，并不能描述高中生积极意义上的心理健康特点，例如在亲社会行为、情绪的调控能力、人际交往中的信任感，以及高中生对未来的职业规划等。因此，从积极心理学的视角出发，研究二拟探索我国高中生心理健康的内涵与结构，了解我国高中生心理健康特点。

(五) 研究结论

通过对 159 项高中生心理健康文献分析，对 118117 名高中生的横断历史研究的结果表明：

（1）高中生心理问题 1990—2004 年呈缓慢增加趋势，心理健康水平呈下降趋势，2005 年以后趋于平稳；

（2）高考人数和离婚率显著影响高中生心理健康水平，但 2005 年之后对心

---

① 刘玉：《中国人口流动格局的十年变迁与思考——基于第五、六次人口普查数据的分析》，载《西北人口》，2014，35（2）：1-5。

理健康的影响减小；

（3）高中女生心理健康水平比男生更差，女生在躯体化、抑郁、恐怖因子上，心理健康水平随年代呈下降趋势；

（4）高三学生比高一、高二学生心理健康水平更差，在变化趋势上，高一、高二年级学生心理健康水平在躯体化和焦虑上呈下降趋势；

（5）东部地区比中西部地区高中生心理健康水平高，在变化趋势上，东部地区高中生在躯体化、焦虑和精神病性上心理健康水平呈下降趋势；

（6）中职生比普通高中生心理健康水平更低，普通高中生在躯体化、强迫、焦虑、恐怖和精神病性方面，心理健康水平随年代呈下降趋势。

第十一章

————————

高中生心理健康的结构与量表编制研究

一、高中生心理健康的结构

　　心理健康标准是心理健康概念的具体化。由于人们对心理健康含义的理解不同，评价心理健康的标准也不尽相同。许多中外研究者给出了心理健康的不同标准，新的心理健康标准也不断地提出。分析多种不同的心理健康标准可以发现，心理健康标准是一种相对的衡量标准，基本上遵循两种标准与两种原则，概括为"发展标准"和"适应标准"，"众数原则"和"精英原则"①。马斯洛的标准是根据"精英原则"制定的心理健康标准中最具代表性的。该标准以"自我实现者"所具有的心理特点与心理品质作为心理健康的标准，遵循严格的精英标准。然而在普通人群中，自我实现者是极少数的，这一部分样本缺乏代表性，而且缺乏可操作性，所以，根据精英标准编制的心理健康测验应用并不广泛。而根据"众数原则"制定的心理健康标准是一种相对的评价标准，它以社会绝大部分人所共有的心理品质作为心理健康的标准，处于正态分布的中部，样本量大，具有代表性。遵循这一原则制定的心理健康标准比较具体，具有可操作性，容易量化。在心理健康或精神卫生调查研究中多采用这一标准编制的心理健康量表。

　　世界卫生组织给心理健康制定了七条标准：第一，智力发展良好；第二，能够协调与控制情绪和情感；第三，具有良好的意志品质；第四，具有和谐的

————————

① 　许明智、龚耀先：《心理健康量表的初步编制》，载《中国临床心理学杂志》，2004(2)。

人际关系；第五，能适应环境，并能动地改造环境；第六，人格完整和健康；第七，心理特点与年龄相符。

《简明不列颠百科全书》认为，心理健康的具体标准是：①认知过程正常，智力正常；②情绪稳定乐观，心情舒畅；③意志坚强，做事有目的；④人格健全，性格、能力、价值观等均正常；⑤养成健康习惯和行为，无不良行为；⑥精力充沛地适应社会，人际关系良好。

我国研究者俞国良教授认为，心理健康的标准包括：①智力正常。这是正常生活的基本条件；②人际关系和谐；③心理和行为符合年龄特征；④了解自我、悦纳自我；⑤面对和接受现实；⑥能协调和控制情绪，心境良好；⑦人格完整独立；⑧热爱生活并乐于工作[①]。

世界卫生组织提出，高中生心理健康的特点表现在：①心理特征与年龄增长相一致。高中生知、情、意等心理过程和个性心理特征的发展符合年龄增长的规律，这是心理健康的最基本条件。具体表现在高中生既不像儿童那样简单、幼稚，也不像成年人那样成熟，而是表现出高中生所在年龄阶段的心理特点。②保持稳定、乐观的情绪。稳定乐观的情绪有利于提升高中生的学习效率。在遇到挫折和困难时，能够保持乐观态度，积极应对。③爱学习。学习是高中生的主要任务或活动，高中生在这一阶段学习和掌握适应社会的基本知识和技能。学习目的明确，对学习有兴趣，把学习作为乐趣，主动参与学习过程，在学习中体验成就感，对学生的心理健康和幸福感有正面作用。④有良好的人际关系。高中生在家庭、学校等社会环境中，与父母、老师、同学建立健康的人际关系。在社会交往中，平等待人，尊重和理解他人，能够融入社会环境，与同伴建立友谊，在人际关系中有信任感。⑤有自我调节能力，能够适应环境。能够调节自己的负性情绪，如焦虑、抑郁、愤怒，恰当处理生活中的压力和挫折，有适应社会环境的能力。⑥接受自己的性别身份。高中生有恰当的性别认同，接纳自己的性别身份，行为符合性别身份。

---

①　俞国良：《现代心理健康教育》，北京，人民教育出版社，2007。

教育部颁布的《中小学心理健康教育指导纲要(2012 年修订)》指出，高中阶段学生应具备的健康心理品质包括以下五点：①有正确的自我意识，树立人生理想和信念，最终形成正确的世界观、人生观和价值观；②富有创新精神和创新能力，掌握学习策略，开发学习潜能，提高学习效率，能正确认识和应对考试；③正确认识自己的人际关系状况，培养人际交往能力，促进人际间的积极情感反应和体验，正确对待和异性同伴的交往；④具有承受失败和应对挫折的能力，形成良好的意志品质；⑤确立自己的职业志向，做好升学和就业的准备，有社会责任感。

张雅明、曾盼盼和俞国良(2004)开发的《中小学生心理健康量表》包括学习、自我、人际和适应四个维度①。沈德立、马惠霞和白学军(2009)认为，高中生心理健康素质的结构包括自我、认知风格、应对风格、归因风格、动力系统、个性素质、人际素质和适应②。

结合以往研究和政策文件，我们认为高中生心理健康的标准是：①热爱学习并学会学习。高中生的主要任务是学习知识和技能，锻炼思维能力，形成创新精神。掌握学习的方法和策略，在学习中体验快乐，这是高中生心理健康的必备条件。②认识自我。高中阶段学生能客观、正确地认识自我，评价自我，建立恰当的自我意识。③良好的人际关系。高中生在这一阶段要能够处理好与同伴、父母和老师的关系，恰当处理与异性朋友的关系。④社会适应。高中阶段是学生进入社会的过渡阶段，不仅要能够应对学业压力，还应具备一定的社会适应能力。⑤职业规划。了解自己的职业兴趣，有职业志向，能够对未来职业选择做出探索和规划，为进入社会做初步准备。⑥自我调节能力。在面对压力、负面情绪时，能够管理自己的情绪，有一定的自我调节能力，具备抗挫折能力，保持乐观心态。

---

① 张雅明、曾盼盼、俞国良：《中小学生心理健康量表的信效度检验》，载《中国临床心理学杂志》，2004，12(1)。

② 沈德立、马惠霞、白学军：《青少年心理健康素质的结构及其实证研究》，载《心理科学》，2009，32(2)。

二、高中生心理健康的量表编制

(一) 问题提出

Suldo 和 Shaffer(2008)[1]提出了心理健康的双因素模型，该理论认为，心理疾病和心理幸福感是两个相互独立的维度。没有心理疾病不等于心理幸福水平高。而目前我国的研究中，通过文献搜索，发现以往对高中生心理健康的测量工具以 SCL-90、心理健康诊断测试(MHT)等诊断心理疾病的测量工具为主。心理健康教育的目的不仅止于减少高中生的心理疾病，更应该培养高中生的积极心理品质，使他们获得幸福感。并且，有心理疾病的高中生仅是一部分，使用这类测量工具难以全面考察高中生的心理健康品质。此外，心理健康教育工作不应仅仅针对有心理问题的学生，而应面对全体高中生，培养他们健康积极的心理品质。因此，从这一角度，目前缺少测量高中生积极心理品质的心理健康测量工具。基于此，我国研究者俞国良等人先后于 1999 年和 2004 年编制了《学生心理健康量表》和《中小学生心理健康量表》[2][3]。量表测量维度从学习、人际关系、自我三个维度扩展到学习、人际、自我、适应四个维度。2002 年教育部发布了《中小学心理健康教育指导纲要》，2012 年再次进行了修订，形成《中小学心理健康教育指导纲要(2012 年修订)》，其中心理健康教育的重点是认识自我、学会学习、人际交往、情绪调适、升学择业及生活和社会适应。

然而，针对当前高中生心理发展特点和社会变迁，《中小学生心理健康量表》有待进一步修订。首先，由于社会经济以及互联网的快速发展，使用过去的心理健康量表难以测量目前高中生的心理健康特点。例如，过去的心理健康量

---

① Suldo, S. M., Shaffer, E. J., "Looking Beyond Psychopathology: The Dual-factor Model of Mental Health in Youth," *School Psychology Review*, 2008, 37(1): pp.52-68.

② 俞国良、林崇德、王燕:《学生心理健康量表的编制研究》，载《心理发展与教育》，1999(3)。

③ 张雅明、曾盼盼、俞国良:《中小学生心理健康量表的信效度检验》，载《中国临床心理学杂志》，2004, 12(1)。

表鲜有提及高中生网络使用，而高中生能否合理控制自己的上网时间，能否正确使用互联网收集信息都会影响到高中生的健康成长。其次，《中小学生心理健康量表》中的项目内容、语言表述缺乏对高中生这一年龄阶段的针对性，有些项目只适用于小学生。例如，能单独上街购物，正确地找零钱；我和老师喜欢的同学交往，不和老师不喜欢的同学交往等。再次，情绪调节能力和职业规划也是高中时期学生心理健康的重要内容。因为高中生情绪缺少稳定性，能否控制和管理情绪是高中生心理健康的前提。而即将成年的高中生需要掌握在社会独立生存的基本知识与技能，需要有自己的职业目标，对未来的职业有所规划。目前的量表缺少对高中生情绪调节能力和职业规划方面的测量。

因此，我们（俞国良，李天然，2015，2016）参考以往研究成果和教育部政策文件，以心理学理论为基础，结合心理健康的研究，将高中生心理健康定义为：高中生热爱学习，掌握学习方法，能在学习中获得成就感；对自我有恰当的认识和评价；有良好的人际关系，能够恰当处理同伴关系、亲子关系、师生关系和异性关系；遵守社会规范，有良好的自理能力和生活习惯，能够适应社会生活；有情绪控制和情绪调节能力；能够探索自己的职业兴趣，对未来职业有所规划。本研究在以往心理健康量表和我国高中生心理健康状况的基础上，通过访谈法、问卷法编制《高中生心理健康量表》，以了解目前高中生心理健康水平。

（二）研究方法

被试：预测试向山东省某一普通高中和一中等职业学校发放问卷 360 份，回收有效问卷 346 份，回收率达 96.4%。其中高一学生 267 人，高二学生 79 人；男生 191 人，女生 147 人，9 人未填写性别；普通高中生 271 人，中职生 76 人；城市高中生 227 人，农村高中生 111 人，9 人未填写生源地。

正式施测时，向山东省某一普通高中和两所中等职业学校发放问卷 1220 份，回收有效问卷 1084 份。其中高一 342 人，高二 345 人，高三 397 人；男生 554 人，女生 483 人，47 人未填写性别；普通高中生 548 人，中职生 536 人；

城市学生 624 人，农村学生 460 人。

研究程序：①以《中小学心理健康量表》[①]为蓝本，通过文献研究和访谈，收集关于对高中生情绪调节和职业规划的项目。②对所有项目进行整理，编制问卷项目，并请心理学专业研究生、高中心理健康教师和高中生对项目的语义和语言表述是否符合高中生特点进行讨论，删除语义表达不清的项目以及不符合高中学生特点的项目等，形成初始问卷。问卷作答用 Likert 四级评分，由"完全不符合"到"完全符合"分别赋值为 1~4 分，并设置反向题目。然后，以高中生为被试，进行高中生心理健康量表修订。③通过探索性因素分析探索问卷结构，并根据统计学标准删除项目因素负荷值低于 0.4，共同度低于 0.5，在多个因子上载荷较大，以及与因素关系不清晰的项目。因素的数目删选标准是因素的特征值大于 1，而且每个因素至少包含 3 个项目。通过修订初步形成高中生心理健康量表。④再次向高中生发放修订后的高中生心理健康量表，以班级为单位进行施测并回收问卷。将数据录入 SPSS，用 Mplus 7.0 进行验证性因素分析，以检验问卷的结构效度、一致性信度等信、效度，并根据统计指标和问卷内容再次修订，形成《高中生心理健康量表》最终版。

研究工具：社会科学统计软件 SPSS 19.0 for Windows 和 Mplus 7.0。

(三)研究结果

1. 学习分量表

首先，验证学习分量表的项目是否适合做探索性因素分析，经 SPSS 分析，该分量表的 KMO = 0.879。一般来说，KMO > 0.8 适合做探索性因素分析[②]。因此，该问卷适合做探索性因素分析。

然后，采用主成分分析法提取公因子进行探索性因素分析，用正交旋转对因素矩阵旋转，然后按照以下几个标准对每个项目进行筛选，筛选标准包括：

---

① 张雅明、曾盼盼、俞国良：《中小学生心理健康量表的信效度检验》，载《中国临床心理学杂志》，2004，12(1)。

② 吴明隆：《问卷统计分析实务——SPSS 操作与应用》，重庆，重庆大学出版社，2010。

①因子的特征值大于 1；②每个因子的项目数至少有 3 个；③项目在所属因子上的载荷大于 0.4；④剔除共同度小于 0.4 的项目；⑤删除在多个维度因子上载荷都很高的项目。

初始问卷有 18 题，根据探索性因素分析的项目筛选标准，经筛选还有 11 题，正交旋转后得到三个维度，解释率达 70.46%。根据项目含义，三个维度分别命名为自我满足感、学习兴趣和专注力。其中，自我满足感是指学生在学习过程中，通过努力获得成功的喜悦感，并对未来的学习有信心，或"从学习中无法获得成功的喜悦"。学习兴趣是指学生对学习的兴趣或厌恶，如"讨厌上学、读书、学习"。专注力是指学生在上课、写作业等学习过程中的专注程度，例如"做作业时常常想起不相干的事"。因子载荷表和碎石图检验见表 11-1 和图 11-1。

表 11-1　学习分量表因子载荷表

	自我满足感	学习兴趣	专注力
1	0.602		
2	0.743		
3	0.802		
4		0.823	
5		0.854	
6		0.770	
7			0.734
8			0.795
9			0.848
10			0.726
11			0.831

运用验证性因素分析检验学习分量表的结构效度。运用 Mplus 统计分析软件进行验证性因素分析，得到各拟合指数：$\chi^2 = 367.48$，$df = 41$，$\chi^2/df = 8.96$，RMSEA $= 0.071$，CFI $= 0.962$，TLI $= 0.950$，SRMR $= 0.04$。各拟合指数符合统计

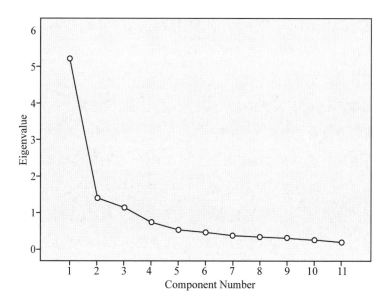

图 11-1　高中生心理健康量表学习分量表碎石图

学指标，说明结构效度良好。验证性因素分析模型见图 11-2。

各维度之间及与学习分量表总分的相关系数见表 11-2。分维度和总分之间呈高相关，相关系数在 0.74~0.89 之间，各维度之间呈中等程度相关，相关系数在 0.48~0.57 之间。这说明学习分量表有较好的内容效度。

表 11-2　学习分量表系数矩阵

	自我满足感	学习兴趣	专注力
自我满足感	1		
学习兴趣	0.50**	1	
专注力	0.48**	0.57**	1
学习分量表总分	0.74**	0.82**	0.89**

2. 自我分量表

自我分量表的探索性因素分析结果为 KMO=0.874，该问卷适合做探索性因素分析。经探索得到两个维度，根据探索性因素分析的项目删除标准，第 17 题共同度较低，删除后得到 12 个项目，两个维度的解释率达 56.53%。根据项目

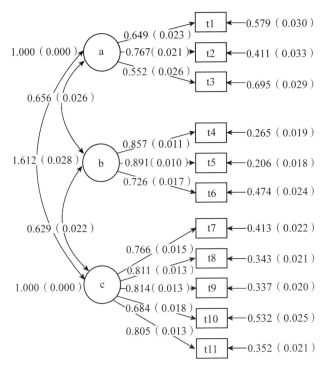

图 11-2 高中生心理健康量表学习分量表验证性因素分析模型

含义,分别把两个维度命名为家庭自我和自我评价。家庭自我是指学生感受到的家长对自己的评价,例如,"家庭对我的要求和期望太高,我真受不了"。自我评价是学生个体对自己在学业、智力、人际等方面的评价,例如,"我时常感到自己毫无用处"。因子载荷表和碎石图见表 11-3 和图 11-3。

表 11-3 自我分量表因子载荷表

	家庭自我	自我评价
1	0.786	
2	0.810	
3	0.818	
4	0.600	
5	0.542	
6		0.720

续表

	家庭自我	自我评价
7		0.735
8		0.799
9		0.595
10		0.739
11		0.769
12		0.599

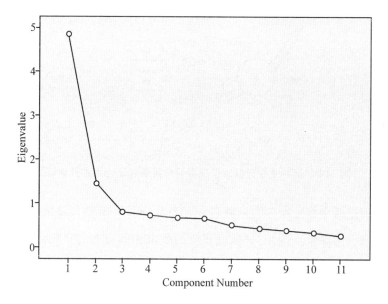

图 11-3　高中生心理健康量表自我分量表碎石图

运用验证性因素分析检验自我分量表的结构效度。第 6 题和第 7 题相关，说明这两个题目意义重合，根据项目含义删除第 6 题。运用 Mplus 统计分析软件进行验证性因素分析，得到各拟合指数：$\chi^2 = 294.25$，$df = 43$，$\chi^2/df = 6.84$，RMSEA$=0.073$，CFI$=0.944$，TLI$=0.929$，SRMR$=0.055$。各拟合指数符合统计学标准，说明该量表结构效度良好（图 11-4）。

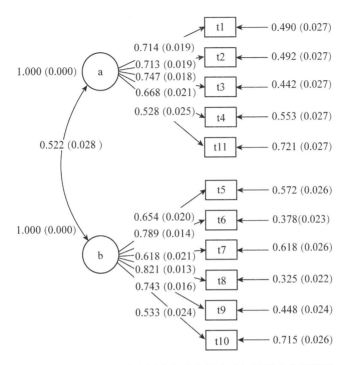

图 11-4　高中生心理健康量表自我分量表验证性因素分析模型

各维度之间及与自我分量表总分的相关系数：家庭自我和自我评价两个分维度和总分之间呈高相关，相关系数分别为 0.84 和 0.89。各维度之间呈中等程度相关，相关系数为 0.51，显著性水平达到 0.01。这说明自我分量表有较好的内容效度。

3. 人际分量表

人际分量表初始问卷有 25 题，KMO = 0.881，适合进行探索性因素分析。用 SPSS 进行探索性因素分析，经筛选后还剩 19 题。正交旋转，得到四个维度，解释率达 69.99%，因子载荷表见表 11-4，碎石图见图 11-5。根据项目含义分别将四个维度命名为认同感、信任感、异性交往焦虑和异性沟通。认同感指学生对家人之间人际关系的认同度，例如，"家里的人对我都很关心、器重"。信任感指学生对父母、老师和同学的信任程度，例如"当我遇到困难时，我希望得到老师的帮助"。异性交往焦虑是指学生与异性同学交往时的焦虑情绪，例如，

"每次与异性同学交谈都让我很紧张"。异性沟通指学生能够与异性同学正常交流，例如，"面对异性时，我能侃侃而谈，用恰当的语言表达自己的想法"。

表 11-4　人际关系分量表因子载荷

	认同感	信任感	异性交往焦虑	异性沟通
1	0.836			
2	0.829			
3	0.807			
4		0.702		
5		0.736		
6		0.817		
7		0.790		
8		0.828		
9		0.821		
10		0.593		
11		0.443		
12		0.620		
13			0.869	
14			0.902	
15			0.886	
16				0.757
17				0.828
18				0.846
19				0.829

通过验证性因素分析检验量表结构，根据验证性因素分析的修正指数和项目含义，又删除一题，最后形成 18 题量表。运用 Mplus 统计分析软件进行验证性因素分析，得到各拟合指数：$\chi^2 = 1019.44$，$df = 129$，$\chi^2/df = 7.90$，RMSEA =

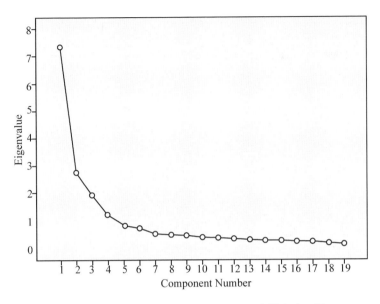

图 11-5　高中生心理健康量表人际关系分量表碎石图

0.08，CFI = 0.906，TLI = 0.888，SRMR = 0.052。模型拟合较好，模型图见图 11-6。

　　各维度之间及与人际关系分量表总分的相关系数见下表。分维度和总分之间呈高相关，相关系数在 0.40~0.84 之间，各维度之间呈中等程度相关，相关系数在 0.15~0.56 之间，且都达到显著水平。这说明人际关系分量表有较好的内容效度，见表 11-5。

表 11-5　人际关系分量表相关系数矩阵

	认同感	信任感	异性交往焦虑	异性沟通
认同感	1			
信任感	0.56**	1		
异性交往焦虑	0.17**	0.15**	1	
异性沟通	0.24**	0.32**	0.20**	1
人际交往分量表总分	0.68**	0.84**	0.40**	0.66**

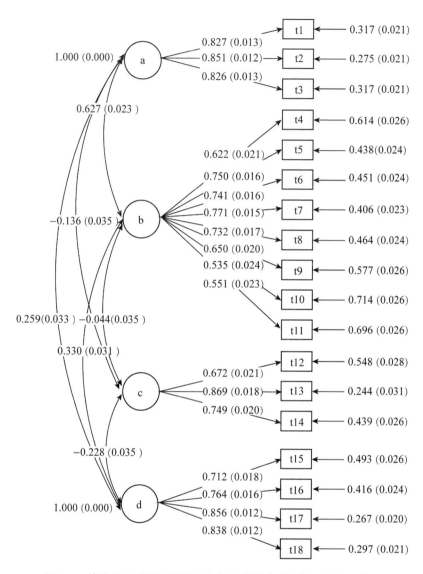

图11-6　高中生心理健康量表人际关系分量表验证性因素分析模型

4. 社会适应分量表

探索性因素分析 KMO=0.911，适合做探索性因素分析，碎石图见图11-7。初始量表有20题，经筛选还有18题，正交旋转后得到四个维度，解释率达56.77%，因子载荷表见表11-6。根据项目含义，分别将四个维度命名为社会规范、亲社会行为、自理能力和生活习惯。社会规范是指学生能否遵守社会规范和公共秩序，例如，"保护环境，爱护花草树木"。亲社会行为是指学生在学习和生活中的助人行为以及能愉快地参与集体活动，例如，"会把自己的物品、书籍和他人一起娱乐和学习"。自理能力是指学生能够独立地妥善安置生活和学习，例如，"每天主动把自己的物品或学习用具收拾整齐"。生活习惯是指个体的饮食、睡眠、运动、上网等方面的生活方式是否健康，例如，"一日三餐都按时吃，有规律"。

表 11-6　社会适应分量表因子载荷

	社会规范	亲社会行为	自理能力	生活习惯
1	0.740			
2	0.776			
3	0.779			
4		0.747		
5		0.569		
6		0.599		
7		0.642		
8		0.490		
9			0.631	
10			0.676	
11			0.510	
12			0.693	
13			0.631	
14				0.488
15				0.670
16				0.810
17				0.526
18				0.633

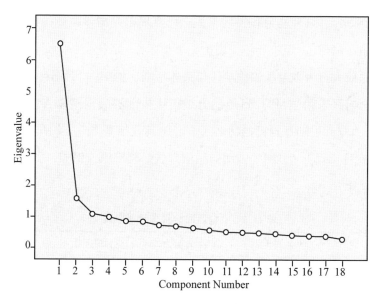

图 11-7　高中生心理健康量表社会适应分量表碎石图

通过验证性因素分析发现，第 14 题调整到自理能力拟合指标更好，而且其题目含义也符合维度划分，因此将第 14 题调整到自理能力维度。运用 Mplus 统计分析软件进行验证，得到各拟合指数：$\chi^2 = 647.64$，$df = 129$，$\chi^2/df = 5.23$，$RMSEA = 0.061$，$CFI = 0.922$，$TLI = 0.907$，$SRMR = 0.043$。模型拟合良好，说明该量表有较好的结构效度，拟合模型见图 11-8。

各维度之间及与社会适应分量表总分的相关系数见表 11-7。分维度和总分之间呈高相关，相关系数在 0.67~0.87 之间，各维度之间呈中等程度相关，相关系数在 0.35~0.61 之间。这说明社会适应分量表有较好的内容效度。

表 11-7　社会适应分量表相关系数矩阵

	社会规范	亲社会行为	自理能力	生活习惯
社会规范	1			
亲社会行为	0.56**	1		
自理能力	0.48**	0.61**	1	
生活习惯	0.35**	0.52**	0.57**	1
社会适应分量表总分	0.67**	0.84**	0.87**	0.78**

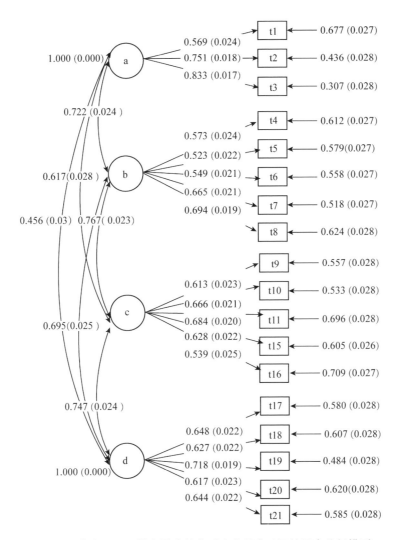

图 11-8　高中生心理健康量表社会适应分量表验证性因素分析模型

5. 情绪调节分量表

探索性因素分析 KMO＝0.930，适合做探索性因素分析，碎石图见图 11-9。初始问卷共 23 题，经探索性因素分析筛选后还有 17 题。最后，经正交旋转，得到两个维度，两个维度的解释率达 53.14%，因子载荷表见表 11-8。根据项目含义将两个维度分别命名为情绪控制和情绪反思。情绪控制是指学生在情绪冲动时，是否有能力控制自己的情绪，例如，"出现感情冲动或发怒时，我能较快地平静下来"。情绪反思是指学生对自己情绪的觉知和事后对情绪的反思,例如,"我能够在事后评价自己的情绪反应是否恰当"。

表 11-8　情绪调节分量表因子载荷表

	情绪控制	情绪反思
1	0.739	
2	0.674	
3	0.703	
4	0.785	
5	0.793	
6	0.751	
7	0.608	
8	0.644	
9	0.483	
10		0.492
11		0.663
12		0.661
13		0.445
14		0.602
15		0.744
16		0.695
17		0.614

运用 Mplus 统计分析软件进行验证性因素分析检验情绪调节分量表的结构效度,经验证得到情绪调节分量表验证性因素分析拟合指数:$\chi^2 = 1022$, $df = 118$, $\chi^2/df = 8.66$, RMSEA $= 0.078$, CFI $= 0.901$, TLI $= 0.885$, SRMR $= 0.047$。各拟合指数基本符合统计学标准,分量表结构良好。拟合模型见图 11-10。

各维度之间及与情绪调节分量表总分的相关系数:情绪反思和情绪控制两个分维度和总分之间呈高相关,相关系数分别为 0.92 和 0.95,两个分维度之间

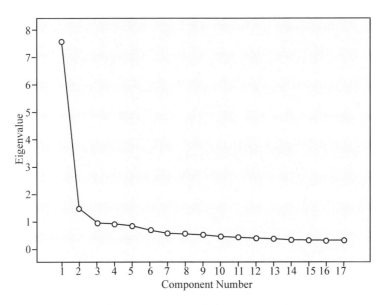

图 11-9　高中生心理健康量表情绪调节分量表碎石图

呈中等程度相关，相关系数为 0.74。这说明情绪调节分量表有较好的内容效度。

6. 职业选择分量表

经分析得出 KMO = 0.937，适合做探索性因素分析。职业选择分量表初始问卷为 17 题，经探索性因素分析筛选后保留 14 题，再次进行探索性因素分析，经正交旋转后得到三个维度，解释率达 67.93%，因子载荷表见表 11-9，碎石图见图 11-11。根据项目含义分别将这三个维度命名为职业信息获取、职业兴趣探索和职业实践探索。其中职业信息获取是指学生是否通过各种渠道收集关于自己未来职业的信息，例如，"我会通过网络搜集有关我未来职业的信息"。职业兴趣探索是指学生对自己兴趣爱好的探索和了解程度，例如，"我知道自己对哪些专业或工作感兴趣"。职业实践探索是指学生在对职业和自身兴趣了解的基础上是否有过实践上的探索，例如，"我曾寻找机会展示过自己的职业技能"。

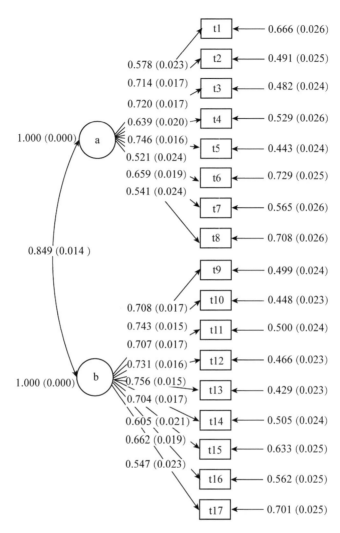

图 11-10　高中生心理健康量表情绪调节分量表验证性因素分析模型

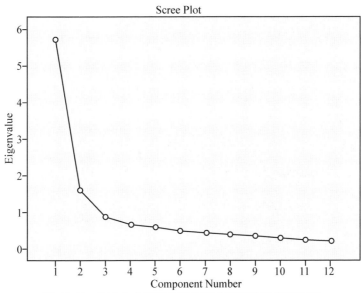

图 11-11　高中生心理健康量表职业选择分量表碎石图

表 11-9　职业选择分量表因子载荷表

	职业信息获取	职业兴趣探索	职业实践探索
1	0.690		
2	0.805		
3	0.777		
4	0.681		
5		0.723	
6		0.726	
7		0.778	
8		0.818	
9		0.749	
10		0.665	
11			0.738
12			0.563
13			0.830
14			0.741

通过 Mplus 进行验证性因素分析，修正指数结果显示，第 5 题和第 6 题维度不清晰，题目意义模糊，删除这两道题最后形成 12 题问卷，结构良好。各拟合指数为：$\chi^2 = 473.10$，$df = 51$，RMSEA = 0.080，CFI = 0.926，TLI = 0.904，SRMR = 0.052。职业选择分量表结构良好，模型见图 11-12。

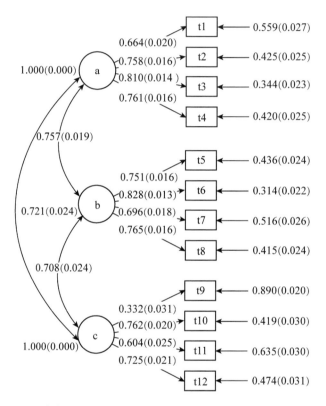

图 11-12　高中生心理健康量表职业选择分量表验证性因素分析模型

各维度之间及各维度与职业选择分量表总分的相关系数见表 11-10。分维度和总分之间呈高相关，相关系数在 0.75~0.88，各维度之间呈中等程度相关，相关系数在 0.47~0.66。这说明职业选择分量表有较好的内容效度。

《高中生心理健康量表》原始问卷共 120 题，经探索性因素分析和验证性因素分析筛选，最后得到六个分量表共 87 个项目。最后对高中生心理健康量表进行模型整体验证，二阶验证性因素分析结果为：RMSEA = 0.074，CFI = 0.906，

表 11-10　职业选择分量表相关系数矩阵

	职业信息搜索	职业兴趣探索	职业实践探索
职业信息搜索	1		
职业兴趣探索	0.66**	1	
职业实践探索	0.47**	050**	1
职业选择分量表总分	0.87**	0.88**	0.75**

TLI=0.888，SRMR=0.063，符合统计拟合标准。这说明本研究开发的高中生心理健康量表有较好的结构效度。二阶验证性因素分析模型见图 11-13。

《高中生心理健康量表》的总体和分量表信度用内部一致性系数进行检验，各分量表的 Cronbach's α 系数如下：学习分量表为 0.89，自我分量表为 0.86，人际分量表为 0.87，社会适应分量表为 0.89，情绪调节分量表为 0.92，职业选择分量表为 0.85。高中生心理健康总量表的 Cronbach's α 系数为 0.95。各量表的信度均在 0.85 以上，这表明本研究开发的《高中生心理健康量表》有很好的一致性信度。

最终，形成的《高中生心理健康量表》结构见图 11-14，分为学习、自我、人际关系、社会适应、情绪调节和职业选择六个分量表。

学习分量表包括自我满足感、学习兴趣和专注力三个分维度。自我满足感是指学生在学习过程中，通过努力获得成功的喜悦感，对未来学习有信心；学习兴趣是指学生对学习的喜爱或厌恶；专注力是指学生在听课、写作业等学习过程中的专注程度。

自我分量表包括家庭自我和自我评价两个分维度。家庭自我是指个体感知到的家长对自己的评价；自我评价是学生个体对自己在学业、智力、人际等方面的自我评价。

人际关系分量表包括认同感、信任感、异性交往焦虑和异性沟通四个分维度。认同感指学生对人际关系的认同度；信任感指学生对父母、老师和同学的信任程度；异性交往焦虑是指学生与异性同学交往时的焦虑情绪；异性沟通指

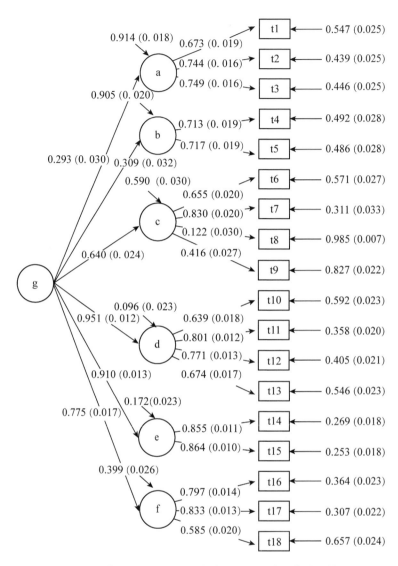

图 11-13　高中生心理健康量表的二阶验证性因素分析模型

学生能够与异性同学正常交流。

　　社会适应包括社会规范、亲社会行为、自理能力和生活习惯四个维度。社会规范是指学生能否遵守社会规范和公共秩序；亲社会行为是指学生在学习和生活中的助人行为，并能愉快地参与集体活动；自理能力是指学生能够独立地妥善安置生活和学习；生活习惯是指个体在饮食、睡眠、运动、上网等方面的生活方式和习惯。

情绪调节包括情绪控制和情绪反思两个分维度。情绪控制是指学生能否在情绪冲动时，是否有能力控制自己的情绪；情绪反思是指学生对自己情绪的觉知和事后对情绪的反思。

职业选择包括职业信息获取、职业兴趣探索和职业实践探索三个分维度。职业信息获取是指学生通过各种渠道搜集关于自己未来职业的信息；职业兴趣探索是指学生对自己兴趣爱好的探索和了解程度；职业实践探索是指学生在对职业和自身兴趣了解的基础上是否有过实践上的探索。

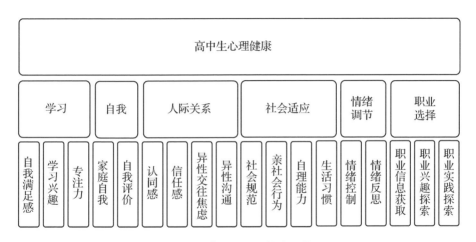

图 11-14 高中生心理健康结构图

(四) 分析与讨论

高中生心理健康的界定需要整合生理、心理、社会和文化几个方面，而不是某个单一方面的发展[①]。高中生的学习是生活的主要内容，能否在学习中获得满足感，成就感与心理健康密切相关，以往研究发现学业成绩与一些行为问

---

① Powers, S. I., Hauser, S. T., Kilner, L. A., "Adolescent Mental Health," *American Psychologist*, 1989, 44(2): p.200.

题直接相关①，因此在这一阶段养成良好的学习习惯、在学习中获得满足感是心理健康的重要方面。除学习这一主要任务之外，高中生需要在内部认识自我、学会调节情绪，在外部需要适应社会，掌握人际交往技能和基本生活技能。首先，在自我认识方面，高中生如何正确地认识自我和评价自我将影响高中生的自信心，较低的自我评价和自尊将会导致抑郁和焦虑②。除此之外，高中生需要学会管理情绪，掌握情绪调节的有效方法，因为情绪问题关系到高中生的社会交往等心理社会功能③。其次，高中生逐渐步入成年，需要掌握社会生存的基本适应能力和自理能力，能够根据自己的兴趣特长选择专业和未来职业。研究发现，高中生做好职业准备和职业规划有助于提升未来的心理幸福感、社会适应能力④。在职业规划的过程中，家长、老师和职业生涯咨询师的支持和指导有着重要作用⑤。

　　基于此，我们在《中小学生心理健康量表》的基础上，通过文献分析、访谈、预测试和正式测试，将高中生心理健康定位于六个方面：学习、自我、人际关系、社会适应、情绪调节和职业选择，这六个方面涵盖了高中生发展的主要任务，与生活实际相联系，侧重发展的积极意义。与 SCL-90 等诊断量表相比，该量表更侧重高中生发展的积极健康的心理品质，例如，人际交往和沟通能力，遵守社会规范，有亲社会行为，学会调节和控制情绪等。该量表编制从培养健康幸福的个体出发，采用严格的测量和统计方法，有助于协助教育者了解高中生心理特点，并有效促进高中生成长。

　　另外，该量表与《中小学生心理健康量表》相比较，创新之处在于综合考虑

---

①　McLeod, J. D., Uemura, R., Rohrman, S., "Adolescent Mental Health, Behavior Problems, and Academic Achievement," *Journal of Health and Social Behavior*, 2012, 53(4): pp. 482-497.

②　Sowislo, J. F., Orth, U., "Does Low Self-esteem Predict Depression and Anxiety? A Meta-analysis of Longitudinal Studies," *Psychological Bulletin*, 2013, 139(1): p. 213.

③　Zeman, J., Cassano, M., Perry-Parrish, C., et al, "Emotion Regulation in Children and Adolescents," *Journal of Developmental & Behavioral Pediatrics*, 2006, 27(2): pp. 155-168.

④　Skorikov, V., "Continuity in Adolescent Career Preparation and Its Effects on Adjustment," *Journal of Vocational Behavior*, 2007, 70(1): pp. 8-24.

⑤　Rogers, M. E., Creed, P. A., Glendon, A. I., "The Role of Personality in Adolescent Career Planning and Exploration: A Social Cognitive Perspective," *Journal of Vocational Behavior*, 2008, 73(1): pp. 132-142.

高中生的年龄特点、被试群体选择、时代发展特点等因素。

在年龄特点方面，处于青春期的高中生，随着心理发展、身体成长和生理的快速发育，会对异性产生好感，高中生要面对如何处理好异性关系的问题，处理不当可能导致不健康的交往关系或在与异性交往中产生焦虑。因此，编制量表时，在人际关系分量表中对高中生的异性交往进行考察，以多方面了解高中生的人际关系特点。另外，在语言表述上，充分考虑高中生的特点，以区别于小学生。根据访谈和讨论酌情删除只适合小学生的项目，补充了高中生阶段特有的测量项目。

在被试群体选择上，本研究综合考虑普通高中生和中职生群体，仅普通高中生难以代表整个高中生群体，中职生的数量和规模已经成为不能忽视的一部分。因此在问卷编制阶段，充分考虑两类高中生群体，综合考虑了样本的全面性。

该量表的编制体现了时代变化性。随着科技和互联网的快速发展，高中生的学习和生活方式都受到不同程度的影响。高中生使用网络学习、娱乐、交友和收集信息，互联网改变着他们的生活方式。但与此同时，高中学生也可能因此沉溺网络，造成社交问题、网络成瘾。该量表将高中生互联网的使用融入测量量表，例如在社会适应分量表中设置"我能控制每天上网和玩手机的时间"，在职业选择分量表中设置"我会通过网络搜集有关我未来职业的信息"。

（五）研究结论

《高中生心理健康量表》的编制严格按照心理测量学程序，经检验，量表的信、效度良好，可以作为高中生心理健康的评估工具。

第十二章

————————

高中生心理健康的特点与影响因素

一、高中生心理健康的特点

(一) 问题提出

了解高中生心理健康特点，比较不同性别、年级、学校类型和生源地的高中生在学习、自我、人际关系、社会适应、情绪调节和职业选择方面的差异。我们在编制《高中生心理健康量表》的基础上，进一步探索当前高中生心理健康的特点。

(二) 研究方法

被试：在山东省某地级市选取一所普通高中学校和两所中等职业学校。共收集有效问卷 1408 份，其中高一 596 人，高二 414 人，高三 389 人，9 人未填写年级信息；男生 736 人，女生 625 人，47 人未填写性别；普通高中生 799 人，中职生 609 人；城市学生 843 人，农村学生 514 人，51 人未填写生源地。

材料：自编《高中生心理健康量表》，共 87 题，包括学习、自我、人际交往、情绪调节、社会适应、职业选择六个维度。每个题目从"完全不符合"到"完全符合"按照 1~4 分进行打分，得分越高说明在这一维度表现越好，反向题目则相反。

程序：以班级为单位，向高中生发放《高中生心理健康量表》，由主试在班主任的协助下于课堂上集体施测，当场回收问卷。

研究工具：社会科学统计软件 SPSS 19.0 for Windows。

(三) 研究结果

各分维度平均数与标准差见表 12-1，高中生心理健康各维度平均分较高，整体来看，高中生在家庭自我、自我评价、认同感、信任感、异性交往焦虑、社会规范、自理能力、情绪反思能力上得分较高，而在学习分量表，职业选择分量表以及异性沟通、亲社会行为、生活习惯、情绪控制上得分较低。

表 12-1　各分维度平均分与标准差

分量表	分维度	$M \pm SD$
学习	自我满足感	2.70±0.72
	学习兴趣	2.97±0.84
	专注力	2.52±0.78
自我	家庭自我	3.03±0.69
	自我评价	3.05±0.70
人际关系	认同感	3.45±0.71
	信任感	3.00±0.64
	异性交往焦虑	3.06±0.83
	异性沟通	2.69±0.80
社会适应	社会规范	3.47±0.60
	亲社会行为	2.90±0.64
	自理能力	3.02±0.64
	生活习惯	2.78±0.75
情绪调节	情绪控制	2.96±0.63
	情绪反思	3.08±0.59
职业选择	职业信息获取	2.89±0.80
	职业兴趣探索	2.92±0.77
	职业实践探索	2.51±0.60

1. 高中生学习特点

(1)性别差异

高中生在学习特点上，性别、年级、学校类型和生源地差异的交互作用不显著。高中生学习分量表的性别差异 t 检验结果显示，男生比女生在自我满足感上得分更高（$t=3.52$，$p=0.001$），在学习兴趣上得分显著更低（$t=-2.23$，$p=0.026$），在专注力方面性别差异不显著（$t=-1.70$，$p=0.09$）。这说明男生在学习中获得的自我满足感更高，学习兴趣低于女生，厌学情绪高于女生。

(2)年级差异

年级差异的方差分析结果显示，不同年级的高中生在自我满足感、学习兴趣和专注力方面差异不显著（$F=1.15$，$p=0.233$；$F=0.48$，$p=0.620$；$F=0.11$，$p=0.895$），线性趋势检验也不显著。这说明不同年级高中生在学习方面差异不大。

(3)学校类型差异

在学习分量表上，普通高中学生和中等职业学校学生差异显著，普通高中学生的自我满足感、学习兴趣和专注力均显著高于中职生（$t=4.73$，$p=0.001$；$t=10.73$，$p=0.001$；$t=8.58$，$p=0.001$）。这说明普通高中学生通过学习获得的满足感更高，对学习的兴趣更高，厌学情绪低于中职生，学习的专注力更好。

(4)生源地差异

生源地差异的 t 检验结果显示，城市和农村高中生在自我满足感方面没有显著差异（$t=0.75$，$p=0.454$），而城市学生的学习兴趣和专注力显著高于农村学生（$t=5.61$，$p=0.001$；$t=5.31$，$p=0.001$）。这说明城市高中生对学习的态度更主动，学习的专注力更高。

2. 高中生自我特点

(1)性别差异

高中生在自我特点上，性别、年级、学校类型和生涯地差异的交互作用不显著。自我分量表的性别差异 t 检验结果显示，男生和女生在家庭自我方面差异不显著($t = -0.40$，$p = 0.668$)，而在自我评价上，男生得分显著高于女生($t = 3.01$，$p = 0.003$)，这说明男生比女生的自我评价更高、更积极。

（2）年级差异

自我分量表年级差异的方差分析结果显示，不同年级的家庭自我和自我评价差异不显著($F = 0.88$，$p = 0.415$；$F = 0.36$，$p = 0.698$)，线性趋势检验不显著。这说明，不同年级的高中生在认识自我方面差异不大。

（3）学校类型差异

学校类型差异的 t 检验结果显示，普通高中生的家庭自我和自我评价均显著高于中职生($t = 7.73$，$p = 0.001$；$t = 5.43$，$p = 0.001$)。这说明普通高中生家庭对学生的评价与学生自我评价相一致，学生对自我的评价也更积极。

（4）生源地差异

生源地差异的 t 检验结果显示，城市高中生的家庭自我和自我评价得分显著高于农村高中生($t = 2.48$，$p = 0.013$；$t = 4.84$，$p = 0.001$)，这说明城市高中生的家庭对学生的评价和期望与学生自身较一致，城市高中生对自我的评价也更积极。

3. 高中生人际关系特点

（1）性别差异

高中生在人际关系的特点上，性别、年级、学校类型和生涯地差异的交互作用不显著。性别差异的 t 检验结果显示，女生在认同感和异性交往焦虑方面得分显著高于男生($t = -2.70$，$p = 0.007$；$t = -5.43$，$p = 0.001$)，女生在人际交往方面的信任感显著低于男生($t = -3.52$，$p = 0.001$)，男生和女生在异性沟通方面差异不显著($t = -0.72$，$p = 0.474$)。

（2）年级差异

人际关系年级差异的方差分析显示，不同年级学生在信任感、异性交往焦虑和异性沟通方面差异不显著，在认同感方面差异显著。事后检验发现，高一、高二学生认同感得分有差异($F = -3.12$，$p = 0.044$)，高一学生的认同感显著高于高二学生，高一和高三年级以及高二和高三年级之间差异不显著。认同感、信任感、异性交往焦虑和异性沟通的趋势检验均不显著。

（3）学校类型差异

学校类型差异的 t 检验结果显示普通高中生的认同感、信任感、异性交往焦虑和异性沟通得分均显著高于中职生（$t = 2.28$，$p = 0.023$；$t = 4.02$，$p = 0.001$；$t = 8.96$，$p = 0.001$；$t = 6.68$，$p = 0.001$），说明普通高中生的人际关系比中职生更健康。

（4）生源地差异

人际关系的生源地差异 t 检验结果显示，农村和城市高中生在人际关系的认同感和信任感方面差异不显著（$t = 0.50$，$p = 0.619$；$t = 1.02$，$p = 0.308$），但是在异性交往焦虑和异性沟通方面，城市高中生得分显著高于农村高中生（$t = 4.54$，$p = 0.001$；$t = 5.53$，$p = 0.001$），说明城市高中生的异性交往焦虑水平更低，与异性沟通更顺畅。

4. 高中生社会适应特点

（1）性别差异

高中生在社会适应的特点上，性别、年级、学校类型和生涯地差异的交互作用不显著。高中生社会适应的性别差异 t 检验结果显示，女生比男生在社会规范上的得分更高（$t = -3.86$，$p = 0.001$），男生的自理能力和生活习惯得分显著高于女生（$t = 2.68$，$p = 0.008$；$t = -5.01$，$p = 0.001$），亲社会行为没有显著差异（$t = -0.90$，$p = 0.371$）。说明女生比男生更遵守社会规范，男生的自理能力更强，生活习惯更好。

（2）年级差异

年级差异的方差分析结果显示，不同年级高中生在社会规范、亲社会行为、自理能力和生活习惯方面的差异并不显著（$F = 2.93$，$p = 0.054$；$F = 1.93$，$p = 0.145$；$F = 0.47$，$p = 0.627$；$F = 1.78$，$p = 0.169$），线性趋势检验也不显著，说明不同年级高中生的社会适应能力差异不大。

（3）学校类型差异

学校类型差异的 t 检验结果显示，普通高中生在社会规范、亲社会行为和生活习惯方面得分均高于中职生（ $t=4.19$ ， $p=0.001$ ； $t=4.06$ ， $p=0.001$ ； $t=6.11$ ， $p=0.001$ ），自理能力方面的差异并不显著（ $t=1.86$ ， $p=0.063$ ）。这说明普通高中生的社会适应能力更强，遵守社会规范，生活习惯更好，更能融入社会，有更多的助人行为。

（4）生源地差异

生源地差异的 t 检验结果显示，城市高中生和农村高中生在社会规范和自理能力方面的差异不显著（ $t=1.01$ ， $p=0.310$ ； $t=0.83$ ， $p=0.407$ ），城市高中生的亲社会行为和生活习惯得分显著高于农村高中生（ $t=2.15$ ， $p=0.032$ ； $t=2.91$ ， $p=0.004$ ）。这说明城市高中生的生活习惯更健康，亲社会行为和与社会的融合度更高。

5. 高中生情绪调节特点

（1）性别差异

高中生在情绪调节特点上，性别、年级、学校类型和生涯地差异的交互作用不显著。性别差异的 t 检验结果显示，男生和女生在情绪反思方面差异不大（ $t=0.84$ ， $p=0.403$ ），而在情绪控制方面，男生比女生得分更高（ $t=3.50$ ， $p=0.001$ ），这说明，男生比女生的情绪控制能力更强。

（2）年级差异

年级差异的方差分析结果显示，不同年级高中生的情绪反思和情绪控制得分差异不显著（ $F=0.16$ ， $p=0.854$ ； $F=0.58$ ， $p=0.559$ ），说明不同年级高中生的情绪调节能力差异不大。线性趋势检验也不显著。

（3）学校类型差异

学校类型差异的 t 检验结果显示，普通高中生在情绪反思和情绪控制上的得分更高（ $t=10.63$ ， $p=0.001$ ； $t=7.71$ ， $p=0.001$ ），这说明普通高中生的情绪控制能力更强，对过去情绪的反思更多，情绪调节能力优于中职生。

（4）生源地差异

生源地差异的 t 检验结果显示，城市高中生在情绪反思和情绪控制方面均高于农村高中生（$t=5.37$，$p=0.001$；$t=4.55$，$p=0.001$），这说明，城市高中生在情绪控制能力和事后对情绪的反思与评价更多，城市高中生的情绪调节能力更强。

6. 高中生职业选择特点

（1）性别差异

高中生在职业选择的特点上，性别、年级、学校类型和生涯地差异的交互作用不显著。职业选择的性别差异 t 检验结果发现，男生和女生在职业信息获取方面差异并不显著（$t=-1.41$，$p=0.159$），男生比女生在职业兴趣探索和职业实践探索上的得分显著更高（$t=1.99$，$p=0.047$；$t=4.98$，$p=0.001$）。

（2）年级差异

年级差异的方差分析结果显示，不同年级高中生在职业信息获取、兴趣探索和实践探索方面的差异不显著（$F=0.63$，$p=0.535$；$F=1.49$，$p=0.225$；$F=0.54$，$p=0.583$），这说明不同年级的高中生在职业选择方面差异不大。线性趋势检验也不显著。

（3）学校类型差异

学校类型差异的 t 检验结果显示，普通高中生和中职生在职业信息获取方面的差异不显著（$t=1.09$，$p=0.278$），在职业兴趣探索方面普通高中生得分显著高于中职生（$t=4.26$，$p=0.001$），而在实践探索方面，中职生显著高于普通高中生（$t=-3.68$，$p=0.001$）。这说明普通高中生对个体内部的兴趣探索更多，而中职生在实践方面的经历更多。

（4）生源地差异

生源地差异的 t 检验显示，城市高中生和农村高中生在职业信息获取和实践探索方面差异不显著（$t=0.72$，$p=0.469$；$t=0.17$，$p=0.87$），而在职业兴趣探索方面，城市高中生得分显著高于农村高中生（$t=4.30$，$p=0.001$）。这说明，城市高中生更了解自己的职业兴趣，对未来职业有所规划。

(四)分析与讨论

在性别差异方面，男生比女生在心理健康的各个方面变异更大。男生与女生相比，在学习满足感、自我评价、自理能力、情绪控制、职业兴趣探索和职业实践探索方面得分更高，表现更好。女生在学习兴趣、人际认同感和信任感、异性交往、社会规范、生活习惯等方面优于男生，其他方面差异不显著。所以，整体来看，女生在学习动机、人际关系和社会适应方面优于男生，而男生在自我评价和职业选择方面的探索比女生更多。这与以往研究结果部分一致，即女生的学习动机、适应社会和人际沟通能力比较强[①]；而男生的自尊较高，自我满足感和自我评价高于女生[②]。该研究的新发现是男生在职业规划和探索方面比女生做的努力更多，这可能是因为在传统观念中，男生承担的社会责任和家庭责任更重，在职业和未来工作方面考虑更多。

在年级差异方面，除在人际认同感方面，高一和高二年级之间有差异外，其他方面年级差异不显著。但是从平均数的比较来看，一些心理特点随年级呈增长趋势，例如，学习兴趣、家庭自我和生活习惯等。

在学校类型差异方面，普通高中生在学习、自我、人际关系、情绪调节、社会适应和职业兴趣探索等方面优于中职生，而中职生的职业实践探索更多，这可能是因为中等职业学校以培养学生的职业技能为目标，实践机会更多，所以在实践方面的探索更多。研究发现，中职生如果与学校和社会有好的联系，那么心理健康程度高；如果中职生与学校联系很少，过多地参与社会联系，那么会导致焦虑和抑郁等情绪问题，以及饮酒、物质滥用等行为问题[③]。因此，

[①] 俞国良、侯瑞鹤、姜兆平等：《中等职业学校学生心理健康状况和特点的调查研究》，载《中国职业技术教育》，2005(32)。

[②] Quatman, T., Watson, C. M., "Gender Differences in Adolescent Self-esteem: An Exploration of Domains," *The Journal of Genetic Psychology*, 2001, 162(1): pp. 93-117.

[③] Bond, L., Butler, H., Thomas, L., et al, "Social and School Connectedness in Early Secondary School as Predictors of Late Teenage Substance Use, Mental Health, and Academic Outcomes," *Journal of Adolescent Health*, 2007, 40(4): p. 357.

中等职业学校应加强对学生的管理和心理健康的辅导。

在城乡高中生心理健康差异方面，城市高中生在学习、自我、人际关系、社会适应、情绪调节和职业选择方面均优于农村高中生。城市的教育资源更丰富，家庭社会经济地位更高，父母受教育水平更高。不仅如此，这些社会性因素间接影响一个家庭的氛围[①]以及亲子互动关系[②]，最终影响高中生的认知和社会性发展[③]。

整体来看，该研究结果与以上高中生心理健康元分析的研究结果相一致，普通高中生心理健康水平优于中职生，城市高中生心理健康水平优于农村学生。这说明不仅在心理问题方面存在生源地和学校类型差异，在积极心理学意义上的心理健康方面也存在显著差异。

然而在心理健康的性别差异方面，通过《高中生心理健康量表》的调查发现，女生在社会适应、人际沟通和学业方面优于男生，而男生在自我评价、职业选择、情绪控制方面优于女生。结合研究一的元分析发现，本研究结果与研究一结果既有相似又有不同，即男生的心理问题更少；自我评价更高；女生虽然在情绪方面容易出现心理问题，但人际交往能力和社会适应能力比男生更强。

在心理健康的年级差异方面，以 SCL-90 为指标的心理健康，经元分析检验发现，高三年级学生健康水平最低，但是在本研究开发的《高中生心理健康量表》上差异并不显著。这说明高三学生的心理发展整体上是健康的，但是在面临高考这一特殊时期时，会出现更多的心理问题，如焦虑、抑郁、躯体化等。因此，高三学生的心理健康需引起重视。

针对高中生心理健康的特点，促进高中生心理健康的建议与对策有：①加强对农村高中生和中等职业学校学生的心理健康关注；②高中女生的心理脆弱

① Bradley, R. H., Corwyn, R. F., "Socioeconomic Status and Child Development," *Annual Review of Psychology*, 2002, 53(1): pp. 371-399.

② Hanson, M. D., Chen, E., "Socioeconomic Status and Health Behaviors in Adolescence: A Review of the Literature," *Journal of Behavioral Medicine*, 2007, 30(3): pp. 263-285.

③ Evans, G. W., Kantrowitz, E., "Socioeconomic Status and Health: The Potential Role of Environmental Risk Exposure," *Annual Review of Public Health*, 2002, 23(1): pp. 303-331.

性更高，女生的情绪问题更需要心理健康教育者的关注。鼓励高中男生和女生认识自身心理特点，发挥心理特点的优势，学会应对和解决心理困惑；③关注高三学生心理健康，针对焦虑、抑郁等负面情绪，开展心理健康讲座和心理辅导活动，帮助高中生积极应对考试压力。

(五)研究结论

(1)男生和女生在心理健康的不同方面表现出不同优势，男生比女生在心理健康的各个方面变异更大。男生与女生相比，在学习满足感、自我评价、自理能力、情绪控制、职业兴趣探索和职业实践探索方面得分更高，表现更好。女生在学习兴趣、人际认同感和信任感、异性交往、社会规范、生活习惯等方面优于男生。

(2)心理健康的年级差异不大，高三学生心理健康水平略低。

(3)普通高中生在学习、自我、人际关系、情绪调节、社会适应和职业兴趣探索等方面优于中职生，而中职生的职业实践探索更多。

(4)城市高中生几乎在心理健康的各方面均优于农村高中生。

二、高中生心理健康的影响因素

布朗芬布伦纳于 1979 年提出了生态系统理论(ecological systems theory)，该理论通过系统嵌套结构模型清晰地描述了影响儿童发展的因素①。他认为影响儿童发展的因素由相互嵌套的四个系统组成，分别是微系统(microsystem)、中系统(mesosystem)、外系统(exosystem)和宏系统(macrosystem)。微系统是儿童直接接触到的环境，例如，与父母的互动，在学校接受的教育等。中系统是各微系统之间的相互作用，例如，儿童与父母的依恋关系会影响到儿童在学校的

---

① Bronfenbrenner, U., "Contexts of Child Rearing: Problems and Prospects," *American Psychologist*, 1979, 34 (10): p. 844.

同伴关系，儿童在学校学习到的知识经验影响在家庭中与父母的互动。外系统不直接影响儿童发展，但会通过一定方式间接影响儿童成长环境，例如，社区安全性、家庭的社会经济地位等都会间接影响儿童发展。宏系统是指文化、社会环境、价值观等宏观的意识形态。布朗芬布伦纳在生态系统理论的四个系统基础上又补充了时间系统（chronosystem）对儿童发展的影响。时间系统即儿童在成长过程中与环境产生的相互作用，是动态发展的过程。从生态系统理论的角度，分析影响高中生心理健康的因素，主要有以下几个方面。

首先，从高中生自身人格和社会性发展的角度分析，高中生自身人格特点、心理韧性、自尊、动机、应对方式等均与心理健康关系密切。低自尊高中生比高自尊高中生生理和心理健康水平更低，并在高中时期有更多的犯罪行为，对自己未来的经济发展前景预期更低[1]。

其次，家庭和学校是高中生的主要成长环境，也是影响高中生心理健康的重要因素。在家庭方面，父母的教养方式、家庭关系、家庭支持[2]和家庭社会经济地位都不同程度地影响高中生的健康发展。在学校方面，高中生面临的考试压力、学校教育模式、与老师和同伴的关系等也会影响高中生的心理健康。研究发现，校园欺负行为导致高中生有更多焦虑、抑郁、饮食障碍和药物滥用，心理和行为问题也更严重[3]。另外，从高中生成长的社区来说，如果社区缺乏组织性，存在歧视和偏见，常有暴力行为发生，这些因素对高中生成长都是不利的，而积极的社区参与、良好的文化和娱乐氛围、有组织的社区则是高中生心理成长的保护性因素[4]。

---

① Trzesniewski, K. H., Donnellan, M. B., Moffitt, T. E., et al., "Low Self-esteem During Adolescence Predicts Poor Health, Criminal Behavior, and Limited Economic Prospects During Adulthood," *Developmental Psychology*, 2006, 42(2): p. 381.

② Hoagwood, K. E., Cavaleri, M. A., Olin, S. S., et al., "Family Support in Children's Mental Health: A Review and Synthesis," *Clinical Child and Family Psychology Review*, 2010, 13(1): pp. 1-45.

③ Kaltiala-Heino, R., Rimpelä, M., Rantanen, P., et al., "Bullying at School—An Indicator of Adolescents at Risk for Mental Disorders," *Journal of Adolescence*, 2000, 23(6): pp. 661-674.

④ Patel, V., Flisher, A. J., Hetrick, S., et al., "Mental Health of Young People: A Global Public-health Challenge," *The Lancet*, 2007, 369(9569): pp. 1302-1313.

　　最后，网络作为 21 世纪最重要的传播载体之一，对高中生心理健康来说是一把"双刃剑"，既有积极影响也有消极影响。Wright 等人[1]以 SCL-90 和 16PF 作为测量工具，研究了高中生网络使用情况与心理健康程度、人格特点的关系。结果发现，过度使用网络的高中生在 SCL-90 上的各项得分均高于其他组（不使用网络组、很少使用网络组和适当使用网络组）。在人格方面，过度使用网络的高中生情绪不稳定，易受到影响，思想具有幻想性。我国研究者发现，高中生网络成瘾与 SCL-90 测量的 9 个因子及总分均呈显著正相关关系[2]，这说明，网络成瘾的高中生在焦虑、抑郁、恐怖、敌对、偏执、精神病性、人际关系敏感性、强迫和躯体化症状上均高于没有网络成瘾的高中生。然而，对网络的合理利用则会促进高中生心理健康，因为网络给高中生提供了跨时空的信息、人脉和资源。由于网络社会交往具有匿名性，因而个体在网络上的交流掩盖了自己的真实性别、年龄、种族和职业等信息，从而扩大了交往范围，交流内容也没有限制。因此高中生可以在网络上获得更广泛的社会支持。

　　宏观系统方面，高中生所处的文化背景也会对高中生心理健康产生影响。有研究发现，拉丁裔高中生感受到的种族歧视正向预测抑郁症状[3]。另外，国家对高中生群体心理健康教育的重视程度、社会支持政策等也非常重要。

　　① Yang, C. K., Choe, B. M., Baity, M., et al., "SCL-90-R and 16PF Profiles of Senior High School Students with Excessive Internet Use,"*The Canadian Journal of Psychiatry*, 2005, 50(7): pp. 407-414.

　　② 王继瑛、李明:《青少年网络游戏与心理健康:动机的调节与中介》，载《心理学探新》，2012, 32(3)。

　　③ Umaña-Taylor, A. J., Updegraff, K. A., "Latino Adolescents' Mental Health: Exploring the Interrelations Among Discrimination, Ethnic Identity, Cultural Orientation, Self-esteem, and Depressive Symptoms,"*Journal of Adolescence*, 2007, 30(4): pp. 549-567.

第五篇

心理健康教师
工作研究

　　教师对学生的发展至关重要，优质师资也是我国中小学心理健康教育工作的现实需求。然而，特殊的工作环境造就了中小学心理健康教师角色的多样重叠，使得这项工作极具挑战。基于这一现实，我们认为，提升心理健康教师专业化水平，重点要解决两个核心问题：一是专业胜任特征；二是教育能力。在中小学心理健康教师胜任特征的研究方面，有三类研究可供参考：一是对心理健康服务人员的胜任特征研究；二是对中小学教师的胜任特征研究；三是对学校心理健康相关教育工作者的胜任特征研究。在教育实践上，中小学心理健康教师的胜任特征包括：知识结构、心理健康水平、观念、职业道德和能力五大方面。对于集德育、课程教学和心理辅导功能于一身的中小学心理健康教师而言，其在教育方面的能力更是直接关系到胜任特征的发挥。首先，要充分理解心理健康教育与德育的关系；其次，必须练好教学基本功；最后，必须充分掌握心理辅导的知识与技能，有针对性地锻炼自己的心理辅导能力。有鉴于此，我们在理论上总结归纳出中小学心理健康教师在教育观念、知识、技能和行为表现等方面共 25 项全面发展指标；在教育实践上，他们的教育能力，尤指德育能力、教学能力与心理辅导能力至关重要。中小学心理健康教师的工作职责是指在工作中所负责的范围和所承担的相应责任。基于影响教育效果的因素和心理健康教育工作范围的定位，我们认为，中小学心理健康教师的职责包括基本职责和核心职责两大模块。后者是以学生心理健康教育服务为核心，学生、学校、社会三位一体的生态化服务体系。从教育实践上看，其工作职责包括两个方面：一是对全体中小学学生来说，要培养学生学会学习和生活，正确认识自我，增强自我调控、承受挫折、适应环境的能力，培养学生健全的人格和良好的个性心理品质。二是对个别心理有困扰或有心理问题的学生来说，要进行科学有效的心理辅导，及时给予必要的危机干预。因此，如何科学、正确判断一个人的心理是否健康，并对不健康状态进行调节、预防和干预，是中小学心理健康教育工作的基本目标；如何帮助一个人以完全健康的状态，快乐成长，幸福生活，则是中小学心理健康教育的终极追求。两者之间的距离，就是中小学心理健康教师们实际工作所要覆盖的内容范围。从理论层面来说，应以学生为圆心，以学生的学习生活范围为半径，将教师、家长和校内外教育相关人士覆盖在内。从实践操作层面来说，要通过心理健康课程等途径，帮助学生确立正确的自我意识，培养积极的人格特质；帮助学生掌握学习策略，开发学习潜能；帮助学生认识自己的人际关系状况，培养人际沟通能力；帮助学生积极应对压力，培养良好的意志品质；帮助学生了解自己的兴趣、能力、性格、特长和社会职业发展方向，进行升学就业的选择和准备。中小学心理健康教师在工作中涉及的教育活动包括课堂教学、心理辅导、危机预防与干预、成长信息管理、课外活动等，都有特定的工作流程和工作途径。以工作途径为例，包括专门途径、渗透途径和支持途径。其中，专门途径包括心理健康教育课程和心理健康教育辅导；渗透途径包括学科教学渗透、学生管理渗透、课外活动渗透、环境优化渗透和互联网络渗透；支持途径包括家庭心理健康教育和社会心理健康教育。

第十三章

————

中小学心理健康教师的胜任特征和教育能力

一、中小学心理健康教师的工作现状

（一）中小学心理健康教师的现状

教师对学生的发展至关重要。有研究指出，教师素质是学生成绩最重要的变量，低效的教师和优秀的教师相比，在学生的测验分数上会有 50% 的差异（托马斯等，2014）。随着基础教育领域教育教学改革的不断推进，学生的综合素质被纳入高等学校的录取标准之中。中小学心理健康教育作为素质教育的重要组成部分，肩负着促进中小学生身心全面、协调发展的使命和责任，无论是在教育内容、教学方式还是教学效果的评测上，都与教育改革"立德树人"的基本导向一致。然而，目前中小学心理健康教育仍是我国基础教育的薄弱环节，其在促进学生综合发展、奠定创新人才素养基础方面的影响力尚未完全彰显。要想突破这一僵局，优质的师资保障是关键。

优质的师资也是我国中小学心理健康教育工作的现实需求。鉴于心理健康教育的专业性，心理健康教育教师最好由受过专业训练的人员担任，如在美国，每 4000~5000 名学生就配备一个具有专业资格与水平的专职心理健康教育教师（俞国良，2008）。根据教育部《中小学心理健康教育指导纲要（2012 年修订）》，心理健康教育专职教师原则上须具备心理学或相关专业本科学历，且每所学校至少配备一名专职或兼职心理健康教育教师。在实际工作中，我国中小学校实施各种心理咨询、辅导活动的教师被统一称为心理健康教育教师，根据针对中小学专兼职教师和学校管理者对心理健康教育认知与评价的专题调研①，当前心理健康教育教师非专业化的现象仍然十分突出，大部分专职教师有担任其他课程的经历，兼职教师中德育课教师和班主任居多，明显存在工作职责模糊、绩效评估机制不完善、培训体系不健全等问题，教师的自主性较低，专业质量无法保障。总体而言，中小学心理健康教师的自身专业化程度不高，心理辅导室的设置比例与利用率均较低，教师心理辅导能力不足；心理健康教育体系发展不完善，缺乏统一的教学标准与教学大纲，心理健康教育没有规范模式；内容上以思想政治教育为主，涉及心理健康教育的内容较为肤浅。

相对而言，已被教育部命名为全国中小学心理健康教育特色学校的师资情况相对较好，师生比达到 1∶500 以上，人员充足。但根据教育部发展规划司 2015 年的教育统计数据，以开展心理健康教育工作较好的中学为例，我国现有中学 52405 所，在校学生 43119500 人，各个学科专任教师合计 3475636 人，总体师生比为 1∶12.41，而心理健康教育教师的数据不详，只能看到"其他类教师"人数是 45036 人，假设其他类教师均为心理健康教师，那么，也未达到政策所要求的每所中学配备一名专职心理健康教师的比例。此外，根据教师网 2015 年对 59917 名全国教研员的调查结果显示，全国有 606 名心理健康的学科教研员，占所调查教研员的 1%，其中 528 名教研员只承担心理健康单一学科的教研任务。

中小学心理健康教师在质量与数量上的不足，使得其在工作胜任上的问题尤显突出。研究者王智、张大均(2012)②用自编的学校心理健康教育教师胜任特征工具进行调查，发现大中学校心理健康教育教师胜任特征水平的发展特点和趋势：目前我国大中学校心理健康教育教师胜任水平处于中等偏上，其中，中学心理健康教育教师的专业知识水平显著低于大学心理健康教育教师，而女

---

① 俞国良、王勍、李天然：《心理健康教育：中小学专兼职教师和管理者的认知与评价》，载《天津师范大学学报(基础教育版)》，2015，16(03)。
② 王智、张大均：《学校心理健康教育教师的胜任特征研究》，载《西南大学学报(社会科学版)》，2012，38(06)。

性心理健康教育教师的普通文化知识水平显著低于男性心理健康教师。张爱莲、黄希庭(2015)[1]也用自编问卷对高校与中小学心理健康服务从业人员的胜任特征进行了对比研究，发现中小学心理健康服务从业人员在胜任特征问卷总分上的平均得分显著低于高校心理健康服务人员，且在与专业知识和技能有关的胜任特征上差异极其显著。

中小学心理健康教师专业胜任能力相对不足，其原因既与该阶段教师在专业背景、专业培训等方面与高校教师的差异有关，也与教师的工作环境有关，其结果则直接影响工作绩效。这两点皆得到研究证实。例如，王智和王大均(2012)通过问卷调查，构建了中学心理健康教育教师胜任特征影响效应整合模型(图 13-1)，结果显示，学校组织气氛和工作满意度对胜任特征水平提高有积极的直接影响，可解释胜任特征变异的 31%，胜任特征则对工作绩效的影响最大，可以解释工作绩效 51% 的变异。

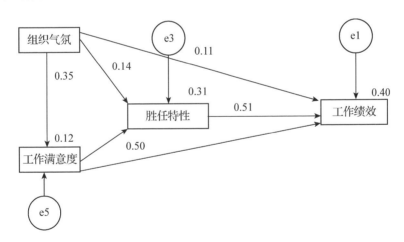

图 13-1 中学心理健康教育教师胜任特征影响效应整合模型

注：在英文文献中，与"胜任特征"一词对应的英文单词为"competency"和"competence"。在中文文献中，这两个词可对应的中文译名很多，常见的包括"能力""素质""素养""资质""资格""胜任力""胜任特征""胜任特质"等。

---

① 张爱莲、黄希庭：《高校与中小学心理健康服务人员情况及胜任特征比较》，载《山东理工大学学报(社会科学版)》，2015(5)。

一言以蔽之，提高人才培养的质量，教师是关键；提升教师的工作质量，胜任特征是关键。

(二) 中小学心理健康教师的角色定位

在讨论中小学心理健康教师的角色定位时，我们必须把握现实与理想、现状与趋势之间的平衡。纵观教育发展史，对于教师角色的阐述，总体存在两种观点：一种是技术型观点，它根植于工业化的发展，认为学校就像工厂，大批量生产学生，教师即工程师，从事标准化生产。它在教育实践上更多地体现以教师为中心。另一种是道德型观点，将教师描绘为变革的代言人，它根植于文化和宗教传统，认为教师应相信学生并提高学生的潜能，教师不仅要传递知识，而且要改造个体。它在教育实践上更多地体现以学生为中心。在实际教育工作中，这两种现象兼而有之。对于学校心理健康教育教师的角色定位，美国学校心理辅导员协会认为"支持"(advocacy)是学校心理辅导员应发挥的主要作用。支持的目标包括：消除阻碍学生发展的障碍；为所有学生创造学习的机会；与校内外相关人员合作帮助学生，满足他们的需要；促进学校积极、系统的改变等[1]。我国心理健康教育"助人助己""开发心理潜能"的目标定位，则体现了对道德型教师职能的追求。

在全球范围内，根据联合国教科文组织 1975 年的报告，教师角色在内容和中心方面都发生了巨大变化。例如，在教学过程中，教师更多地履行多样化的职能，更多地承担组织教学的责任；从一味强调知识的传授转向着重组织学生的学习，并最大限度地开发社区内部新的知识资源；注重学习的个性化，改进师生关系；实现教师之间更为广泛的合作，更广泛地利用现代教育技术，掌握必需的知识和技能；更密切地与家长和其他社区成员合作，更经常地参与社区生活；更广泛地参加校内服务和课外活动；削弱加之于孩子们身上——特别是大龄孩子及其家长身上的传统权威思想。

---

① 张爱莲、黄希庭：《国外心理健康服务人员胜任特征》，载《心理科学进展》，2010，18(2)。

在我国，特殊的工作环境造就了中小学心理健康教师角色的多样重叠，使得中小学心理健康教师的工作极具挑战，主要表现在三个方面。

第一，与心理健康服务领域的其他从业者相比，我国中小学心理健康教师兼具教育职能。这要求教师既要具备专业的心理健康服务能力，也要具备专业的教育能力。

第二，与学校其他学科教师相比，心理健康教师具有双重身份，既是心理辅导师，也是教师；既从事心理健康教育工作，也分担德育工作。辅导与教育、心理健康教育与德育均有着不同的工作性质、目标、内容和方法，要求教师能够把握其中的差异与共性，通过不同的教育形式，实现不同角色的相互独立与平衡。

第三，与其他学段的心理健康教师相比，中小学心理健康教师面对着的是处于心理问题高发期的中小学生，担任着促使其平稳度过人生发展关键期的责任，这对教师的专业成熟度和自我发展均是极大的考验。

基于这一现实需求，我们认为，在教师层面，提升其专业化水平，重点要解决两个核心问题：一是教师的专业胜任特征，即心理健康服务能力；二是教师的教育能力，包括高度统一的教育理念和灵活的教育方法。它们构成了中小学心理健康教师素质的基本内容，包括两类：一类是专业服务能力，具体指中小学心理健康教师岗位应具备的专业胜任特征，包括心理健康服务专业知识、技能、观念与人格特征，具有专业的不可替代性；另一类是通用能力，具体指作为教育工作者应具备的教育能力，包括作为教育的知识、技能和观念，具有领域的普遍性、可迁移性。其中，专业胜任特征位于核心，教育能力位于外层，二者相辅相成。明确中小学心理健康教师在这两方面的专业化定位，无论是对改进其工作绩效，完善学校心理健康教育教师的选拔、培训、评价体系，还是对促进学生和教师的终身可持续发展，均具有积极意义。

二、中小学心理健康教师的胜任特征

(一)胜任特征的理论基础

1. 胜任特征的思想与理念

胜任特征研究在当代深受心理、管理和教育等领域的关注，主要归功于哈佛大学教授麦克兰德(D. C. McClelland)的不懈努力与研究。从 20 世纪 50 年代起，他做了一系列研究来探讨胜任特征对卓越工作绩效的影响。他以《测试胜任力而非智力》一文批判了美国学校传统的以智力和分数为导向的测验，认为它们不能预测个体的生活成果和工作绩效，主张以胜任特征为导向的测试来取代学校传统的分数、智力测验和能力倾向测验，并提出基于胜任特征的有效测试六项原则：

(1)最好的测试是效标抽样，即抽取能够预测个体工作绩效或技能的样本，也就是能将某一工作中有卓越成就者与普通者区分开来的行为特征，根据样本标准进行测试；

(2)测试的设计应该反映个体在它所评估的特征方面的变化；

(3)提升所测试的特征的方法应该是公开的、明确的；

(4)测试应该评估有助于产生一系列生活成果的特征，既包括职业成果，也包括社会性成果；既包括传统的认知能力，也包括个体变量；

(5)测试不仅应该包括操作行为，也应包括应答行为；

(6)测试应该对操作性思维模式进行取样，以对各种行为结果具有普适性。

概括而言，有效的胜任特征测验可包括针对工作中的操作性知识的总结性评测和针对操作过程的形成性评测，从评估的内容、方式到效标样本的选择，都应该符合工作实际。这种评测思想着眼于个体的胜任特征对实际生活成果的影响，且注重发展性。其思想与杜威的生活教育思想异曲同工："生长是生活的特征，所以教育就是不断生长；在它自身以外，没有别的目的。学校教育的价值，它的标准，就看它创造继续生长的愿望到什么程度，看它为实现这种愿望提供方法到什么程度。"结合我国教育家陶行知"生活即教育，教学做合一"的生活教育理念，我们不妨这样理解，既然"事怎样做就怎样学；怎样学便怎样教"，那么，事情怎样做，就怎样测试。做是教和学的中心，也就是胜任特征测试的核心。

麦克兰德基于以生活和工作实效为导向的测评理念，在各行各业掀起了胜任特征研究与应用的热潮，深入影响了人力资源的管理与发展。例如，自 20 世纪 80 年代的教育改革中，美国开始注重教育者的能力建构，并将对高素质教师的要求列入《不让一个孩子掉队法案》中(托马斯等，2014)。在欧美的心理学研究和应用领域，发起了胜任特征运动①，并逐渐形成"胜任特征导向的文化"(competency-based culture)。一些国家的临床心理学、咨询心理学、学校心理学在教育与培训、实践与认证方面逐渐以胜任特征为导向，美国与加拿大心理学实践领域的一些鉴定委员会，也开始采用胜任特征导向的方法进行鉴定工作②。

有效的胜任特征评估策略，能够为个体不断提高工作绩效、实现终身发展提供方向和动力，完善的胜任特征评估体系则有助于淘汰不合格者、选拔优秀者，提升全体从业人员的胜任力，从而推动专业实践领域的整体发展。

2. 胜任特征的界定

国内外对于胜任特征的定义众多。一般而论，胜任特征是有效业绩所需知识、技能以及个人特质等的组合③，其作用是将某一工作(或组织、文化)中卓有成就者与表现平平者区分开来④，具体界定涉及分类、构成要素和特点三个方面。

---

① Lyle, M., Spencer, M.S., Spencer, S., *Competence at Work: Models for Superior Performance*, New York, John Wiley & Sons, 1993.

② 张爱莲、黄希庭：《国外心理健康服务人员胜任特征》，载《心理科学进展》，2010，18(2)。

③ Hoge, M.A., Paris, M., Adger, H., et al., "Workforce Competencies in Behavioral Health: An Overview," *Administration and Policy in Mental Health and Mental Health Services Research*, 2005, 32(5-6): pp. 593-631.

④ Lyle, M., Spencer, M.S., Spencer, S., *Competence at Work: Models for Superior Performance*, New York, John Wiley & Sons, 1993.

　　在分类上，有研究者总结出八种不同的胜任特征分类标准①。这里，根据与具体岗位的相关性，主要关注两类胜任特征，即专业胜任特征（Occupational Competency）和通用胜任特征（General Competency）。专业胜任特征指个体从事某类具体岗位工作所应该具备的胜任特征，通用胜任特征指该岗位所属组织或领域内所有人员普遍必备的胜任特征。

　　在构成要素上，专家学者们存在多种不同见解，如表 13-1 所示。

表 13-1　不同学者对胜任特征内涵界定一览表

定义	专家学者	构成要素
个人特质	McClelland(1973)	知识、技能、能力、特质、动机
	Boyatizis(1982，1994)	动机、技能、特质、自我形象或社会角色的个体潜在特征，或者知识
	Hughes，Rycus(1989)	知识、技能
	Spencer(1993)	知识、技能、动机、特质、自我形象、社会角色
	Fleishman，Wetrongen，Uhlman，Marshall-Mies(1995)	知识、技能、能力、激励、理念、价值观、兴趣
	Mirable(1997)	知识、技能、能力、特征
	Parry(1999)	知识、技能、态度
	王重鸣(2000)	知识、技能、能力、个性、价值观、动机等
	Helley(2001)	知识、技能、能力、特质、态度、动机和行为等
	彭剑锋，荆小娟(2003)	知识、技能、内驱力
行为	Everts & Eads(1979)	行为、工作习惯、个人技能等
	Woodruff(1991)	
	Fletcher(1992)	
	Cockerill(1995)	
	Klein(1996)	
	Green(1999)	
	Sandberg(2000)	
	时勘，仲理峰(2002)	

---

　　① 徐建平：《教师胜任力模型与测评研究》，硕士学位论文，北京师范大学，2004。

续表

定义	专家学者	构成要素
综合能力	Mclagan(1980，1990)	知识、技能、智慧策略
	Ledford(1995)	个人特质、知识、技能、行为
	Byham，Moyer(1996)	行为、动机、知识等
	Anntoinette，Lepsinger(1999)	个人特征、知识、技能
	Hackney(1999)	知识、技能和态度
	HeyGroup(2003)	动机、态度、技能、知识、行为或个人特点
	Kaslow(2004)	概念性与程序性知识，技能，行为与策略，态度、信念与价值观，性情与个人特征，自我认识与动机
	Hoge，Tondora，Marrelli(2005)	知识、技能、才干、个人特征(包括性格特质、态度、价值观以及与这些特征有关的行为)

（资料来源：张爱莲，黄希庭，2010；徐建平，2004）

注：以上各种定义存在一定的共识，即胜任特征包含一个人的所做（如知识、技能）、所思（如态度、自我形象、社会角色、个人特质）、所需（如动机）。

在特点上，胜任特征具有：①综合性。胜任特征是有效的专业实践所必需的，与工作业绩相联系，大多数工作的完成都需要多种胜任特征的同时或先后表现。②差异性。不同文化背景下，不同类型的工作具有不同的胜任特征。胜任特征的不同要素之间，也存在表层或深层、习得或天生、简单或复杂、认知或生理、情绪或人格等之间的差异。③发展性。胜任特征可观察、可测量，具有可塑性，可从专家那儿得来，可依据公认的标准进行评价，可预测个体未来的职业发展，并且可通过培训得到提升。

3. 胜任特征模型

如前所述，某种工作所应具备的胜任特征由多种要素构成。那么，这些要素之间有着怎样的结构特点和因果关系？这即是胜任特征模型（competency model，又称能力模型、素质模型、胜任力模型）所解决的问题。它通过收集、分析和整理从业人员数据，来科学建构岗位的工作胜任特征模型。通常，建立一个胜任特征模型历经五个步骤：定义绩效标准、选取分析效标样本、获取效标样本有关胜任特征的数据资料、建立胜任特征模型及验证胜任特征模型。

　　构建胜任特征模型的资料收集方法，包括焦点团体、结构式访谈、行为事件访谈、问卷调查、观察、工作日志、胜任特征菜单和资料库。其中，行为事件访谈法为胜任特征研究常用方法。它由主题统觉测验（Thematic Apperception Test，TAT）与关键事件技术（Critical Incidents Technique，CIT）发展而来，通过问卷和面谈等方式，收集和分析访谈数据，来准确评估受访者在工作相关情境中的潜能，构建不同岗位的胜任特征模型。

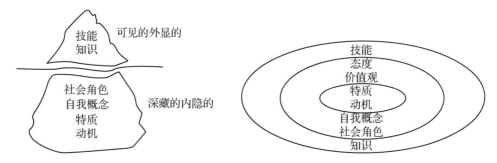

图 13-2　胜任特征的冰山模型　　　　图 13-3　胜任特征的洋葱模型

　　成熟的胜任特征模型往往历经理论与实践的检验，具有普遍参考价值。目前可供参考的胜任特征模型主要有冰山模型（Iceberg Competency Model，图 13-2）和洋葱模型（Onion Competency Model，图 13-3）。胜任特征的冰山模型以冰山为喻，将胜任特征的要素划分为可见（水上）和不可见（水下）两部分：可见的部分为个体在工作中的奉献、绩效和表现等外在行为，包括知识和技能，较易改变；不可见的部分为个体的思想和需求等驱动因素，包括社会角色、自我概念、特质和动机等，较难触及。其中，动机是影响胜任特征的最深层因素，受三种需求驱使，即成就需求（Need for achievement）、亲和需求（Need for affiliation）和影响力需求（Need for power），主要在幼年时期形成，但可以通过后天培养习得。洋葱模型则在冰山模型的基础上，以由外及内、由表及里的方式对构成要素进行解释与发展。

回顾胜任特征的理论基础，对明确我国中小学心理健康教师的胜任特征有三点启示：一是实现本土化，基于麦克兰德的胜任特征测试思想原理和相关的胜任特征研究，结合我国国情及中小学心理健康教师工作实际进行界定。二是具有实操性，在具体的工作中，关注胜任特征界定对工作绩效的预测性，以更好服务于教师的选拔、培训与评估等工作。三是注重发展性，将职前教育、教师资质、教师自身素养与职业培训有机结合，形成完善的中小学心理健康教师胜任特征评估与发展机制。

(二) 中小学心理健康教师胜任特征研究回顾

"教师胜任特征是指教师在各种教育情境中取得期望绩效所需的知识、技能、态度、特质和动机等个人特征"（马宏宇等，2012）。具体领域的胜任特征界定因工作情境而异。目前，虽然对中小学心理健康教师胜任特征的研究相对匮乏，但回顾以往的研究有助于我们进一步明确中小学心理健康教师的胜任特征。

迄今为止国内外关于胜任特征的研究对象主要集中于企业管理者、政府职能部门、各行业的专业从业人员和一般教师。如企业管理者胜任特征与工作绩效的关系，党政领导干部工作绩效的结构及其与胜任特征的关系。在研究内容上，国内外研究者多专注于胜任特征的测量、结构和模型。

总体而言，我国教师胜任特征的研究有待发展。例如，根据对我国教师胜任力研究相关文献的计量分析[①]，我国教师胜任力相关研究呈现出如下特点：自 1983 年以来，在权威刊物上发表论文的研究者对教师能力研究的关注度不高；没有期刊集中精力对教师能力深入研究；教师能力的研究队伍具有不稳定、整体水平较低的特点。近 10 年以来，与胜任力研究相比，教师胜任力研究起步较晚，但近 4 年间该领域研究数量呈快速上升趋势；研究对象多集中在高校教师，对中小学教师和学前教育教师关注较少；研究内容主要集中在对胜任力特征模型的建构上，对教师胜任力的现状研究以及测评工具的开发不足。

---

① 张如意、徐大真：《我国教师胜任力研究的文献计量分析》，载《新疆职业教育研究》，2014，5(2)。

　　在中小学心理健康教师胜任特征的研究方面，有三类研究可供参考：一是对心理健康服务人员的胜任特征研究；二是对中学教师的胜任特征研究；三是对学校心理健康相关教育工作者的胜任特征研究。

　　在心理健康服务人员的胜任特征研究方面，国外研究者认为，其共有胜任特征包括：①了解个体与文化差异；②具有职业操守、人际能力、评判性思维、职业精神；③了解自己；④个人对于职业的适合度。其核心胜任特征包括：①职业精神与核心价值观；②科学基础；③人际能力；④个体和文化差异；⑤伦理、法律和政策；⑥反思性实践；⑦跨专业合作。此外，心理健康服务人员还应具备职业胜任特征，如心理测验、干预、咨询与协商、研究与评价、督导、教学、管理等。我国研究者张爱莲（2014）①基于调查研究，提出心理健康服务人员的核心胜任特征，包括一般特质、专业特质、知识修养、专业技能和职业伦理等五个维度。

　　在中学教师的胜任特征研究方面，徐建平（2004）②通过对中小学教师的实证研究，构建了教师胜任力模型，包括优秀教师胜任力特征（即鉴别性胜任特征）和教师共有的胜任力特征（即基准性胜任特征）两个部分（表 13-2），可归为六大特征群（表 13-3）。

表 13-2　教师胜任力模型

类别	具体胜任特征		
鉴别性 胜任特征	提升的动力 自我控制 挑战与支持 自我评估	责任感 专业知识与技能 自信心 效率感	理解他人 情绪察觉能力 概念性思考
基准性 胜任特征	组织管理能力 宽容性 热情 分析性思考	正直诚实 团队协作 沟通技能 稳定的情绪	创造性 反思能力 尊敬他人

---

　　① 张爱莲、黄希庭：《心理健康服务人员核心胜任特征问卷的编制》，载《西南大学学报（社会科学版）》，2014，40（2）。

　　② 徐建平：《教师胜任力模型与测评研究》，硕士学位论文，北京师范大学，2004。

表 13-3　教师胜任特征群

特征群	胜任特征
服务特征	沟通技能、理解他人、尊敬他人、宽容性、热情
自我意向	自我控制、自我评估、反思能力
成就特征	提升的动力、效率感、挑战与支持
认知特征	概念性思考、分析性思考、专业知识与技能
管理特征	情绪觉察能力、团队协作、组织管理能力
个人特质	自信心、倡导责任感、正直诚实、创造性、稳定的情绪

　　王沛等(2008)[1]所构建的中小学教师工作胜任特征模型则包括业务知识、认知能力、教学监控能力、职业动机、职业发展、沟通合作、学生观、个人修养和个性特质。李志娟(2013)等构建了湖南省中小学教师胜任特征结构模型，并编制了《中小学教师胜任特征测验》，将中小学教师的胜任特征划分为教学艺术与技能、职业素养、关注学生和个人品质四个维度。

　　学校心理健康教育工作者的身份较为多元，胜任特征的研究也较多样。美国学者 Fiedler 认为特殊教育教师以及学校心理学工作者应具备的支持性胜任特征包括特质(个人素质)、知识和技能三类。Trusty 等(2005)[2]提出专业学校心理辅导员的支持性胜任特征：在特质方面，具有支持他人的性格，善于获得学生家庭的支持，善于获得社会支持，具备职业操守。在知识方面，了解可运用哪些资源，了解学生问题的影响因素，了解争议解决机制，了解支持的模式，具有系统改变的观点。在技能方面，具备沟通技巧、合作技能、问题评估技能、问题解决能力、组织能力以及自我保健的能力。另外，基于多元文化背景，欧美国家不少研究人员关注学校心理辅导员的多元文化胜任力。

　　上述研究均为中小学心理健康教师胜任特征的界定奠定了基础，存在的不足之处也为之后的研究工作指明了方向：第一，完善中小学心理健康教师构成

---

[1]　王沛、陈淑娟：《中小学教师工作胜任特征模型的初步建构》，载《心理科学》，2008(4)。
[2]　Trusty, J., Brown, D., "Advocacy Competencies for Professional School Counselors," *Professional School Counseling*, 2005, 8(3): pp. 259-265.

要素。除专业思想、性格特性外，知识与技能层次的特征也应被纳入进来。第二，构建中小学心理健康教师胜任特征模型。对胜任特征各要素加以分析梳理，分层归类，对结构与概念加以清晰界定。第三，编制中小学心理健康教师胜任特征词典。结合中小学心理健康教师工作实际，对胜任特征各项要素包含的子条目转化为相应的工作行为描述，为胜任特征评估与发展机制作具体执行参考。

(三) 中小学心理健康教师胜任特征的理论建构

参考上述胜任特征的理论基础和研究成果，我们梳理了中小学心理健康教师的胜任特征要素，并基于冰山模型的思想原理，将其归于三个层次，详见图 13-4。

图 13-4　中小学心理健康教师的胜任特征模型

在胜任特征结构上，三层一致有助于教师达到卓越状态，即表里如一、知行合一。其中，知识与技能位于中小学心理健康教师胜任特征的表层，对应于"行"，较容易被感知和测量，是整体胜任特征的外在表现；人格位于深层，对应于"知"，较难被感知和测量，对教师的工作表现起到根本性作用；观念则位于中间层，容易受到上下因素的影响而发生改变，起到将"行"与"知"合一的调节作用。在理论上，我们对这三个层次的核心特征进行了认真梳理，对具体词语条目的资格准入标准予以解释，形成了 4 大类别、15 项要素共 28 条描述的胜任特征系统，如表 13-4 所示。这些特征构成了中小学心理健康教师与其他类别教师以及其他心理健康服务从业人员的主要区别，也是他们由普通走向卓越的核心特征。

表 13-4 中小学心理健康教师的胜任特征释义

类别	构成要素	基本描述
知识	学科知识	1. 掌握系统的心理学基础知识，包括普通心理学、发展心理学、教育心理学、社会心理学、心理健康与心理障碍、心理测量学、临床心理学、咨询心理学和诊断心理学等的知识体系、基本思想与方法。 2. 了解心理学与其他学科的联系。 3. 了解心理学与社会实践及共青团、少先队活动的联系。
	人文社科	4. 具有相应的自然科学和人文社会科学知识，如教育学、社会学。
	伦理、法律、政策	5. 了解党和国家教育方针政策和教育法律法规，以及心理健康服务相应的伦理、法律和政策知识。
技能	测量与诊断	6. 能够专业运用心理测验等心理测量方法和技能，测量和诊断学生在认知、个性和情感方面的发展状态。
	心理问题预防和干预	7. 能够专业判断学生的心理健康状态，并运用心理咨询有关理论与方法，与来访学生建立心理辅导关系，对学生的心理健康问题做出准确判断，从心理和教育的角度制定干预、矫正以及预防的方案和措施。
	发展性指导	8. 能够运用心理学有关理论和方法来指导学生发展，如学习技能的传授、生活适应的辅导、人生发展规划等。
	人际沟通	9. 能够掌握和运用言语和非言语表达等沟通技能，善于与学生、同事和家长建立良好的关系。
观念	职业价值观	10. 理解与认同中小学心理健康教育工作的意义与核心价值观、思维方式。 11. 认同心理健康教师的专业性和独特性，注重自身的专业性。 12. 对工作认识正确、定位清楚、目标明确、职责清晰。
	自我观	13. 清楚自己的价值观，并经常内省。 14. 有健康的自我形象，能够客观认识自己、接纳自己，能正视自身的优点与弱点。 15. 与自身的社会角色适应良好。

类别	构成要素	基本描述
特质	宜人性	16. 有亲和力。待人真诚，耐心倾听，善解人意，能设身处地体会学生的内心感受，善于体察他们的痛苦。胸怀宽广，理解学生的不同观点和习惯，接纳学生的过错与失败，特别是能理解、关心和爱护问题行为学生。 17. 乐于助人。关心学生，乐于走近他们的内心世界，帮助他们解决成长中的心理困扰。 18. 心态积极。乐观向上，热情开朗，凡事能够以积极对待，有幽默感，善于帮助他人和自己调节情绪。
	尽责性	19. 责任担当。明确中小学生心理健康教育的使命，具有强烈的责任感，始终负责任地对待学生和自己。 20. 专业自信。拥有专业能力，能够对学生提供有效心理健康发展上的帮助。
	职业道德	21. 爱岗敬业，诚实守信，实事求是。 22. 严格遵守为来访学生保密的心理辅导原则。 23. 全心全意为学生服务，不谋私利。
	职业修养	24. 行为示范。衣着整洁得体，语言规范健康，举止文明礼貌，以教师的人格魅力引领中小学生正向成长。
	职业精神	25. 热爱心理健康教育事业，具有职业理想和敬业精神，对教育充满热情和激情。 26. 具有服务意识，乐于奉献。 27. 工作精神状态饱满。注意自我身心保健，有问题预防的意识，具有健康的工作风貌。
	职业动机	28. 尊重并珍惜自己助人发展的权利，能在中小学心理健康教育工作中体会幸福，追求理想，创造人生价值。

(四)中小学心理健康教师胜任特征的实践模式

在教育实践中，我们认为，中小学心理健康教师的胜任特征包括：知识结构、心理健康水平、观念、职业道德和能力五大方面。

1. 知识结构

（1）基本知识

对于中小学心理健康教师来说，基本的知识背景可以从哲学、相关学科和心理学三方面来考察。

首先，哲学不仅是关于世界观的学问，而且还是方法论，对人们的思想和行为起着高度的原则指导和调控作用。中小学心理健康教师只有在正确的世界观和方法论的指导下从事心理辅导工作，才能以实事求是的态度，全面、深入、系统地分析和处理辅导过程中出现的各种问题。

其次，相关学科为中小学心理健康教师提供了各类具体的知识，这是理解来访学生的必要条件。教育学、社会学、人类学、美学、伦理学、生物学等学科的知识尤为重要，而自然科学基础知识修养、文学艺术知识、历史文化常识等，对中小学心理健康教师来说也是不可缺少的。

最后，心理学修养是专业心理健康教育的重要知识基础。普通心理、发展心理、学习心理、社会心理、人格心理、品德心理、变态心理、医学心理以及心理测量和统计的知识是必不可少的。广泛而良好的心理学修养为处理各种心理问题奠定了基础。

（2）专业知识

首先，知道学生的心理发展特点和规律。中小学心理健康教师必须了解学生所处年龄阶段的心理特点和发展规律，这样才能把握住学生心理变化的脉搏，辅导才会更有效。

其次，要掌握咨询心理学知识，包括心理咨询的本质、特征、内容、过程、形式、方法和条件等。这是中小学心理健康教师必备的专业基础理论知识，对从总体上把握咨询活动的种种问题有普遍的指导意义。

再次，要掌握心理测量和心理治疗知识。中小学心理健康教师需掌握心理测量的方法，能选择恰当的心理量表，实施心理测验，解读测验分数，并掌握基本的心理统计方法，对学生的心理问题做出准确的判断。另外，还要掌握心理治疗知识，对学生的心理问题做出诊断，如不属于心理辅导和心理咨询范围，老师要知道转介的标准和流程。

最后，要掌握心理卫生和精神医学知识。心理卫生旨在运用心理学的原理来保持和促进人们的心理健康，预防身心疾病。中小学心理健康教师了解一些关于精神医学的知识，如精神疾病的分类、症状、诊断标准及相应的治疗处理知识对辅导与咨询工作大有裨益。

2. 心理健康水平

在人格方面，中小学心理健康教师应该有成熟、完整的人格，有热心服务的精神，有从事咨询和辅导工作、帮助他人的热情，热爱自己的工作，思想成熟，情绪稳定、敏感，能与人合作，有责任感与幽默感，并有相当的领导能力和判断能力。其中，成熟和敏感性是十分重要的人格因素。

（1）成熟

尤指人格上的成熟。其中，人格的协调性（整合程度）和稳定性是两个重要指标。人格协调性和稳定性高的人，在个性倾向方面没有基本的冲突，如内在价值观的冲突；对世界、对人生形成自己的观念和态度体系，遇事有主见，能容忍多样性，容忍学生的生活态度和行为方式；他们有较稳定的情绪生活，有较强的自制力。这样的特点有助于中小学心理健康教师对学生保持一种开放、接纳的态度，并能在教育过程中保持客观和自我觉察力，避免个人的投射作用。

（2）敏感性

这主要关系到对中小学心理健康教师学生当事人的知觉和理解，尤其是对当事人情感和内在冲突的知觉。敏感性是决定能否共情的基本条件之一，而共情是影响心理健康教育的一个重要变量。

此外，中小学心理健康教师还应具备同理心，稳定的情绪和坚强的意志，正确应对应激，保持自信、自制、宽容、谦虚、好学。

第一，诚挚的同理心，乐观的主导心境。中小学心理健康教师面对的学生，他们正处于心理断乳期，强烈的独立倾向的背后掩盖着孤独、苦闷、被忽视感，以及对成人社会的怀疑情绪，具有明显的闭锁心理。因此，需要教师以诚挚的同理心，以自己的坦诚、真挚、理解和同情去接纳他们、承认他们、尊重他们，这样才能打开他们的心灵之窗。

第二，稳定的情绪、坚强的意志。心理辅导和咨询过程具有艰巨性、长期性和反复性，中小学心理健康教师必须具有稳定的情绪和坚强的意志。面临来访者经常出现的阻抗、反复现象能克制自己的烦躁和失望等不良情绪，能理智冷静地分析原因，修改辅导方案，坚持实现辅导目标。另外，中小学心理健康教师表现出的自信和坚定态度本身就具有一定的治疗作用，可以使来访者增强信心、稳定情绪、坚定战胜心理问题或迎接挑战的勇气。

第三，正确对待应激事件。作为中小学心理健康教师，自身必须能够以正确的方式应对生活、工作中的应激事件，保持身心健康，避免生活中的应激事件带来的负性情绪影响学生心理辅导，能够进行自我调节，保持情绪稳定。

第四，自信、自制、宽容。人类的认识过程往往不是一次完成的，是在反复中螺旋式上升的，因此，心理咨询和辅导常常具有反复性。中小学心理健康教师要保持充分的自信心，以良好的自制力控制自己的焦虑、烦躁，通过辅导、咨询过程中的认识，情绪交流去影响求询者，使他们充分信任自己，对顺利完成咨询充满信心，情绪平静稳定下来，继续认真配合，接受指导治疗。

第五，谦虚、好学，不断进取。中小学心理健康教师要直接面对人进行心灵沟通，常常要接待个性各异，形形色色的来访者。没有精深的专业理论和渊博的知识，是不可能顺利进行工作的。同时，我国学校心理辅导还刚刚起步，既需要挖掘我国传统文化中的精华为我所用，也需要学习各地心理辅导工作者的成功经验，更需要大量学习世界各国，特别是发达国家、学校心理辅导起步较早的国家的心理咨询理论和实践。因此，学校心理辅导工作者要谦虚好学，博古通今，学贯中西，并运用心理辅导与咨询理论于实践，不断开拓进取，不断总结提高，才能促进我国学校辅导与心理咨询事业的发展，争取创新和突破。

3. 观念

（1）以人为本的学生观

中小学心理健康教师需建立以人为本的学生观，正确的学生观支配着教育行为，决定着他们的工作态度和工作方式。

第一，学生的身心发展是有规律的。中小学心理健康教师必须依据学生身心发展的规律和特点开展教育教学活动，从而有效促进学生身心健康发展。应掌握该阶段学生的心理特点，尊重学生发展规律，采取相适应的心理健康教育活动。

第二，学生具有巨大的发展潜能。中小学心理健康教师应坚信每个学生都是可以积极成长的，是有培养前途的，是追求进步和完善的，是可以获得成功的，因而对教育好每一个学生应充满信心。

第三，学生是处于发展过程中的人。作为发展的人，也就意味着学生还是一个不成熟的人，是一个在教师指导下正在成长的人。学生是不是能生活得很有趣味，是不是能学得很好，是不是能健康成长，是不是幸福欢乐，都和他们所在的学校和所遇到的教师有极大的关系。心理健康教师要尊重每个学生的发展阶段，根据学生心理发展特点进行心理辅导。

第四，学生是完整的人。学生是有着丰富个性的完整的人。在心理健康教育活动中，中小学心理健康教师必须反对那种割裂人的完整性的做法，还学生完整的生活世界，丰富学生的精神生活，给予学生全面展现个性力量的时间和空间。

第五，每个学生都有自身的独特性。"人心不同，各如其面"，珍视学生的独特性和培养具有独特个性的人，应成为中小学心理健康教师对待学生的基本态度。独特性也意味着差异，差异是一种财富。尊重差异，不仅是教育的基础，而且是学生发展的前提，要尊重学生的差异，使每个学生都得到完全、自由的发展。

(2)职业价值观

第一，尊重来访学生。首先要爱学生，爱学生是人民教师的基本条件，更是中小学心理健康教师的基本道德规范。其次是要尊重学生，特别是尊重他们的独立人格，对他们平等相待。辅导关系作为一种帮助性关系，是助人者和受助者之间的关系，这种关系必须建立在双方人格平等的基础之上。对中小学生人格的尊重，不能视为一种技术上的要求，而是对中小学心理健康教师内在的道德、价值观上的深层次要求。只有建立在这一基础上，才可能在辅导活动中处处体现出对学生的尊重。

第二，一视同仁。目前在学校心理辅导对象中，以存在各种心理和品行障碍的学生为多数，寻求自我完善、充分发展的辅导对象较少。许多学生习惯不良、缺乏自制力。他们在咨询室内有时也会做出种种不良行为，说出令人难堪或使人感到伤害的话。无论对待哪种类型的学生，都应一视同仁，以平等的态度对待他们。做到这一点，对于从教师或学生思想工作者角色转变成中小学心理健康教师的人来说，有一定的难度，因为他们往往会有意无意地流露出难以接纳的态度。对这类学生辅导的成功，往往是基于教师对学生的尊重、平等相待和接纳，而使学生感受到一种人格力量，进而启发了自知才实现的。

4. 职业道德

从事心理辅导工作，仅有热情和良好的愿望是不够的。中小学心理健康教师应以严肃的科学态度，刻苦钻研心理咨询的理论和技术，在实践中探索学生心理辅导与咨询的规律，提高自身的专业水平。

（1）不滥做诊断

对求询学生的诊断，必须建立在大量收集与分析资料的基础上，按科学的诊断标准进行。中小学心理健康教师既不能给不存在心理疾病或品行障碍的学生随意贯以某种诊断的术语，也不能以一句"没关系，这不是病"之类的话，轻易对存在实际问题的学生做虚假的安慰，这两种情况都会给求询学生带来消极的影响。另外，在碰到疑难案例时，不能草率武断，应向更富有经验的专业人员请教，或请求会诊，以免贻误求询学生。

（2）正确使用心理测验

心理测验是心理诊断的一种工具，在咨询中，中小学心理健康教师应钻研心理测验的理论和技术，对所采用的各种测验都应熟悉其理论框架、适用范围、操作程序、评价方法；还要对各种测验的局限性有清醒的认识，既不能夸大测验的功能，也不应随意贬低。用于诊断的测验，必须是经过标准化的心理量表，非标准化测验只能用于自我训练、自我保健、生活指导或研究工作。当测验结果可能成为学生分班、升学、就业等重要问题的依据时，必须慎重对待，那种随意地或简单化地将诸如智商、人格测验分数等结果告诉家长或学校的做法是不可取的。

(3)正确选择辅导方法

对学生进行心理辅导时，中小学心理健康教师必须量力而行，不应承担自己不能胜任的辅导，也不应接受自己经验、能力和专业范围之外的求询者。学生的问题是复杂的，而求询人员的专业范围是有限的，超出自身的局限性接受求询者，是强迫辅导，是不道德的。给求询学生制订辅导计划时，还必须针对具体情况，选取最适合问题解决的辅导方法。那种只依个人兴趣或偏好采用辅导方法的做法是不可取的。另外，在辅导前或辅导中，都应向求询学生，有时包括家长或教师说明辅导安排、程序以及辅导进展等问题，不应神秘化、故弄玄虚，并应始终尊重对方的意愿，包括终止或放弃辅导计划。

(4)保持和维护辅导关系的纯洁性

第一，与求询学生保持一定的人际距离。这里的人际距离包括与求询者的空间距离和感情距离两个方面的含义。空间距离是指对辅导双方交往场所和交往礼仪的要求，包括辅导方面的布置、中小学心理健康教师与求询学生座位的安排、与求询学生在年龄与性别上的搭配等。这方面特别要注意的是，当年轻的中小学心理健康教师接待高年级异性求询学生时，应安排求询学生信赖的伙伴在场，即使求询学生自己不介意时也应如此。这样做有利于避免卷入不必要的道德纠纷中去。和求询学生保持一定的感情距离格外重要，不能对求询学生表现出过分的热情，应在热情中露出庄重，在亲近中还有分寸与控制。过度的爱易使求询学生产生不应有的感情，给学生造成另一种心理压力，妨碍启发求询学生的自知和激励他们自助。中小学心理健康教师一定要在辅导过程中将情感调整至正常范围，若发现自己无法调整成功的话，应采取妥善措施（如转介），及时终止这种辅导关系。如果利用辅导关系与求询学生建立非工作性关系，则属于主动的不道德行为，这种行为对辅导双方都是十分不利的。

第二，避免任何的功利性目的。在学生心理辅导过程中，心理健康教师应避免带有任何性质的个人功利心和功利行为，牢牢遵守职业道德。

5. 能力

（1）观察思考能力

在辅导过程中，来访者的一言一行，一举一动都有重要的意义，其非言语的信息往往更真实。处在青少年时期的学生，经常会掩饰自己的真实情感，常常根据学校规定的标准而非个人的价值观来表述问题。如早恋问题、与师长的矛盾问题、厌学问题等，有些学生表面上承认是自己的问题，但是他们的肢体语言可能会暴露出他们的真实想法。所以，中小学心理健康教师必须具备敏锐的观察能力，掌握观察技巧，善于察言观色，从一般人容易忽视的现象和细节中捕捉有价值的信息，形成正确的判断。观察和思维是紧密结合在一起的。思维在整个辅导过程中都是十分重要的，在思维的品质上应有意加强自我锻炼和提高，这样才能胜任自己的工作，取得良好的辅导效果。

（2）自我分析能力

中小学心理健康教师必须善于分析自己的情感、动机和潜意识需要，能够正视自己的各种情绪问题并很好地处理。当辅导关系已经可以结束却仍在继续保持时，要分析是否是出于自己的个人需要；有时辅导中出现的障碍可能来自自身的诸如急躁、厌烦、过于热情甚至反移情等不良情绪。对这些问题，必须敏锐察觉并深入分析，采取自我调整的措施予以克服。自我分析须借助两种参考点，一是自己内在的体验，二是求询者对自己的反应。在辅导过程中，中小学心理健康教师在洞察对方的同时，应从内、外两个参照系洞察了解自己思想、情感的变化，不时地将自己调整到最佳状态。

（3）言语表达能力

辅导过程中辅导者的言语，重在亲切自然、简洁易懂、针对性强、具有启发性、表达有分寸、适合来访者的特点。中小学心理健康教师能明确说出学生的经验、感受或行为方式等，使其反应内容不至于太抽象或太学术性，以免超出学生的情感、经验范畴。这样，即使稍微误解了学生的意见，学生都可以清晰地察觉到并马上澄清。学生由于受到教师的影响，也会改用具体的话语来思索自己的问题与感情的冲突。此外，还要善于通过非言语信息表达自己的情感和态度。

（4）人际交往能力

主要指与来访者建立良好关系的能力。在学校中，来访者多数是学生，而且辅导问题很多是交往上的困难，或者存在人格发展障碍，与此同时，中小学心理健康教师还要接触不同的家长、教师和学校行政人员，因此，交往能力对他们来说是一个必备能力。在这里特别强调，那些对别人反应非常迟钝的人，对自己的措辞是令人感到愉快或可能导致不愉快不予思考的人，对自己与别人之间或者两个朋友之间所存在的对立或友谊毫无感觉的人，都不能成为称职的中小学心理健康教师。

（5）解决问题能力

这种能力不仅中小学要求心理健康教师在工作中有处理诸如判断、操作等具体事项的能力，而且要求中小学心理健康教师具备创造性解决问题的能力，掌握一定的问题解决的方法和策略，在探索并明确问题、设计解决方案、方法变通与整合以及效果评估等方面锻炼自己的能力。心理健康教育工作是一个高度灵活的工作，而面对一个突发情境时，中小学心理健康教师应能迅速反应，即能产生更多可能有效的影响途径。心理健康教育中的每一个人都是独特的，没有一个恒定的交往模式。中小学心理健康教师有无高度的弹性和忍受模糊性的能力，能否以适合特定学生当事人的方式进行交流也是衡量其技能的重要指标。

（6）调查研究能力

调查研究是中小学心理健康教师经常从事的一项活动。一是心理健康状况的调查，以掌握本地区学生的心理变化特点，指导辅导实践；二是对来访学生的个案调查，寻找解决问题的参考信息、对辅导效果进行评估。此外，必须熟悉调查研究的方法、步骤，掌握整理、分析调查资料的技术，包括统计技术。只有这样，才能使调查研究真正成为深化辅导过程、提高辅导效果，探索辅导规律的有效手段。

三、中小学心理健康教师的教育能力

（一）中小学心理健康教师教育能力的理论建构

美国教育家、心理学家杜威曾说："我们可以把马引到水边，却不能迫使它饮水。"这句话充分道出了教育的艺术性和技术性。对于集德育、课程教学和心理辅导功能于一身的中小学心理健康教师而言，其在教育方面的能力更是直接关系到胜任特征的发挥。那么，他们应该具备哪些基本的教育能力呢？

首先，要充分理解心理健康教育与德育的关系。源于特殊的发展背景，我国心理健康教育属于学校德育的重要组成部分。不同于心理健康教育对受教育者身心发展特点的顺应，德育更注重良好公民道德的养成，它要求教育者以习近平新时代中国特色社会主义理论为指导，根据社会的要求和德育规律，有目的、有计划地对受教育者施加影响，培养他们科学的世界观、人生观、价值观和良好的道德思想品质，以及遵纪守法的意识和文明的行为习惯。因此，它要求中小学心理健康教师必须遵照德育的工作理念、内容和方法去展开教育活动，以实现德育的目标。

其次，必须练好教学基本功。它包括课程理念、课程内容、课程设计、教学方法、课堂管理等基本教学技能。心理健康课程是素质教育的集中体现，对教师的教学能力要求是非常高的。一是它不是学生学习的主要科目，不用考试；

二是课程教材多种多样；三是不以讲授知识为目的。现实教学实践中，大多数学校还不具备开展心理健康课程的条件，学生的人数多，学生的课堂互动能力相对较差，这就对教师的教育能力提出了挑战。中小学心理健康教师要善于将有意义的学习内容融入有意思的活动中，并且要能够引导学生参与活动并维持良好秩序，营造安全的班级氛围。特别是基于活动课程理念的心理健康课程对课堂管理能力要求极高，教师要有足够的能力与学生互动，尤其是要充分了解和管理好处于青春期、叛逆的"荷尔蒙"作祟的中小学生，维持课堂秩序，创造良好的上课环境，在张弛有度的活动教学中寓教于乐。

最后，必须充分掌握心理辅导的知识与技能，有针对性地锻炼自己的心理辅导能力。

结合上述能力要点，以及《中小学心理健康教育指导纲要（2012 年修订）》（以下简称《纲要》）、《〈纲要〉解读》和《中学教师专业标准（试行）》，我们在理论上总结归纳出中小学心理健康教师在教育观念、知识、技能和研究等方面的全面发展指标，罗列如下。

1. 教育观念层面

一是教学观：①树立教育为本、德育为先的理念，将中小学生的知识学习、能力发展与品德养成相结合，将其心理素质作为一个完整的系统来看待和理解，重视中小学生的全面发展；②尊重教育规律和中小学生身心发展规律，为每一位中小学生提供适合的教育；③激发中小学生的求知欲和好奇心，培养中小学生的学习兴趣和爱好，营造自由探索、勇于创新的氛围；④引导中小学生自主学习、自强自立，培养良好的思维习惯和适应社会的能力。

二是学生观：①关爱学生，注重中小学生的身心健康发展；②尊重中小学生的独立人格，维护中小学生的合法权益，平等对待每一个中小学生；③尊重学生个体差异；④信任学生，积极创造条件，促进中小学生的自主发展。

2. 知识层面

一是教育知识方面：①掌握中小学生教育的基本原理和主要方法；②掌握

中小学心理健康教育的基本知识、基本原理与技能；③掌握教育社会心理学的基本原理和方法，了解中小学生的社会性发展规律及其教育方法，如身心发展的规律与特点的普遍性和特殊性，世界观、人生观、价值观形成的过程，以及群体文化特点与行为方式。

二是学科教学知识方面：①了解中小学生在接受心理健康教育时的认知特点以及心理健康的内涵与标准；②掌握心理健康教育的课程标准，了解针对心理健康教育内容进行教学和研究性学习的方法和策略；③掌握心理健康教育课程资源开发与校本课程开发的主要方法和策略。

三是信息技术。要具有适应教育内容、教学手段和方法现代化的信息技术知识。

3. 技能层面

一是教学设计，要能够利用教育资源和方法制订教学计划，设计教学方案。

二是教学活动的组织管理：①掌握和运用课堂教学和活动教学的组织管理方法，营造良好的学习环境与氛围，激发与保护中小学生的学习兴趣，在活动和体验中有效调控教学过程，合理处理课程中的偶发事件，妥善应对突发事件；②掌握班级、共青团、少先队建设与管理的原则与方法，有效管理和开展班级、共青团、少先队活动，发挥好共青团、少先队组织生活，集体活动，信息传播等教育功能。

三是教学方法：①灵活使用现代教育技术，采用启发式、案例教学、角色扮演、情景模拟等多种教学方法，引导学生全身心多感官体验，有效实施教学；②引导和帮助中小学生设计个性化的学习计划，对不同特点的学生进行分类指导或个别辅导，因材施教；③构建中小学生自助、互助的自主教育模式，帮助学生掌握讨论、分享、辩论、反思等学习方式，发挥中小学生的自主性和独立性，积极地了解自己、认识自己、完善自己，遇到心理困惑或问题时，可以根据自身需要，进行健康自助或互助。

四是教学评价：①能够根据心理健康教育目标和教育任务，采取合适的评价工具和方式，多视角、全过程评价学生发展；②引导学生进行自我评价；③自我评价教育教学效果，及时调整和改进教育教学工作，根据学生实际成长需要对评价方式进行创新。

4. 研究层面

掌握和运用教育学和心理学的研究方法，针对中小学心理健康教育教学工作中的现实需要，善于发现问题，分析原因，寻找对策。

(二) 中小学心理健康教师教育能力的实践模式

中小学心理健康教师不同于心理咨询师，他们不仅需要掌握一定的心理咨询知识和实践技能，更重要的任务是传达积极的心理健康理念，引导学生掌握心理调节的方法，促进学生健康发展。因此，在教育实践上，他们的教育能力，尤指德育能力、教学能力与心理辅导能力。

1. 德育能力

(1) 转变德育观念，是提高教师德育能力的前提

首先，要树立以人为本的德育理念。道德教育是人性的教育，"以人为本"只有融入教师对教育的无限热爱、对人性的深刻理解和尊重以及教师高尚的人格之中，才能在教育学生时充分体现出来。另外，德育工作不能存在丝毫的功利主义心态，它要求教师具有强烈的责任感，自始至终为学生达到终身发展尽心竭力。否则，德育就失去了感召力与感染力。

其次，要具有平等和包容意识。只有把学生放在与自己生命同等重要的地位上，与学生平等对话，才能赢得学生的尊重与信赖。学生自信心、自尊心强，这有利于其自我约束能力及自觉性的提高。同时要提高自身的哲学思辨能力，尊重差异，对学生的批评要有度，多从学生角度看待问题、处理问题。教师要宽容学生的冒犯，用诚恳、委婉的态度教育学生，善于以包容心态培养学生宽广的胸怀。

最后，要突破思维定式，大胆创新。一些教师在开展德育工作时，存在思

维定式，认为现在的学生不如过去的学生听话、好教。的确，现在的不少学生自律、自强、自立、自爱、自尊的意识相对淡薄，个人主义思想相对突出，集体主义观念不强。但这一代学生也有不同于以往学生的长处，那就是思想活跃、知识广博、敢于创新、具有较强的社会正义感等。变化了的德育对象，为我们冲破原有束缚，大胆创新，开创德育发展的新空间提供了机遇和挑战。

（2）培育自我道德发展能力是提高教师德育能力的根基

教师德育能力主要表现为以下两方面：

第一，从道德认知角度看，要有适应时代道德发展总体趋势的知识更新能力和德育敏感性。在多元文化的影响和冲击下成长的新一代青少年，经常面临道德判断和行为选择的困惑。如果教师没有丰厚的知识底蕴和良好的人文素养，对时代发展趋势认识不清，就很难做出正确的道德判断，很难把德育中的问题向学生解释清楚。同时应努力培养自己洞悉时代变迁与预测未来发展趋势的能力。只有这样才能引导学生正确看待复杂的社会现象，提高辨别美丑、判断对错、区分善恶的能力，抵制社会不良现象的影响。这种能力的培养有赖于知识的储备和智慧的增长。

第二，从道德行为角度看，在新道德价值观念的指引下，应自觉投身于现代道德风尚的建设中。古语说"君子自重则自威"，具有高尚道德境界的教师，往往受学生的爱戴。其言谈举止、道德修养、处事方法、人格品性，会给学生以潜移默化的影响。教师是学生的道德楷模。

（3）善于总结、发现德育方法和技巧是提升教师德育能力的重要途径

德育能力的提高最终要落实在教师对德育方法和技能的掌握和运用上。因此，善于从德育实践中总结经验和不断自我追问、自我反思，是提升教师德育能力的关键。

首先，掌握多种德育方法，因人施教。应善于观察和分析学生的性格、爱好和习惯，根据不同的教育对象、不同性质的问题采用不同的方法。只有这样，中小学心理健康教师才能被学生认可，教育才会发挥真正的效力。德育方法主

要有：谈话法、调查法、感情激发法、榜样示范法、自我教育法、陶冶教育法、实际锻炼法、品德评价法、品德修养指导法等。具体到不同群体、不同性格的学生，就要根据教师对学生的了解，灵活运用、正确引导。

其次，提高对学生道德问题的敏感性和有效监控能力。提高德育感知能力和监控能力非常必要。对于经常出现问题的学生要多加注意，掌握学生群体信息，善于同学生进行沟通、交流，观察学生的行为变化，从中发现已经存在的问题和可能发生的潜在问题。只有工作做细了，才能防患于未然。

另外，帮助学生确定切实可行的道德发展目标，加强道德行为的可操作性指导。学生的道德发展是在原有品德基础上进行的，教师要善于抓住时机，根据学生的接受能力，提出不同的要求。学生犯了错误，不仅要帮他找出错误原因，还要告诉学生应怎样做。加强对学生在具体道德情境中"如何行为"的可操作性指导，避免学生在出现问题时浑然不知，甚至做出错误的选择。

再次，讲究说话技巧，以情动心。在道德语言的运用中，要艺术运用口头语言和体态语言，强化语言的感染力、鼓舞性和巧妙性。

最后，善于挖掘德育资源，寻找有效德育的突破口。要善于捕捉学生思想及生活中的每一个微弱的火花，并以此为基点，有针对性地进行指导和教育。

2. 教学能力

(1)设计与实施心理教育课程的能力

心理教育课程主要是通过教师与学生共同参与活动的形式来进行的。作为中小学心理健康教师，必须掌握设计并实施这种旨在形成学生良好心理素质的课程的技能。这方面的技能包括确定心理教育课程的目标、设计教案以及组织实施课程等。在确定心理教育课程方面，应能够根据国家教委德育大纲关于心理教育方面的要求，结合本地本校实际，遵循心理教育课程目标设计的原则，设计相应的心理教育目标体系。在教案设计方面，应能掌握心理教育课程五种类型的活动方式(认知法、操作法、讨论法、角色扮演法、行为改变法)的设计要求，综合运用各种方法，根据该课程的主题做出设计，写出教案。在课程的组织实施方面，应根据教案组织教学，包括如何明确教学活动的目的；如何采用预热方法、澄清方法或介绍方法激发学生参与活动的积极性；如何运用引导方法、反馈方法、明朗方法或面质方法来组织教学；如何采用回顾与检讨等方法巩固活动效果等。

（2）设计与实施个案辅导的技能

对有问题学生设计并实施个案辅导，是学校心理教育工作的一个重要方面。个案辅导包括对心理素质不良学生的个案辅导与对心理健康不良学生的个案辅导，它是教育的重要手段或途径。中小学心理健康教师必须掌握设计与实施个案辅导的技能，掌握个案设计的规范与格式要求，能根据学生的有关资料对学生问题的性质及原因做出科学的分析，能运用各种心理学方法与校正技术设计教育处理措施，并不断检查实施效果。

3. 心理辅导能力

（1）接谈能力

心理辅导工作主要通过谈话进行，接谈能力是中小学心理健康教师十分重要的专业技能。有关这方面的研究成果十分丰富，如移情、专注、情感反应、沉默、引导、终结等技能。研究者郑日昌、陈永胜则将中小学心理健康教师的接谈技能概括为审时度势，以需为本；进退自如，治而不乱；沉着镇定，情深心细；问、导、疏、停，各尽其功等四个方面。接谈能力要在辅导实践中努力培养，需要中小学心理健康教师有意追寻、总结、积累和创造。必须根据自己的特点与风格，根据辅导对象的特点灵活且有创造性地把握，不能拘泥于教条和书本。

（2）测量能力

能够进行科学有效的心理测量，能做好施测前的准备工作，并对测量过程进行控制，而且能根据测试结果进行解释等工作。中小学心理健康教师必须具备对不同测量工具适合性的判别能力，对测验的信、效度等统计指标的分析能力，以及对不同测验局限性的了解能力等。

（3）指导能力

对学生来访者的指导主要包括学习技能指导、生活适应指导和升学就业指导三个方面。学生阶段，学习压力较大，受学习问题困扰的学生日益增多，中小学心理健康教师不可能具备各科知识的学习方法和技能。在对学生的学习指导中，应着重于学习动机的激发、对学习成功因素的发掘、学习兴趣的引导，以增强学生的自信。受到社会变革的影响，学生的生活适应问题也在增加，诸如人际交往、学校适应、家庭生活、异性接触、消费休闲、业余生活等方面都可能出现问题。中小学心理健康教师须在了解学生个人价值观、生活适应方式的基础上，提出有针对性的指导建议或采取适当的干预措施。目前，对学生的职业生涯指导正在成为学校心理辅导中的一项重要内容。中小学心理健康教师须具备分析学生职业兴趣、人格特点和专业特长的能力，分析各种职业特点及对人才要求的能力，以及对各方面的信息进行整合分析、寻找最佳结合点的能力和技巧等，只有这样，才能做好学生职业生涯的辅导工作。

（4）治疗和矫治能力

掌握学生常见心理障碍的治疗和矫治技术是十分重要的。中小学心理健康教师应掌握一般的矫治能力，如鼓励、解释、疏泄、劝慰、暗示、说服和示范等，并注意总结积累，形成具有个人特点和风格的心理治疗和矫治能力。

在实际工作中，每位教师各有所长，因此在内容与课程形式的限制之外，教师的具体教育方式并无定法，中小学心理健康教师可参考德育，心理辅导，综合实践活动课程理念、内容及教育方式，找准自己的授课和学生管理风格，练好教学基本功，保证教学效果，体会教学乐趣和自身教育能力的成长，收获成就。

第十四章

———————

中小学心理健康教师的工作职责和工作内容

一、中小学心理健康教师的工作职责

(一) 中小学心理健康教师的工作原则

中小学心理健康教师的工作职责是指在工作中所负责的范围和所承担的相应责任，包括完成效果等。其中，职责是职务与责任的统一，由授权范围和相应的责任两部分组成。心理健康教育这项工作的特殊性，要求教师在开展工作时必须遵循以下专业工作原则，以更好地履行其职责。

第一，学习践行社会主义核心价值体系，贯彻党的教育方针，坚持立德树人、育人为本，注重心理健康教育的科学性、实践性与实效性。

第二，具有合格的资质和质量。根据自身知识技能和专业限定的范围，为不同的服务对象提供适宜而有效的专业服务。

第三，谨慎使用心理测试量表等手段，特殊的诊疗活动要按照严格的条件和程序实施，避免对服务对象造成伤害。

第四，根据专业伦理规范，与服务对象建立恰当的辅导关系。应保持尊重、真诚、积极关注的专业态度，营造和谐的咨询氛围，建立专业的辅导关系。

第五，保护服务对象的安全、自主权和隐私权，价值中立，维护其权益。法律和专业伦理规范另有规定的除外。此条还包括以下内容。

①保障安全。要清楚地了解双重关系对专业判断力的不利影响及其伤害当事学生的潜在危险性，避免双重关系。在不可避免时，应采取一些专业预防措

291

施，例如，签署正式的知情同意书、寻求专业督导、做好相关文件记录等，以确保双重关系不会损害自己的判断，且不会对当事学生造成危害。

②知情同意。应尊重当事学生的知情同意权。在专业服务开始或工作过程中，应让对方了解专业服务工作的设置、目的、专业关系、相关技术、可能的局限、可能涉及的第三方权益等相关信息。只有在得到当事学生和其合法监护人的书面同意后，才能对辅导过程进行录音、录像与演示，发表其完整案例。

③保密原则。有责任向当事学生说明保密原则及其应用限度，当出现保密例外时，心理辅导老师有向对方合法监护人或可确认的第三者预警的责任和遵循法律规定的义务。因专业工作需要讨论个案，或采用案例进行教学、科研等，应隐去那些可能据此辨认出当事学生的有关信息，除非得到当事学生的书面许可。

④价值中立。尊重当事学生，不因任何因素歧视对方，不代替对方做出重要决定或强制其接受自己的价值观，注重对中小学生进行价值观的正确引导。

维护学生权益。在心理辅导过程中，当事学生的某些调整，需要在不伤害其自尊心的基础上得到他人的配合，尤其是遭遇第三方（家长、老师等）委托，对当事学生提供服务并要求知情时，需要坚守优先维护当事学生权益的原则。

第六，自我保健。应关注自我保健，当意识到个人的生理或心理问题可能会对当事学生造成伤害时，应寻求督导或其他专业人员的帮助，必要时应限制、中断或终止专业服务。

在严格遵循上述专业工作原则的前提下，中小学心理健康教师还需要平衡当事学生学习、生活的教育生态系统。这就意味着要将所有影响中小学生心理健康教育效果的影响因素纳入工作职责范围。

生态系统中的各种因素会对学校教育的效果产生怎样的影响？基于美国和其他国家几百项对学校效能的深入研究，美国学者罗伯特·J. 马佐诺（Robert J. Marzano）总结出三层变量及其影响力，总结如下：

一是学校层面变量。包括学习的机会、学习时间量、对学生学习的监督、为达到目标而施加的合理的压力、家长的参与、学校的氛围、领导和合作等，对学生成绩的影响率为 7%。

二是课堂层面变量。包括教学类型和质量、课程设计和课堂管理水平，对学生成绩的影响率为 13%。

三是学生层面变量。包括家庭氛围、学生接受学习前所掌握的知识程度和智力、学生对所教课程的兴趣，对学生成绩的影响率为 80%。

可以说，学生层面的因素对教育效果起着决定性的作用。其中，对学生成绩的影响约有 1/3 源于家庭氛围。詹姆斯·S. 科尔曼（James S. Coleman）对社会资本理论的解读可以看作是对学生层面影响因素的进一步补充。他认为，社会资本是儿童获得人力资本的途径，儿童获得的人力资本来自家庭、学校和社区三个方面，其人际关系、家庭结构、社区和学生发展之间会产生相互作用，这种互动过程会促进其在学习和校外行为的一致性（俞国良，2016）。因此，中小学心理健康教师职责的履行有赖于对学生特点、同伴关系、家庭教育、校园和社区环境等经济、社会环境因素及其互动关系的关注。一方面，有必要从直接影响学生的教育工作着手，减少学生的师源性心理困扰；另一方面，将整个学校、家庭、社区因素考虑在教育工作之内，有针对性地投入教育资源与精力，为学生创造系统的心理健康成长生态，使教育效果在学校、家庭和社区之间良性循环互动。

我国中小学心理健康教育工作相关政策亦体现了对这种生态化、系统化因素的考量。2012 年，《纲要》就明确提出了家庭、学校、社会三位一体的中小学心理健康教育体系。2014 年，教育部《中小学心理健康教育特色学校标准（试行）》进一步明确了心理健康教育的工作范围，包括课堂教学、学科渗透、文化建设、心理辅导、社会合作五个方面。在此基础上，根据全国各地开展的心理健康教育特色学校建设实践反馈，特色学校除了开展心理健康教学工作、学生心理辅导，还进行危机干预、专题讲座、校本课程开发以及相关的科研工作等，从横向和纵向上拓展了心理健康教育工作的范围。

(二)中小学心理健康教师工作职责的理论建构

基于上述影响教育效果的因素和心理健康教育工作范围的定位，我们认为，中小学心理健康教师的职责包括基本职责和核心职责两大模块。根据《中华人民共和国教师法》对教师权利与义务的规定，教师的基本职责包括：

(1)遵守宪法、法律和职业道德，为人师表；

(2)贯彻国家的教育方针，遵守规章制度，执行学校的教学计划，履行教师聘约，完成教育教学工作任务；

(3)进行教育教学活动，开展教育教学改革和实验；

(4)指导学生的学习和发展，评定学生的品行和学业成绩；

(5)对学生进行宪法所确定的基本原则的教育和爱国主义、民族团结的教育，法制教育以及思想品德、文化、科学技术教育，组织、带领学生开展有益的社会活动；

(6)关心、爱护全体学生，尊重学生人格，促进学生在品德、智力、体质等方面全面发展；

(7)制止有害于学生的行为或者其他侵犯学生合法权益的行为，批评和抵制有害于学生健康成长的现象；

(8)从事科学研究、学术交流，参加专业的学术团体，在学术活动中充分发表意见；

(9)对学校教育教学、管理工作和教育行政部门的工作提出意见和建议，通过教职工代表大会或者其他形式，参与学校的民主管理；

(10)参加进修或者其他方式的培训；

(11)不断提高思想政治觉悟和教育教学业务水平。

中小学心理健康教师的核心职责是以学生心理健康教育服务为核心，学生、学校、社会三位一体的生态化服务体系，包括三个层面，十条职责，如图14-1所示。

第一层面，学生服务。根据中小学生的身心发展规律和心理健康特点，运用心理健康教育的知识理论和方法技能，为学生提供心理健康教育课程、活动、

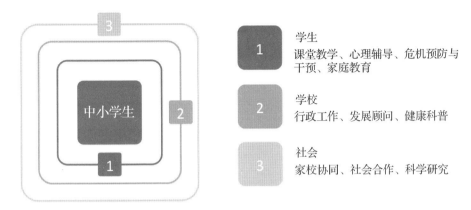

学生
1　课堂教学、心理辅导、危机预防与
干预、家庭教育

学校
2　行政工作、发展顾问、健康科普

社会
3　家校协同、社会合作、科学研究

图 14-1　中小学心理健康教师的核心职责体系

辅导等服务。

课堂教学：承担和开设心理健康教育课程，组织心理健康教育活动，创造尊重他人和安全的教学环境，鼓励自尊和自助，并且针对中小学生的特点，运用多种多样的教学方法和形式，帮助中小学生预防和克服智力、情感、意志和个性发展中的偏差，帮助中小学生掌握认识自我、学会学习、人际交往、情绪调试、升学择业以及生活和社会适应等方面的常识、策略和技能，培养学生健全的人格和良好的个性心理品质，提高自主、自助和自我教育能力。

心理辅导：主持和开展学校心理辅导室的心理辅导工作，帮助学生疏导与解决学习、生活、自我意识、情绪调适、人际交往和升学就业中出现的心理行为问题，排解心理困扰和防范心理障碍，对学生进行心理状态评估、入学评估等，开展学生心理健康状态的调研和心理健康辅导工作，制订教育辅导方案，根据学生实际开展有针对性的个体或团体辅导，对有心理困扰或心理问题的学生，进行科学有效的心理辅导，建立辅导追踪档案。

危机预防与干预：落实学生心理危机预防、预警、干预工作方案，在学生面临各种心理危机时为学生提供及时的心理干预，预防学生发生恶性事件，对有严重心理疾病的学生，能够及时识别并转介到相关心理诊治部门。

家庭教育：与学生家长进行有效沟通，以了解学生及其家庭，根据学生的具体需求提供相应服务，积极做好家庭心理健康指导，帮助家长树立正确的教育观念，在家长、教师、学生之间发展良好的交往关系。

第二层面，学校服务。为学校心理健康教育的文化建设、学科渗透和家校协同提供专业支持。

行政工作：制订学校心理健康教育年度工作计划，负责学校心理健康教育功能场所的日常管理，做好学校心理健康教育的宣传及活动成果展示；负责学校心理健康教育各项工作的资料收集、数据统计、工作分析、分类归档和情况汇报工作。

发展顾问：协助学校校长等管理工作者改进教育教学和管理工作，积极从学生心理发展和心理健康教育的角度提出各项建议、意见和评价，发挥心理指导与顾问作用；指导和协调学校班主任、德育处、少先队、共青团开展学校的各种心理教育、宣传和社会实践活动，为他们提供知识培训和方法指导。

健康科普：做好自我保健，努力维护自己的心理健康，充分了解自己的心理健康状况，并确保在心理健康的状态下向来访学生提供心理辅导服务；开展提高全体师生的心理健康水平，为教师、学生及其家长学习心理健康教育知识提供必要的条件，帮助其解决自身所遇到的各种心理问题，使他们学会心理调适，增强问题应对能力。

第三层面，社会合作。与家庭、社会机构联合，为学生的心理健康发展提供保护性生态环境。

家校协同：充分利用学校教育资源、家庭教育资源，协助学校有关职能部门共同开展家校协同工作。

社会合作：开发区域心理健康教育资源，多途径合作开展心理健康教育工作。

科学研究：定期组织本校心理健康教育科研活动，参与各级教育部门组织的心理健康教育科研活动；完成上级心理健康教育指导中心布置的专项任务，发挥心理研究和促进作用。

(三) 中小学心理健康教师工作职责的实践模式

从教育实践上，中小学心理健康教师的工作职责包括两个方面：

第一个方面，是要培养学生学会学习和生活，正确认识自我，提高自主自助和自我教育的能力，增强其自我调控、承受挫折和适应环境的能力，培养学生健全的人格和良好的个性心理品质。

1. 培养学生学会学习和生活

（1）学习策略指导与训练

学习策略指学习者在上课听讲或习读课业时所采用的学习技巧，以促进其对所学教材的吸收、记忆和理解等[①]。中小学心理健康教师应指导学生了解与评估自己的学习策略。

培养学生积极的学习态度。教师需要清楚明确地向学生说明本学科的学习内容、学习要求与学习评价；了解学生的学习困难和接受情况，改变自身的教学方法，取得好的教与学的效果；善于学习与运用教育心理的知识与方法，在课堂上培养和保护学生积极学习的态度；让学生学会正确归因，让学生从学习中获得成功的体验，拥有对学习的信心，唤醒和强化学生学习的自主性；树立多元智能观，帮助学生挖掘自己的强势智能和发展自己的弱势智能，欣赏学生的能力所长，增强学生的成就动机。

帮助学生了解与改进学习习惯。包括学生对学习方法的运用与评价、时间管理情况、设定学习目标情况、注意力集中情况、记忆方法、阅读技巧、记笔记技巧、应试策略等，改掉不适应中小学阶段的学习方法与学习方式，指导学生有效的学习。

帮助学生了解与评估学习能力。包括学习新知识的能力、快速而正确地完成作业的能力、理解与分析能力、知识记忆能力、表达能力、阅读和提炼归纳的能力、写作能力、计算能力、实验操作能力、逻辑思维能力、预习和复习能力、考试成功的能力等，激励学生充分利用优势能力，增强学生信心，依据不

---

① 李咏吟：《学习心理辅导》，广州，广东世界图书出版公司，2003。

同学生的学习特点进行指导，提高学生的学习效率。

（2）培养创新思维

创新思维具有流畅性、变通性、独特性、深刻性的特点，表现出思维品质的"新""独""特"。培养学生的创新思维，要给学生创造一个"包容性和多元化"的课堂环境，在相对宽松的课堂氛围中，学生的思维更活跃，表达的愿望更强烈，创新意识才能得以最大限度的发挥。鼓励学生采用头脑风暴等策略训练发散性思维，鼓励学生提出问题。

（3）积极应对考试压力，克服考试焦虑

中小学生的考试压力来自内心世界的自我期望、父母和老师的要求以及社会的竞争。巨大的压力容易引发情绪行为问题，出现学习焦虑、厌学等问题，失去学习的信心和动力。尤其是面对考试时，由于过度紧张、担忧，容易出现考试焦虑。中小学心理健康教师需帮助学生合理看待压力和考试焦虑，利用自我的积极暗示、放松训练的方法帮助学生缓解考试焦虑，引导学生重视过程甚于重视结果，接纳焦虑，顺其自然。

2. 培养学生正确认识自我

（1）帮助学生确立正确的自我意识

中小学生渴望认识自己，十分关注自己，关注自己与他人、与社会的关系，并从这些关系中进一步认识自我。他们对事物有自己的想法和见解，对外部的信息能够批判性地接受。但他们在自我意识形成、确立的过程中，往往不能正确认识自己，有的过高地估计自己、自以为是，有的患得患失、过分敏感、依赖他人的评价，这些都不利于中小学生自我意识的健康发展。自我认识与自我体验决定着自我控制，引导学生通过选择认知角度、转变认知观念来感受积极的自我，从而悦纳自我、控制自我、完善自我，形成客观、完整、积极的自我概念。

（2）指导中小学生全面、客观地认识与评价自我

要帮助学生全面了解自己的优点和缺点，客观地评价自己的优点和缺点，

确立合适的目标与期望，让学生能够体验到存在的价值、努力发展潜能。让学生全面认识自己，教师要引导学生从生理状况、心理特征、社会适应、道德健康四方面全面地认识自己，从自己扮演的各种社会角色中，从他人的反馈中，多角度认识自己。了解自己与他人的关系，了解自己在他人心目中的形象以及在群体中的作用和地位，帮助学生通过体验、自我反省和他人反馈，逐步加深对自己的认识，认识现实自我和理想自我的差距。

（3）引导中小学生树立积极的自我概念

自我概念是一个人对自身存在的体验，由反映评价、社会比较和自我感觉三部分构成。自我概念积极的学生，自我期望值高，自主性强。自我概念消极的学生，自我期望值低，做事敷衍了事。教师要引导学生悦纳躯体自我、心理自我、社会自我，树立自信。自信让心灵充满力量，面对机会和挑战，有畏惧也会依然前行，在成功时建立自信，在失败时，勇于面对，帮助学生建立积极的自我概念，促进学生的健康发展。

3. 培养学生人际交往能力

（1）提升人际沟通的质量

关注他人感受，善用换位思考。教师应引导学生辩证地、一分为二地看待自己和他人，严于律己，客观待人，避免以自己的标准去判断、衡量他人。引导学生转换立场，考虑对方的需要和感受，从对方的立场来看问题，即学会换位思考，那么个人则会在人际交往中体验到不一样的感受和欣喜。了解自我状态，改善沟通效果。

（2）建立和谐的人际关系

引导学生运用适宜的沟通方法，建立和发展与同伴的友谊，理解与感恩父母和老师，尊重与关爱他人，妥善处理人际交往中的冲突和矛盾，促进学生人际间积极情感的反应和体验。引导学生建立良好的同伴友谊。良好的同伴友谊有利于中小学生社会价值的获得、学业的顺利完成以及人格的健康发展；而不良的同伴关系则会导致学校适应困难，会影响以后的生活。教师要与学生建立民主、平等、尊重的师生关系。教师在教育学生的过程中，要关爱学生，尊重学生的个性，在与学生的沟通对话中，运用教育心理的智慧和方法帮助学生获得充分、多元、健康、和谐的发展。建立和谐的亲子关系。家庭成员之间融洽相处、互相理解和尊重，能够有效地进行亲子沟通，为孩子营造和谐、愉悦、支持的家庭人际氛围，使家庭真正成为孩子成长的避风港。

（3）正确对待异性交往，知道友谊和爱情的界限

理性看待中小学生的恋爱动机。教师在引导时，要对中小学生的异性情感有足够的尊重和明确的规则与底线。与学生谈论异性情感时，不回避，不持消极的态度，而持尊重、自然的态度。引导学生知道友谊与爱情的区别。爱情与友谊都是人比较高级的情感，都以情感的依恋为主要特征，以人际吸引为表现形式。但爱情是由多种因素决定的，并要求双方承担道德义务和社会责任。

4. 指导学生生涯规划

生涯规划对中小学生而言，是一种迫切的现实需求。中小学生面临文理分科、大学和专业的选择以及志愿填报等重要生涯发展问题。面对这些问题，中小学生在进行选择时，表现出很大的盲目性和随意性，不知道如何选择专业，也缺少从长远的角度对个人生涯发展进行规划的意识。因此，指导中小学生生涯规划的重点是帮助学生充分了解自己的兴趣、能力、个性特点、职业价值观，了解大学、专业、职业、家庭期望、社会需要，分析评估自我学习位置、自我学习优势与问题、自我发展能力。帮助学生在综合分析自我和外部环境的基础上，确定学业目标，选择大学、专业，尝试性选择未来职业，明确某种职业倾向，培养职业道德意识。教师要引导学生自主探索和自主规划生涯发展的目标，发展学生的抉择能力和自我负责意识，做自己生命和生活的设计师。

5. 培养学生适应社会

教师要指导学生用适当的方式宣泄负面情绪，更重要的是要培养学生积极的生活态度，引导学生建立理性的认知，学会客观分析和处理生活的困难和挫折，使挫折对个体的消极影响最小化，对个体的适应和成长最大化。引导学生

接受现实，面对挫折，认识到挫折是生活中的一部分，理解挫折对个人成长和人生的意义。培养中小学生积极的心理品质，培养学生情绪控制和自我调节、自我克制和自我激励，以自信、独立、敢于承担、坚持不懈、责任感等积极心理品质。培养学生的合作和交流、同感和共情以及问题解决等社会胜任力，从学生的个人成长方面提升学生的抗挫折力水平。

此外，教师对个别心理有困扰或有心理问题的学生，要进行科学有效的心理辅导，及时给予必要的危机干预，提高学生心理健康水平。

第一，进行科学有效的心理辅导。之所以要对少数有心理困扰或心理问题的学生进行科学有效的心理辅导，一方面是因为，中小学生缺乏社会经验，当遇到一些应激事件后，难以自我调节，从而造成心理上的困扰，小到学业挫折造成的不良情绪，大到应激事件引发的自残自杀行为等，都需要心理辅导教师给予及时的心理咨询和危机干预。另一方面是因为，一些心理上的疾病也的确需要外界的帮助才能得以解决，如儿童抑郁症、社交恐惧症、病理性互联网使用等，这些都需要心理辅导教师给予科学的诊断与治疗。

第二，及时给予必要的危机干预。与心理健康教育中的其他工作不同，心理危机干预的工作中心是补救性的心理辅导，其作用是帮助涉入危险事件的学生缓解和稳定情绪，正确分析危机，恢复平衡状态，以积极的态度面对危机，将危机转向健康积极的方向。之所以在心理健康教育的目标中强调及时给予必要的危机干预，一方面是因为伤害事件的客观存在，这些伤害事件既包括人为事件，也包括自然灾害，如2008年汶川地震对于灾区学生的伤害。另一方面是因为学生心理发展尚不成熟，面对伤害事件时不能及时做出自我调整，如果由此造成的心理困扰或心理问题不能得到及时干预，便会造成更严重的后果。

心理危机干预是一种短期的帮助过程，它的目的是随时对那些处于困境或遭受挫折和将要发生危险(自杀)的人提供支持和帮助，使之恢复心理平衡，顺利渡过危机。一般来说，在当事人无法通过自身的调整摆脱危机时，就应该接受危机干预，以制止不良后果甚至恶性事件的发生。心理危机干预的对象包括：

①遭遇突发事件而出现心理或行为异常的学生，如家庭发生重大变故、遭受性侵害、受到自然或社会意外刺激的学生；②患有严重心理疾病，如精神分裂症、抑郁症、神经症等疾病的学生；③既往有自杀未遂史或家族中有自杀者的学生；④身体患有严重疾病、个人很痛苦、治疗周期长的学生；⑤学习压力过大、学习困难而出现心理异常的学生；⑥人际关系失调后出现心理或行为异常的学生；⑦严重环境适应不良导致心理或行为异常的学生；⑧其他有情绪障碍、行为异常的学生。

第三，提高心理健康水平。对于少数有心理困扰或心理问题的学生来说，提高其心理健康水平是心理健康教育工作的落脚点，即围绕这些学生所开展的心理教育工作都要落实到提高其心理健康水平这个目标上来。可以说，心理健康水平的高低是检验心理健康教育工作是否成功的重要指标。所以，对于心理健康水平的测量也是心理健康教育工作的重要内容之一，通过对学生心理健康水平的测量，可以建立学生心理成长数据库，为心理健康教育工作有的放矢地提供明确的量化指标。

二、中小学心理健康教育教师的工作内容

(一) 中小学心理健康教育工作内容的范围

科学、正确地判断一个人的心理是否健康，并对不健康状态进行调节、预防和干预，是中小学心理健康教育工作的基本目标；帮助一个人以健康的状态，快乐成长、幸福生活，充分开发自身潜能、实现人生价值，则是中小学心理健康教育的终极追求。我们认为，两者之间的距离，就是中小学心理健康教师们实际工作所要覆盖的内容范围。

心理健康取向不同，工作方向、工作范围也不同。对于不同取向的内涵和判断标准，专家学者们观点各异。我们针对中小学生的心理健康状况，采用了病理性指标与积极心理健康取向的测量工具相结合的综合评价方式，对学生分

年龄阶段、性别和地区加以考量，来确定不同个体的心理健康水平。基于以往的研究和当下的实际，我们对健康的参考标准如表14-1所示（林崇德，俞国良，2013；俞国良，2008），标准本身即是一种对教师心理健康教育工作方向的指引。

表 14-1　健康标准

标准	教师	中小学生
健康	第一，有充沛的精力，能从容不迫地担负日常工作、学习和生活而不感到疲劳和紧张。 第二，态度积极，勇于承担责任，不论事情大小都不挑剔。 第三，精神饱满，情绪稳定，善于休息，睡眠良好。 第四，能适应外界环境的各种变化，应变能力强。 第五，自我控制能力强，善于排除干扰。 第六，体重得当，身体匀称，站立时头、肩、臂的位置协调。 第七，眼睛炯炯有神，善于观察，眼睑不发炎。 第八，牙齿清洁，无空洞，无痛感，无出血现象，牙齿和牙龈颜色正常。 第九，头发有光泽，无头屑。 第十，肌肉和皮肤富有弹性，走路轻松协调。	
心理健康	第一，对教师角色的认同。 第二，有良好和谐的人际关系。 第三，有正确且稳定的自我概念。 第四，具有教育独创性。 第五，在教育活动和日常生活中均能真实地感受情绪并恰如其分地控制情绪。	第一，保持良好的心理状态，情绪上平和、稳定、愉悦，认知上能够自知、自控和自律。 第二，具有良好的社会适应性，能够适应自己学习和生活的环境，也能够主动地加以建设和改造。 第三，具备积极的成长发展趋势，从生物人发展为社会人，完成学业，为今后的职业生涯做准备。 第四，具有良好的道德品质。

续表

标准	教师	中小学生
心理异常	兼顾多种因素，由专业人士根据下列标准来判断： 第一，经验标准。 第二，社会规范标准。 第三，临床诊断标准。 第四，统计学标准。	第一，有无明显对学习产生妨碍，使学习效率显著下降。 第二，有无明显影响他人对自己的态度，讨厌自己。 第三，有无明显妨碍自己和别人的关系，使别人不愿意和自己交往，或使自己不愿和别人继续交往。 第四，是否明显妨碍自己和现实环境的接触，使自己不易辨认环境，或想远离环境。

　　根据健康的定义，心理健康教育工作有两个极点，一极是心理健康教育，强调积极、整体的心理健康发展，具有普适性；另一极是心理异常干预，着眼于心理疾病的防治，具有特殊性。为了平衡心理健康教育的两极，达到教育的目的，中小学心理健康教师需要围绕哪些内容开展具体的工作？这首先取决于教育的内容。《纲要》规定，中小学心理健康教育的主要内容包括：普及心理健康知识，树立心理健康意识，了解心理调节方法及认识心理异常现象，以及掌握心理保健常识和技能。这构成了中小学心理健康教师的主要工作内容，即围绕心理健康教育，向全体教师和学生普及知识、培养意识、传授方法、认识异常现象，促使其掌握保健技能，并最终实现健康自助。其中，心理健康教育的重点是认识自我、学会学习、人际交往、情绪调适、升学择业以及生活和社会适应等方面的内容。具体包括：帮助学生加强自我认识，客观地评价自己，认识青春期的生理特征和心理特征；适应中小学阶段的学习环境和学习要求，培养正确的学习观念，发展学习能力，改善学习方法，提高学习效率；积极与老师及父母进行沟通，把握与异性交往的尺度，建立良好的人际关系；鼓励学生进行积极的情绪体验与表达，并对自己的情绪进行有效管理，正确处理厌学心理，抑制冲动行为；把握升学选择的方向，培养职业规划意识，树立早期职业发展目标；逐步适应生活和社会的各种变化，着重培养应对失败和挫折的能力。

　　大多数中小学生的心理健康问题为发展性的、过程性的心理困扰，如同伴关系、亲子关系、情绪困扰、升学压力等，问题的同质性较高，更多需要教师进行心理素质与心理技能的科普与训练，使学生学会学习和生活，正确认识自我，提高自主、自助和自我教育能力，增强调控情绪、承受挫折、适应环境的能力，培养学生健全的人格和良好的个性心理品质；对于少数存在心理与行为问题的学生，则以心理辅导为主，划出专门的时间段，定时开放单次的以回答问题、提供信息和解决办法为主的心理辅导，及时给予必要的危机干预，提高其心理健康水平。

　　因此，在实际教育工作中，既可以以中小学生在青春期的心理发展变化为线索，侧重青春期心理健康教育内容，亦可以以学生面对的生活、择业、生活和社会适应等方面的实际生活内容为线索，侧重于心理辅导内容。可供参考的中小学生心理健康教育主题范围如表 14-2 所示。

表 14-2　中小学生心理健康教育主题

内容	知识	意识	方法	异常现象	健康自助
认识自我	青春期 自我认知	自我信念 自我认同 自我效能	自我意识训练 自我激励训练	自卑 自负 自我中心	自知、自爱 自强、自信 自律
学会学习	学习策略 问题解决思维 学习品质	学习动机 学习兴趣 学习观念 学习归因	观察训练 记忆训练 想象训练 思维训练 问题解决训练	学习困难 厌学 学习压力 学习障碍 学校恐惧症	自主学习
人际交往	社会关系（亲子、同伴、异性、师生） 社会交往品质	社会角色 合作意识	言语与非言语 沟通技巧训练 冲突处理 团队协作训练	社交恐惧 嫉妒、逆反 回避、孤独 盲目崇拜	人际和谐

续表

内容	知识	意识	方法	异常现象	健康自助
情绪调试	情绪与情感	情绪认知 情绪转化	情绪表达训练 情绪调控训练 压力管理训练	焦虑、抑郁 恐惧、紧张 忧虑、情绪障碍	乐观 开朗 冷静
升学择业	人生理想 决策思维 职业心理素质	考试观 择业观 挫折观 自我期望	自我认知训练 社会实践	迷茫、逃避 急功近利 从众和依赖 考试焦虑症	生涯规划
生活和社会适应	社会适应 心理防御机制	环境认同 改变	适应训练 挫折训练 应变能力训练	挫折感 自杀倾向 适应不良	适应良好

(二) 中小学心理健康教师工作内容的理论建构

从理论层面来说，中小学心理健康教师的服务以学生为圆心，以学生的学习生活范围为半径，将教师、家长和校内外教育相关人士覆盖在内。

1. 把握核心工作——学生服务

学生服务包括四部分内容：课堂教学、心理辅导、危机预防与干预、家庭教育。

（1）课堂教学

开展心理健康教育课程教学是主渠道。中小学心理健康教育课程以活动课程为主要形式。活动课程是与语文、数学等学科课程相对而言的一种课程类型，它打破学科逻辑系统的界限，是以学生的兴趣、需要、经验和能力为基础，通过引导学生自己组织的有目的的活动系列而编制的课程①。该课程理念的代表人物、美国实用主义教育家杜威认为："学校科目相互联系的真正中心不是科

---

① 王道俊、郭文安：《教育学》，北京，人民教育出版社，2009。

学，不是文学，不是历史，不是地理，而是儿童本身的社会活动。"我们认为，心理健康教育不是单纯的心理学知识传授，而是从现实生活出发，以学生个人的直接生活经验为中心，以学生本人的情志活动为主要内容，其根本目标是应用心理健康的有关理论和方法技能，来解决他们在现实生活中所面临的各种心理困扰和行为问题，使他们的心理潜能得到最大限度的发挥。相对于静态的、计划严格的学科课程，这种课程形式更能够以学生为中心，重在通过心理学研究中的基本事实、概念和原理来解决问题，促进学生的心理健康，帮助学生形成健康的思想意识、行为习惯和生活方式，同时也有利于探究、沟通、合作、创新，脱离这一性质和定位，心理健康课程的教学则容易出现知识化、学科化的倾向。

（2）心理辅导

为学生提供个别心理辅导和团体心理辅导，分别以个别面谈或交流以及群体沟通互动的形式帮助学生解决在学习、生活和成长中出现的问题，排解心理困扰。其中，团体心理辅导是中小学心理健康教师的主要辅导形式。它针对学生成长中存在的共性心理问题，预先设定目标、形式、内容、活动、情境等，以小组或班级为单位，在团体情境下为成员提供心理援助。同时，教师须针对有心理困扰或心理问题的学生进行有效的个别辅导，提供有针对性的心理支持；或根据情况及时将其转介到相关专业心理咨询机构或心理诊治部门，并做好协同合作、回归保健和后续心理支持工作。

（3）危机预防与危机干预

①危机预防。应根据相关要求，就新生入学适应、学生考试焦虑、青春期应激反应，以及对遭遇重大负性生活事件的学生，实施常规心理安全、调适工作，以预防心理危机的发生，并向全校师生明确告知心理危机的早期识别方法及其求助途径，强化师生对心理危机的认识，激发学生心理危机的求助互助意识，发挥教师对心理危机的预警作用。

②危机干预。协助学校危机预防和干预领导小组，根据本校环境、运作模

式的特点和学生心理状况，对可能发生的校园群体和个体危机制订心理危机干预预案，明确特定心理危机的干预流程、职责分工、操作规范和伦理要求。同时，定期组织预案程序的演练。

③及时转介。对患有严重心理疾病的学生，学校应及时联络家长，尽早转介到精神卫生医疗部门。学校心理健康教育部门要主动与校内外精神卫生医疗部门建立热线联系。在做好整个学校心理健康教育工作的过程中，要积极了解本地区的心理咨询资源，借助于精神卫生医疗部门的专业力量，必要时向学生或家长推荐。

④能力提升。通过定期参加专题培训和案例督导，自觉培养和提升识别、评估心理危机和处理个体或群体心理危机的专业能力，保持自身在日常心理健康教育工作中发现学生潜在心理危机的洞察力和敏感度。

(4)家庭教育

教师要密切联系家长共同实施心理健康教育，帮助家长树立正确的教育观念，了解和掌握孩子成长的特点、规律以及心理健康教育的方法，帮助家长树立正确的教育观念，注重自身良好心理素质的养成，改善并优化教育方式方法，加强亲子沟通，为孩子健康成长营造积极健康和谐的家庭心理环境。同时，教师要为家长提供促进孩子发展的指导意见，协助他们共同解决孩子在发展过程中的心理行为问题。心理健康教师应热情接待觉得自己孩子遇到心理困难的学生家长，或者觉得班上学生出现了心理问题的班主任或年级组长，了解、反馈学生的心理状况，和家长、老师，有时候也和学生一起面谈和讨论，协助家长或监护人共同解决孩子在发展过程中的心理行为问题。同时，可每学年为家长定期举办心理健康教育讲座或宣传活动，帮助家长了解和掌握孩子成长的特点、规律以及教育方法。

2. 奠定基础工作——校园服务

校园服务工作注重人文关怀和心理疏导，创设符合心理健康教育要求的物质环境、人际环境和心理环境，营造良好的心理健康教育氛围。教师应全程参与学校心理健康教育工作，提供专业支持与建议。

（1）行政工作

①以学校整体工作的全局视野为出发点，围绕学校育人目标，配合学校的教育工作计划，思考设计与规划学校心理健康教育活动，形成心理健康教育制度、计划、方案、资料记录等，协同有关职能部门从组织管理、任务分配、操作实施等方面保障活动的规范专业和有序有效，并接受学校职能部门的监督和评估。

②负责心理辅导室的组织管理。心理辅导室主要用于对有需要的学生进行个别或团体辅导。心理辅导室值班记录、辅导过程记录完整并及时归档，有相应的分析、对策与辅导效果评价。

③建立成长信息库。应根据相关要求，为全校学生建立心理健康成长信息库。通过量表调查、逸事记录、个别访谈等方式主动采集学生心理信息，把握学生心理动态，并据此及时更新相关内容。教师应把心理测验的各项指标数据和评定结果整理成成长信息的形式，记录学生个性、兴趣、能力、心理健康状况等方面的信息，用以评定、预测和监控学生心理素质发展状况和个体心理行为。心理成长信息的内容清单可以包括学生的基本情况、智力状况、人格特征、学习心理状况、职业能力倾向和心理健康状况等方面。其中学生基本情况可以包括姓名、性别、出生年月、年级、班级等个人简介；家庭成员信息、经济状况、居住环境、父母教养方式等家庭生活情况；学习成绩、学习态度、住宿环境、奖惩情况、行为习惯、特长、同学关系、担任班级工作情况等学校学习情况；家庭成员死亡、父母离异、生活条件改变、学习成绩突然下降、与同学教师闹矛盾、重大挫折等重大生活事件情况。

此外，中小学心理健康教师还有必要对全校教职工进行心理健康辅导支持，提高其心理健康水平。

（2）发展顾问

①学校活动。要主动与学生处（政教处、德育处）、教导处、团委少先队、

工会等职能部门沟通合作，将心理健康教育活动与班主任工作、班团队活动、校园文体活动、社会实践活动等有机结合，将心理健康教育活动融合在校园文化建设之中。

②社团活动。注重发挥学生干部和学生心理社团的作用，加强心理社团制度建设，制订学期工作计划，明确活动次数与内容安排，注重通过组织学生参与校内外的多种社团文化交流、社会服务和社会实践等活动来锻炼学生的能力，提高其社会责任感。

③自助团体。充分发挥"朋辈教育"资源，通过对学生心理同伴辅导员的培训，组织和指导学生形成心理自助团体，以互助、自助等形式解决学生可以自己解决的心理问题。心理辅导教师负责联络和督导，努力提高学生之间相互提供心理援助的能力。

(3)健康科普

针对教师、学生和家长，开设心理健康教育讲座、沙龙，主动普及心理常识。例如，有关心理健康的意义和心理保健的常识、不同年龄的心理健康的标准、情绪的功能和情绪自我调控的意义、人际交往的意义和规律、自我意识的意义、记忆的规律和方法、思维的规律和解决问题的策略等问题。这部分内容的讲授应淡化心理学的概念，切入他们的经验系统，注重心理学原理在实际生活中的应用。它所发挥的功能是预防心理问题的发生和提高生活质量。

其中，中小学心理健康教师应当尤其重视教师群体的心理健康科普。有研究表明，教师的心理健康水平与学生的心理健康水平呈正相关，而近年来，教师心理健康水平有所下降，特别是班主任心理健康状况不容乐观①。2009 年对陕西省 467 名在职中学教师工作压力及心理健康状况的调查中②，43.8% 的教师明显感到有工作压力，37% 的教师存在轻度心理健康问题，16.66% 的教师存在中度以上心理健康问题。这表明，关心中小学教师的心理健康状况、为其轻松

---

① 涂涛：《近二十年我国中小学教师心理健康研究的文献计量学分析》，载《教育与教学研究》，2017，31(1)。

② 周喜华：《中学教师工作压力及心理健康状况调查》，载《中国公共卫生》，2009，25(12)。

工作、健康生活提供心理健康专业支持迫在眉睫。因此，中小学心理健康教师作为心理健康教育专业人士，要为其他教师学习心理健康教育知识提供必要的条件，定期对全体教师开设心理健康教育专题讲座等宣传活动，引导教师关注自身心理健康。在内容上，一方面重点培养教师如何正确对待工作压力和境遇，学会心理调适，增强应对能力，学习心理健康常识、心理保健与减压的方法，自觉维护健康的心理状态；另一方面帮助班主任和任课教师更好地了解学生心理，面对学生的心理困难，将心理健康教育思想渗透在学生管理和学科教学中，从而有效提高全体教师的心理健康水平和开展心理健康教育的能力。

3. 做好辅助工作——社会服务

（1）开拓社会合作资源

中小学心理健康教师要充分利用校外教育资源开展心理健康教育，加强与家庭、基层群众性自治组织、企事业单位、社会团体、公共文化机构、街道社区以及青少年校外活动场所等的联系和合作，亦可与兄弟学校同行建立良好的同伴支持体系，共同组织开展各种有益于中小学生身心健康的文体娱乐活动和心理素质拓展活动，拓宽心理健康教育的途径，同时利用学校心理健康教育资源服务社区，发挥学校心理健康教育的辐射作用。

（2）加强科学研究

中小学心理健康教师一方面可发挥自身优势，在日常工作中积累研究素材，对工作中面临的迫切问题开展主题研究，并拓展研究的时间长度；另一方面借助他人力量，弥补自身在实证分析上的不足之处，与校外研究机构或高校教师进行合作研究，拓展研究的深度，以不断突破自己职业发展中的"天花板"，将育人工作和自己的职业生涯推向高处、深处。

（三）中小学心理健康教师工作内容的实践模式

从实践操作层面来说，中小学心理健康教师要帮助学生确立正确的自我意识，树立人生理想和信念，培养积极的人格特质，提升人格魅力；帮助学生掌握学习策略，开发学习潜能，提高学习效率，积极应对考试；帮助学生认识自己的人际关系状况，培养人际沟通能力，知道友谊和爱情的界限，正确对待和异性同伴的交往，帮助学生建立良好的人际关系；帮助学生理解压力的意义，积极应对压力，进一步提高承受失败和挫折的能力，培养良好的意志品质；帮助学生了解自己的兴趣、能力、性格、特长和社会职业发展方向，进行升学就业的选择和准备，培养担当意识和社会责任感。

1. 心理健康课程

在学校心理健康教育体系中，课程是其中最核心的组成部分，是中小学心理健康教师最主要的工作内容。它以课程的形式，向学生传授心理健康的知识、训练学生的心理素质、陶冶学生的心理品质，以达到全面提高学生心理健康水平的目的。值得注意的是不能用学校心理健康教育课程取代学校心理健康教育，不能把课程等同于学科教学课程。防止学校把开展心理健康教育机械地理解为开设心理学、心理卫生、心理健康等课程，或举办一些知识讲座，向学生传授心理健康的有关知识等，从而导致课程化、知识化倾向。

2. 心理健康讲座

针对中小学生群体特殊时期的心理，中小学心理健康教师要开展心理健康讲座，帮助学生适应中小学阶段学习和生活，正确地应对压力。例如，对初一入学的新生开展适应初中阶段生活的讲座，培养他们的人际沟通能力，与老师和同学的沟通技巧，适应初中的学习与生活环境。再如，对即将高考的高三学生开展压力调试的讲座，使他们正确地面对压力，应对压力，调节焦虑情绪。此外，针对学生青春期阶段的心理特点，可以开展认识自我、处理异性关系、职业兴趣和职业选择等方面的心理健康讲座，帮助学生健康快乐地度过中小学生活，实现心理成长。

3. 个体心理辅导

个体心理辅导是在学校情境中运用心理学的理论和技术，借助语言等媒介，与辅导对象建立特殊的人际关系，进行信息交流，帮助辅导对象消除心理问题，增进心理健康，有效适应社会，促进人格完善和发挥自身潜能的过程。个体心理辅导是一个专业化的助人自助的过程，其作用主要体现在它对个体的人格塑造、潜能开发以及全面发展具有正向引导及促进功能。中小学心理健康教师需要在教育背景下使用心理学的理论和方法为学生的健康成长服务。个体心理辅导有以下特点：①心理性。个别辅导解决的是来访者心理或精神方面存在的问题，而不是帮助他们处理生活中的具体问题。②职业性。个体心理辅导是一种从心理上为来访者提供帮助的职业化行为，而不是一般的帮助活动。个体心理辅导有特定的目的和任务，有专门的理论和方法，它重在帮助人们分析内心的矛盾冲突，探讨影响其情绪和行为的原因，协助他们进行自我改变。③保密性。个体心理辅导中的良好咨访关系，是在特定时空内建立的具有隐秘性和保密性的特殊关系。心理辅导教师未经来访者同意不能轻易将辅导内容向其他老师公开，但特殊情况例外。④成长性。个体心理辅导是在教育背景下实施的，它的目的是提高全体学生心理健康素质，进而促进人格健全发展。⑤专业性。个体心理辅导要求心理辅导教师应用心理学的有关知识和技术来分析来访者的心理问题，提供心理学的帮助。个体心理辅导解决的是来访者心理或精神方面存在的问题。这里面包含对来访者的共情与关注、对心理问题的分析与评估、应用个别心理辅导的理论和技术，如合理情绪、心理分析、行为矫正等方法来帮助来访者，所以心理辅导老师必须是经过专业训练的。

4. 团体心理辅导

团体心理辅导，也称小组辅导，是在团体情境中提供心理帮助与指导的一种心理辅导形式。具体地讲，团体心理辅导是由受过专业训练的辅导师带领团体成员，在保密的原则下营造一种安全、支持的环境，通过团体内人际交往作用，促使个体在交往中不断观察、学习和体验，主动调整和改善与他人的关系，努力学习新的学习态度和行为方式，发展良好生活适应能力的助人过程。团体心理辅导通常由一位或两位辅导师主持，一般称为团体领导者，多个来访者参加，一般称为团体成员。团体领导者根据成员问题的相似性，组成不同主题的团体，通过共同商讨、训练、引导，解决成员共同发展的课题或共有的心理障碍。通过几次或十几次团体聚会，参加成员相互交流，共同讨论大家关心的问题，彼此启发，互相支持，鼓励分享，使成员了解自己的心理，了解他人的心理，以改善人际关系，增加社会适应性，促进人格成长。实践证明，团体心理辅导既是一种有效的心理辅导形式，也是一种有效的教育活动。团体心理辅导的目标可概括为：①通过自我探索的过程帮助成员认识自己、了解自己、接纳自己，使他们能够对自我有更适当的认识；②通过与其他成员沟通交流，学习社交技巧和发展人际关系的能力，学会信任他人；③帮助成员培养责任感，敏锐地觉察他人的感受和需要，更善于理解他人；④培养成员的归属感与被接纳感，从而更有安全感、更有信心的面对生活的挑战；⑤增强成员独立自主、自己解决问题和抉择的能力，探索和发现一些可行而有用的途径来处理生活中的一般发展性问题，解决矛盾冲突；⑥帮助成员澄清个人价值观，协助他们做出评估，并做出修正和改进。

5. 开展心理测评，建立心理健康信息库

中小学心理健康教师应为全校学生建立心理健康信息库。通过量表调查、轶事记录、个别访谈等方式主动采集学生心理信息，把握学生心理动态，并据此及时更新相关内容。对于学生的心理健康成长信息，在管理与使用中要严格遵循保密规定。学生心理健康成长信息应该与教育成长信息分开。中小学心理健康教师应清楚自己的辅导与教育、行政角色的界限，把行政资料与辅导资料分开处理，不得任意将辅导资料公开。学生本人有权查看其测验数据，辅导师不能拒绝，除非这些数据可能对其产生误导或不利的影响。

中小学心理健康教师应把心理测验的各项指标数据和评定结果整理成成长信息的形式，记录学生个性、兴趣、能力、心理健康状况等方面的信息，用以评定、预测和监控学生心理素质发展状况和个体心理行为。内容可以包括学生的基本情况、智力状况、人格特征、学习心理状况、职业能力倾向和心理健康状况等方面。其中学生基本情况可以包括姓名、性别、出生年月、年级、班级等个人简介；家庭成员信息、经济状况、居住环境、父母教养方式等家庭生活情况；学习成绩、学习态度、住宿环境、奖惩情况、行为习惯、特长、同学关系、担任班级工作情况、学校学习情况；家庭成员死亡、父母离异、生活条件改变、学习成绩突然下降、与同学教师闹矛盾、重大挫折等重大生活事件情况。

中小学心理健康教师应根据学生心理成长信息中所提供的信息和建议，有针对性地做好个别辅导工作；可以以班级或年级为单位，寻找普遍性心理问题进行团体辅导；可以开展课题研究工作，并对学生心理成长信息进行甄别性分析，重点关注"离异子女"等特殊群体，遭遇处分、亲人伤亡等重大负性生活事件的学生以及在专业测试中显示较大心理波动、产生困扰或障碍，需要支持和帮助的学生。

6. 危机干预

心理危机是当事人认为某一事件或境遇是个人的资源和应对机制无法解决的困难，从而导致个体情感、认知和行为方面的功能失调。中小学心理健康教师应进行危机干预，以制止不良后果甚至恶性事件的发生。干预的最低目标应是保护当事人，预防各种意外，动用各种社会资源，寻求社会支持。危机干预的对象包括：

①遭遇突发事件而出现心理或行为异常的学生，如家庭发生重大变故、遭受性侵害、受到自然或社会意外刺激的学生；

②患有严重心理疾病，如患有精神分裂症、抑郁症、神经症等疾病的学生；

③既往有自杀未遂史或家族中有自杀者的学生；

④身体患有严重疾病、个人很痛苦、治疗周期长的学生；

⑤学习压力过大、学习困难而出现心理异常的学生；

⑥人际关系失调后出现心理或行为异常的学生；

⑦严重环境适应不良导致心理或行为异常的学生；

⑧由于同学出现个体危机状况而受影响，产生恐慌、担心、焦虑的学生；

⑨其他有情绪障碍、行为异常的学生。

7. 心理健康宣传

利用学校宣传栏、互联网等传播方式，开展校园内的心理健康教育宣传工作和心理健康知识的普及工作，营造心理教育的校园氛围；贯彻预防性心理教育为主的工作方针，深入学生学习活动中，了解学生中的心理行为问题倾向，适时地开展心理健康教育及宣传工作；利用各种途径在全校范围内积极开展各种心理健康宣传活动，提高全校师生对心理健康常识的认识，从而提高自我觉察能力。

8. 家长和教师心理服务

协助校长开展提高学校全体教师和工作人员心理健康水平的工作，帮助教师解决自身所遇到的各种心理问题，提高教师的心理调节能力，以保证全体学生能在和谐健康、积极向上的学校心理环境中健康成长。指导和帮助学校各年级开展家长学校的工作，为家长提供家庭教育、学习辅导、升学就业、家庭心理环境建设等方面的心理辅导和心理健康服务。

第十五章

————

中小学心理健康教师的工作程序与工作途径

一、中小学心理健康教师的工作程序

(一) 中小学心理健康教师的工作流程

不同于个性化的工作方式，标准化的工作流程是在实际工作中积淀出来的最优工作方式，有助于个体在从事该项工作时减少时间投入和试错成本，提高工作效率。中小学心理健康教师在工作中涉及的教育活动包括课堂教学、心理辅导、危机预警与干预、成长信息管理、课外活动等形式，相关程序介绍如下。

1. 课堂教学

(1) 课程设计

首先，研究教材。认真钻研中小学心理健康课程的教材和参考资料，理解其教育理念、知识的逻辑结构、教学内容的重点难点和基本概念。

其次，了解学生。了解学生在该课程学习上的基础、特点、需要和习惯。

另外，明确目标。根据教学方向和效果的预期，确定课程在知识与技能、过程与方法、情感态度和价值观等方面的目标。

再次，选择教学方法，包括采取何种课程形式、是否采用多媒体等辅助教学手段、如何组织教材内容、如何安排课堂活动及其衔接等。教学方法一般包括讲授法、谈话法、讨论法、演示法、实验法、参观法等，其中，心理健康教育常用方法包括讲授法、集体讨论法、角色扮演法和操作法。

最后，撰写教学计划。教学计划包括教学大纲和教案，如课程系列、每个系列的主题菜单、教学目标、重点和难点、教学环节与内容等。

（2）课程实施

一是课程安排。根据学校教学管理人员的安排，做好上课前的教务准备，如明确课程时间、场地、教学资料和教具等。

二是课堂管理。按时上课，调动学生学习的积极性，并做好课堂纪律管理，保障安全，创造高效有序的学习环境。

三是教学活动开展。基于课程设计，根据实际情况把握好课程节奏，引导学生参与、体验和感悟，促进学生在心理健康上的活动与体验。课程环节一般包括课程导入、内容展开、学生练习反馈、教师总结和课程拓展五步。

（3）教学总结

一是资料归档。对教学过程中使用的资料进行整理归档。

二是教学评价。对教学过程和教学效果进行评价，反思教学过程中存在的不足和优势，评价该课程对学生在心理健康的思想意识、行为习惯方面的实际作用，根据评价优化课程安排。

（4）课程跟踪

及时关注课堂上表现异常的学生，跟踪其心理健康状况，在必要时可采取预防和干预措施。

2. 心理辅导

（1）心理测评的工作程序

一是确认使用资格。心理学专业本科以上毕业生在心理测量专家的指导下，才可以使用心理测验及评估工具。教师应接受过心理测量的相关培训，对某特定测量和评估方法有适当的专业知识和技能之后，方可实施该测量或评估工作。教师必须了解自己的能力限制，不做自己不熟悉或没把握的测试。

二是测前准备。实施测验前应告知学生测验的性质及目的、内容、过程及结果的运用、测验结果的参考价值及限制，以使学生决定其接受测验的意愿，尊重其自主决定权。原则上应该与学生签订心理测试知情同意书。实施心理测验的主试要熟悉整个测验过程，事先做好场所、时间等准备。

三是测试过程。实施测验时，测验使用者必须严格按照测验指导手册的规定使用测验。应注意测验过程的标准化，以免影响测验结果。若发现受测者有异常行为或违规情况，应确实记录，慎重检查，或视作废卷，以保障测验结果的可靠性和真实性。严格按照测验规定的步骤与方法进行评分。测验使用的记录及书面报告应保存备查。

四是解释测验结果。解释测验结果时应谨慎，力求客观、正确及完整，注意教育性原则。解释者要了解测验本身的限制，避免夸大测验结果的解释，尤其在没有得到其他资料支持时，更应慎重。解释测验结果时，应审慎配合其他测验结果及测验以外的资料做解释，避免偏见和成见、误解，不能仅仅根据一次测验结果下定论，心理测验不能作为评估诊断的唯一依据，以帮助学生对自己的思想、感受及行为深入了解。尊重学生对测量与评估结果进行了解和获得解释的权利。教师在介绍测验的效能与结果时，必须提供真实和准确的信息，避免感情用事、虚假的断言和曲解。将测验结果告知学生时，不能仅仅告知测验分数，还应附有适当的解释。在解释测验结果时，应尽可能避免使用专业术语，如 IQ（智商）等，以免引起误解。

五是结果的使用。心理测验结果可以运用于心理问题（障碍）的预测、诊断、咨询效果评价等方面；可以用于了解个体差异，进行发展性指导；可以用于人员的选拔和分配；可以用于课题研究中。档案的使用：如果研究需要用到学生的数据时，咨询师应为学生的身份保密，并预先征得其同意。

六是保密原则。应尊重学生的人格，对测量中获得的测试资料必须保密。测验结果要严格保密，未经一定的审核手续，不得外传。测验手册、工具和记录纸都不能放入书架和易为人所翻阅的地方。当测验结果必须告知第三方（如单位负责人、家属、教师或其他有关人员）时，通常只告知其测验结果的解释，而不是测验分数，以防错误解释或错误引用。

（2）团体辅导的工作程序

团体辅导较之于课堂教学，在参与对象、辅导内容和团体领导者的领导力等方面有所区别，因此在工作流程上，要首先确定参与的人员及其辅导目标，然后按照辅导课程的一般步骤进行设计和执行，辅导结束后重点关注辅导效果的跟踪评估。其中，团体辅导的助人过程可分为初创、过渡、成熟和结束四个阶段。

首先，初创阶段。目标是促进成员通过互相沟通而尽快相识，使成员建立起信任的关系，订立团体契约，建立与强化团体规范，鼓励成员投入团体，积极互动，逐渐形成团体合作互助的气氛。

其次，凝聚阶段。目标是发展团体凝聚力，促进团体成员互助与彼此信任，估计成员表达和处理冲突的情境和情绪。

另外，工作阶段。目标是进一步增强凝聚力，激发成员思考，引发团体成员讨论，通过团体合作，寻找解决对策，鼓励成员从团体中学习并获得最大收益。

最后，结束阶段。目标是回顾和总结团体经验，评价成员的成长与变化，提出希望，协助成员对团体经历做出个人的评估，鼓励成员表达对团体辅导的感受，让全体成员共同商议如何面对及处理已建立的关系，对团体辅导的效果做出评估，检查团体中未解决的问题，帮助成员把团体中的转变应用于生活。

（3）个体辅导的工作程序

首先，辅导关系的建立。建立心理辅导的预约制度，确认具体的辅导设置，并做好预约记录，双方有任何临时变化，需提前告知。若他人（老师或同学等）代为预约，需了解当事学生是否愿意前来，对于被动的当事学生，应运用恰当的技术建立关系，激发来访动机。

其次，辅导过程。辅导教师积极了解并评估学生存在的心理问题的类型、性质、原因等，确立辅导任务和方法，协助当事学生探索行动策略，充分挖掘当事学生自身可用的积极资源，引导其自我肯定并掌握应对技巧，及时评估、反馈、鼓励和支持，推动其积极行动，达成辅导目标。如学生不适合做个别心理辅导，可停止辅导，寻求其他恰当方式解决；如学生心理问题超出教师的辅导能力和范围，可进行转介。

另外，辅导关系的结束。心理辅导即将结束前，教师要与当事学生讨论预期的结束期，使其对结束辅导有一定的心理准备，解决可能因离开而带来的问题。就辅导目标、策略方法、辅导进展及效果等进行回顾性总结与评价，巩固已有进步，将获得的经验运用到日常生活中，讨论未来计划，使其能恰当地适应现实生活。心理辅导结束后，教师还应做好信息反馈、辅导效果评估及辅导满意度评价。在辅导结束后的几周或一个月，安排一次对当事学生的跟踪反馈访谈，通过追踪调查、面谈、电话访谈或标准化测量等方式，了解当事学生的适应情况，确认辅导效果并提出必要的补充建议。

最后，辅导归档。在辅导当天认真做好心理辅导个案记录，专业工作信息应在严格保密的情况下保存，包括预约信息、个案记录、测验资料、信件、录音、录像和其他资料。

3. 危机预警与干预

（1）危机确认

当教师在得到心理委员、班主任、科任老师及家长等反映的可能存在危机的学生，或在个别心理辅导过程中发现学生具有潜在心理危机时，应立即对学生的心理危机进行具体评估，尤其在涉及自杀、自伤、伤害他人等内容时，要充分评估学生的行动意念、动机和计划性，确认心理危机是否真实存在。

（2）危机评估

教师在通过会谈评估确认学生的心理危机后，应立即向当事学生说明当前的心理危机状况，重申超越保密原则的原因和条件，告知可能执行的预警措施及目的。

（3）危机汇报

在保证学生人身安全的前提下，第一时间将学生的心理危机情况通报至学校的心理危机干预领导小组，启动个体心理危机应对预案，提请学生所在班级班主任协助做好学生在校的安全监护。教师在向学生监护人说明学生的心理危机状况时，应考虑到监护人对学生心理危机及危机行为的心情与感受，尽量使用比较婉转，但不失专业的话语与方式解释学生的心理危机问题，并主动为监护人提供必要的心理支持。

（4）对于已发生人身伤害事故的心理危机

教师应立即通报学校危机干预领导小组和学生监护人，并在第一时间联合学校卫生室为受伤学生提供医疗支持。伤势较重的，应即刻联系急救部门就近送往医院实施抢救，同时报告公安部门介入调查，出具调查情况说明。学校心理咨询师应在此过程中为当事学生提供心理支持，并在确保其生命安全的医疗处理完毕后，提供进一步的心理危机干预援助。对可能存在危害他人和校园安全的情况，需同时做好潜在受害人的危机预警。

（5）转介跟踪

教师应认真负责地做好因心理危机或严重精神疾病转介至精神卫生部门学生的后续跟进工作，在条件允许的情况下，与学生的主治精神医师沟通信息，为其提供必要的辅助性或康复性心理辅导。

（6）记录

教师应对所有心理危机干预工作做好相应的记录，留存危机干预全过程的详细书面材料，并保存在学校心理辅导室带有保密功能的档案柜中。

4. 成长信息管理

适用于：心理测评成长信息、学生辅导成长信息和心理健康教育的其他日常工作的成长信息管理。

（1）选择建档工具

选用测验及评量工具建档时，应尊重编制者的知识产权，并征得其同意，以免违反著作权法。用计算机进行建档应考虑是否符合学生的需要；学生是否有能力运用计算机；学生是否了解用计算机进行建档的目的及功能。教师应向学生说明计算机科技的限制，并提醒学生审慎利用计算机科技所提供的数据。

（2）建立成长信息

分类建立学生心理健康成长信息和工作成长信息，纸质成长信息须保存在成长信息室中，专柜存放；电子成长信息要存储于专门的电子设备，并由专人负责保管。对学生的心理健康成长信息在管理与使用中要严格遵循保密规定。学生心理健康成长信息应该与教育成长信息分开。教师应清楚自己的辅导与教育、行政角色的界限，把行政资料与咨询资料分开处理，不得任意将咨询资料公开。

（3）成长信息查询

学生本人有权查看其测验数据，教师不得拒绝，除非这些数据可能对其产生误导或不利的影响。当事学生的法定监护人或法定的第三责任人要求查看当事学生心理健康成长信息资料时，教师应先了解其动机，充分评估后，从有利于当事学生根本利益的角度出发予以审慎回应，并在征得当事学生同意和授权后，三方到场当面查阅和交流。班主任、科任教师、行政人员等其他人员原则上不得查看学生心理健康成长信息资料。若确实需要，教师应视具体情况具体分析，从有利于当事学生根本福祉的角度出发，在征得当事学生的同意和授权后，审慎处理，且当事学生应到场。当出于教育或其他方面的考虑必须提供咨询资料时，应以学生的权益为优先考虑，以不透露学生身份为原则，尽可能提供客观正确的事实及有利于学生的资料。

（4）成长信息转移

未征得学生同意，教师不可转移资料给他人；经学生同意时，教师应采取适当的安全措施进行数据转移。

5. 课外活动

中小学心理健康教育的校园活动包括科普讲座、社团活动、宣传活动、素质拓展、社会实践活动等。其中，科普讲座的工作程序可参考课堂教学的程序。其他活动课参照如下程序执行。

首先，是活动策划，包括了以下内容：①了解工作安排：了解心理健康教育活动的具体任务和安排；②开展调查研究：调查研究即将开展活动的实际情况；③制订活动计划：根据学校要求和实际情况调研制订心理健康教育活动计划，考虑活动类型、受众特点及其规模、教材、教案、教具、场地、设备和后勤保障等因素，以及活动的目的、对象、形式、时间、地点、流程、人员安排等。

其次，是组织管理，包括了以下内容：①准备：教学或活动开始前，做好相关工作准备，包括确定时间、地点、人员、物资等；②实施：根据工作计划有序执行教学或活动安排，可根据实际情况适当调整计划以达到活动效果。室外活动要注意保障人员安全。

最后，是总结提升，包括了以下内容：①工作总结：活动结束后，及时安排好人员和场地，并将活动资料和记录归档，整理工作档案，撰写工作报告，回顾反思工作安排和内容中的不足之处，提出优化方案；②研究报告：根据工作中收集的数据和工作总结，发现中小学心理健康教育中值得研究的问题，对于具有研究价值的心理健康教育素材，可深入研究，形成研究报告、论文、专著等成果。研究报告资料如涉及学生的数据或隐私，须告知对方并取得对方同意后使用；③自我提升：基于工作实施情况，积极通过自学、研讨、培训等方式寻求专业督导或同行的帮助，及时掌握并更新学科动态、知识和技能，提高自身的心理健康教育服务水平。

综合上述各种教育活动的工作程序，作为整体工作流程，我们提出，中小学心理健康教师的工作可分为制订计划、组织实施到总结提升三步。

(二)中小学心理健康教师工作的实践模式
1. 心理健康教育课堂的组织实施①
（1）心理健康教育课堂的主题设计
主题设计是指如何针对某一具体心理健康教育内容制订实施计划，也就是

---

① 林崇德、俞国良：《中小学心理健康教育指导纲要（2012年修订）解读》，北京，北京师范大学出版社，2016。

备好一个主题的课。主题设计要考虑每个主题的名称、教学目标、课时、教学场地、教学活动方式、教学前所需的准备工作、教学活动的程序等。

第一，确立主题的名称。主题，也就是活动的方向标，它指出活动的主要方向。例如，一个以人际沟通为主要内容的主题，可以确定的名称如：认识学校的环境，我们都是好同学，如何与人和睦相处，等等。

第二，设定主题活动目标。主题活动目标是指某一具体的活动主题所要达成的目标。例如，在"我们都是好同学"这个主题名称下面，可以确定的目标有：帮助学生了解认识同学之间和睦相处的重要性；促进同学之间的相互了解，相互认识，促进同学团结；教学生学习一些必要的人际交往常识。

第三，选择课时和教学场地。一个主题所需课时通常是 1~3 节，一般根据主题内容的多少确定课时。心理健康教育活动课由于场地应用的方式方法不同，所以活动不能仅限于教室，可以根据实际情况选择适当的场所。

第四，采用教学活动方式。心理健康教育的活动方式，应综合考虑活动内容的适合性、学校具备的条件、时间、地点和精力是否许可等方面的因素，一般情况下，课程的教学是以小团体的活动形式进行的。

第五，做好课前准备。主题设计要做好课前准备工作，如教学所需的电教设备和材料，教学游戏所需要的玩具，短剧表演用的简单道具，角色扮演所需的道具和台词等。

第六，拟定教学活动程序。这是主题设计的主要部分，它规定了教学活动过程的具体步骤，从活动开始到活动结束的每一个步骤都应有具体的说明。

（2）心理健康教育课堂的教法

一是讲授法。讲授就是通过语言或借助其他手段把心理健康知识传授给学生的方法。讲授既可以是教师的口头讲解，也可以采用多媒体的教学手段，以及通过墙报、广播等形式进行；既可以采取班级的组织形式，也可以采取小组的、个别的组织形式。值得注意的是，讲授不能简单地理解为教师讲、学生听。在学校心理健康教育中，十分强调教、学双方的沟通，为此，讲授中穿插谈话、讨论等方法是非常必要的。

二是集体讨论法。集体讨论法是在老师的引导和组织下，对某一专题发表自己的看法，表述自己的意见，进行研讨的一种教学方法。在心理健康教育活动中常用的方法有：小组讨论法、辩论式讨论、配对讨论和脑力激荡法。

三是角色扮演法。角色扮演法就是通过学生扮演或模仿一些角色，重演部分场景，使学生以角色的身份，充分表露自己或角色的人格、情感、人际关系、内心冲突等心理问题，进而起到增进自我认识，减轻或消除心理问题，提高心理素质的一种教学方法。角色扮演有澄清问题、疏解情绪、塑造行为和成长心智的功能。心理健康教育活动中，角色扮演方法有以下几种：①哑剧表演。此方法要求学生不以语言或文字来表达其意见或感情，而用表情和动作来表情达意，这种方法促进学生非语言沟通能力的发展。②角色互换法。角色互换有两种涵义，一是在剧中 A 和 B 交换各自的角色，通过角色互换，互相理解，理解两人的关系，理解自己。二是扮演一个与自己现实生活中的角色完全不同的角色，通过表演学会与他人共情，学会用他人的眼光看自己。③镜像法。是指别人扮演自己的方法，通过看别人演自己而客观了解自己生活中角色的言行，激发学生做出改变的主动性，促进学生改变不适当的行为。④空椅子表演。这种方法只需要一个人表演，适合让学生扮演内心相冲突的双方或扮演学生不满的另一个人，以此来增加扮演者的自我知觉和对他人的知觉。

2. 个体心理辅导的工作程序

个体心理辅导的阶段一般包括六个，即信息收集阶段、分析评估阶段、目标确立阶段、方案探讨阶段、行动实施阶段、结束转介阶段①。

（1）信息收集阶段

本阶段的主要任务是广泛深入地收集与来访者及其问题有关的所有资料，并与来访者建立初步的信任关系，主要步骤和要求有：

---

① 林崇德、俞国良：《中小学心理健康教育指导纲要（2012 年修订）解读》，北京，北京师范大学出版社，2016。

首先，要建立良好的咨访关系。中小学心理健康教师要给来访的学生以良好的第一印象，给他们以职业上的信任感，并使他们感到老师乐于帮助他们。同时要以热情而自然的态度，亲切温和的言行，消除初次见面的陌生感，使来访的学生感到情绪上的放松，逐步建立信任。

其次，通过来访学生的自述和询问，了解他们存在的问题和要求，了解他们的基本情况和存在的问题。在这一阶段，中小学心理健康教师要注意倾听，不要随意打断，避免过多的提问和追问，必要时加以引导。

（2）分析评估阶段

本阶段的主要任务是根据收集的材料和有关信息，对来访者进行分析和评估，明确来访者问题的类型、性质、原因等，以便确立目标，选择方法，其要求和注意事项有：

首先，要对来访学生的求助意愿进行了解。来访的学生是由家人、亲友送来，还是学生有主动求助的意愿，了解这一情况，对下一步开展心理辅导有帮助作用。

其次，要对来访学生的问题及原因、形式、性质等进行分析评估。有些问题可能包括精神病的症状，这属于精神病学的范畴，要注意区别。中小学心理健康教师要对学生的问题进行诊断，对其严重程度进行评估，可以结合心理测量等方法进行评估和分析。

最后，要进行信息反馈。中小学心理健康教师要把对来访学生的问题的了解情况和判断情况反馈给学生，以求证实。

（3）目标确立阶段

本阶段的主要任务是个体心理辅导的双方，在心理分析和评估的基础上，共同协商和制订心理辅导的目标。通过辅导目标，引导个体心理辅导，并对心理辅导的进展和效果进行监控和评估，督促双方积极投入辅导。

（4）方案探讨阶段

本阶段的主要任务是根据学生的问题性质及其与环境的联系，结合既定的辅导目标，设计达到目标的方案。其中需要注意的是：辅导方案应由双方共同探讨、协商确定，不能由中小学心理健康教师单方面直接拟定，也不能仅依靠来访者拟定；其次是有效性和可行性，对方案的优劣进行权衡和评估，选择合适的、有效的、可行的方案。

（5）行动实施阶段

本阶段的主要任务是根据拟订的方案，采取行动，达到辅导的目标。心理辅导老师应以心理学的方法和技术帮助来访者改变不良心理状态，提高心理健康水平。这一阶段是最关键、最根本的阶段。教师对来访者的帮助，常采用领悟、支持、解释和行为指导等方法，支持和引导来访者积极进行自我探索，产生新的理解和领悟，克服不良情绪，开始新的有效行为，巩固一些新的生活方式，借此发生真实的转变。

（6）结束转介阶段

本阶段的主要任务是对辅导情况做小结，帮助来访者回顾工作的要点，检查目标的实现情况，指出来访者的进步、成绩和需要注意的问题。此阶段的重点是要处理好关系结束和跟进巩固等问题。

3. 团体心理辅导的工作程序

完整的团体心理辅导过程包括：团体心理辅导主题的确定，团体心理辅导方案的设计，团体心理辅导过程的实施和团体心理辅导效果的评估。

（1）团体心理辅导主题的确定

团体心理辅导开始之前需要做好准备工作，包括确定团体的性质和目标，确定团体规模，筛选组员，规定活动场地、时间和频率，准备必要的资料和教具，领导者知识、能力的准备，团体心理辅导效果的评估等。

首要确定的是团体的性质和目标。团体心理辅导一般分为三类。第一类是发展性团体心理辅导，它以开发人的心理潜能，优化人格，促进人的全面发展为目标，如成长团体；第二类是预防性团体心理辅导，它以训练为主，目的是帮助学生学会有效处理人际关系，增强社会适应能力，如人际沟通训练、团体心理辅导；第三类是治疗性团体心理辅导，它是为有深层次困扰，又希望改变的学生专门组织的团体，如为希望摆脱网络成瘾的学生设置的团体，为遭受意外伤害、创伤性事件以及家庭暴力等的学生提供的危机干预类团体等。

（2）团体心理辅导方案的设计

团体心理辅导设计是指运用团体动力学与团体心理辅导等专业知识，有系统地将团体活动加以设计、组织、规划，以便领导者带领团体成员在团体内活动，达到团体心理辅导的目标。方案设计、活动选择必须考虑到团体成员的需求、团体目标及所期待的结果。如果能选择适当的活动并加以运用，将会对团体发展产生很大的帮助。团体心理辅导方案是团体心理辅导时依据的一种有组织的行动计划，以确保咨询的有效进行。学校团体心理辅导方案设计只是带领团体的第一步。一个完整的设计方案，应该包括方案名称、活动地点、活动时间、参加对象、设计动机、设计目标、活动资源、活动内容和效果评估。

（3）团体心理辅导过程的实施

学校实施的团体心理辅导一般包括四个阶段：一是团体初创阶段，目标是促进团体成员相互沟通尽快相识，使成员之间建立起信任关系，订立团体契约，建立与强化团体规范，鼓励成员投入团体，积极互动，逐渐形成团体合作互助的气氛；二是团体凝聚阶段，目标是发展团体凝聚力，促进团体成员互动与彼此信任，鼓励成员表达和处理冲突的情境和情绪；三是团体工作阶段，目标是进一步增强团体凝聚力，激发成员思考，引发团体成员讨论，通过团体合作，寻找解决对策，鼓励成员从团体中学习并获得最大收益；四是团体结束阶段，目标是回顾与总结团体经验，评价成员的成长与变化，提出希望，协助成员对团体经历做出个人的评估，鼓励成员表达对团体结束的个人感受，评估团体的效果，检查团体中未解决的问题，帮助成员把团体中的转变应用于生活中。

4. 危机干预的工作程序

中小学心理健康教师应协助学校危机预防和干预领导小组，根据本校环境、运作模式的特点和学生心理状况，对可能发生的校园群体和个体危机制定出心理危机干预预案，明确特定心理危机的干预流程、职责分工、操作规范和伦理要求。同时，定期组织预案程序的演练。

中小学心理健康教师应通过定期参加专题培训和案例督导，自觉培养和提升识别、评估心理危机和处理个体或群体心理危机的专业能力，保持自身在日常心理健康教育工作中发现学生潜在心理危机的洞察力和敏感度。

中小学心理健康教师应从尊重生命、维护学生生命安全与健康成长的高度，认真履行学生的心理健康教育与心理危机预防与干预责任，负责开展心理危机预防与干预的心理师必须接受过心理危机干预的专门培训。

中小学心理健康教师要对新生入学适应、学生考试焦虑、青春期应激反应，以及遭遇重大负性生活事件的学生，实施常规心理安全调适工作，预防心理危机的发生。

中小学心理健康教师应向全校师生明确告知心理危机的早期识别方法及其求助途径，强化师生对心理危机的认识，激发学生心理危机的求助互助意识，发挥教师对心理危机的预警作用。

中小学心理健康教师应分析校园群体和学生个体心理信息，判断心理危机发生的可能性及危险性。在遵循保密原则的前提下，及时向学校危机干预领导小组提供这些信息，对可能发生的心理危机做出预报，提醒学校领导或其他有关人员采取恰当方式，及时处理，需要时启动危机干预预案，提前介入，避免危机事件发生。

中小学心理健康教师在得到心理委员、班主任、科任老师及家长等反映的可能有学生存在危机，或在个别心理辅导过程中发现学生具有潜在心理危机时，应立即对学生的心理危机进行具体评估，尤其在涉及自杀、自伤、伤害他人等内容时，要充分评估学生的行动意念、动机和计划性，确认心理危机是否真实存在。

中小学心理健康教师在通过会谈评估确认学生的心理危机后，应立即向当事学生说明当前的心理危机状况，重申超越保密原则的原因和条件，告知可能执行的预警措施及目的。在保证学生人身安全的前提下，第一时间将学生的心理危机情况通报至学校的心理危机干预领导小组，启动个体心理危机应对预案，提请学生所在班级班主任协助做好学生在校的安全监护。对可能存在危害他人和校园安全的情况，需同时做好潜在受害人的危机预警。

中小学心理健康教师应在学校发生群体或个体心理危机时，及时做出危险性评估，立即向校领导汇报，协调本区域内心理健康中心资源，以最快的速度实施干预，尽最大可能化解危险，确保学生的生命安全和校园安全。

对于已发生人身伤害事故的心理危机，中小学心理健康教师应立即通报学校危机干预领导小组，通知学生监护人，并在第一时间联合学校卫生室为受伤学生提供医疗支持。伤势较重的，应即刻联系急救部门就近送往医院实施抢救，同时报告公安部门介入调查，出具调查情况说明。学校心理咨询师应在此过程中为当事学生提供心理支持，并在确保其生命安全的医疗处理完毕后，提供进一步的心理危机干预援助。

中小学心理健康教师在向学生监护人说明学生的心理危机状况时，应考虑到监护人对学生心理危机及危机行为的心情与感受，尽量使用比较婉转但不失专业的话语与方式解释学生的心理危机问题，并主动为监护人提供必要的心理支持。

中小学心理健康教师应认真负责地做好因心理危机或严重精神疾病转介至精神卫生部门学生的后续跟进工作，在条件允许的情况下，应与学生的主治精神医师沟通信息，为其提供必要的辅助性或康复性心理辅导。

中小学心理健康教师应对所有心理危机干预工作做好相应的档案记录，留存危机干预全过程的详细书面材料，并保存在学校心理咨询室带有保密功能的档案柜中。学校心理咨询师要通过总结和反思，不断积累心理危机干预经验，提升心理危机干预能力。

二、中小学心理健康教师的工作途径

(一)中小学心理健康教育的途径

中小学心理健康教育的途径包括三种：专门途径、渗透途径和支持途径。其中，专门途径包括心理健康教育课程和心理健康教育辅导；渗透途径包括学科教学渗透、学生管理渗透、课外活动渗透、环境优化渗透和互联网络渗透；支持途径包括家庭心理健康教育和社会心理健康教育。具体形式及所需支持如表 15-1 所示。

表 15-1　学校心理健康教育的工作途径

途径	形式	所需支持
心理健康教育课程	心理健康活动课程 心理健康讲座、公开课	教务：课程安排(人员、时间、场地)
心理健康教育辅导	个体辅导、团体辅导	场地与物资支持：心理辅导室、心理咨询中心、心理咨询室、心理健康辅导站、咨询信箱、热线电话等
学科教学渗透	各学科教学课程	人员：学科教师 教务：课程编制、教材内容选择、教学设计(目标、内容、方法等设计)、课堂心理环境创设、课堂管理
学生管理渗透	班级管理团队会、主题班会、班级报纸、信箱、板报、墙报、校内广播	人员支持：班主任、学生 校园媒介支持，如校园之声广播站、校刊、校报、墙报、手抄报、电视、网络等
课外活动渗透	心理健康教育节(月、周) 学生心理社团 心理健康互助小组 心理健康沙龙、辩论会 心理健康宣传活动	人员、场地与物资支持； 校园媒介支持，如校园之声广播站、校刊、校报、墙报、手抄报、电视、网络等

续表

途径	形式	所需支持
环境 优化渗透	自然环境、人文环境	学校管理支持
互联 网络渗透	校园网络平台	信息技术支持
家庭心理 健康教育	家长委员会、家访、家庭 教育讲座	家校协同
社会心理 健康教育	社会实践	社会合作资源

（二）中小学心理健康教师的工作途径

基于上述心理健康教育的途径和形式，中小学心理健康教师可结合心理健康教育制度、课程、阵地和人力资源，积极拓展心理健康教育渠道，建立学校、家庭和社区心理健康教育网络和协作机制，综合开展中小学心理健康教育的各项工作。主要途径包括专门途径、渗透途径和支持途径[①]。

1. 心理健康教育的专门途径

（1）心理健康教育课程

学校要开设专门的心理健康教育课，并列入课程表，课时在地方课程或学校课程中统筹安排，每班每两周至少安排一课时。心理健康教育课应以活动为主，包括团体辅导、心理训练、情境设计、问题辨析、角色扮演、游戏辅导、心理情景剧、专题讲座等，融知识性、趣味性、参与性和操作性为一体。年级以上的教研活动每月不宜少于一次，年级或校级的公开课或观摩课活动每学期不宜少于两次。心理健康教育要防止学科化的倾向，避免将其作为心理学知识的普及和心理学理论的教育。

---

① 林崇德、俞国良：《中小学心理健康教育指导纲要（2012年修订）解读》，北京，北京师范大学出版社，2016。

（2）心理健康教育辅导

学校要按照教育部《中小学心理辅导室建设指南》的要求规范心理辅导室建设和遵守辅导伦理。心理教师要通过开展个别辅导和团体辅导，指导帮助学生解决在学习、生活和成长中出现的问题，排除心理困扰。对个别有严重心理疾病的学生，或发现其他需要转介的情况，能够识别并及时转介到相关心理诊治部门。转介过程记录翔实，并建立跟踪反馈制度。在心理辅导工作中，要做好记录，建立心理辅导档案，做好跟踪工作。开展心理辅导必须遵守职业伦理规范，在学生知情自愿的基础上进行，严格遵循保密原则，保护学生隐私，谨慎使用心理测试量表或其他测试手段，不能强迫学生接受心理测试，禁止使用可能损害学生心理健康的仪器，要防止心理健康教育医学化的倾向。

2. 心理健康教育的渗透途径

（1）学科教学渗透

学科教学渗透心理健康教育，是指教师在学科教学过程中自觉地、有意识地运用心理学的原理和方法，在传授学生一定的知识、技能、发展他们智力和创造力的同时，维护学生的心理健康，增强学生的心理素质，以形成学生健全的人格所采取的积极措施。"学科教学过程"包括教学设计（目标、内容、方法等的设计）、课堂心理环境创设和课堂管理等。这些问题关系到学科教学渗透心理健康教育的内容。在教学设计上渗透心理健康教育，要求在课程的编制、教材内容的选择上，既要符合社会发展的要求，又要符合学生发展的年龄特征；既要考虑到知识的传授，又要考虑到学生各种心理品质的发展。

教师要将学科教学与心理健康教育进行有机结合，教学目标中要包含学生的心理成长目标，教学环境要营造和谐的课堂心理氛围，教学过程要关注学生的思维、情感、态度等心理因素的发展，教学内容要挖掘学科体系中蕴含的心理要素，教学评价要体现发展性、多元化评价的理念。

（2）学生管理渗透

学生管理工作是学校工作的重要内容之一，是维护学校正常教学秩序、保证学生健康成长的基础性工作。完善有效的学生管理，对广大学生给予及时的教育、关心和保护，在帮助广大学生成长成才，减少和避免伤害等方面发挥着作用。班主任作为与学生朝夕相处的班级管理者，理应承担心理健康教育的重要任务。通过心理科学知识教育、情感教育、意志锻炼、性格培养、社会适应能力培养以及其他各种心理指导、心理训练等方式，有计划地促进学生整体素质的提高和个性全面发展，维护学生的心理健康。

班主任要通过班会课和班级日常管理渗透心理健康教育。在班级工作中，要关注师生关系、同学关系、学习成长、制度文化四个要素的建设。班主任要能够主持心理健康教育活动形式的班会课，能够在学生教育和辅导中运用心理学知识。班主任还要重视与家长的沟通，在家长会或日常与家长的联系中有意识地指导家长关注子女的心理成长。

（3）课外活动渗透

引导学生提出适当的自我要求，鼓励学生把所学的心理健康知识与自己的生活结合起来；引导学生进行相应的意志品质锻炼，养成学生良好的行为习惯和持之以恒的毅力；通过开展丰富多彩的班级团队活动，寓教于活动中，引导学生在集体活动中，提高认知水平，同时学会团结协作，从而健康成长。利用校园之声广播站、校刊、校服、校报、墙报等多元化的工具，宣传普及心理健康知识。开展社会实践活动，拓宽学生的视野，磨砺学生的意志，让学生经风雨见世面，培养学生的社会适应能力。要指导学生在日常生活中学会调控情绪，体谅别人的情感，主动协调、改善人际关系；要指导学生进行自我分析，扬长避短、完善自我，实现理想目标。

（4）环境优化渗透

校园心理环境对人的心理感受、心理体验、身心发展，甚至对人的学习、生活、交往、成长产生心理影响和行为制约。学校环境优化渗透心理健康教育主要通过两个方面：一是学校的自然环境，即学校的主体建筑和布局、文化设施和景观、校园美化和绿化等，又称物化形态环境。例如，校舍建筑的庄重、教学课室的肃穆、体育场馆的朝气、雕塑经典的寓意等形成了隐形的教育功能，对学生的心理行为产生不可估量的影响。二是学校的人文环境，即学校的校园精神、教风学风、校纪校规、传统风格、人际关系等，又称非物化形态环境。例如，教学质量的优化、校风学风的严谨、人际间的和谐、校园环境的温馨等对学生的自信、情感、意志的培养有重大意义。校园心理环境具有无形的环境力量和精神力量，是校园的隐蔽性课程。一个环境氛围好的校园，学生一进校园就置身于文化环境的熏陶之中，言行举止和行为表现自然而然地感受到环境的影响和约束，思想、心情、精神、行为就自觉地融入环境之中，得到一定程度的同化。

（5）互联网络渗透

互联网在学校活动中的运用日益增多，作为21世纪教育活动中不可缺少的手段，在学校互联网络中渗透心理健康教育的需要越来越明显。学校心理健康教育应该渗透进学校的一切活动中，互联网络渗透也是对学校心理健康教育渗透途径的完善和补充。校园网络是现在学校紧密联系师生和进行校园有效管理的必要手段，从大的方面来说校园网可以展示校风和校园文化精神，从小的方面说更是每一个人展示自己的平台。在网络上渗透心理健康教育是十分方便快捷的，我们既可以把网络当成一种环境，通过网络环境的优化来达到心理健康教育渗透的目的；又可以把网络当成一种手段，利用网络开展丰富多彩的心理健康教育活动；还可以把网络作为对象，将其作为引起众多网络心理问题的根源，进行管理等。充分利用网络可以有效促进学生的心理健康发展。

3. 心理健康教育的支持途径

（1）家庭心理健康教育

家庭是人生的第一课堂，家长是孩子的第一位教师，也是孩子的终身教师，对学生进行心理健康教育离不开家长的言传身教和和谐融洽的家庭人际关系及氛围。科学研究和有关资料都表明，那些心理存在明显缺陷的学生，往往与家庭环境和家长行为个性有直接关系。如果家长能充分认识到心理健康教育的地位和作用，就会自觉主动地创造有利的家庭环境并注意自己的行为方式，帮助、影响孩子形成健康良好的心理素质，起到学校和社会教育不可能起到的作用。建立家庭和学校开展心理健康教育沟通的渠道是提高学生心理健康水平，增强心理健康教育效果的重要方式和途径。对于学生心理问题的产生和发展，家庭环境和家庭教育是不可忽视的因素，学校教育与家庭教育的积极配合，将会使心理健康教育工作事半功倍。

学校要利用家长学校、家长委员会、家校活动及家校网络互动平台等指导家长了解和掌握孩子成长的特点、规律以及心理健康教育的方法，协助他们共同解决孩子在发展过程中的心理行为问题；引导家长注重自身良好心理素质的养成，以积极、健康、和谐的家庭环境影响孩子。

（2）社会心理健康教育

心理健康教育作为一个多侧面、多维度、多层次的长期而系统的艰巨工作，不仅需要家庭和学校的协同配合，也需要社会各界的大力支持和倾力协助。社会环境作为一种无形的力量，对置身其中的人们的心理健康默默地产生影响，这种影响是我们在心理健康教育过程中不容小视，更不容忽视的。学校应与社区合作：学校所在地区街道社区，可以以学校为中心来开展适合学生特点的节假日活动，从而拓展学生心理健康教育的空间；与企业合作：学校采用"走出去，请进来"的策略，可以以学校为中心，与企业、公司等单位联合，让学生通过企业了解社会，以增强社会适应的能力；与机构合作：学校借助社会力量，与有关职能部门合作，开展学生心理健康教育。另外，学校要加强与青少年校外活动场所、基层群众组织、社会团体以及街道社区等校外资源的联系和合作，组织开展各种有益于学生身心健康的文体娱乐活动和心理素质拓展活动，拓宽心理健康教育的途径。

总而言之，教育的具体活动形式因教育目的和内容而异。目的和内容方面，中小学心理健康教师可参考中小学心理健康教育的内容，结合心理健康教材和参考资料，以及在自身教育实践和科学研究中对学生的了解，从学生实际情况出发，有的放矢地选择心理健康教育主题，以解决本校学生特定的心理健康问题。主题确定后，可从普及知识、树立意识、了解方法、认识异常现象到实现健康自助的五个层层递进并循环上升的环节来安排教育内容和活动。在目的、内容与途径的匹配上，教师可以根据活动形式来确定匹配的内容，也可以反过来，根据教育的目的和内容来选择合适的呈现形式。例如，在课堂教学中覆盖哪些心理健康知识效果更好？或者哪些内容适用于科普宣传，哪些内容适用于科普讲座，哪些内容常出现在心理辅导中？通过诸如此类的内容和途径的筛选来实现教育目的、内容与形式的最佳搭配，以降低工作中的难度，达到最佳教育效果。

第六篇

教师心理
健康探索

　　中小学教师是否具有健康的心理状态，不仅影响其教学任务能否顺利完成，而且会对学生的心理发展产生深刻而长远的影响。了解中小学教师心理健康问题的类型，分析产生的原因，寻找解决问题的办法，这是提高中小学教师心理健康水平的第一步。基于对国内外教师心理健康的现状分析，我们认为，教师心理健康问题主要表现为教师的职业、人际关系、自我意识、社会适应四种类型，其问题产生的原因除外部环境因素外，主要是压力、态度、信念、人格等个体原因所致。在理论分析和借鉴前人研究成果的基础上，我们(俞国良，金东贤，2010)自行编制了针对我国教师心理健康的评价量表，并对来自北京、河北、江苏、山东、山西、青海、浙江等 7 个省市的 1819 名教师进行了测试。《教师心理健康评价量表》由自我、社会、工作和生活 4 个分量表构成。经检验，该量表具有良好的信度和效度，可以在今后相关研究中作为了解教师心理健康状况的测量工具使用；同时研究还发现，幼儿园、小学和初中教师同时存在发展性问题和适应性问题，即自我分量表上的得分显著高于社会分量表上的得分，工作分量表上的得分显著高于生活分量表上的得分；而高中教师只有适应性问题，没有发展性问题，即只有自我分量表上的得分显著高于社会分量表上的得分。为了进一步验证上述研究结论，我们又采用质性研究方法，对 30 名中小学一线教师进行了深入访谈和焦点访谈，探讨了中小学教师心理健康的消极因素和积极因素。结果发现：①教师心理健康的消极因素主要包括工作压力、家庭关系、社会认可、师生关系等；②可以促进教师心理健康的积极因素主要包括自我疏导调节，与同事、家人、领导的沟通，权益保障等。中小学教育实践经验也告诉我们，教师的情绪状态不仅会影响到教师自身的认知、动机和行为系统，而且也会对学生的认知、动机和行为系统产生直接或间接的影响；班级心理环境或氛围可能是教师人格影响学生发展的中介变量；教师的问题行为是其心理健康问题的外在表现，而教师的不良言行或问题行为又往往会给学生造成师源性心理伤害或心理行为问题；消极的师生关系模式比积极的师生关系模式更能够强烈地影响儿童的适应能力。可见，社会、自身和家庭因素都可能影响教师心理健康，而教师心理健康又反作用于学生心理发展和心理健康。因此，有的放矢地维护和促进教师心理健康功在千秋，利在当代。全社会要共同努力，创设良好的社会生态环境，帮助中小学教师减轻精神紧张和心理压力，教师要学会心理调适，增强问题应对能力，从而有效地改善和提高心理健康水平。

第十六章

中小学教师心理健康问题的类型、成因和对策

目前，中小学教师的心理健康问题已经引起全社会的关注和重视。了解中小学教师心理健康问题的类型，分析产生的原因，寻找解决问题的办法，有助于中小学教师减轻精神紧张和心理压力，学会心理调适，增强应对能力，从而有效地改善和提高心理健康水平[①]。

一、中小学教师心理健康问题的类型

(一) 与中小学教师职业有关的问题

已有的研究表明，相当数量的中小学教师在职业中感受到了情绪衰竭[②]，有 5%～20% 的美国中小学教师在职业的某个时期会形成职业倦怠[③]。无论是情绪衰竭还是职业倦怠，都是因中小学教师职业而引发的心理健康问题[④]。具体表现在以下几个方面：一是怨职情绪。即不热爱本职工作，对教学工作缺乏热情。二是生理—心理症状。如抑郁、焦虑，以及各种伴随着心理行为问题而出现的躯体化症状，如失眠、头痛、食欲缺乏、咽喉肿痛、腰部酸痛、呼吸不畅、心动过速等。三是缺乏爱心和耐心。因成绩不好就埋怨学生不好好学习，体罚、打骂学生或者进行口头羞辱，夸大学生的问题，处理问题简单粗暴。四是职业倦怠。其主要特点是对教育和教学工作退缩、不负责任，表现为情绪衰竭如疲

---

① 俞国良、曾盼盼：《论教师心理健康及其促进》，载《北京师范大学学报(人文社会科学版)》，2001(1)。

② Linda, E., *Teacher Morale, Job Satisfaction and Motivation*, London, Sage, 1998.

③ Abel, M. H., Sewell, J., "Stress and Burnout in Rural and Urban Secondary School Teachers," *The Journal of Educational Research*, 1999, 92(5): pp. 287-293.

④ 冯伯麟：《教师工作满意及其影响因素的研究》，载《教育研究》，1996(2)。

劳、烦躁、易怒、过敏、紧张;人格解体如对学生和教学工作态度消极、冷淡和缺乏感情反应;个人成就感降低,难以从工作中体验到积极情绪①。

(二) 与中小学教师人际关系有关的问题

良好的人际关系是心理健康的重要指标,它是保证中小学教师顺利工作和生活的重要条件②。然而,荷兰的研究发现:与产业工人、服务员和商业人员等相比,中小学教师认为自己更无能,相当多的中小学教师在工作中因为无法处理工作的压力和人际关系紧张状况,从而体会到无能或部分无能。确实,中小学教师这个职业决定了中小学教师在校内与学生打交道的时间多,除工作关系外,与他人进行交往的机会较少,但是中小学教师在工作中所经受的压力和由此产生的情绪失调,如果不能在与他人交往中及时得到宣泄,积攒下来就会对中小学教师的身心健康造成严重危害。另外,由于中小学教师的人际关系网络较小,因此其所获得的情感支持就可能使中小学教师得不到满足,当情绪和压力无法宣泄时,中小学教师就会产生认知偏差,从而影响人际关系,造成恶性循环。现实生活中,我们可以发现,在人际关系中表现出适应不良的中小学教师,一旦有了与他人进行交流的机会,很少有耐心听取他人的意见,往往是倾诉自己的不满,表现出攻击性行为,如打骂学生、体罚学生、对家庭成员发脾气等,或者是表现为交往退缩,对家庭事务缺乏热情,对教学工作也缺乏热情等。

(三) 与中小学教师自我意识和人格特征有关的问题

中小学教师的自我意识,对于中小学教师如何看待自己的职业,如何解决工作中出现的冲突和问题有着重要作用③。中小学教师职业的特殊性决定了其

---

① 俞国良:《中小学心理健康教育发展趋势》,载《光明日报》,2002(10)。
② 陈琦、刘儒德:《当代教育心理学》,北京,北京师范大学出版社,1997。
③ Evers, W. J. G., Brouwers, A., Tomic, W., "Burnout and Self-efficacy: A Study on Teachers' Beliefs When Implementing an Innovative Educational System in the Netherlands," *British Journal of Educational Psychology*, 2002, 72(2): pp. 227-243.

角色的模糊性与冲突性，以及角色的多重性。特别是社会对中小学教师的期望与中小学教师自我期望的不一致，给予中小学教师很大的压力。已有研究表明，在与人打交道的工作中，中小学教师的职业压力高于平均水平①，这与中小学教师的自我意识有密切的关系，最终表现为各种职业行为问题和职业倦怠②。

中小学教师的人格特征也与心理健康问题有密切关系。有的中小学教师常常以自我为中心、自私自利、目中无人、虚荣心强；也有的中小学教师情绪不稳定，性格反复无常，对学生的管理方式不一致，从而使自己也无所适从。特别是有的中小学教师心胸狭窄、意志脆弱、过于争强好胜、自我封闭等，这样的个性特征在处理各种问题时就会困难重重，引发心理健康"危机"。

(四)与中小学教师社会适应有关的问题

中小学教师虽然是比较稳定的职业，但在社会地位、工资收入、工作性质等方面，理想与现实之间存在较大差距，大部分中小学教师都面临着适应性问题。在英国有近 1/3 的中小学教师，在职业中能体会到极度的压力，从而产生适应不良和强烈的心理失衡，并因此诱发不良情绪，如嫉妒、自卑、妄想、愤懑、抑郁等，有的还会出现思维不灵活、反应迟钝、记忆力衰退等心理机能的失调，严重影响正常的教育教学工作。研究发现，在中小学教师心理疾病的个案中，超过一半的人是源于工作失能，进而逐渐形成职业倦怠③。

二、中小学教师心理健康问题产生的原因

我们曾从社会和职业等角度，宏观地分析了中小学教师心理健康问题的成

---

① Travers，C. J.，Cooper，C. L.，"Mental Health, Job Satisfaction and Occupational Stress Among UK Teachers," *Work & Stress*，1993，7(3)：pp. 203-219.

② Beishuizen，J. J.，Hof，E.，Putten，C. M.，et al.，"Students' and Teachers' Cognitions About Good Teachers," *British Journal of Educational Psychology*，2001，71(2)：pp. 185-201.

③ Schaufeli，W.，Enzmann，D.，*The Burnout Companion to Study and Practice：A Critical Analysis*，FL，CRC Press，1998.

因①，在这里主要从个体的角度，更微观地剖析中小学教师心理健康问题产生的原因。

(一) 中小学教师的压力

许多关于中小学教师心理的研究说明，中小学教师的心理健康状况与心理压力关系密切②。确实，心理压力是中小学教师对教育教学活动中消极情感的一种反应，这种反应常常伴随着由中小学教师职业所引起的潜在病理性的生理和生化变化(如心率加快，促肾上腺皮质激素释放进入血液)，从而产生一系列心理—生理症状。另外，中小学教师的压力会引起挫折感。来自工作方面的焦虑，对中小学教师良好的身心状态是一种潜在的威胁。中小学教师所体验到的压力比其他职业的人高很多，主要有时间需要、办公室事务、与学生交往困难、对学生的控制和激励不当、课堂人数太多、经济压力、缺乏教育支持等。

(二) 中小学教师的态度

中小学教师与工作有关的态度涉及中小学教师对学生的态度、教学目标的实现、课堂管理和教学质量。中小学教师的态度是作为中小学教师心理健康的职业维度而存在的，包括中小学教师的工作满意感、士气和动机。一是中小学教师的工作满意感。影响工作满意的因素叫激励因素，包括成就感、晋升机会、工作挑战性、担负重要责任、受人赏识，这些因素不足会导致个体得不到满意的体验，但是不会导致对工作的不满意。影响工作不满意的因素叫保健因素，包括工资、工作条件、工作地位与安全、人际关系等，这些因素不足会导致个体产生不满意。二是中小学教师的士气。中小学教师士气是指个体的一种态度，决定于个体的目标，这一目标可能是外显的也可能是内隐的。但很多时候在个

---

① 辛涛、林崇德：《教师心理研究的回顾与前瞻》，载《心理发展与教育》，1996，4(1)。

② Pelletier, L. G., Séguin-Lévesque, C., Legault, L., "Pressure From Above and Pressure From Below as Determinants of Teachers' Motivation and Teaching Behaviors," *Journal of Educational Psychology*, 2002, 94 (1): pp. 186-196.

体对环境进行反应时，是一种内隐的选择，这种选择受群体观念的影响。中小学教师的士气与工作满意感相关，如较低的士气会让中小学教师的工作满意感降低，工作满意感高的环境下中小学教师的士气也高。三是中小学教师的动机。对于一些中小学教师来说，同事间的交往、良好的人际关系、和谐的支持气氛，是工作中最具吸引力的因素，大多数中小学教师的满意感来自工作中的成就感、成长或自尊的需要以及接纳感的满足。中小学教师动机与其行为的倾向性程度有关，但是这种倾向性的程度，却是由个体所追求的满足需要的目标决定的。因此，中小学教师的动机是在工作情境中想得到工作满意的期望，中小学教师会趋向于采取能得到工作满意感的行为。

(三) 中小学教师的信念

中小学教师的信念决定了其行为。中小学教师职业存在的众多冲突是中小学教师压力与紧张的根源。当压力和紧张产生后，中小学教师如何看待这些压力和情绪、如何对待冲突、如何选择解决冲突的策略，中小学教师的基本信念系统就会影响到压力和冲突的程度，以及中小学教师本人对冲突的认知，从而影响中小学教师对学生的态度、对职业的态度。这些态度和问题解决的方式，反过来又会影响中小学教师身心健康的状态。中小学教师的基本信念有四种，即中小学教师的效能感、中小学教师的归因风格、中小学教师对学生的控制以及中小学教师与工作压力有关的信念。一是中小学教师的效能感。中小学教师的效能感是指中小学教师对自己是否能够影响学生的学习行为和学习成绩的主观判断，即使这些学生是学习困难或缺乏学习动机的学生[1]。中小学教师的效能感决定了中小学教师的教学效果、教学监控水平、对待学生的态度、处理课堂行为问题的方式。中小学教师的效能感信念与以下方面有密切关系：学生成就与动机、学生的自尊与亲社会态度、学习效率、对教育改革的适应、中小学

---

[1] Henson, R. K., "From Adolescent Angst to Adulthood: Substantive Implications and Measurement Dilemmas in the Development of Teacher Efficacy Research," *Educational Psychologist*, 2002, 37(3): pp.137-150.

教师的课堂管理策略、中小学教师压力、中小学教师缺课等。二是中小学教师的归因风格。中小学教师的归因风格对其教学活动及学生的成绩有显著的影响，一般地，倾向于内归因的中小学教师，将学生学业或行为的好坏归因于自身因素，这样的中小学教师会更主动地调整自己的教学活动，积极影响学生的活动，从而促进学生的发展。倾向于外归因的中小学教师，将学生的表现归因于环境因素，认为是自己无法控制和把握的，这样的中小学教师更可能在学生出现问题时不闻不问，或者对学生和家长进行指责，对学生的发展造成阻碍[1]。三是中小学教师对学生的控制。中小学教师对学生的控制，是中小学教师管理学生维持课堂秩序的必要手段，但是持不同教育观念或者学生发展观的中小学教师，对学生的控制手段是不同的。中小学教师对学生的不同控制方式又与中小学教师的归因风格密切相关[2]。四是中小学教师与工作压力有关的信念[3]。如前所述，课堂上有行为问题和学习困难的学生是中小学教师最大的压力源之一。如何对学生的行为问题和学习困难进行归因，会影响中小学教师解决课堂和学生冲突问题的策略选择，进而决定中小学教师对学生的控制方式。将学生的行为问题和学习困难归因于其家庭和环境因素的属于外部归因方式，归因于中小学教师相关知识缺乏、课堂管理不善、学校有关制度不符合实际情况等因素的属于内部归因方式。中小学教师的外部归因，导致他们对控制的期望，希望能在强的控制水平下解决问题，从而会更多地采取惩罚的方式来进行控制。而内部归因的中小学教师，则对学生更多地采取民主宽容的控制方式。显然，中小学教师不同的归因形成了不同的教育方式，而不同的教育方式则反映了中小学教师不同的心理健康状态。

---

[1] Poulou, M., Norwich, B., "Teachers' Causal Attributions, Cognitive, Emotional and Behavioural Responses to Students with Emotional and Behavioural Difficulties," *British Journal of Educational Psychology*, 2000, 70 (4): pp. 559-581.

[2] Mavropoulou, S., Padeliadu, S., "Teachers' Causal Attributions for Behaviour Problems in Relation to Perceptions of Control," *Educational Psychology*, 2002, 22(2): pp. 191-202.

[3] Zanting, A., Verloop, N., Vermunt, J. D., "Student Teachers' Beliefs About Mentoring and Learning to Teach During Teaching Practice," *British Journal of Educational Psychology*, 2001, 71(1): pp. 57-80.

(四) 中小学教师的人格

诚如前述，中小学教师心理健康问题的产生，是在外界压力和自身心理素质的互动下形成的。相同的压力和环境下并非所有的中小学教师都会出现心理健康问题，有的中小学教师即使在面对压力的情况下，仍然能够保持心理的健康和稳定，这是中小学教师的人格特点发挥了作用。研究发现，不能客观认识自我和现实，目标不切实际，理想和现实差距太大的中小学教师，或者是有过于强烈的自我实现和自尊需求的中小学教师，更容易出现心理健康问题。此外，在个人生活发生变化时，个体的人格特点会影响到个体对自己生活的调整，这种调整如果不能适应新的变化，心理健康问题就会出现。关于中小学教师人格特点对其心理健康状况的影响，国内外已有诸多研究和论述，这里从略。

三、促进中小学教师心理健康的对策

中小学教师心理健康的维护与促进是一个系统工程，需要全社会的大力支持和全体中小学教师的不懈努力。针对中小学教师心理健康问题产生的原因，我们提出以下几条建议，希望能对改变目前中小学教师心理健康不良的现状，切实而有效地提高中小学教师心理健康水平有所裨益。

(一) 做好中小学教师的职前筛选工作

中小学教师这一职业有着特殊的需要，中小学教师自身的心理健康问题，将对学生的发展造成重要的影响，因此，中小学教师职前筛选至关重要。我们可以采用相关的量表，对将要从事中小学教师这一职业的师范生进行测量，测量其人格特征、自我意识、情绪自控能力、人际交往能力、社会适应能力以及与教学有关的知识、角色意识、职业期望、教育观念等，确保这些准中小学教师能具备做一名合格中小学教师的基本素质，并且符合职业的特殊需要。

(二) 做好中小学教师的职前培训工作

中小学教师的职前培训，不仅需要对中小学教师的学科内容知识、教育教学知识进行培训，而且还要构建作为中小学教师所必须的信念系统和角色意识①。后者尤其重要，因为中小学教师的信念系统和角色意识直接与中小学教师的心理健康状况相关。中小学教师的信念系统和角色意识决定了中小学教师对学生的态度以及对教学工作的态度。建议我国教育行政部门形成一整套关于中小学教师筛选、培训和资格认定方面的标准，以促进中小学教师群体的专业化。

(三) 做好中小学教师的职业培训工作

中小学教师的职业培训同样很重要。中小学教师的工作效果如何，工作满意度的高低，中小学教师士气的强弱，这些都需要在职中进行测评，并随时对中小学教师进行培训，调整中小学教师的状态，提高中小学教师的专业能力、教学反思能力和压力应对能力，预防、减少和杜绝职业倦怠的出现。各级教育行政管理部门应该尝试各种方式，促进新手中小学教师尽快向专家型中小学教师转化，如采用小组合作的方式给新手中小学教师提供必要的教学实践支持、教育信息支持和社会情感支持；成立"中小学教师中心"，由几个学校或行政区组成的服务于该区域中小学教师的机构，为中小学教师提供一个可以与同行讨论种种教学问题、获得新的教学技巧和心理支持的场所；为新手中小学教师配备一个具有丰富教学经验的指导中小学教师，提供个人和职业的指导等。

(四) 学校要为中小学教师创造良好的工作条件和工作环境

学校的管理方式、领导的工作作风、中小学教师的士气都与中小学教师的工作满意感有关。学校应该为中小学教师提供更多的社会支持、更多的晋升机会以满足中小学教师的成就动机。教育的支持即教育提高的机会。学校管理者

---

① 俞国良、辛自强：《教师信念及其对教师培养的意义》，载《教育研究》，2000，21(5)。

如果能对中小学教师持一种理解的态度，会帮助中小学教师更有效地处理工作负担。学校领导的帮助与支持是中小学教师社会支持系统中很重要的成分，学校管理者尤其是校长的支持与关心能有效地减轻中小学教师的心理压力，减少心理健康问题的发生。

(五) 从政策上提高中小学教师的待遇和社会地位

提高中小学教师的社会地位和工资待遇，使中小学教师这一职业，最终成为真正意义上受人尊敬的职业，这样能减少中小学教师的心理不平衡感，建立起职业自豪感，从而最终提高中小学教师的工作满意感。

(六) 建立中小学教师心理健康的社会支持系统

从社会的角度形成尊师重道的良好风尚，塑造良好的中小学教师形象，这是解决中小学教师心理健康问题的根本途径。当然，要做到这一点需要全社会的努力，这是一种社会支持系统，也是一条促进中小学教师心理健康的根本之路。有了良好的中小学教师形象，中小学教师就有了行为的标准，也有了社会的监督。

第十七章

中小学教师心理健康评价量表的编制及现状研究

一、问题的提出

世界卫生组织在 2001 年将心理健康视作是一种情感和社会的幸福感，具体表现为：个人能意识到自己的能力，能应付生活中正常的紧张，能创造性地或卓有成效地工作，能对自己和自己所生活的社会做出贡献。国外有关中小学教师心理健康的心理学取向研究主要集中在中小学教师幸福感和职业倦怠两个方面，并将其结构划分为健康与疾病两个各自独立却又相关的单级维度[1]。国内关于中小学教师心理健康的研究相对起步较晚，从 20 世纪 90 年代中期开始，基于对中小学教师素质提升发展的需要，有关学者开始了对中小学教师心理健康问题的关注[2]。其中，较早开展的中小学教师心理健康研究当属自在和贾善德(1993)[3]采用 SCL-90 对基层中小学教师心理健康状况所进行的分析。在此之后，国内学者对中小学教师心理健康问题进行了一系列的探讨与分析，其中包括中小学教师心理健康的概念、标准、测量及相关因素等。下面，我们将就此进行系统的回顾与分析。

林崇德(1999)[4]认为，中小学教师心理健康是指中小学教师在对自身角色的深刻理解和认识的基础上，依照社会的期望和自身的实际状况不断对自己的

---

① Keyes, C. L. M. , "Mental Illness and/or Mental Health? Investigating Axioms of the Complete State Model of Health," *Journal of Consulting and Clinical Psychology*, 2005, 73(3): pp. 539-548.

② 田丽丽、金盛华：《国内教师心理健康研究述评》，载《上海教育科研》，2002(9)。

③ 自在、贾善德：《基层中小学教师 SCL-90 评定结果的分析》，载《中国心理卫生杂志》，1993, 7(2)。

④ 林崇德：《教育的智慧》，北京，开明出版社，1999。

行为及心理进行调整，使其能够适应角色的要求，并不断促进角色向积极方向发展的状态。而中小学教师心理健康作为中小学教师心理素质的重要反映，应包括中小学教师的心理过程、个性特征以及与其职业特征有关的心理要素[①]。与此同时，我国众多学者结合我国中小学教师教育、培养的特殊要求和社会经济发展的基本情况对中小学教师心理健康的标准进行了深入思考与充分分析。其中，申继亮和王凯荣(2001)[②]将中小学教师心理健康的核心标准强调为个性与社会性两个方面。与此对应，也有学者认为在突出个性与社会性的同时，还应将认知(职业认知与身份认知)、工作能力、人际关系能力、对情绪的把控能力、良好的意志品质、有效的自我学习能力等纳入其心理健康考核体系[③]。在此基础上，俞国良(2007)[④]把中小学教师心理健康素质看作是一个由知、情、意、行构成的统一整体，对中小学教师心理健康的基本标准进行了系统总结与归纳，并且从工作、人际、自我、独创性和情绪控制五个方面提出了中小学教师心理健康的具体标准。综合上述研究我们认为，中小学教师心理健康大致由自我、生活、工作和社会四个方面构成。从个性和社会性角度，中小学教师心理健康部分中的自我与生活对应于个性，工作与社会对应于社会性；从发展与适应角度，自我和社会对应于发展，生活与工作对应于适应(见图17-1)。中小学教师心理健康的标准包括适应性标准和发展性标准，适应性标准包括生活与工作部分，发展性标准包括自我与社会部分。

目前，国内对于中小学教师心理健康状况的评定，有90%左右均是采用SCL-90进行测量[⑤]；也有学者采用内隐研究的方法调查中小学教师心理健康，提出客观公正性、移情性、角色认同、有恒性、监控性、责任感、非权势等11

---

① 俞国良、曾盼盼：《论教师心理健康及其促进》，载《北京师范大学学报(人文社会科学版)》，2001(1)。
② 申继亮、王凯荣：《论教师的心理健康教育能力的构成》，载《北京师范大学学报(人文社会科学版)》，2001(1)。
③ 吴思孝：《教师心理健康现状分析及调整策略》，载《教育探索》，2003(5)。
④ 俞国良：《现代心理健康教育》，北京，人民教育出版社，2007。
⑤ 张积家、陆爱桃：《十年来教师心理健康研究的回顾和展望》，载《教育研究》，2008(1)。

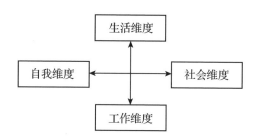

图 17-1　中小学教师心理健康内容示意图

项心理品质是中小学教师、家长和学生共同认定的最重要的中小学教师心理品质[①]；而边玉芳和腾春燕(2003)的研究则发现，中小学教师认为心理健康的教师应该具有道德品质、人际关系、责任感、自我效能和情绪、创造力、工作态度和素质六方面的特征。与中小学教师心理健康研究相关的变量因素包括学校气氛[②]、生活质量[③]、压力与职业倦怠[④⑤]、成就动机[⑥]、社会支持[⑦]等。这些研究的开展，为我们进一步深入把握和了解我国中小学教师心理健康的基本状况及其同其他因素之间的相关关系提供了实证研究的结果支持。然而，从国内有关中小学教师心理健康的研究不难发现，我们对该领域的研究整体水平不高，且深入不够。同时，还存在两个较为突出的问题亟待解决：第一，国内多数学者对中小学教师心理健康研究的关注点总是落在那些与心理健康相对应的心理问题上，而没有聚焦在那些对中小学教师个人素质与生活品质具有提升作用的"积极的情感和体验、积极的人格特征以及积极的组织环境等"方面的内容上[⑧]。第二，目前国内研究者对中小学教师心理健康的测量多采用的工具为各类版本

①　张承芬、张景焕：《教师心理素质的隐含研究》，载《心理科学》，2001，24(5)。
②　潘孝富、秦启文：《中学组织气氛测量及其与教师心理健康的相关分析》，载《心理科学》，2007，30(4)。
③　刘亚丽、王瑶：《高中骨干教师生活质量与心理健康状况调查》，载《心理科学》，2008，31(3)。
④　边保旗、樊富珉：《中学教师的压力及其与心理健康的关系》，载《中国心理卫生杂志》，2006，20。
⑤　贾素萍：《职业院校教师职业倦怠与心理健康问题的实证研究》，载《教育理论与实践》，2006(8)。
⑥　杨伊生、张瑞芳：《内蒙古小学教师成就动机与心理健康的相关研究》，载《内蒙古师范大学学报(自然科学汉文版)》，2008，37(4)。
⑦　申仁洪、林欣：《重庆市特殊教育教师心理健康与社会支持研究》，载《中国特殊教育》，2007(6)。
⑧　Seligman, M. E., "Positive Psychology: Fundamental Assumptions," *Psychologist*, 2003, 16(3): pp. 126-127.

的 SCL-90，虽有研究者自行编制测量工具，但由于其样本选择的代表性不足，其作为测量基础变量的有效性也受到质疑。为此，这里拟从积极心理学视角出发，以我国社会经济发展的实际情况和我国中小学教师的特点为基础，编制一份《中小学教师心理健康评价量表》，为今后同类及相关研究提供可靠、有效的基础变量测量工具。

二、研究方法

（一）被试选择

考虑到我国各地区社会经济发展可能存在的差异问题，在兼顾多地区均衡取样的前提下，我们以北京、河北、江苏、山东、山西、青海、浙江等 7 个省市所有学段的中小学教师作为研究对象，共发放调查问卷 1410 份，收回 1356 份，其中有效问卷 1294 份，具体见表 17-1。

表 17-1　研究被试的基本情况

	学段		
	小学	初中	高中
男	177	174	17
女	589	289	48
合计	766	463	65

（二）研究工具

本研究采用自行编制的《中小学教师心理健康评价量表》。

（三）问卷编制的基本过程

对我国中小学教师的心理健康状况进行测量，初始问卷的形成主要采用三种方法：方法一，对其他学科的研究成果及相关文献进行检索，分析已有研究论著中关于中小学教师心理健康的内涵及结构，并结合发展心理学、健康心理学、教育心理学、变态心理学和积极心理学等具体专业中有关中小学教师心理健康的理论论述，初步确定本研究所编制的中小学教师心理健康评价问卷的整体结构。方法二，通过广泛的资料收集，阅读和总结他人研究中所使用的有关中小学教师心理健康的调查工具，参考已有信、效度指标较好的研究工具中的正式项目，根据本研究的具体要求填充至理论构建的相关维度中。方法三，邀请从事中小学教师心理健康研究的专家、学者(5名)以及普通一线中小学教师进行访谈(31名)。其中，专家、学者的选定标准为从事中小学教师心理健康研究的心理学教授且具备指导博士研究生的资格，普通一线中小学教师的选定标准为连续在一线教学岗位从事教学工作满5年。通过对访谈内容的整理，以补充所确定的中小学教师心理健康量表的内容结构。

通过理论分析、文献总结和专家访谈，本研究建构了测量我国中小学教师心理健康基本情况的初始测量结构。最初编制的问卷共包括题目119个，为保证问卷的质量，我们又邀请了7位以心理健康为研究方向的专家(教授2人、具有博士学位的副教授1人)和博士研究生对项目进行了逐一的讨论。在考虑项目设计和表述准确性的情况下，共删除项目23个，合并项目4个，形成了包含有92个项目的初始测量工具。该问卷共由四个部分构成，即生活、工作、自我和社会。其中，生活包括正视现实、有幸福感、有效应对日常压力3个子维度；工作包括工作(职业)角色认同、有成就感、有效完成本职工作3个子维度；自我包括正确的自我认识、自尊感、有效的自我控制3个子维度；社会包括良好的人际关系、具有社会责任感、较多的亲社会行为3个子维度。量表共有12个子维度，采用6点计分的形式，从"完全不符合"到"完全符合"，要求参加问卷调查的中小学教师根据自己的实际情况和最近一段时期的真实感受进行选择。

(四) 研究程序

本研究采取"主位"研究设计的思路对整体研究进行规划，以理论驱动为切入点对《中小学教师心理健康评价量表》采用从"理论构建"到"结构验证"的步骤进行编制。为有效编制出能够切实掌握我国中小学教师心理健康基本情况的测量工具，本研究在全国 7 个省、市对近 2000 名中小学教师进行了大样本的数据调查。在正式施测前，还就问卷发放过程中可能出现的一些问题对 3 名主试进行培训，并对测量的时间和指导语予以统一。对收集到的数据运用 SPSS 13.0 与 LISREL 8.70 进行管理和统计分析。

三、研究结果

（一）中小学教师心理健康评价量表编制的基本结果

1. 问卷结构的验证

采用 LISREL 8.70 软件对 1819 份中小学教师心理健康评价问卷的结果进行验证性因素分析。采用极大似然法估计检验 12 个因素的拟合程度。根据因素分析理论，对初始模型进行验证性因素分析，根据修正指数逐一删除了 5 个项目，分别是题目 22"不管受到什么打击，我都能很快恢复过来"、题目 23"遇到困难时，周围人会热情帮助我"、题目 89"我经常抱怨社会的不公平和不公正"、题目 90"当别人得罪我时，我绝对不会忍让"和题目 92"我认为，对陌生人应该有一种戒备"，得到最终模型。中小学教师心理健康评价问卷的验证性因素分析模型拟合指数如表 17-2。根据常用的模型评价指数及其标准，各项指数都在合理范围，因此该模型对数据的拟合符合要求。

表 17-2 中小学教师心理健康评价问卷的验证性因素分析模型拟合指数（$n=1，819$）

拟合指标	χ^2	df	χ^2/df	RMSEA	NFI	NNFI	CFI	IFI	TLI
数值	39318.56	3636	10.81	0.085	0.96	0.97	0.97	0.97	0.96

对中小学教师心理健康评价问卷的结构模型进行验证性因素分析后，得到了理论预设结构相对应各项目的标准化参数解（如表 17-3 所示）。在表 17-3 中，除自我分量表中"有效自我控制"维度的一个题目载荷为 0.27，其余项目的因素

载荷均在0.3以上。根据理论模型假设的结构，我们可以把因素1~3归纳概括为"生活分量表"（项目共计21个，其中正视现实、有幸福感和有效应对日常压力3个维度分别有项目数7个、8个和6个）；把因素4~6归纳概括为"工作分量表"（项目共计25个，其中角色认同、有成就感和有效完成本职工作3个维度分别有项目数8个、8个和9个）；把因素7~9归纳概括为"自我分量表"（项目共计19个，其中自我认识、自尊感和有效的自我控制3个维度分别有项目数5个、8个和6个）；把因素10~12归纳概括为"社会分量表"（项目共计22个，其中人际关系、具有社会责任感和较多的亲社会行为3个维度分别有项目数9个、8个和5个）。各个分量表均采用6点计分，得分越高表明个体在该对应部分的心理健康素质越高。

表17-3　中小学教师心理健康评价量表结构的验证性因素分析标准化参数解

	生活			工作			自我			社会		
	F1	F2	F3	F4	F5	F6	F7	F8	F9	F10	F11	F12
1	0.77	0.77	0.80	0.73	0.83	0.84	0.80	0.79	0.27	0.54	0.83	0.87
2	0.78	0.65	0.89	0.76	0.83	0.88	0.90	0.82	0.62	0.76	0.77	0.76
3	0.54	0.81	0.91	0.72	0.58	0.88	0.90	0.79	0.34	0.80	0.75	0.84
4	0.60	0.76	0.70	0.59	0.81	0.66	0.89	0.76	0.82	0.82	0.40	0.85
5	0.42	0.81	0.69	0.78	0.73	0.90	0.79	0.83	0.83	0.80	0.83	0.33
6	0.59	0.55	0.56	0.82	0.87	0.83		0.79	0.63	0.69	0.78	
7	0.45	0.56		0.78	0.80	0.85		0.71		0.69	0.63	
8		0.60		0.73	0.60	0.87		0.77		0.83	0.77	
9						0.90				0.80		

2. 问卷的信度分析

采用克隆巴赫 α 系数作为项目内部一致性指标，对中小学教师心理健康判定量表中4个分量表的项目分别进行内部一致性检验。结果发现，该测量工具的4个分量表均具有较高的信度（均大于0.6）；同时，分半信度检验显示4个分量表的分半系数也达到测量学要求。具体结果见表17-4。

表 17-4　中小学教师心理健康的项目内部一致性检验结果

	Cronbach's α 系数	分半信度
生活	0.73	0.76
自我	0.91	0.86
工作	0.95	0.91
社会	0.92	0.87

(二) 我国中小学教师心理健康的基本现状

表 17-5 所呈现的是所有中小学教师在各对应部分上的得分比较。中小学教师作为一个总体，各部分平均均在 3~5 分，说明中小学教师总体的心理健康状况属于健康状态。而且，其工作部分的得分显著高于生活部分的得分，自我部分的得分显著高于社会部分的得分，这说明中小学教师在总体上同时存在发展性问题和适应性问题。

表 17-5　所有中小学教师在各相对应部分上的得分比较

	M	SD	t		M	SD	t
生活	3.94	0.76	-49.58^{***}	自我	4.82	0.66	6.77^{***}
工作	4.94	0.72		社会	4.75	0.63	

表 17-6　各学段中小学教师在各相对应部分上的得分比较

	小学		初中		高中	
	M	SD	M	SD	M	SD
生活	4.00	0.79	3.85	0.76	3.72	0.72
工作	5.02	0.73	4.95	0.71	4.76	0.62
t	-31.40^{***}	-26.20^{***}	-11.48^{***}			
自我	4.87	0.66	4.86	0.69	4.69	0.55
社会	4.83	0.63	4.76	0.66	4.64	0.54
t	2.49^{*}	4.02^{***}	1.05			

如表 17-6 所示，小学和初中教师，其工作部分的得分均显著高于生活部分

的得分，自我部分的得分也显著高于社会部分的得分，这说明这些学段的中小学教师同时存在发展性问题和适应性问题。高中教师在工作部分的得分显著高于生活部分的得分，而自我部分的得分与社会部分的得分则无显著差异，这说明高中教师只有适应性问题，没有发展性问题。

四、分析与讨论

(一)测量工具结构的合理性

在心理健康研究领域，单纯以是否适应社会作为心理健康标准的观点目前已经遭到否定，多数论者尽可能地避免使用众数原则(标准)和精英原则(标准)的概念，而主张社会适应与个体发展的统一，并针对目前过度强调适应的问题，提倡发展性标准。既要从个体社会化的角度确定心理健康的标准，又要使这个标准不倒向过度社会化而失去对社会的改造意识和能力[1]。也有学者认为评价一个人的心理是否健康，关键看他在解决个体与社会以及个体心理内部各类各层矛盾时的认知能力、情绪状态、行为倾向以及自觉水平[2]。

在国内中小学教师心理健康研究领域，近90%的研究使用SCL-90，但使用SCL-90只能了解中小学教师心理健康的总体情况，对中小学教师心理健康的具体内容揭示得不细致，如中小学教师的心理压力、工作倦怠、认知障碍、情绪失调、性格缺陷、生活满意度低、主观幸福感少、成就感差等。而且，在SCL-90量表的使用和结果理解上，也存在某些误区。该量表共有10个因子，其中9个有名称，余下一个为"其他"。如果某个测试者在某个因子上得分高于常模，或高于某一个分数(如2分)，就可以认为该受试者在心理健康的某个方面有问题，进而作为心理不健康的个体被检出。这种做法容易忽视心理健康各个因子之间的协调和整合作用。对此，已有学者指出，SCL-90不是一种用来诊

① 杨青松、石梦希：《心理健康标准研究应该注意的几个问题》，载《基础教育研究》，2007(5)。
② 俞国良：《现代心理健康教育》，北京，人民教育出版社，2007。

断的量表，而是用来了解被测者心理问题的范围，以便计划治疗、评估疗效和观察症状消长情况的量表[1]。

本研究中的中小学教师心理健康标准，既考虑到了发展与适应的问题，同时也考虑到了个性与社会性的关系；既能在宏观层面上综合考察中小学教师心理的发展与适应、个性与社会性问题，也能在中观层面上考察中小学教师的自我、生活、工作、社会方面的心理健康问题，亦能在微观层面上分析各个分维度，即自我认识、自尊感、自我控制、正视现实、幸福感、日常压力、角色认同、成就感、有效完成本职工作、人际关系、社会责任感、亲社会行为等方面的发展情况。本研究的验证性因素分析结果也表明，可以根据上述标准和维度划分、考察、研究中小学教师的心理健康问题。

(二) 工具编制的信效度

在进行测量工具的效度检验时，常用的模型评价指数及其标准如下：拟合优度(GFI)、校正拟合优度(AGFI)、标准拟合指数(NFI 或 TLI)、比较拟合指数(CFI)和递增拟合指数(IFI)。其中，五种评价指数在 0.90 以上表示模型拟合较好，模型可以接受。标准拟合指数 NFI 和 NNFI 是不容易受样本大小影响的指标。近似均方根误差(RMSEA)小于 0.05 表示模型拟合很好，在 0.05~0.08 之间表示模型拟合较好，在 0.08~0.10 之间表示模型仍可接受，如果大于 0.10，则表明这个模型拟合不佳；拟合优度 χ^2 检验(χ^2/df)是一个粗略的估计值，一般要求小于 2，但范围可以扩展至 3，此评价标准适用于本研究的所有模型。此外，在考虑模型的适合度时，还要看解答是否恰当，各参数的值是否在合理范围之内，例如，相关系数应该在正、负 1 之间，误差的值是 0 或正数，标准差的值是否合理等。基于上述考虑，本研究选择了 χ^2/df、NFI、NNFI、TLI、CFI、IFI 和 RMSEA 几个指数来对模型的拟合度进行检验。本研究由于采用的样本容量很大，导致 χ^2 值和 χ^2/df 值偏大。但从整体上看，模型与数据仍然达成较好

---

[1] 王金道：《SCL-90 量表使用的现状及检测心理健康的异议》，载《中国心理卫生杂志》，2004，18(1)。

的拟合，说明问卷具有可接受的构想效度①。

（三）我国中小学教师心理健康状况的初步分析

从本研究的数据统计结果推论发现，我国中小学教师心理健康的总体状态良好，表现出了较高的心理健康素质水平。由于本研究所采用的测量工具侧重考察中小学教师群体积极的心理健康因素，因此与过去的同类研究表现出较大的差异。除了高中教师外，其他学段的中小学教师在发展和适应两方面均存在显著差异。另需指出的是，本研究发现中小学教师在生活分量表上的得分要显著低于在工作分量表上的得分，一方面表现出中小学教师群体对自身职业的认同，以及通过有效完成工作任务提升其成就感的能力；另一方面也说明其面对生活压力时所表现出的无助，以及由于现实与理想落差对其自身幸福感的影响。同时，在自我与社会分量表的得分上也存在较大差异，表现出相对于社会关系、社会责任感以及亲社会行为等心理素质而言，中小学教师群体对自我认识、自尊感和有效自我控制等方面的心理素质更为重视，且得到了提升。

五、研究结论

根据理论分析和建构所得到的由自我、生活、工作、社会4个分量表构成的《中小学教师心理健康评价量表》具有较高的信度和效度，可用于今后同类及相关研究中对中小学教师心理健康状况这一变量的测量。

本研究发现中小学教师的心理健康状况属于健康状态，但小学和初中教师存在发展性问题和适应性问题，即自我分量表上的得分显著高于社会分量表上的得分，工作分量表上的得分显著高于生活分量表上的得分。而高中教师只有适应性问题，没有发展性问题，即只有自我分量表上的得分显著高于社会分量表上的得分。

---

① Byrne, B. M., *Structural Equation Modeling with LISREL, PRELIS, and SIMPLIS: Basic Concepts, Applications, and Programming*, London, Psychology Press, 2013.

第十八章

————

中小学教师心理健康的影响因素：访谈证据

一、问题的提出

积极心理学将心理健康（mental health）定义为个体感知、理解、适应及影响环境的能力①。世界卫生组织 2001 年对心理健康的具体描述是：个人能意识到自己的能力，能应对生活中正常的紧张，能创造性地或卓有成效地工作，能对自己和自己所生活的社会做出贡献②。虽然在过去的 20 年中，我国在基础教育实践方面取得了举世瞩目的成就，但是中小学教师群体的心理健康问题却越来越严重③。周业敏针对中小学教师群体心理健康的调查发现：当今中小学教师职业压力大，易紧张焦虑；教学工作量大易导致职业倦怠感；课改理论与实际操作矛盾易导致才智枯竭感；独生子女不容易管教易导致教学无能感；待遇低易导致中小学教师在社会比较中的不平衡感；缺乏家长理解和支持易导致自卑感；自身缺乏压力应对策略易导致中小学教师变得情绪淡漠；以及复杂人际关系易导致中小学教师产生嫉妒心理④。介于中小学教师职业的特殊性，中小学教师所拥有的心理健康状态可能会直接影响学生的身心发展，也可能影响中小

————

① Lahtinen, E., Lehtinen, V., Riikonen, E., et al., *Framework for Promoting Mental Health in Europe*, Stakes, 1999.

② Shedler, J., Mayman, M., Manis, M., "The Illusion of Mental Health," *American Psychologist*, 1993, 48 (11): pp. 1117-1131.

③ Gold, Y., Roth, R. A., *Teachers Managing Stress and Preventing Burnout: The Professional Health Solution*, London, Falmer Press, 1993.

④ 周业敏：《小学教师心理健康现状与对策初探》，载《中小学教师培训》，2014(3)。

学教师自身的专业发展①。因此，关注中小学教师心理健康对中小学教师个人及整个社会都具有十分重要的意义。国外对中小学教师心理健康的研究发展较成熟，主要集中于中小学教师职业幸福感和职业倦怠两方面内容及其影响因素的探讨②；而我国中小学教师心理健康的研究起步较晚，研究内容也较为多样化，主要包括建立中小学教师心理健康标准，描述中小学教师心理健康现状，以及影响中小学教师心理健康的因素等方面③。

　　通过梳理前人的研究文献，我们将影响中小学教师心理健康的因素概括为两个方面——消极因素和积极因素。从消极因素方面来看，一般认为压力是导致中小学教师心理健康问题的主要原因。与中小学教师职业有关的压力源包括中小学教师的角色特征、学生的不良行为、自主权的限制、教育实践改革等④；而在工作情境中，也存在一定的压力源，包括角色冲突、角色模糊、角色过度负荷、尽责性要求和人际关系等⑤。以往研究显示，环境因素、家庭因素、职业特点以及自身因素都会导致中小学教师产生职业压力，进而影响中小学教师的心理健康。从环境因素来看，学校类型是一个影响中小学教师心理健康的相关变量，张积家和陆爱桃⑥的研究发现，幼儿园教师心理健康水平最高，其次是中小学教师，而出现心理问题最多的是高等学校教师群体。从家庭因素来看，社会支持和家庭和谐是影响中小学教师心理健康的重要变量。来自家庭及朋友的社会支持能够调节和缓解应激因素对心理健康的负面冲击。刘亭等人⑦的研

---

①　王智、李西营、张大均：《中国近 20 年教师心理健康研究评述》，载《心理科学》，2010，33(2)。

②　Robitschek, C., Keyes, C. L. M., "Keyes's Model of Mental Health with Personal Growth Initiative as a Parsimonious Predictor," *Journal of Counseling Psychology*, 2009, 56(2): pp. 321-329.

③　俞国良、金东贤、郑建君：《教师心理健康评价量表的编制及现状研究》，载《心理发展与教育》，2010，26(3)。

④　Bradley, G., "Job Tenure as a Moderator of Stressor-strain Relations: A Comparison of Experienced and New-start Teachers," *Work and Stress*, 2007, 21(1): pp. 48-64.

⑤　Leung, S. S. K., Mak, Y. W., Chui, Y. Y., et al., "Occupational stress, Mental Health Status and Stress Management Behaviors Among Secondary School Teachers in Hong Kong," *Health Education Journal*, 2009, 68(4): pp. 328-343.

⑥　张积家、陆爱桃：《十年来教师心理健康研究的回顾和展望》，载《教育研究》，2008(1)。

⑦　刘亭、陈朴、曾宾：《幼儿教师心理健康与社会支持的相关研究》，载《中小学心理健康教育》，2007(15)。

究表明教师的社会支持与心理健康中的各因子呈显著负相关，且家庭和谐的个体患心理疾病的风险也较少，而那些经常发生家庭冲突或离异的个体报告的抑郁和焦虑水平则较高[1]。从职业特点来看，中小学教师的不同职教阶段也会影响其心理健康水平。如研究发现，入职 3 ~ 5 年的中小学教师所体验到的职业枯竭感最为明显，此时个体离职率也最高[2]。从自身因素来看，中小学教师的性别、年龄、以及个性特征都是影响其心理健康水平的关键因素。张积家和陆爱桃[2]用 SCL-90 对中小学教师人群的测查表明，30 ~ 49 岁年龄段的中小学教师在躯体化、强迫症状、人际关系、抑郁、焦虑等因子上的得分显著高于普通常模，表明该年龄段的中小学教师的心理健康状况差于普通人群。另外，女性中小学教师的心理健康状况总体上差于男性中小学教师。诸多研究都表明健全的人格是中小学教师心理健康的重要标志之一，神经质、精神质和掩饰过度对中小学教师心理健康具有预测作用[3]，中小学教师的挫折耐受力、责任心与心理问题呈显著负相关[4]。

　　从积极方面来看，随着积极心理学的兴起和快速发展，从促进中小学教师心理健康的视角探讨如何提高中小学教师心理健康水平的研究越来越受到重视。研究发现，保障权益、沟通、休闲娱乐和自我调节等举措都能有效缓解压力和降低职业倦怠感，进而提升或保持健康的心理状态。如 Munger 等人研究发现，保障物质安全感和使个体对自身健康具有控制感，能够提高个体的心理健康水平[5]。甘怡群等人研究发现，人际消耗和冲突是导致我国中学教师职业倦怠的

---

①　Gregov，L.，Simunic，A.，Prorokovic，A.，"Work-family Conflict and Mental Health in Nurses，"*Psychology & Health*，2009(24)：p. 194.

②　Fernet，C.，Guay，F.，Senecal，C.，et al.，"Predicting Intraindividual Changes in Teacher Burnout：The Role of Perceived School Environment and Motivational Factors，"*Teaching and Teacher Education*，2012，28(4)：pp. 514-525.

③　黄立芳、颜红、陈清刚、张新军、李鸿娜：《高三教师心理健康与人格特征的相关研究》，载《中国行为医学科学》，2006，15(8)。

④　傅伟忠、瞿正万：《小学教师心理健康水平及其人格特征的相关研究》，载《中国校医》，2000，14(4)。

⑤　Munger，A. L.，"The Relationships Among Food Security，Health Locus of Control，and Mental Health，"Master diss.，University of Maryland，2011.

重要原因之一①。中小学教师在人际交往中有效应对人际关系问题可能会直接降低职业倦怠。Wslsh② 认为以往研究都低估了生活方式对个体心理健康的影响。他指出治疗性生活方式改变(Therapeutic Lifestyle Changes，TLCs)能够对心理健康产生很多积极的作用，包括个体积极参加运动，改变饮食习惯，健康娱乐，改善人际关系，学习压力释放及管理，拥有信仰或宗教卷入，寻求心理机构的专业帮助等行为。

通过以上分析与总结，我们发现，尽管已有相当研究关注了中小学教师心理健康的特点及其影响因素，但是仍然存在以下两个问题有待进一步完善。首先是研究方法上的局限。以往研究大多以纸笔测验为主，对中小学教师心理健康的某一方面(如工作压力、社会支持、职业倦怠等)进行自我评价。纸笔测验虽然具有结构化程度高、适用范围广、易于量化比较等优点，但也有着非常明显的缺点，如只能描述现象和做非常一般的推论，不能深入揭示问题的本质和无法关注到个体差异及其形成原因等。当然，还有部分研究使用理论思辨的方法探讨中小学教师的心理健康问题，这更多从个人经验出发，缺乏科学性和可操作性。因此，为了更加客观有效地探讨中小学教师的心理健康问题，我们应该采用更有效的研究方法，以克服前人研究在方法上的局限性；其次，以往相关研究只是从单一方面(如工作环境、家庭因素和自身特点等)探讨了中小学教师心理健康的特点及其影响因素，尚无研究做到同时从多层次多维度系统关注中小学教师心理健康问题③。基于以上局限，本研究拟采用访谈法深入分析中小学教师心理健康的消极因素和积极因素，旨在为中小学教师心理健康问题的预防和干预工作提供一些具有科学性的指导建议。

---

① 甘怡群、王晓春、张轶文等：《工作特征对农村中学教师职业倦怠的影响》，载《心理学报》，2006，38(1)。

② Walsh, R., "Lifestyle and Mental Health," *American Psychologist*, 2011, 66(7): pp. 579-592.

③ Pishghadam, R., Sahebjam, S., "Personality and Emotional Intelligence in Teacher Burnout," *Spanish Journal of Psychology*, 2012, 15(1): pp. 227-236.

二、研究方法

(一) 被试

访谈对象是来自河北省某市和浙江省某市的 3 所学校的 30 名在职在岗的中小学一线教师，其中，男性教师 6 人，女性教师 24 人，平均年龄为 36.5 岁，平均教龄为 14 年。

(二) 研究工具

采用自编的《中小学教师心理健康影响因素研究访谈提纲》进行访谈。访谈典型题目包括"目前，因为各种压力，中小学教师会出现各种心理健康问题(比如，紧张、焦虑，等等)""根据自己的体验，您认为影响中小学教师心理健康的因素有哪些""这些因素对中小学教师心理产生什么样的影响，影响的程度有多大""这些因素对于中小学教师心理压力(或者心理健康)肯定有积极的一面和消极的一面，您怎么看这个问题"，以及"如果中小学教师当中确实存在心理健康问题(不是心理疾病)，您觉得应该怎么去解决"等。

(三) 研究程序

研究程序主要包括根据访谈提纲进行的深度访谈和在此基础上的内容分析。首先，访谈前准备。研究采用一对一访谈，共有 3 名访谈者。3 名访谈者均为有过良好质性研究方法训练的心理学专业博士研究生，在开始访谈前针对访谈提纲进行了培训与演练。其次，开展访谈。在确定访谈对象后，本研究的访谈资料获取严格按照访谈提纲开展，采用一对一的深度访谈形式。在每个部分，访谈者均按照一定的逻辑顺序排列问题，并就相关的注意事项做出特别说明。访谈过程中，在取得被访者同意的情况下采用数码录音设备保存录音资料，并在随后的研究过程中将录音资料转化为 Word 形式的文档材料。每个人的访谈录音整理材料大约为 A4 打印纸 2 页，共 61 页。最后，访谈资料整理和分析。采用 QSR 公司出品的质性研究数据分析软件 Nvivo 7.0 对所获材料进行处理。

(四) 研究路线

本研究旨在通过对中小学教师的深度访谈来获取相关的质性研究资料，并通过归纳法对假设的研究内容模型予以推演和建构，最终来获得目前影响中小学教师心理健康的消极因素，同时探究易于中小学教师接受且有效的心理保健途径，即影响中小学教师心理健康水平可能的积极因素。

(五) 访谈资料编码

内容分析的目的在于从访谈资料中提取有关"影响中小学教师心理健康的消极因素"和"促进中小学教师心理健康的保健途径 (积极因素)"两个方面的主题信息及关键词，并对信息进行编码与归纳。在编码过程中，对同时包含多个主题信息的词句，应优先编入主题更为明显的因素中。为保证编码质量，在编码过程中，我们选取了 3 名熟悉编码程序和 Nvivo 软件操作的研究生同时进行编码，对两人次以上不同的编码结果信息不予选用。随后，对编码归类的主题信息进行维度归纳，对两人次以上不同的归纳结果信息不予选用，3 人归纳结果的一致性百分比达到 91%。

三、研究结果

通过上述对 30 名一线在职在岗中小学教师的深度访谈，以及对访谈资料的内容分析，得到我国目前中小学教师心理健康的影响因素模型和保健途径模型，结果见表 18-1。

表 18-1 中小学教师心理健康影响因素模型汇聚一览表

		二级编码		一级编码		举　例
		命名	频次	命名	频次	
教师心理健康模型	消极因素结构	工作因素	8.6	师生关系	3	老师跟学生发生了冲突，现在所有的老师都特别无奈，说不得，也动不得。咱们这个教育要走向何方，我现在比较困惑
				工作考评	6	学校对老师的所谓评价，它的评价标准，我感觉不是很客观、科学、全面
				待遇不佳	8	如果你给我合适的工作量，而且待遇也合理的话，我应该没有其他问题
				工作压力	23	确实感觉现在当老师，真的是挺累的。再说那么多学生，每个学生上课都得管到，一个班60多个人，下课还得看作业辅导，学生成绩上不去不行。现在感觉比较累
				升学压力	10	现在学校都是要比升学率的，学校各个相关部门也给我们压力
				学生成绩	5	成绩不好，成绩特别不理想
				学生管理难度大	8	现在孩子普遍都是独生子女，各种类型的都有，不是特别好管理
				家长的压力	6	家长有的就不管孩子。我们现在真的很头疼。家长就说我在家没有时间管，全都拜托老师了
		社会因素	5.2	中小学教师地位低	5	中小学教师的地位方面，就是口号喊得很响，但是从我们实际上的感觉来说，不像原来那么特别受重视
				缺乏社会认可	8	如果社会大环境对老师这个职业比较认可的话，我想我的心理问题会少一些
				缺乏专业疏导	5	需要配一个心理辅导老师来跟我们沟通

续表

		二级编码		一级编码		举　例
		命名	频次	命名	频次	
教师心理健康模型	消极因素结构	社会因素	5.2	社会支持理解	3	其他的方面就是领导和社会多给我们一些关心，在各方面多关注我们一下
				学校关心	5	我觉得对老师来讲应该多一点人文关怀
		自身因素	8	来自自身问题	10	我觉得压力来自自己本身
				身体健康状况	6	带班上课的，多年的透支，造成身体都处于亚健康状态
		家庭因素	7	家庭和工作关系	7	回到家面对自己孩子的时候就特别烦。还是职业习惯，对家里人说话的态度非常生硬，老师这种职业化的语气带到家庭里面，孩子接受不了
		保障权益	2	保障中小学教师权益	2	个人的东西个人去调节，再一个是争取学校这方面有一个相对宽松的环境，至少希望领导对老师，家长对老师们能够理解一下
	积极因素结构	沟通途径	5.3	与同事沟通	8	靠个人和同事之间的沟通
				与家人沟通	5	有什么烦恼，可以跟家里倾诉一下
				与领导沟通	3	也有借助学校领导来排解这个问题的
		休闲活动	8	增加休闲活动	8	听听音乐，读读书，可能就放松下来了。所以搞一些活动会很好
		自我疏导调节	13	自我疏导调节	13	心理自我调控

从一级编码中出现的频次来看，中小学教师心理健康的消极因素中，最主要的是工作压力（23次）；其次是自身问题、升学压力（10次），待遇不佳、学生管理难度大、缺乏社会认可（8次），家庭和工作关系（7次），工作考评、来自家长的压力、自身身体状况（6次），学生成绩压力、中小学教师地位低、缺乏专业疏导和学校关心（5次）等依次影响，排在最后的是师生关系和社会的支持理解（3次）。中小学教师心理健康的积极因素（保健因素）中，最为重要的是自我疏导调节（13次）；其次是与同事沟通、增加休闲活动（8次）、与家人沟通（5次）、与领导沟通（3次）；最后是关于对中小学教师权益的保障（2次）。具体频数和路径见图18-1。

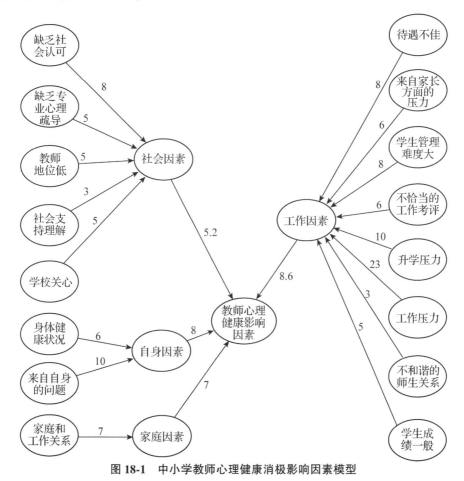

图18-1 中小学教师心理健康消极影响因素模型

　　从二级编码中出现的各因素的频次上看，影响中小学教师心理健康的消极因素依次排序为工作因素（8.6 次）、自身因素（8 次）、家庭因素（7 次）和社会因素（5.2 次）；中小学教师心理健康的保健因素依次排序为自我疏导调节（13次）、增加休闲活动（8 次）、沟通途径（5.3 次）和保障中小学教师权益（2 次）。具体频数和路径见图 18-2。

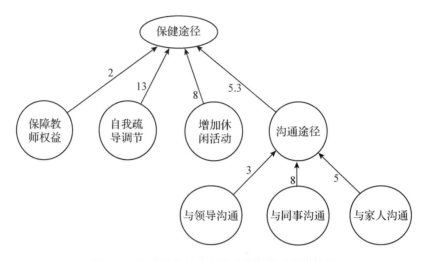

图 18-2　中小学教师心理健康积极影响因素模型

四、分析与讨论

　　本研究对深度访谈资料进行了内容分析，整理并概括出影响中小学教师心理健康的消极因素和积极因素（保健因素）。以往的研究结果显示，影响中小学教师心理健康的消极因素主要有工作压力[①]、人际关系[②]等外部环境因素和自我

　　[①]　Leung, S. S. K., Mak, Y. W., Chui, Y. Y., et al., "Occupational Stress, Mental Health Status and Stress Management Behaviors Among Secondary School Teachers in Hong Kong," *Health Education Journal*, 2009, 68（4）：pp. 328-343.

　　[②]　Gregov, L., Simunic, A., Prorokovic, A., "Work-family Conflict and Mental Health in Nurses," *Psychology & Health*, 2009, （24）：p. 194.

效能感①、人格特征②等内部因素；而积极因素则主要包括社会支持、幸福感、工作满意度等③。本研究综合以往的研究结果，从积极和消极两个角度讨论中小学教师心理健康的影响因素和保健因素。一方面，工作、家庭和社会中的压力都是影响中小学教师心理健康的消极因素。其中，自身工作因素居于首位，处于末位的是社会因素。工作因素主要包括工作压力（工作量）和升学压力，社会因素主要包括缺乏社会理解和认可，以及学校组织层对中小学教师的关心等问题。例如，在访谈过程中中小学教师们提到：

"确实感觉现在当老师挺累的。那么多学生，每个学生上课都得管到，一个班60多个人，下课还得改作业辅导。"

"加上现在学校都是要比升学率的，学校各个相关部门也给我们压力。"

"如果给我合适的工作量，而且待遇也合理的话，我应该没有其他问题。"

"现在孩子普遍都是独生子女，各种类型的都有，不是特别好管理。"

"学校对老师的所谓评价，它的评价标准，我感觉不是很客观、科学、全面。"

"中小学教师的地位方面，从我们实际上的感觉来说，不像原来那么特别受重视。"

"如果社会大环境对老师这个职业比较认可的话，我想我的心理问题会少一些。"

由此可见，目前中小学教师们面对的主要压力来自工作上的压力。中小学教师如果无法对来自工作的压力做出有效的应对，就容易出现角色混乱和心理行为问题，导致心理不健康。

从中小学教师心理健康的积极（保健）因素来看，目前大多数中小学教师是

---

① Hoigaard, R., Giske, R., Sundsli, K., "Newly Qualified Teachers' Work Engagement and Teacher Efficacy Influences on Job Satisfaction, Burnout, and the Intention to Quit," *European Journal of Teacher Education*, 2012, 35 (3): pp. 347-357.

② Poraj, G., "Personality as a Teacher's Burnout Predictor," *Medycyna Pracy*, 2009, 60(4): pp. 273-282.

③ Pyhalto, K., Pietarinen, J., Salmela-Aro, K., "Teacher-working-environment Fit as a Framework for Burnout Experienced by Finnish Teachers," *Teaching and Teacher Education*, 2011, 27(7): pp. 1101-1110.

通过自我调节来缓解心理压力，保持心理健康的。当然，本研究还发现，适当的休闲活动也是中小学教师保持心理健康的重要途径。同时，与同事、家人和领导的沟通和营造宽松的工作环境对中小学教师心理健康的促进作用也不可忽视。例如，在访谈中中小学教师们提到：

"学校这方面有一个相对宽松的环境，至少希望领导对老师，家长对老师们能够理解一下。"

"听听音乐、读读书，可能就放松下来了。所以，搞一些活动会很好。"

"个人的东西个人去调节——自我心理调控。"

中小学教师在日常生活中，采用的积极应对方式较多，说明其心理健康水平较高；而采用越多的消极应对方式，体验到的职业压力就越大，且消极的应对方式与心理健康水平是呈负相关的[1]。高压力下的中小学教师如果长期坚持采用消极的应对方式，则很有可能出现心理健康问题。调查也发现，中小学教师获得的主观支持越少，体验到的压力越高[2]。实际上，当一个人在遇到压力时，能够从社会支持关系中获得有效的帮助，寻求社会支持是应对压力的有效手段。社会支持水平会直接影响个体的心理健康水平，社会支持越高，心理健康水平越高，主观幸福感越高，心理症状越少。因此，应该让有高压力的中小学教师体验到更多的主观支持，建议他们更多地采用积极的应对方式来缓解压力，这样才能有效提高中小学教师的心理健康水平。

五、研究结论

影响中小学教师心理健康的因素有工作因素、自身因素、家庭因素和社会因素；而中小学教师心理健康的主要保健因素为自我疏导调节、增加休闲活动、沟通途径和保障中小学教师权。

---

①　Knapp, M., King, D., Romeo, R., et al., "Cost Effectiveness of a Manual Based Coping Strategy Programme in Promoting the Mental Health of Family Carers of people with Dementia [the START (STrAtegies for RelaTives) study]: A Pragmatic Randomized Controlled Trial," *Bmj-British Medical Journal*, 2013, 347: f6342.

②　杨昌辉：《教师心理健康水平及与社会支持的相关性》，载《中国临床康复》，2006, 10(38)。

第十九章

中小学教师心理健康对学生发展的影响

在学校的教育教学工作中，中小学教师的人格特点和心理健康水平甚至比学科知识和教学方法更为重要，无效的教学往往是由于中小学教师自身的人格缺陷所导致的，例如，中小学教师情感的冷漠、过度敏感，或者是过度的专制和严厉等①。中小学教师是否具有健康的心理状态，不仅影响其教学任务能否顺利完成，而且会对学生的发展产生深刻而长远的影响。因此，在中小学教师教育和中小学教师心理研究领域，研究者开始关注中小学教师的心理健康问题及其对学生发展的影响。

一、中小学教师情绪与学生发展

情绪由多个成分和过程组成，包括评价、主观体验、生理变化、面部表情和行为倾向性或反应倾向性，各个成分相互影响又相对独立。能否真实地感受情绪并恰当地控制自己的不良情绪，是衡量中小学教师心理是否健康的重要标准之一②。

20 世纪初，国外研究者就十分关注中小学教师的各种情绪失调现象（emotional maladjustment），尤其是中小学教师的焦虑情绪。Sutton 和 Wheatley 指出，中小学教师的情绪状态不仅会影响到中小学教师自身的认知、动机和行为系统，

---

① Coates, T. J., Thoresen, C. E., "Teacher anxiety: A Review with Recommendations," *Review of Educational Research*, 1976, 46(2): pp. 159-184.

② 俞国良、曾盼盼：《论教师心理健康及其促进》，载《北京师范大学学报（人文社会科学版）》，2001(1)。

也会对学生的认知、动机和行为系统产生直接或间接的影响①。

中小学教师的情绪反应会直接影响到学生的情绪体验和行为反应。研究表明，当中小学教师对学生表现出生气和恼怒情绪时，其学生会具有明显的情绪性扰乱迹象；且中小学教师的攻击性情绪表达与学生的品行不端行为之间呈现出显著正相关②。中小学教师对学业失败归因于学生的不努力因素，并表现出强烈的生气，或将学业失败归因于学生的低能力水平，并表现出同情，中小学教师这些情绪的表达都会影响学生形成恰当的学业成败归因模式③。相反，中小学教师积极的情绪表达(如爱心)，可以对各个年级的学生均产生积极的影响，使学生表现出更强的学习动机和学习兴趣，出现较少的不端行为，也有助于建立积极的师生关系。此外，中小学教师的幽默感也会促进学生的成就目标取向，使学生表现出更多的掌握目标取向的行为和更少的回避行为③。

研究者通过直接的行为观察研究发现，处于高焦虑水平状态下的中小学教师会对学生更多地采用任务取向的行为(task-oriented behavior)，而较少地使用积极反馈，从而会间接地影响学生的情绪发展和学业技能水平的提高④。也有研究发现，中小学教师的焦虑水平与学生的测试焦虑之间具有显著的正相关⑤。

二、中小学教师人格与学生发展

1997 年，Harry 和 Darrell 在美国教育心理学年会上作了关于"中小学教师人格与班级环境"的报告，报告中指出，自从勒温提出 B=f(P.E)公式，即个体的

---

① Sutton, R. E. , Wheatley, K. F. , "Teachers' Emotions and Teaching: A Review of the Literature and Directions for Future Research," *Educational Psychology Review*, 2003, 15(4): pp. 327-358.

② Lewis, R. , "Classroom Discipline and Student Responsibility: The Students' view," *Teaching and Teacher Education*, 2001, 17(3): pp. 307-319.

③ Clark, M. D. , Artiles, A. J. , "A Cross-national Study of Teachers' Attributional Patterns," *The Journal of Special Education*, 2000, 34(2): pp. 77-89.

④ Coates, T. J. , Thoresen, C. E. , "Teacher Anxiety: A Review with Recommendations," *Review of Educational Research*, 1976, 46(2): pp. 159-184.

⑤ Stanton, H. E. , "The Relationship Between Teachers' Anxiety Level and the Test Anxiety Level of Their Students," *Psychology in the Schools*, 1974, 11(3): pp. 360-363.

行为是其人格特征和周围环境相互作用的结果以来，研究者开始同时关注人格特征和环境因素对个体行为的影响。报告中还指出，中小学教师的人格特征可以通过影响班级的心理环境和社会氛围，进而影响学生的心理行为发展和成绩结果。也有可能是，中小学教师的人格通过影响人际行为（inter-personal behavior）和角色期望（role-expectation），产生一种师生之间的相互作用过程，从而影响学生的心理行为发展[1]。从社会认知的角度看，中小学教师原有的图式（schema）和认知风格会影响其对人际互动行为和班级心理氛围的自我知觉，进而影响班级的心理环境和学生的发展。

近年来，国外有研究者采用纵向追踪研究的设计，直接考察了班级环境与学生的问题行为、同伴关系和成绩水平等结果变量之间的关系。结果发现：学生行为的变化可以被当前的班级氛围或环境因素解释，不良的班级环境会导致更糟糕的行为表现和同伴关系，影响学生的心理社会适应。关于双生子的研究也发现，无论是内部心理问题还是外部行为问题，都是儿童的遗传和环境相互影响的结果，其中班级环境是儿童成长发展过程中非常重要的环境变量，班级环境可以预测双生子行为问题的差异[2]。因此，需要在生态背景下思考儿童的心理行为特征，而中小学教师人格特征和班级氛围则是儿童生态环境中的重要变量之一。

回顾国外以往的文献发现，直接考察中小学教师人格与学生发展二者之间关系的文献极少，国内也只有数篇文章对二者之间的关系泛泛而谈。但是，国外有研究直接考察过中小学教师人格特征与班级氛围或环境（classroom climate/environment）二者之间的关系，进而又有许多研究直接考察了班级氛围对学生心理行为问题的影响。由此可以推论，班级心理环境或氛围可能是中小学教师人格影响学生发展的中介变量，有待于实证研究的进一步考察和验证。

---

① Fisher, D. L., Kent, H. B., "Associations Between Teacher Personality and Classroom Environment," *The Journal of Classroom Interaction*, 1998, 33(1): pp. 5-13.

② DiLalla, L. F., Mullineaux, P. Y., "The Effect of Classroom Environment on Problem Behaviors: A Twin Study," *Journal of School Psychology*, 2008, 46(2): pp. 107-128.

三、中小学教师问题行为与学生发展

中小学教师的问题行为是其心理健康问题的外在表现，而中小学教师的不良言行或问题行为又往往会给学生造成师源性心理伤害或心理行为问题。

(一)中小学教师的辱骂和体罚行为

在学校教育中，中小学教师时常也会出现一些辱骂行为(abusive behavior)或体罚行为。北京大学儿童青少年卫生研究所的一项调查显示，59.9%的学生16岁前曾经历过至少一次的辱骂或体罚行为，儿童期体罚的前三个主要来源依次是中小学教师(53.1%)、母亲(16.7%)和父亲(14.5%)[①]。由此可见，我国儿童期体罚问题不容忽视，而中小学教师是体罚的首要来源。那么，中小学教师为什么会出现辱骂或体罚行为呢？其中一个非常重要的心理诱因是中小学教师的心理压力过大导致心理的失衡或情绪失调，却又缺乏合理的释放途径，便将自己的不良情绪迁怒到学生身上。国内外的实证研究发现，儿童期体罚经历与心理健康问题明显相关，中小学教师的辱骂或体罚行为将会对学生的心理发展产生长期而深刻的消极影响。一方面，体罚行为会给学生的身体发育造成伤害，甚至导致神经系统疾病，出现智力障碍；另一方面，中小学教师辱骂或体罚行为还可能导致师生关系恶化，有的学生为了避免体罚，甚至出现厌学、逃学等不良心理和行为表现。有研究指出，受体罚多的学生，缺乏学习兴趣，并伴有更多的侵犯性行为。此外，体罚还容易使学生产生紧张、焦虑和恐惧等不良情绪，致使学生出现注意力分散、记忆力减弱等不良现象；中小学教师的辱骂或体罚行为还会影响学生的个性、社会性发展，使他们在班级中表现出退缩行为和严重的自卑感[②]。

---

① 陈晶琦、廖巍：《中专学生童年期非接触性体罚经历及其对心理健康的影响》，载《中国心理卫生杂志》，2005，19(4)。

② 罗晓路、俞国良：《教师体罚行为：心理危害，归因方式和对策研究》，载《心理科学》，2003，26(4)。

(二)控制行为

有研究发现,中小学教师至少有一半或 2/3 的教学行为可归为控制行为 (control behavior)[1]。由于我国传统强调师道尊严,加上强烈自尊感的需要,一些中小学教师违背了师生平等关系的基本原则,表现出各种不同的控制行为或权压行为。中小学教师的权压行为不利于学生心理与行为的健康发展,它不仅影响学生智能和创造力的发挥,而且还会影响学生社会性的健康发展,表现出退缩行为和学校适应不良等各种心理行为问题[2]。还有研究发现,中小学教师的控制行为不仅会降低学生的知识提取能力,通过测试被试的心率和皮电反应还发现,学生还会出现焦虑的不良情绪反应。对处于青春期的学生,中小学教师的控制和权压行为会导致学生的逆反心理,使其产生逃学和攻击性行为等不良行为表现[3]。

(三)中小学教师的偏爱行为(或不公平行为)

一些中小学教师出于某种功利心理,对学习优秀的学生毫不掩饰地表现出一种偏爱行为。中小学教师的偏爱行为(或不公平行为)对许多学生产生了一种师源性的心理伤害,一些学生甚至降低了学习兴趣和动机水平,同时也容易滋生同学之间的嫉妒和相互敌视或攻击等不良心理和行为表现。中小学教师的偏爱行为对学生发展具有一种自我预言效应(self-fulfilling prophecy),即导致学习好的学生会越来越优秀,学习差的学生会越来越糟糕。中小学教师不同期望水平会导致不同的师生交互作用模式(teacher-student interaction patterns),从而出现所谓的自我预言效应[3]。由此可见,中小学教师的偏爱行为不仅会使学习不良儿童产生一种严重的自卑心理,而且也会使学习优秀的学生产生一种自满心理,缺乏应对挫折和失败的心理弹性。

---

① 朱琦:《教师的问题行为及其对学生心理健康的影响》,载《教育探索》,2003(5)。
② 马晓春:《中小学教师权压行为、体罚及变相体罚行为的比较研究》,载《教育科学研究》,2006(3)。
③ Brophy, J. E., "Research on the Self-fulfilling Prophecy and Teacher Expectations," *Journal of Educational Psychology*, 1983, 75(5): p. 631.

四、师生关系与学生发展

师生关系是学校教育中最普遍、最基本的关系之一，是学生在学校环境中与中小学教师之间建立的认知、情感和行为等方面的联系。

有研究发现，有35.7%的学生将师生关系比喻为"猫和老鼠""警察和小偷""监狱长和囚犯"等消极对立的关系①。另有研究表明，良好的师生关系(如亲密型)有利于小学生的学校适应，可以满足学生参与学习活动安全感的需要，同时也有助于学生发展良好的个性品质和较高的社会适应能力等；而不良的师生关系(如冲突型或依赖型)会使儿童对学校产生不良的情绪体验，在学校环境中表现出退缩或攻击性行为等②。对于学前儿童和小学儿童来说，支持型的师生关系可以促使儿童更多地被同伴接纳，即良好的师生关系可以促使积极同伴关系的建立和维护③。

尽管师生之间的积极关系与儿童的适应能力和功能发挥相关，但不少研究认为，消极的师生关系模式比积极的师生关系模式能更强烈地影响到儿童的适应能力。譬如，Ladd、Birch和Buhs(1999)发现，师生关系中的冲突是儿童反社会行为和学校生活不适应的一个重要影响因素④。因此，更好地了解消极的师生关系如何影响儿童社会适应和心理功能，具有特别重要的意义。

五、中小学教师与学生发展的相互作用

目前，关于中小学教师特征和学校氛围在多大程度上影响着学生心理健康

① 陈礼弦：《教师对学生的个性发展和心理健康的影响和矫正》，贵阳，贵州教育出版社，2006。

② Baker, J. A., "Contributions of Teacher-child Relationships to Positive School Adjustment During Elementary School,"*Journal of School Psychology*, 2006, 44(3): pp. 211-229.

③ Hughes, J. N., Cavell, T. A., Willson, V., "Further Support for the Developmental Significance of the Quality of the Teacher-student Relationship,"*Journal of School Psychology*, 2001, 39(4): pp. 289-301.

④ Ladd, G. W., Birch, S. H., Buhs, E. S., "Children's Social and Scholastic Lives in Kindergarten: Related Spheres of Influence?,"*Child Development*, 1999, 70(6): pp. 1373-1400.

和学业成绩这一领域的研究越来越多，学校的保护性因素和危险性因素、班级氛围、中小学教师特点等已被大量研究所考察。尽管该领域的实证研究基本上是相关研究，缺乏因果性或功能性数据的直接支持，但研究者通过直接的观察发现，中小学教师的心理和行为表现确实与学生发展之间存在着因果关系。[①]

近年来，Atkins 等人提出生态中介模型（ecological-mediational model），用以解释儿童与环境的相互作用过程。该模型整合了环境、学校和中小学教师因素等相关变量与儿童的发展结果变量之间的相互作用关系。该模型提出，中小学教师的个体因素不仅可以直接影响儿童心理和行为的发展，还可以作为环境因素和学校因素的中介变量影响儿童心理和行为的发展，而且，中小学教师的人格和心理健康也受学生发展的影响。

六、趋势与展望

目前，国内关于中小学教师心理健康对学生发展影响的论述不多，且大多都处于教育经验总结的层面。对此，笔者就该领域研究的不足和未来研究的方向提出几点思考。

（一）该领域研究需要进一步厘清相关概念间的关系

在国外文献中，可以直接检索到关于中小学教师职业倦怠的很多文献，但是几乎检索不到有关中小学教师心理健康的直接文献，这是否意味着中小学教师职业倦怠现象是中小学教师心理不健康的主要表现？二者之间是一种怎样的关系？其中，国内有学者认为，中小学教师职业倦怠是中小学教师心理与行为问题的表现之一；也有研究者认为，中小学教师职业倦怠是其心理健康水平的

---

① Coates, T. J., Thoresen, C. E., "Teacher Anxiety: A Review with Recommendations," *Review of Educational Research*, 1976, 46(2): pp. 159-184.

预测变量①；但也有研究者认为，中小学教师职业倦怠是其压力和心理健康水平的中介变量②。由此可见，国内学者对中小学教师职业倦怠和心理健康这两个概念之间关系的理解，存在着很大的分歧，需进一步从理论和实证研究两个方面深入考察两者之间的关系，以便加深我们对中小学教师心理健康的认识。

(二)该领域研究有待进一步细化和深化

中小学教师和学生之间是一种相互作用、相互影响的过程，因此，中小学教师心理健康水平会直接或间接地影响学生心理和行为的发展。但是，对其影响效应及其内在的影响过程或机制，目前研究大多只停留在泛泛而论的层面，无法深入回答上述问题。其关键原因在于，中小学教师心理健康是一个比较大的研究领域或课题，只有从中小学教师心理健康领域的某个点切入，才能使该领域的研究不断细化，结论不断深化。

(三)该领域研究有待采用新的研究方法

目前，该领域的研究对中小学教师心理健康的测量主要是采用纸笔形式的自我报告法，正是由于这种测量方法的单一性和局限性，致使该领域的研究结论存有一定的模糊性和不一致性。同时，关于中小学教师心理健康水平和学生心理行为发展也只有相关性数据，缺乏对二者之间因果关系的有效验证和支持。如 Coates 认为可采用纵向设计，考察学生心理和行为随着中小学教师心理健康水平的变化所发生的变化，以此来考察某一特定中小学教师的心理健康水平与学生心理和行为发展之间的功能性关系或因果关系③。

---

① 俞国良：《现代心理健康教育——心理卫生问题对社会的影响及解决对策》，北京，人民教育出版社，2007。
② 王文增、郭黎岩：《中小学教师职业压力、职业倦怠与心理健康研究》，载《中国临床心理学杂志》，2007(2)。
③ Coates, T. J., Thoresen, C. E., "Teacher Anxiety: A Review with Recommendations," *Review of Educational Research*, 1976, 46(2): pp.159-184.

（四）该领域研究需要以多学科的视角加以探讨

从世界范围来看，中小学教师心理健康问题具有一定的普遍性和复杂性，对于中小学教师心理健康问题的成因、影响和应对措施等方面的内容，不仅需要健康心理学、职业心理学、教育心理学和社会心理学等多个心理学分支学科的共同参与，且还需要心理学、教育学和社会学等多个学科的共同探讨。

第七篇

结 语

第二十章

从心理健康教育走向心理健康服务*
——为学生健康成长和幸福生活奠定基础

记者：俞教授，您是中国著名心理学家，也是教育部《中小学心理健康教育指导纲要（2012年修订）》（以下简称《纲要》）的主要起草人，请您谈谈我国青少年心理健康教育的目标与主要内容。

俞国良：我国青少年心理健康教育的总目标是"提高全体学生的心理素质，培养他们积极乐观、健康向上的心理品质，充分开发他们的心理潜能，促进学生身心和谐可持续发展，为他们健康成长和幸福生活奠定基础"。从这一表述中可以看到，青少年心理健康教育的目标定位在提高全体学生的心理健康水平，促进青少年的积极心理品质，帮助他们发展良好的社会适应能力。这一目标符合健康的内涵、心理学的理论，以及世界青少年心理健康教育发展的方向。具体来说，这一目标又可分为两个层次：针对全体学生来说，包括学会学习与生活，正确认识自我，提高自主、自助和自我教育的能力，增强调控自我、承受挫折、适应环境的能力和培养学生健全的人格及良好的个性心理品质。针对存在心理困扰或心理问题的个别学生来说，包括如何理解心理困扰或心理问题，进行科学有效的心理辅导，及时给予必要的危机干预和提高其心理健康水平。在这一目标引领下，青少年心理健康教育的重点为学习辅导、人格辅导、生活辅导和升学择业辅导四大主题，内容应包括认识自我、学会学习、人际交往、情绪调适、升学择业以及生活和社会适应等，并根据不同年龄阶段学生的身心发展特点，设置分阶段的具体教育内容。这样的设置，不仅强调了学生的发展实际，同时也体现了心理健康教育向心理健康服务转变，问题导向向积极心理

---

* 本文载于《浙江教育报》，2015年3月18日第三版，记者言宏。

促进转变的国际心理健康教育潮流。

记者：请问现行我国青少年心理健康教育的途径和方法有哪些？

俞国良：心理健康教育的途径和方法主要包括：将心理健康教育贯穿于教育教学全过程、开展多种形式的专题教育、建立心理辅导室、密切联系家长共同实施心理健康教育以及充分利用校外资源。

心理健康课程与专题讲座是学校心理健康教育实践中常用的方式。在课程实施过程中，采取讲授与讨论、角色扮演、游戏相结合的方式。从课程与讲座的主题上来说，自我认识、人际关系、生涯规划、情绪调节、学习方法等内容较为常见。结合相关领域的研究，认知训练、积极应对方式的培养以及感恩行为的促进等，也在青少年心理健康教育中占有一席之地。

心理辅导室的建设是我国青少年心理健康教育的重要环节，它承载着开展心理健康辅导、筛查与转介、课程咨询、家校整合等功能，是学校开展心理健康教育的重要载体。在教育实践中，由于心理辅导的专业性要求很高，有些学校采取与校外的专业机构合作的方式为学生提供专业的个体心理辅导服务：聘请校外的专业咨询师在固定时间来校进行辅导，取得了良好的效果。

在实践中，学科教学、学生管理、学校环境建设等都是学校心理健康教育有效的渗透途径。具体来说，校领导及全体教师应充分重视学生心理健康教育的重要性：宏观上，致力于构建有利于青少年心理健康的校园文化、物质环境，完善配套各类设施；微观上，收集学生成长信息，在班级中设立心理委员，对学生的心理健康教育问题提前防范，及时发现，及时疏导。在相关研究中，张大均在实践研究的基础上提出"渗透契机—判断鉴别—相机渗透—反思体验—行为强化"的实施策略；在具体教学中，一些学科教师，例如，品德与社会、思想品德、语文等，设计出了包含心理健康教育内容的本学科可行性教学方案。

近年来，我国学者对青少年心理健康与家庭影响的研究不断深入，研究者建议家长应采取尽量避免在孩子面前冲突、引导孩子合理归因、及时安抚孩子的情绪等措施为青少年的健康成长营造良好环境。

记者：据悉近日，您对国内外青少年心理健康领域研究与实践进行了梳理，在此基础上，您认为我国青少年心理健康教育的未来发展应重点关注哪些问题？

俞国良：第一，从心理健康教育向心理健康教育与服务并重，着力提供优质心理健康服务的转变。第二，由侧重于青少年心理行为问题的矫正，转变为重视全体青少年心理健康的促进与心理行为问题的预防。第三，着力构建青少年健康成长的生态系统。第四，加强心理健康专业教师队伍的建设，强调以实证为基础的干预行为，重视教育效果的评估与反馈。

记者：如何理解从心理健康教育向心理健康服务转变？

俞国良：青少年心理健康教育的主体是中小学生，也只有学生的主动参与，心理健康教育的效果才能最大化。当前，在我国青少年心理健康教育的研究与实践中，以青少年为主体的意识较为薄弱，自上而下的研究与项目设计，带有学科化、形式化、表面化、孤立化的倾向。实施的方式也不够丰富，并未做到以青少年的真实需求与感受为前提，有些干预甚至带有强迫的意味。因此，我们应把目光聚焦在如何提升学生的主动求助行为，如何通过教育环境的改善提升学生对学校的认同，使他们更加积极地参与学校的各项活动。相关课程、干预的设计也要充分考虑他们的意愿，突出以学生为主体，为学生服务的理念，注重体验性与生活性，使学生在体验中做好未来生活的准备。推动心理健康教育、心理辅导和治疗机构之间的合作，加强彼此间的联系，提高青少年心理健康教育的服务质量。从心理健康教育逐步走向心理健康服务，意味着切实地从青少年自身需求出发，满足他们的需要，以他们的健康成长与毕生发展为目标实施干预。

记者：您谈到心理健康教育要由侧重于青少年心理行为问题的矫正转变为心理行为问题的预防，该如何做呢？

俞国良：我国青少年心理健康教育的研究与实践，经历了一个由最初关注问题矫正到现在重视提高青少年的心理健康水平，增加他们对心理行为问题的抵抗能力，降低心理问题发生概率的发展过程。今后，相关研究与实践的重点应是大规模心理行为问题的筛查和心理行为问题、风险行为的控制。这就需要我们编制权威的、有影响的、标准化的心理健康测量工具，筛选出有潜在心理行为问题的学生，有的放矢地进行干预和教育，特别是全国范围的青少年心理行为问题与风险行为的筛查势在必行。

记者：健康生态系统的营造既是青少年心理行为问题预防的重要途径，也体现了为青少年提供心理健康服务的导向。那么，如何构建青少年健康成长的生态系统？

俞国良：学者布朗芬布伦纳曾提出理解社会影响的生态模型，对于青少年来说，家长、教师、学校都是他们生态系统中的重要环节。近年来，我国已有许多研究关注教养行为、亲子关系、师生关系、学校环境、校园氛围等生态因素对青少年心理健康的影响，并通过改善青少年生活的生态系统促进青少年心理健康水平的提高。为了构建这一系统，需要提升广大家长以及教育工作者的青少年心理健康教育观，使他们意识到自己是青少年生活的社会生态系统中重要的一环。在家庭中，实践正确的教养行为，关注孩子的心理需求，促进健康的亲子关系；在学校中，营造积极、公平、公正、安全的校园文化与物质环境，大力开展教师培训，强调日常教育教学中心理健康教育理念的渗透与支持性师生关系的构建。

记者：大家都说心理健康专业教师队伍的素质是做好这一工作的关键。在采访中有教师提到，教师的职称评聘、岗位设置、工作量计算等问题会直接影响他们的工作积极性。如何加强队伍建设？

俞国良：确实，对中小学来说，青少年心理健康教育工作开展的好坏，很大程度上取决于是否拥有一支素质精良的专业队伍。目前，我国中小学心理健康教育专业教师存在专业化水平不高、性别比例失调、教龄偏低、专职教师匮乏且兼职工作多、工作效能感低等诸多问题。如何吸引优秀的人才投身心理健康教育的事业，如何激发现有教师队伍的工作热情是亟待解决的问题。我们认为，加强心理健康专业教师的职后培训，促进心理健康教师的职称评聘、岗位设置等人事管理制度的落实，心理健康教育专业人才的储备是未来努力的方向。

　　对此，全国一些地方的教育管理部门开展了有益的探索。例如，广东省明确了中小学心理健康教师职称的申报资格条件，要求各地区教育行政部门和中小学校要鼓励心理健康教育专职教师申报心理学科教师职称系列；厦门、深圳等地对专职心理健康教师的工作量也提出了明确的计算方法。

附　录

中小学心理健康教育的历史进程与政策链接

1. 1982 年，北京师范大学成立国内第一个心理测量与咨询服务中心。

2. 1983 年，林崇德教授在《中学生心理学》一书中率先提出了"心理卫生""心理治疗"的概念，倡导心理健康教育。

3. 1984 年，部分高校开始建立心理咨询中心。

4. 1986 年，班华教授第一次提出"心育"的概念，引起教育界的广泛重视。

5. 1987 年，上海市黄浦区教育局、黄浦区教育学院与林崇德教授合作在中学最先展开非智力因素的心理健康教育。

6. 1988 年 12 月 25 日，《中共中央关于改革和加强中小学德育工作的通知》颁布并提出"对学生道德情操、心理品质要进行综合的培养和训练"。

7. 1990 年 4 月 25 日国务院批准，1990 年 6 月 4 日国家教育委员会、卫生部发布《学校卫生工作条例》第十四条规定"学校对残疾、体弱学生，应当加强医学照顾和心理卫生工作"。

8. 1991 年，班华教授在《教育研究》发表《心育刍议》一文，并首次系统阐述与心育有关的问题。

9. 1992 年 9 月 1 日，卫生部、国家教委、爱国卫生会发布《中小学生健康教育基本要求（试行）》，正式将健康教育课列入教育大纲，并对目标、要求、适用范围、内容做出了具体规定。

10. 1993 年，中共中央、国务院印发《中国教育改革和发展纲要》，落实教育优先发展战略，提出"中小学要由'应试教育'转向全面提高国民素质的轨道，面向全体学生，全面提高学生的思想道德、文化科学、劳动技能和身体心理素质，促进学生生动活泼地发展，办出各自的特色"。

11. 1994 年 4 月，国内首次以心理健康为专题的"全国中小学心理辅导与教育学术研讨会"在湖南岳阳一中召开。

12. 1994 年 7 月 3 日，国务院发布《国务院关于〈中国教育改革和发展纲要〉的实施意见》，提出"基础教育应把重点放在提高儿童和青少年的思想道德水平、科学文化水平、劳动技能和身体、心理素质上来""要广泛动员社会力量参与学校教育，通过各种途径，关心和保护青少年的健康成长，形成学校教育、社会教育、家庭教育更加紧密结合的新格局""进一步加强学校体育、卫生工作，把促进学生身心健康成长作为教学改革的重要任务"。

13. 1994 年 8 月 31 日，《中共中央关于进一步加强和改进学校德育工作的若干意见》明确指出，"要通过多种方式对不同年龄层次的学生进行心理健康教育和指导，帮助学生提高其心理素质，健全人格，增强承受挫折、适应环境的能力"，"如何指导学生在观念、知识、能力、心理素质方面尽快适应新的要求"是学校德育工作需要研究和解决的新课题，并要求"积极开展青春期卫生教育，通过多种方式对不同年龄层次的学生进行心理健康教育和指导，帮助学生提高心理素质"。

14. 1995 年，《大众心理学》改版，办刊方向转为中小学心理健康教育。

15. 1997 年 4 月，国家教委印发了《九年义务教育小学思想品德和初中思想政治课程标准（试行）》，第一次以课程标准形式规定了初中心理健康教育的主要内容和要求。

16. 1998 年秋季，各地六三学制初中一年级、五四学制初中二年级在思想政治课中普遍开设了心理教育课，使用人民教育出版社或地方自编教材，主要由政治课教师任教。

17. 1998 年 12 月 24 日，教育部《面向 21 世纪教育振兴行动计划》提出"落实科教兴国战略，全面推进教育的改革和发展，提高全民族的素质和创新能力""教育将始终处于优先发展的战略地位，现代信息技术在教育中广泛应用并导致教育系统发生深刻的变化，终身教育将是教育发展与社会进步的共同要求。""加强和改进学习的德育工作……实施劳动技能教育以及心理健康教育，培养学生具有良好的道德、健康的心理和高尚的情操"。

18. 1999 年，教育部成立中小学心理健康教育咨询委员会。

19. 1999 年 6 月 13 日，中共中央国务院《关于深化教育改革，全面推进素质教育的决定》提出全面推进素质教育，"各级各类学校必须更加重视德育工作……进一步改进德育工作的方式方法……针对新形势下青少年成长的特点，加强学生的心理健康教育，培养学生坚韧不拔的意志、艰苦奋斗的精神，增强青少年适应社会生活的能力""学校教育要树立健康第一的指导思想"。

20. 1999 年 8 月 13 日，教育部颁布《关于加强中小学心理健康教育的若干意见》，对中小学开展心理健康教育的基本原则、主要任务、实施途径、师资队伍建设、组织领导以及需要注意的问题等提出了指导性意见，指出开展心理健康教育的原则之一就是面向全体学生，通过普遍开展教育活动，使学生对心理健康教育有积极的认识，使心理素质逐步得到提高，提出"良好的心理素质是人的全面素质中的重要组成部分，是未来人才素质中的一项十分重要的内容""中小学心理健康教育是根据中小学生生理、心理发展特点，运用有关心理教育方法和手段，培养学生良好的心理素质，促进学生身心全面和谐发展和素质全面提高的教育活动"。

21. 2000 年 12 月，《关于适应新形势进一步加强和改进中小学德育工作的意见》，进一步强调"中小学校都要加强心理健康教育，培养学生良好的心理品质"。

22. 2001 年 3 月，青少年心理健康教育被写进九届人大四次会议通过的《中华人民共和国国民经济和社会发展第十个五年计划纲要》。

23. 2001 年 3 月，教育部颁发《关于加强普通高等学校大学生心理健康教育工作的意见》。

24. 2001 年 4 月，原劳动与社会保障部正式推出《心理咨询师国家职业标准

（试行）》。

25. 2001 年 6 月 8 日，教育部《基础教育课程改革纲要（试行）》，指出"新课程改革的培养目标应体现时代要求，要使学生……具有强壮的体魄和良好的心理素质，养成健康的审美情趣和生活方式""建立促进学生全面发展的评价体系。评价不仅要关注学生的学业成绩，而且要发现和发展学生多方面的潜能，了解学生发展中的需求，帮助学生认识自我，建立自信。发挥评价的教育功能，促进学生在原有水平上的发展"。

26. 2001 年 7 月，《中小学心理健康教育》创刊，标志着内地中小学心理健康教育工作有了自己独立的学术刊物。

27. 2002 年 4 月，教育部印发《普通高等学校大学生心理健康教育工作实施纲要（试行）》。

28. 2002 年 7 月，心理咨询师国家职业资格项目正式启动，于次年开始心理咨询员全国统一鉴定考试试点。

29. 2002 年 8 月 1 日，教育部印发《中小学心理健康教育指导纲要》，规定了中小学心理健康教育的指导思想、基本原则、目标与任务、主要内容、途径和方法、组织实施等内容。

30. 2004 年 2 月 26 日，《中共中央关于进一步加强和改进未成年人思想道德建设的若干意见》提出"积极营造有利于未成年人健康成长的良好舆论氛围和社会环境""从提高基本素质做起，促进未成年人的全面发展……使他们的思想道德素质、科学文化素质和健康素质得到全面提高"。

31. 2004 年 7 月，教育部颁发《中等职业学校学生心理健康教育指导纲要》。

32. 2005 年，劳动与社会保障部委托中国心理卫生协会编写《心理咨询师国家职业标准（正式版）》，于 2006 年开始正式执行。

33. 2006 年 10 月 11 日，党的十六届六中全会《关于构建社会主义和谐社会若干重大问题的决定》首次阐述了社会和谐和心理和谐的关系，指出，"注重促进人的心理和谐，加强人文关怀和心理疏导，引导人们正确对待自己、他人和社会，正确对待困难、挫折和荣誉。加强心理健康教育和保健，健全心理咨询网络，塑造自尊自信、理性平和、积极向上的社会心态"。

34. 2007 年 10 月 15 日，党的十七大报告提出"优先发展教育，建设人力资源强国""注重人文关怀和心理疏导"。

35. 2010 年 7 月 29 日，中共中央国务院印发《国家中长期教育改革和发展规划纲要（2010—2020 年）》，提出教育改革和发展的战略主题是坚持以人为本、全面实施素质教育，其重点在于面向全体学生、促进学生全面发展，即"全面加强和改进德育、智育、体育、美育"，其中强调了要加强心理健康教育，促进学生身心健康，通过德育、智育、体育、美育有机融合，提高学生综合素质，使学生成为德智体美全面发展的社会主义建设者和接班人。中小学心理健康教育必须加以贯彻执行"要以学生为主体，以教师为主导，充分发挥学生的主动性，把促进学生健康成长作为学校一切工作的出发点和落脚点。关心每一个学生，促进每一个学生主动地、生动活泼地发展，尊重教育规律和学生身心规律，为每一个学生提供适合的教育"。

36. 2011 年 10 月 18 日，十七届六中全会《中共中央关于深化文化体制改革、推动社会主义文化大发展大繁荣若干重大问题的决定》首次阐释了"社会主义核心价值体系"与"心理健康教育"的关系。

37. 2012 年 10 月 9 日，教育部印发《3—6 岁儿童学习与发展指南》。

38. 2012 年 10 月 26 日，《中华人民共和国精神卫生法》颁布，该法律是我国精神心理领域的首部国家级法律，是学校心理健康教育工作的法律指导。

39. 2012 年 10 月 26 日，第十一届全国人民代表大会常务委员会第二十九次会议表决通过《中华人民共和国精神卫生法》，该法是我国精神心理领域的首部国家级法律，该法不但对精神、心理治疗领域做出了相关的严格规定，也对学校的心理健康教育做出了明确要求，是学校心理健康教育工作的法律指导。第二章第十六条规定：各级各类学校应当对学生进行精神卫生知识教育；配备或者聘请心理健康教育教师、辅导人员，并可设立心理健康辅导室，对学生进行心理健康教育。教师应当学习和了解相关的精神卫生知识，关注学生心理健康状况，正确引导、激励学生。学前教育机构应当对幼儿开展符合其特点的心理健康教育。

40. 2012 年 11 月 8 日，十八大报告提出"努力办好人民满意的教育""加强和改进思想政治工作，注重人文关怀和心理疏导""把立德树人作为教育的根本任务，培育德智体美全面发展的社会主义建设者和接班人"。

41. 2012 年 12 月 7 日，教育部发布《中小学心理健康教育指导纲要（2012 年修订）》，对中小学心理健康教育的指导思想、基本原则、目标、任务、主要内容、途径和方法及组织实施进行了修订和完善。

42. 2012 年 12 月 10 日，《教育部办公厅关于公布首批全国中小学心理健康教育示范区名单的通知》评选出了首批 20 个全国中小学心理健康教育示范区。

43. 2014 年 3 月 14 日，《教育部办公厅关于实施中小学心理健康教育特色学校争创计划的通知》发布，启动实施中小学心理健康教育特色学校争创计划。

44. 2015 年 7 月 29 日，教育部办公厅印发《中小学心理辅导室建设指南》，对全国中小学心理辅导室的建设、规范、管理与督导评估予以指导。

45. 2015 年 9 月 10 日，《教育部办公厅关于公布首批全国中小学心理健康教育特色学校名单并启动第二批特色学校争创工作的通知》，认定并命名 205 所中小学校为首批全国中小学心理健康教育特色学校，并开展第二批特色学校争创工作。

46. 2017 年 7 月，教育部发布通知，"心理健康教育"学科被纳入中小学教师资格考试中。

47. 2017 年 9 月，人力资源社会保障部印发《关于公布国家职业资格目录的通知》，心理咨询师职业资格证被排除在国家职业资格目录清单之外。

图书在版编目(CIP)数据

心理健康教育研究 / 俞国良著. —北京：北京师范大学出版社，2023.12
ISBN 978-7-303-29752-8

Ⅰ. ①心… Ⅱ. ①俞… Ⅲ. ①心理健康-健康教育-教学研究-中国 Ⅳ. ①G444

中国国家版本馆 CIP 数据核字(2023)第 247524 号

图 书 意 见 反 馈 gaozhifk@bnupg.com 010-58805079

心理健康教育研究·第一卷 中小学校心理健康教育研究
XINLI JIANKANG JIAOYU YANJIU·DI-YIJUAN
ZHONGXIAO XUEXIAO XINLI JIANKANG JIAOYU YANJIU
出版发行：北京师范大学出版社 www.bnupg.com
 北京市西城区新街口外大街 12-3 号
 邮政编码：100088
印　　刷：北京盛通印刷股份有限公司
经　　销：全国新华书店
开　　本：710 mm×1000 mm　1/16
印　　张：25.75
字　　数：420 千字
版　　次：2023 年 12 月第 1 版
印　　次：2023 年 12 月第 1 次印刷
定　　价：528.00 元(全六卷)

策划编辑：周雪梅　　　　　　责任编辑：肖　寒
美术编辑：焦　丽　李向昕　　装帧设计：焦　丽　李向昕
责任校对：陈　民　　　　　　责任印制：马　洁